친구와의 서신 교환선

나남
nanam

한국학술진흥재단 학술명저번역총서
서양편 205

친구와의 서신 교환선

2007년 8월 25일 발행
2007년 8월 25일 1쇄

지은이_ 니콜라이 바실레비치 고골
옮긴이_ 석영중
발행자_ 趙相浩
발행처_ (주) 나남
주소_ 413-756 경기도 파주시 교하읍
출판도시 518-4
전화_ (031) 955-4600 (代)
FAX_ (031) 955-4555
등록_ 제 1-71호(79.5.12)
홈페이지_ http://www.nanam.net
전자우편_ post@nanam.net
인쇄인_ 유성근 (삼화인쇄주식회사)

ISBN 978-89-300-8216-7
ISBN 978-89-300-8215-0 (세트)
책값은 뒤표지에 있습니다.

'한국학술진흥재단 학술명저번역총서'는 우리 시대 기초학문의 부흥을 위해
한국학술진흥재단과 (주)나남이 공동으로 펼치는 서양명저 번역간행사업입니다.

친구와의 서신 교환선

니콜라이 바실례비치 고골 지음 | 석영중 옮김

나남
nanam

ВЫБРАННЫЕ МЕСТА ИЗ ПЕРЕПИСКИ С ДРУЗЬЯМИ
(Vybrannye mesta iz perepiski s druz'iami)

НИКОЛАЙ ВАСИЛЬЕВИЧ ГОГОЛЬ
(Nikolai Vasil'evich Gogol')

МОСКВА 1967
ХУДОЖЕСТВЕННАЯ ЛИТЕРАТУРА
(Khudozhestvennaia literatura)

옮긴이 머리말

《검찰관》, 《외투》, 《죽은 혼》으로 널리 알려진 19세기 러시아의 대문호 니콜라이 바실레비치 고골은 1840년도에 우울증과 신경쇠약으로 죽음의 문턱까지 갔다가 극적으로 소생했다. 이때부터 그는 열렬하게 하느님을 간구하는 한편 하느님의 뜻을 인류에게 전달하는 것이야말로 작가의 신성한 의무라고 확신하기 시작했다.

고골은 소설이나 시를 통해서는 더 이상 이 새로운 영적 체험을 전달할 수 없다고 생각하여 그때까지 자기가 쓴 모든 문학적 창작을 부정하는 한편 소설과는 전혀 다른 유형의 글쓰기를 모색했다. 그는 과거에 지인들에게 써 보냈던 편지 몇 편과 새로 쓴 문학평론과 사회평론을 한데 묶어 《친구와의 서신 교환선》이란 제목으로 발표했다. 하느님에 대한 사랑과 러시아에 대한 사랑을 독자와 나누고, 그럼으로써 독자를 계도하겠다는 것이 그의 의도였다.

그러나 《친구와의 서신 교환선》은 발표 직후부터 거의 추문에 가까운 엄청난 혹평과 조롱을 불러일으켰다. 사실 그것은 제목부터 내용, 문체까지 모두 논란의 소지를 다분히 안고 있다. 말이 "교환선"이지 그것은 사실상 고골의 일방적인 편지, 일방적인 설교, 일방적인 메시지만을 담고 있으며 그 내용은 광신과 극단적인 보수주의를 옹호하는 듯 여겨지며 문체 또한 너무 장황해서 끝까지 읽기가 어려울 정도이다. 그리하여 고골은 무지의 사도, 반문화의 지지자라는 낙인이 찍혔고 그의 책은 고백과 훈계와 예언의 복합체, 전제정치와 농노제를 옹호하는 책으로 자리매김되었다. 많은 독자들이 불쾌하다는 반응을 보였고 일부는 이 위대한 작가의 정신상태에 대한 우려의 목소리를 내기도 했다. 따라서 《교환선》은 출간 이후 반세기가 넘는 세월 동안 러시아 문학 사상 가장 악명 높은 책 중의 하나로 남아 있었다. 그러나 20세기로 넘어오면서 고골의 이 악명 높은 책은 다양한 각도에서 재해석되었다. 일부 학자들은 그것을 미학과 종교와 윤리와 민족성을 결합하는 데 성공한 저술로 간주했고 거기 담긴 광신은 열렬한 신앙과 완덕에의 지향으로 해석했다. 또 다른 연구자들은 고골의 문학과 이 비문학적인 저술을 내적으로 연결된 하나의 전체로 바라보았고 그 괴상한 문체 역시 언어 심리학적 측면에서 재조명하기 시작했다. 어떠한 시각에서 보건 이 책이 흥미진진한 텍스트란 점에서는 이론의 여지가 없는 듯하다.

《친구와의 서신 교환선》이 최악의 책인지 아니면 숭고한 책인지 가리는 것은 오늘날 별 의미가 없다. 고골의 시각을 두고 옳고 그름을 따지는 것 역시 의미가 없다. 문제는 이 책이 어쨌든 매우 중요한 저술이라는 사실이다. 그것은 예술가로서의 고골을 이해하는 데 도움을 줄 뿐 아니라 러시아 지성사의 한 세대를 반영하는 문헌으로서,

문학과 종교의 상호침투를 조망하고 지극히 러시아적인 영성의 한 사례를 보여주는 텍스트로서 가치를 지닌다. 그러나 무엇보다도 흥미로운 것은 이 책이 고골식의 그로테스크로 치장된 일종의 문학작품으로 읽힐 수도 있다는 사실이다. 투병을 계기로 고골의 마음속에 심어진 종교적 열광은 새로운 언어와 형식을 요구했고 그는 '서신 교환선'이라는 기이한 장르에 자신의 창조적 역량을 응축시켰다. 결과는 비록 참담했지만 신이 내려주신 창조적 역량을 인류를 위해 사용하려 했던 한 예술가의 눈물겨운 노력만큼은 그 안에 고스란히 담겨 있다. 그것은 종교와 윤리와 예술이 결합된 독창적 담론이며 그 점에서 도스토예프스키, 톨스토이, 솔제니친 등 이후 러시아의 위대한 작가들이 걸어갈 길을 예고해 준다.

이 책을 번역하는 동안 나를 가장 괴롭혔던 것은 고골의 문장이었다. 대부분의 문장이 너무도 길기만 했고 주부와 술부가 뒤죽박죽으로 얽혀 있어 그 얽힌 실타래를 푸는 동안 나도 번번이 함께 얽혀버리고 말았다. 간신히 실타래를 풀고 나서 읽어보면 도통 말이 되지 않았다. 또 동어반복이 너무 심해 곧이곧대로 옮겨놓고 읽어보면 유치하고 우스꽝스럽게 들렸다. 나는 정말로 혼돈스러웠다. 아무리 길고 '나쁜' 문장이라도 잘 풀어서 고골이 쓴 바 그대로의 괴상한 형태로 옮길 것인지, 아니면 너무 길고 반복적인 문장은 보기 좋게 자르고 다듬어 매끈하고 읽기 좋게 옮길 것인지, 도저히 판단이 서지 않았다. 결국 고골의 '뜻'을 따르되 어느 정도는 '읽을 만한' 문장으로 번역한다는 것이 나의 목표가 되었다. 그래서 의역을 한 대목들도 많지만 문장의 길이나 형태만큼은 원본을 그대로 살리는 것을 원칙으로 했다. 좀더 능숙한 번역가였다면 가독성을 훼손하지 않으면서도 그렇게 할 수 있었을 텐데 하는 회한을 뒤로하고 이제 번역을 마무리짓고자 한다.

이 책을 번역하는 동안 러시아어 문장 하나하나를 나와 함께 검토해 주신 고려대학교 객원교수 발렌티나 보주코 선생님께 이 자리를 빌려 감사지정을 보낸다. 보주코 선생님의 도움이 아니었더라면 이 책의 번역은 훨씬 늦게 빛을 보게 되었을 것 같다. 또 노어노문과 대학원에서 석사학위를 받고 지금은 기자로 활동하고 있는 김주연 씨에게도 각별한 감사의 말을 전하고 싶다. 난삽한 원고를 두 번씩이나 꼼꼼히 읽으면서 어색한 부분에 가차없이 표시를 해서 돌려준 김주연 씨의 노고는 이루 말로 다 표현할 수 없을 정도이다. 그리고 원고를 심사해 주신 익명의 심사위원님들께도 고마운 마음을 금할 수 없다. 그 분들의 예리한 지적 덕분에 몇 가지 치명적 오류를—그 오류들을 생각하면 지금도 눈앞이 아찔해진다—수정할 수 있었다. 끝으로 이 책을 동서양학술명저 번역대상으로 선정해 주신 학술진흥재단과 졸역을 깔끔하게 출판해 주신 나남 편집부 제위께도 심심한 감사의 말씀을 드리고 싶다. 번역대본으로는 1967년 소련의 예술문학사에서 출간된 《고골 선집》을 사용했으나 주석 부분은 1994년 루스카야 크니가에서 출판된 《고골 선집》을 참조했다.

2007년 8월

석 영 중

머리말[1)]

저는 중병에 걸렸었습니다.[2)] 죽음이 목전에 다가오고 있었습니다. 그리하여 저는 얼마 안 남은 힘이나마 다 짜내어서, 그리고 아직은 명료한 정신력을 십분 발휘하여 유언을 작성했습니다. 유언의 목적은 무엇보다도 저의 친구들로 하여금 제가 이 세상을 하직한 뒤에 제 편지의 일부를 출판하도록 하는 데 있었습니다. 제 편지의 수신자들에 의하면, 제가 쓴 편지들은 저의 문학작품보다 인간에게 유익한 내용을 훨씬 많이 포함하고 있다고 여겨지기에 저는 그것들을 출판함으로써 적어도 이때까지 제가 발표한 모든 것의 무익함을 보상하고자

1) 이 머리말은 1846년 7월에 집필한 것으로 고골은 여기서 이 편지 모음집의 출간 동기와 의의를 밝히고 있다. 머리말에서부터 드러나는 그의 설교적 어투는 당대 많은 독자들에게 반감을 불러일으켰다(이하 모두 옮긴이 주).

2) 1845년 3월부터 5월까지 고골은 심각한 신경쇠약과 우울증 및 그로 인한 심신쇠약에 시달렸다. 여기서 말하는 '중병'이란 이때의 상황을 일컫는 것이지만, 이보다 앞서 1840년에도 고골은 유사한 증상을 보이며 거의 죽음의 문턱에까지 간 바 있다. 1840년의 병에서 회복된 고골은 유언을 작성했지만 그때의 유언장은 남아 있지 않다.

했던 것입니다. 그런데 하느님의 높으신 은총은 죽음의 손길을 저에게서 거두어 주셨습니다. 저는 거의 완전히 회복되었습니다. 지금은 상태가 훨씬 좋아졌습니다. 하지만 기력의 소진으로 끊임없이 생명을 위협받고 있기 때문에, 그리고 지금 준비중인 성지로의 긴 여행이[3] 제 영혼을 위해 반드시 필요하지만 여행중에 무슨 일이 생길지는 아무도 모르는 일이기 때문에, 제 동포들에게 일종의 작별인사 대신 무언가 저 자신의 흔적을 남기고 싶어졌습니다. 제가 되찾은 최근 편지들 중에서 저는 오늘날 우리 사회와 관련된 문제를 포함한 편지들을 직접 선별한 다음 제가 유명을 달리한 뒤에야 뜻이 통할 부분들, 그리고 오로지 몇몇 분들에게만 의미가 있는 부분들은 모조리 삭제해 버렸습니다. 거기다가 두세 편의 문학평론을 덧붙이고, 또 제가 여행 도중 급사할 경우에는 모든 독자들을 증인으로 하여 유언장이 즉각 법률적 효력을 발휘해야 한다는 단서와 함께 유언장도 첨부하였습니다.

진심으로 말씀드리건대, 저의 이 편지 모음집은 유익하고 필요한 것입니다. 제 자신을 높이 평가하거나 제 능력이 유익할 것이라고 기대해서가 아니라, 유익한 인간이 되고자 하는 소망이 그 어느 때보다도 강렬하게 끓어오르기 때문에 그런 생각을 하는 것입니다. 우리가 도움을 주고 싶을 때는 그저 손을 내밀기만 하면 됩니다. 우리가 도

3) 고골이 맨 처음 성지 순례를 계획했던 것은 1843년경이었다. 그러나 실제로 여행길에 오른 것은 이 서문을 쓰고 약 1년 반이 지난 1848년 초엽이었다. 1848년 2월에 고골은 중학교 동창인 바질리(K. M. Bazili)와 함께 예루살렘에 도착했으며 4월에는 콘스탄티노플과 오데사를 경유하여 러시아로 돌아왔다.

움을 주는 것이 아니라 하느님께서 당신의 권능을 힘없는 말에 부여하심으로써 도우시기 때문입니다. 그러므로 저의 책이 하찮고 무의미하게 보일지라도 저는 그것의 출판을 결심했으며 또 동포들에게 그 책을 여러 번 되풀이 읽어주십사 부탁드리는 바입니다. 또한 여유가 있으신 분들은 그 책을 여러 권 사셔서 여유가 없으신 분들에게 나누어주시기를 당부하오며, 제가 곧 떠나게 될 여행의 모든 후원금은 한편으로는, 사순절을 맞이하여 저처럼 성지 순례를 절실하게 필요로 하지만 자기 돈만으로는 도저히 여행을 마무리지을 수 없는 사람들을 지원하는 데 쓰여질 것이고, 다른 한편으로는, 제가 여행길에서 만나게 될 사람들, 즉, 성스러운 무덤 앞에서 저의 독자들 및 자기네 후원자들을 위해 기도드릴 그 모든 사람들의 궁핍을 덜어주기 위해 쓰여질 것임을 아울러 말씀드립니다.

저는 훌륭한 그리스도교인으로서 여행을 마치고 싶습니다. 그렇기 때문에 이 자리를 빌려서 동포 여러분에게 제가 지은 모든 죄를 용서해 주시길 청하는 것입니다. 저의 무분별하고 미숙한 작품들이 많은 이들에게 고통을 안겨주었으며, 몇몇 사람들에게는 심지어 저에 대한 적대감까지 심어주었으며, 전반적으로 다수의 독자들에게 불쾌감을 선사했다는 사실을 저는 잘 알고 있습니다. 변명 같지만, 제 의도는 선한 것이었으며 저는 그 누구도 고통을 당하거나 저를 적대시하는 것을 바라지 않았다는 사실, 그리고 저의 작품들이 그토록 불완전한 방식으로 제시되고 또 거의 모든 독자들이 그 진정한 의의를 잘못 파악하게 된 것은 모두 저의 어리석음과 성급함과 경솔함 때문이었다는 사실만은 말씀드리고 싶습니다. 제 작품 속에서 의도적으로 모욕적으로 보이는 대목들에 관해서, 저는 오로지 러시아의 영혼만이 베풀 수 있는 그런 관대함으로 용서해 주시기를 부탁드립니다. 저는 또 인생의 여정에서 길게든 짧게든 저와 알게 된 모든 분들에게도 용서를 청합니다. 제가 많은 사람들에게, 그리고 몇몇 사람들에게는 어쩌면 의도적으로 불쾌감을 던져주었다는 걸 알고 있습니다. 일반적으로 말해서, 사람에 대한 저의 태도는 언제나 매우 불쾌하고 혐오스러운 것이었습니다. 그것은 부분적으로 저의 인간 기피증에서 비롯된 것인데 그 인간 기피증이란 것도 사실은 제가 사람들에게 영리하고 유용한 말을 할 능력이 없다는 것을 자각했기 때문에(저는 공허하고 무익한 말을 하고 싶지 않았습니다), 또한 저는 너무도 단점이 많은 인간이므로 사람들로부터 멀리 떨어져 스스로를 조금이라도 더 교육시켜야만 한다고 굳게 믿고 있었기 때문에 생겨난 것입니다. 그리고 또 부분적으로는 사소한 허영심도 한몫 했는데 그것은 진흙탕에서 간신히 사교계로 진출하여 타인을 깔보는 것이 자기의 권리인 양 생각하는 일부 사람들 특유의 성향이라고 할 수 있습니다. 어쨌든 저는 어린 시절부터 이날 이때까지 누군가에게 끼쳤을 모든 모욕에 대해 용서를 빕니다. 저는 또한 고의였건 아니었건 간에 제가 동료 작가들에게 보인 모든 경멸과 무시에 대해서도 용서를 빕니다. 이유야 어쨌든 저를 용서하기가 어려운 분에게는 그 분도 그리스도교인이라는 사실을 상기시켜드리고자 합니다. 하느님께 기꺼이 바칠 고백성사를 앞두고 정진하는 사람이 자기 형제에게 먼저 용서를 청하듯이 저는 형제에게 용서를 청하는바, 그러한 순간 그 어느 누구도 자기의 형제를 용서하지 않을 수 없듯이 저의 형제 또한 저를 용서하지 않을 수 없을 것입니다. 마지막으로, 독자께서 저의 이 책에서 무언가 불쾌하거나 모욕적인 것을 발견하게 된다면 그 점 또한 용서해 주시기 바랍니다. 바라옵건대, 저에 대해 남모르게 앙심을 품지 마시고 이 책에서 찾아내신 모든 결점들, 그러니까 작가로서의 결점이건, 인간으로서의 결점이건, 이를테면 어리석음, 짧은 소견, 주제넘음, 허황된 자기 확신 같은 것들, 한마디로 인간이면 누구나 갖고 있되 스스로는 보지 못하는, 그리고 어쩌면 저한테서는 좀더 많이 발견되는 그 모든 결점들을 점잖게 지적해 주십시오.

마지막으로, 주교님, 그러니까 전 생애가 한편의 기도라 할 수 있는 주교님에서부터 시작해서 러시아의 모든 분들이 저를 위해 기도해 주시기를 부탁드립니다. 겸손하게도 자기가 드리는 기도의 위력을 믿지 않으시는 분들, 그리고 아예 기도라는 것 자체를 믿지 않을 뿐더러 심지어 불필요한 것이라고 생각하시는 분들까지도 기도해 주시기를 간청합니다. 아무리 무기력하고 냉담한 기도일 망정 저를 위해 그 무기력하고 냉담한 기도를 올려 주십시오. 저 또한 주님의 무덤 앞에서 저의 동포 한 분 한 분을 위하여 기도드리겠습니다. 저의 기도 또한 거룩하신 하느님의 은총이 마땅하고 옳은 기도로 바꾸어 주시지 않으면 무기력하고 냉담할 것입니다.

1846년 7월

친구와의 서신 교환선

차 례

I

유언장[1)]

나는 건강한 사고력과 기억력을 온전히 갖춘 상태에서 다음과 같이 유언을 진술하고자 한다.

I) 내 시신에서 뚜렷한 부패의 징표가 나타날 때까지 시신의 매장을 금한다. 이 점을 언급하는 이유는 와병기간 동안 이미 몇 차례 생명이 마비되는 순간들이 있었고 또 심장의 고동과 맥박이 종종 정지하곤 했기 때문이다. 나는 살아생전에 매사에, 심지어 매장과 같은 일에 있어서조차 어리석은 성급함으로 인해 발생한 불행한 사건들을 숱하게 목격한 바 있으므로 내 유언의 서두에 이 점을 못 박아 두는 바, 내가 죽은 후에라도 내 목소리가 사람들에게 신중함을 상기시켜 주기를 희망한다. 내 육신을 대지에 돌려주되 장소를 따지지도 말고 그 무엇과도 내 유해를 연결시키지 말도록 하라. 이미 내 것이 아닌

1) 1845년 6월에 작성된 이 유언장은 1840년에 처음으로 작성된 첫 번째 유언장과 여러 점에서 유사한 것으로 알려져 있다. 그러나 1840년의 유언장이 소실되었으므로 이 유언장은 현재 고골의 유일한 유언장으로 간주된다.

썩어 가는 육신에 어떤 식으로든 관심을 기울이는 자는 그것이 얼마나 부끄러운 일인지 깨달아야 하리라. 그는 시신을 갉아먹는 구더기를 숭배하는 것일지니. 그보다는 내 영혼을 위해 더욱 열심히 기도하고 또 온갖 장례 예절 대신 일용할 양식조차 없는 이들에게 내 이름으로 소박한 식사라도 한끼 대접해 주기 바라 마지않는다.

II) 나를 기리는 그 어떤 기념비도 세우지 말고 그리스도교인으로서는 적합하지 않은 그런 헛된 일은 아예 생각도 하지 마라. 나의 지인들 중 나와 가장 가까웠던 사람으로 하여금 다른 식의 기념비를 세우게 하라. 그 사람은 인생살이에 흔들리지 않고 의연하게 대처함으로써 그리고 주위의 모든 사람들에게 용기와 활력을 불어넣어 줌으로써 자기 자신 속에 그 기념비를 세우게 될 것이다. 내가 살아 있을 때보다 내가 죽은 뒤에 더욱 숭고한 영혼의 경지에 오르는 사람, 그 사람이야말로 나를 진정 사랑했으며 나의 벗이었음을 보여주게 될 것이며 또 오로지 그럼으로써 내 기념비를 세우게 될 것이다. 나 역시 비록 약하고 보잘 것 없는 존재였을망정 언제나 내 친구들을 격려했고, 나 역시 다른 사람 못지 않게 만고풍상(萬古風霜)을 겪었지만 근심과 슬픔이 닥쳤을 때 최근에 나와 가깝게 교제한 사람 중 그 누구에게도 낙담한 모습을 보여준 적이 없었으니, 내가 세상을 하직한 뒤 그 사람들 하나하나로 하여금 내가 그들에게 말한 모든 것을 곱씹고 지금부터 일 년 전에 나에게서 받은 편지들을 되풀이 읽으면서 바로 이 점을 기억하게 하라.

III) 그 누구도 나의 죽음을 애도하지 말 것을 당부하는바, 내 죽음이 무슨 엄청난, 혹은 거국적 손실인 양 생각하는 자는 마음속에 죄를 품는 것과 마찬가지이리라. 설령 내가 유용한 어떤 일을 수행하게 되어 합당한 방법으로 그 일에 착수했는데, 그러니까 그저 몇몇 사람을 만족시키는 그런 일이 아니라 모든 사람에게 소용이 될 그 과업을 시작하는 마당에 죽음이 나를 데려간다손 치더라도, 쓸모없는 비탄에 잠겨서는 안 되는 것이다. 심지어 나 말고 현재의 러시아 상황에서 진실로 국가에 유용한 어떤 인물이 죽었다 하더라도, 다시 말해서, 비록 모든 이에게 필요한 사람이 천수를 못 다하고 세상을 하직할 경우 그것은 하느님께서 진노하사 우리에게 맡겨진 소명으로 인도해줄 수단과 방법을 거두어 가신다는 표시임이 사실이라 할지라도, 살아있는 사람은 누구라도 낙심해서는 안 되는 것이다. 갑작스런 상실에 맞닥뜨렸을 때 우리는 결코 비탄에 잠길 것이 아니라 엄격한 눈으로 자기 자신을 돌아보아야 하는바, 사람들의, 혹은 온 세상의 어둠이 아니라 바로 자기 자신 안에 있는 어둠에 대해서 곰곰이 되새겨보아야 한다. 영혼의 어둠은 가히 무시무시한 것이니 가차없는 죽음이 목전에 닥쳤을 때에야 비로소 눈에 보이는구나!

Ⅳ) 나의 동포들 모두에게 내 펜에서 흘러나왔던 모든 글 중 최고의 것, 즉 《작별 이야기》란[2] 제목의 작품을 남기고자 한다(무릇 작가란 죽은 뒤에 독자에게 훌륭한 생각을 유산으로 남겨야 한다는 사실, 오로지 그 사실 하나에만 입각해서 하는 말이다). 읽어보면 알겠지만 그 작품은 내 동포에 관한 이야기이다. 나는 오랜 세월 동안 그것을 가장 소중한 보물인 양, 하느님께서 내려주신 거룩한 은총의 징표인 양 가슴속에 간직했다. 그것은 어린 시절부터 아무에게도 보이지 않는

---

2) 원문에는 다음과 같은 고골의 주석이 첨가되어 있다. "《작별 이야기》(*Proshchal'naia povest'*)는 내가 살아 있는 동안에는 출판되지 않을 것이다. 그것은 내가 사망한 후에야 비로소 의미가 통할 것이다." 고골이 실제로 《작별 이야기》를 집필했는지의 여부는 아직껏 밝혀지지 않고 있다. 설령 집필했다 하더라도 원고는 남아 있지 않다.

눈물의 원천이었다. 바로 그 작품을 나는 동포들에게 유산으로 남기는 것이다. 그러나 내 동포 중 누군가가 혹 그 작품 속에서 무슨 설교 같은 것을 발견하게 된다 하더라도 불쾌하게 생각하지 말기를 간곡히 바란다. 나는 작가이고 또 작가의 책무란 것이 독자의 지성과 취향을 기분 좋게 사로잡는 데 있는 것만은 아니기 때문이다. 만약에 작가의 작품이 영혼에 유익한 것을 아무것도 유포시키지 못한다면, 그리고 인간에 대한 아무런 교훈도 남기지 못한다면 그는 문책을 피할 수 없을 것이다. 그리고 나의 동포들도 알겠지만, 우리의 형제라면 누구라도, 설령 작가가 아니더라도 세상을 하직할 때에는 우리에게 무언가 형제적인 교훈 같은 것을 남길 권리가 있으며, 그럴 경우, 그의 대단찮은 신분이나 무능력이나 우둔함 따위를 왈가왈부해서는 안 되며 임종시의 인간은 세상살이에 바쁜 인간이 보는 것과는 다른 것을 더 정확하게 볼 수 있다는 점만을 기억해야만 하는 것이다. 그렇지만 나의 그러한 모든 권리에도 불구하고, 나의 동포들이 《작별 이야기》에서 읽게 될 그 모든 것들을 상황이 달랐더라면 나는 감히 다 발설할 수 없었을지도 모르는데, 이유인즉, 그 누구보다도 초라한 영혼의 소유자이자 개인적인 불완전함의 심각한 질병을 앓고 있는 나에게는 그런 말을 발설할 자격이 없기 때문이다. 나로 하여금 그렇게 하도록 부추긴 것은 다른, 보다 중요한 이유이다. 동포들이여! 오, 두렵도다! … 저 세상의 위대함과 하느님의 저 숭엄한 영적 창조물 앞에서는 이 세상에서 우리의 눈을 사로잡고 우리를 경탄케 하는 그분의 모든 위대한 창조물도 한갓 티끌에 불과하니, 그것을 상상하기만 해도 나의 영혼은 공포로 얼어붙는다. 어떤 괴물이 생겨날지 예견도 상상도 못하면서 우리 인간이 이 세상에 뿌린 씨앗에서 거인 같은 싹이 터서 그 열매가 맺는 것을 감지할 때 나의 죽어 가는 육신은 머리끝에서 발끝까지 신음한다. … 어쩌면 나의 《작별 이야기》는 여태껏 인생을 한낱 게임정도로 생각해 온 사람들에게 어떤 식으로든 영향을 끼쳐 그들의 가슴이 조금이나마 인생의 엄숙한 신비를 알아차리고 그 비밀에서 흘러나오는 가장 내밀한 천상의 음악을 듣게 만들지도 모른다. 동포들이여! … 이 시점에서 당신들을 무어라 불러야 할지 알지도 못하고, 알 수도 없다. 허례허식 같은 것은 접어두자! 동포들이여, 나는 당신들을 사랑했다. 형언할 수 없는 사랑, 하느님께서 주신 사랑, 너무도 크신 은혜를 받아 나로 하여금 감사드리도록 하는 그런 사랑으로 당신들을 사랑했던바, 그건 바로 그 사랑이야말로 극심한 고통의 와중에서 나에게 기쁨과 위로가 되었음이니, 이제 나는 그 사랑의 이름으로 당신들에게 간청한다, 마음을 다해 내《작별 이야기》에 귀 기울여 달라고. 맹세코, 내가 그 이야기를 집필하거나 꾸며댄 것이 아니라, 이야기가 저절로 영혼에서 흘러나왔으니, 하느님께서 그 영혼을 시련과 고뇌로 단련시켜 주셨으며 그 이야기의 음악은 우리 러시아 민족 모두의 내밀한 힘, 나와 여러분 모두를 한가족으로 묶어주는 그 힘으로부터 솟아 나왔도다.

V) 내가 죽은 뒤에 공개적 지면이나 잡지 등을 통해 내 작품을 판단하거나 칭송하는 데 급급해 하지 말기 바란다. 그 모든 것은 내가 살아생전에 그랬던 것처럼 편파적일 것이다. 사실 내 글에는 칭찬보다 비난할 건더기가 훨씬 많이 있다. 내 글에 대한 비난은 근본적으로 볼 때 대충 정당한 것이었다. 나에게 잘못한 사람은 아무도 없다. 나를 위한답시고 다른 사람을, 그 어떤 사정으로든 간에 책망하는 자는 배은망덕하고 부당한 일을 하는 셈이다. 또한 공개적으로 선언하는바, 지금까지 출판된 것 이외에 내가 집필한 것은 아무것도 존재하지 않는다. 필사본 상태로 남아있던 글은 병마에 시달리며 쓴 것으로 힘도 생명도 없기 때문에 나 스스로 모조리 태워버렸다. 따라서 누군

가가 무언가를 내 이름으로 출간한다면 그것은 저열한 사기(詐欺) 임을 알아주기 바란다. 그 대신 나는 친구들에게 다른 책임을 지우고자 하니, 즉 1844년 말부터 내가 보낸 편지를 수신자가 누구이든 간에 모두 수거하여 인간의 영혼에 어떤 식으로든 유익이 되는 편지를 엄격하게 선별해 내고 그 밖에 쓸데없는 잡담이나 끼적여 놓은 것은 파기한 다음 단행본으로 출판해 주기 바란다. 그 편지들 속에는 수신자에게 무언가 도움이 되는 것들이 담겨 있었다. 하느님께서는 자비로우시니 어쩌면 그 편지들은 다른 이들에게도 도움이 될지 모르며 그럼으로써 내가 이전에 쓴 것들의 무익함에 대해 느껴온 저 무거운 책임감을 조금이나마 내 영혼에서 덜어줄지도 모른다.

VI) …[3]

VII) 유증(遺贈) 하고 싶은 것이 있으나 … 그것은 이미 내 마음대로 처분할 수 있는 것이 아님을 깨달았다. 나는 경솔하게 처신하는 바람에 내 소유권을 강탈당했다. 즉, 내 의사에 반해, 그리고 내 허락도 없이 나의 초상화가 인쇄되었던 것이다.[4] 이 자리에서 구구하게 늘어놓을 필요가 없는 여러 가지 이유에서 나는 그렇게 되길 바라지 않았고, 또 그 누구에게도 출판의 권리를 양도한 바 없고, 이제까지 내

---

3) 이 항목은 고골의 뜻에 따라 삭제되었다. 그 내용은 1846년 11월 14일자로 어머니와 누이들에게 보낸 편지에 보존되어 있다. 그것은 가족들에게 남기는 유언으로, 자신이 사망한 후 불쌍한 사람들에게 음덕을 베풀 것을 당부하고 있다.

4) 1843년 잡지 〈모스크바 사람〉(*Moskvitianin*)에 순전히 상업적 목적으로 고골의 초상화가 게재된 사건을 가리킨다. 그것은 저명한 화가 이바노프(A. A. Ivanov)가 그린 초상화를 젠코프(P. Zen'kov)가 동판화로 새겨 인쇄한 것으로 고골의 지인 중 한 사람이었던 포고딘(M. P. Pogodin)이 그것의 게재를 기획했다.

게 접근해온 서적상들이 내놓은 제안을 거절했던바, 혹시라도 하느님께서 나로 하여금 일생동안 내 생각을 사로잡고 있던 과업을 너무도 훌륭하게 완수할 수 있도록 도와주시어 내 모든 동포들이 입을 모아 고골이라는 인간이 성실하게 제 할 일을 다 했다고 말하면서 오랫동안 침묵 속에서 일하고 또 부당한 명성 같은 것은 거들떠보지도 않은 그 고골의 생김새를 알고 싶어하는 그런 상황이 닥쳤다면 혹 초상화의 인쇄를 허락했을지도 모른다. 내가 이런 말을 하는 것에는 또 다른 사정이 있다. 그러니까, 그런 상황이 닥치면 나의 초상화는 순식간에 여러 장이 판매될 수 있었을 것이고, 그것을 동판화로 새기기로 되어 있던 예술가는 큰 이익을 얻을 수 있었을 것이다. 그 예술가는 벌써 수년 동안 로마에서 라파엘로의[5] 저 불멸의 명화 〈그리스도의 거룩한 변모〉를[6] 동판으로 새기는 일에 몰두하고 있다. 그는 자신의 과업, 그러니까 세월도, 건강도 모두 집어삼키는 저 살인적 과업을 위해 모든 것을 희생했고 이제 거의 마무리 단계에 접어들고 있는 자신의 과업에 이제껏 그 어떤 동판화가도 획득한 적이 없는 완성도를 부여했다. 그러나 높은 가격, 그리고 얼마 안 되는 전문가 때문에 동판화는 그의 모든 것을 보상해줄 만큼 많은 양으로는 유포되기 어렵게 되어버렸다. 이런 상황에서 나의 초상화는 그를 도와줄 수도 있었던 것이다. 그러나 이제 내 계획은 무산되었다. 일단 인쇄되고 나면 누구의 모습이건 간에 동판화와 석판화 출판에 종사하는 사람의 소유로 되어버리기 때문이다. 하지만 만일 내가 죽은 뒤에 간행된 나

---

5) 라파엘로(Raffaello Sanzio, 1483~1520): 레오나르도 다 빈치, 미켈란젤로와 함께 르네상스 예술을 대표하는 화가.

6) 라파엘로의 대표작. Transfiguration은 흔히 〈현성용〉, 〈그리스도의 변용〉이라고 번역들 하지만 한국 정교회와 가톨릭 모두 '변모'라는 용어를 사용하므로 이 책에서는 그것을 따르기로 하겠다. 《한국 가톨릭 대사전》을 참고하라.

의 편지들이 조금이나마 사회에 이익을 가져다주고(혹은 그렇게 하려는 정직한 노력만이라도 인정받게 된다면) 나의 동포들이 내 초상화를 보고 싶어하게 된다면, 나는 모든 출판인에게 자신의 권리를 고결하게 포기해 달라고 부탁하는 바이며, 또 유명세를 타는 것이면 무엇이든 지나치게 좋아한 나머지 기왕에 내 초상화를 입수하게 된 독자들에게는 어쨌든 그 초상화는 잘못 그려졌고 게다가 나하고 닮은 점도 별로 없으니까 이 글을 읽는 즉시 그것을 파기하고 그 대신 "이오르단의 동판화"라고[7] 새겨진 초상화를 구입해 주시기를 당부하고자 한다. 그렇게 한다면 최소한의 정당한 행동을 하는 셈이 될 터이지만 더욱 정당한 행동은 무엇인고 하니, 여유가 있는 분들이 내 초상화 대신 바로 그 동판화, 그러니까 외국인들까지도 동판화의 왕관이자 러시아의 영광이라 인정한 〈그리스도의 거룩한 변모〉를 구입하는 것이리라.

이 유언은 내가 세상을 하직하는 즉시 모든 잡지와 간행물에 게재될 것을 요청하는바, 이는 그 누구도 유언의 내용을 몰랐기 때문에 나에게 무고한 죄인이 되지 않도록, 또 그로 인해 스스로의 영혼을 질책하지 않도록 하기 위함이다.

1845년

---

7) 이오르단(F. I. Iordan, 1800~1883) : 유명한 러시아의 화가이자 조각가. 고골과 매우 가까운 친구였다.

II

사교계의 여성[1)]

… 에게[2)] 보내는 편지

당신은 자신이 사회에 어떤 영향도 끼치지 못한다고 생각하실 겁니다. 하지만 저는 정반대로 생각합니다. 특히 오늘날, 한편으로는 낙후된 국민교육이, 다른 한편으로는 일종의 정신적 냉담함, 소생을 필요로 하는 도덕적 피곤이 만연한 이 사회의 질서 혹은 무질서 속에서 여성의 영향력은 지대합니다. 그 필요한 소생을 실현시키기 위해서는 여성의 협조가 필수적입니다. 이러한 진리는 무슨 음험한 전조처럼 갑자기 온 세상에 퍼졌으며 이제 모든 이들이 여성으로부터 무언가를 기다리고 있습니다. 다른 모든 것은 제쳐놓고 우선 우리의 러시아를,

1) 이 편지는 1844년부터 1845년까지 스미르노바 부인(A. Smirnova, 1809~1882)과 비엘고르스키(Viel'gorskii) 가문의 큰 딸에게 보낸 여러 편지에서 발췌하여 재구성한 것이다.

2) 앞의 주 1)과 같은 이유에서 이 편지의 수신인은 고골의 정신적 지주였던 스미르노바 부인이라고 보아도 무방할 것 같다. 스미르노바는 명문 귀족 태생으로 처녀 때부터 황실 귀족들 및 문단의 명사들과 교류했으며 부유한 외교관 스미르노프와 결혼한 이후에도 황실과 문단을 오가며 작가들을 위한 중재역할을 했다. 고골은 1832년 그녀와 친분을 맺은 후 무수한 편지를 주고받았다. 그녀는 고골을 위해 여러 차례 니콜라이 I세 황제를 알현하기도 했다.

특히 그토록 빈번히 우리에게 목격되는 저 무수한 온갖 종류의 직권 남용을 살펴봅시다. 제 생각에, 관직 혹은 그 비슷한 영역에서의 뇌물수수 및 부조리, 그러니까 모든 계급의 관리 및 관등 없는 공무원들이 저지르는 그런 일의 대부분은 그들의 아내들이 큰 사교계 혹은 작은 사교계에서 으스대고 싶어서 돈을 펑펑 써대고 또 그러기 위해서 남편에게 돈을 요구하기 때문에, 혹은 그들이 꿈 같은 망상에 사로잡혀 모든 망상보다 훨씬 고상하고 훨씬 아름다운 책임감의 본질을 저버린 나머지 가정생활을 공허하게 느끼기 때문에 생겨났습니다. 만일 부인들이 조금이라도 자기의 의무를 다한다면 남편들은 그들이 통상 저지르는 부조리의 십분의 일도 안 저지르게 될 것입니다. 아내의 영혼은 남편을 도덕적인 전염병으로부터 지켜주는 부적과도 같습니다. 그것은 그가 곧은 길 위에 서 있도록 뒷받침해주는 든든한 힘이자 굽은 길로부터 올곧은 길로 되돌아오도록 인도해 주는 안내자입니다. 역으로, 아내의 영혼은 남편에게 악이 될 수도 있고 그를 영원히 파멸시킬 수도 있습니다. 당신 스스로도 이 점을 깨달아 여태껏 그 어떤 여성이 쓴 글보다도 훨씬 훌륭하게 표현한 바 있습니다. 그렇지만 당신은 이렇게 말하십니다. 즉, 다른 모든 여성에겐 활동무대가 가까이 있는데 오로지 당신한테만은 없다고요. 당신은 도처에서 여성들이 일하는 것을 봅니다. 그르쳐진 일을 바로잡거나 개선하기도 하고 무언가 필요한 일을 새로 시작하기도 하고, 하여튼 그들은 어떤 식으로든 도움이 되는 일을 하고 있는데 오로지 당신한테만은 일이 없으므로 당신은 슬프게 구시렁거리고 있습니다, "어째서 나는 저 여자들의 위치에 있는 것이 아닐까!" 하지만 그것은 모든 사람들이 겪는 환상입니다. 모든 사람이 자기가 다른 사람의 위치나 지위에 있었더라면 많은 선한 일을 행할 수 있을 것이라고, 그리고 자신의 위치에서는 아무 좋은 일도 할 수 없다고 믿고 있습니다. 이것이야말로 모든 악의 원천입니다. 우리 모두는 이제 자신의 위치에서 어떻게 하면 선을 행할 수 있을까 생각해 보아야 합니다. 하느님께서 개개인을 지금 그가 서 있는 자리에 있도록 하신 것은 다 이유가 있어서입니다. 당신은 말합니다, 나는 어째서 한 가정의 어머니가 아닐까, 그렇다면 이제는 내가 그토록 분명하게 알고 있는 어머니의 의무를 다할 수 있을 텐데, 라고요. 어째서 내 영지(領地)는 엉망이 되어 있지 않을까, 그렇다면 나도 시골로 내려가 지주가 되어 영지경영에 전념할 수 있을 텐데, 라고요. 어째서 우리 남편은 많은 이에게 이익이 되는 어려운 일을 하지 않을까, 그렇다면 최소한 그이를 도와주고, 또 지지자와 위로자의 역할을 할 수라도 있을 텐데, 라고요. 어째서 이 모든 일 대신, 무인도보다도 더 황량하게 보이는 사교계나 상류사회에 드나드는 일, 그런 공허한 일만이 나에게는 주어진 것일까, 라고요. 그렇지만 그 상류사회에도 역시 사람은 살고 있습니다. 그곳의 사람들도 그 어떤 다른 세계의 사람들과 똑같습니다. 그들도 아파하고 고통당하고 도움을 필요로 하고 또 도와달라고 말없이 울부짖고 있습니다. 게다가 너무도 안타까운 일입니다만 어떻게 도움을 청해야 할지조차 모르고 있습니다! 다음 중 어떤 거지를 먼저 도와주어야 할까요, 아직은 거리에 나설 수 있는 거지입니까, 아니면 손을 내밀 힘조차 없는 거지입니까? 당신은 당신이 사교계에서 어떻게 누군가에게 도움을 줄 수 있는지 알지도 못하고 또 상상할 수도 없다고 말씀하십니다. 또 도움을 주기 위해서는 온갖 도구를 다 갖추고 있어야 한다, 현명하고 박식한 여자가 되어야 한다, 그래서 이 모든 걸 생각만 해도 머리가 빙빙 돈다, 이렇게 말씀하십니다. 하지만 이미 당신 자신이 갖춘 것만으로도 이 모든 걸 위해 충분하다면요? 현재 필요한 바로 그 도구들을 당신은 이미 갖고 있다면요? 당신이 자신에 관해 하시는 말씀은 모두 전적으로 옳습니다. 네, 당신은 사실 너무 젊고, 사람경험도 인생경험도 없으며 한마디로 다른 사람들에게 정신적 도움을 주는 데 필요한 것은 아무것도 갖추고 있지 않습니다. 어쩌면 당신은 앞으로도 결코 그런 것을 갖추지 못할지 모릅니다. 하지만 당신에게는 무엇이든 할 수 있는 다른 도구가 있습니다. 첫째, 당신은 이미 아름다움을 갖고 있고, 둘째, 그 무엇으로도 더럽혀지지 않은 깨끗한 이름을 갖고 있고, 셋째, 스스로도 의심하지 않는 순결한 영혼의 힘을 갖고 계십니다. 여성의 아름다움은 아직도 신비입니다. 하느님께서 어떤 여성들을 아름답게 만드신 것은 다 까닭이 있습니다. 아름다움이 모든 사람을 똑같이, 심지어 무슨 일에건 냉담하고 무능한 사람까지도 경탄케 하도록 만들어진 것 역시 다 까닭이 있어서입니다. 한 아름다운 여성의 어리석은 변덕이 세계를 뒤바꿀 수 있고 현명하기 짝이 없는 사람까지도 바보짓을 하게 만들 수 있는 마당에, 만일 그 변덕에 지혜와 선을 향한 지향이 덧붙여진다면 어떻겠습니까? 그러니 아름다운 여성은 다른 여성에 비해 얼마나 많은 선을 행할 수 있겠습니까! 그것은 강력한 도구임에 틀림없겠지요. 그러나 당신은 그보다 더 숭고한 아름다움을 가지고 계시니, 당신 특유의 저 청초하고 매력적인 순진무구함이 그것으로, 저는 언어로 그것을 표현할 길 없지만 어쨌든 그 순진무구함 속에서 당신의 다정한 영혼은 모든 이를 향해 빛나고 있습니다. 아시는지 모르겠지만, 우리 젊은이들 중에서도 방탕하기로 이름 높은 청년 몇 사람이 제게 고백하기를, 당신이 있는 자리에서는 어리석은 생각을 할 수가 없고, 다른 난봉꾼들과 시시덕거릴 때 쓰는 천박한 말을 할 수도 없고, 더 나아가 아예 아무 말도 할 수 없는데 그건 당신 앞에서는 모든 것이 조야하고, 또 어딘지 거칠고 무례한 느낌을 주기 때문에 그렇다고 합니다. 자 이것 하나만 보더라도 당신은 자기도 모르는 사이에 스스로의 존재만으로 영향력을 행사하고 있는 것 아니겠습니까! 당신 앞에서 어리석은 생각을 할 수 없는 사람은 이미 그것을 부끄럽게 여기고 있는 거나 마찬가지입니다. 그런 식의 자기 성찰은 비록 순간적인 것일망정 인간이 자기 향상을 위해 내딛는 첫걸음입니다. 분명 이 또한 강력한 도구라 할 수 있습니다. 당신이 이미 갖추고 계신 모든 것 이외에 하느님은 당신의 영혼에 선을 향한 지향, 혹은 당신의 표현을 빌려 선에 대한 갈증을 불어넣어 주셨습니다. 당신을 한순간도 편안히 놔두지 않는 그 갈증이 아무 까닭 없이 주어졌다고 생각하시진 않으시겠죠? 당신은 고상하고, 현명하고, 아내를 행복하게 해줄 수 있는 모든 조건을 겸비한 남자와 결혼을 하자마자 가정의 행복 속에 푹 빠져 있는 대신, 나는 그런 행복을 받을 자격이 없다, 주위에 온갖 고통이 널려 있는데, 기근, 화재, 작금의 우리 세대가 앓고 있는 저 끔찍한 정신질환 등 온갖 종류의 환란에 관한 소식이 끊임없이 들려오고 있는데, 내가 그런 행복을 어찌 누릴쏘냐, 하면서 괴로워합니다. 제 말을 믿으십시오, 거기에는 다 뜻이 있습니다. 매혹적인 환락의 세계 속에서도 주위사람들 때문에 스스로를 그토록 괴롭히는 선한 사람, 천사처럼 사람들을 걱정해 주는 사람, 그 사람은 그들을 위해 많은, 아주 많은 것을 할 수 있습니다. 그 사람에게는 사방에 널린 게 일입니다, 사방에 널린 게 사람이니까요. 그러니 당신이 거주하도록 정해진 그 사교계를 떠나지 마시고 하느님의 섭리와 다투지 마십시오. 당신 안에는 지금 사교계에 필요한 미지의 힘이 살고 있습니다. 당신의 음성은 사람들에게 도움을 주고자 하는 줄기찬 열정 덕분에 이미 모든 이에게 귀 익은 소리를 획득하게 되었으니, 당신이 지고지순한 시선과 한 번도 입가를 떠난 적이 없는 당신 특유의 미소와 함께 말문을 열면 누구든 자기와 얘기하는 사람이 천상에서 내려온 누이라고 생각하게 될 것입니다. 당신의 음성은 전능한 것이 되었습니다. 당신은 명령을 내릴 수 있고 또 우리 중 그 누구보다도 강력한 폭군이 될 수 있습니다. 아무

말도 없이 그저 당신의 존재만으로 명령을 내리십시오. 당신이 그토록 분개해 마지않는 바로 그 무력함으로 명령을 내리십시오. 작금의 사교계 여성이 안타깝게도 이미 상실해버린 저 여성적 매력으로 명령을 내리십시오! 수줍은 미숙함 덕분에 당신은 교만한 자기과시로써 모든 것을 체험한 똑똑한 여성보다 몇 배나 많은 일을 할 수 있습니다. 그녀는 자신의 현명하기 그지없는 확신으로 작금의 사교계를 제 궤도에 올려놓고 싶겠지만 그 확신은 사악한 경구의 형태로 그녀의 머리위로 되돌아 올 것입니다. 하지만 당신이 말없이, 그저 조용한 시선 하나만으로 우리 중의 누군가에게 좀더 나은 사람이 되라고 부탁한다면 그 누구라도 감히 경구 따위를 입에 올리지 못할 것입니다. 사교계의 방탕에 관한 이야기를 듣고 어째서 당신은 그렇게 놀라셨습니까? 방탕은 물론 존재하며 또 방탕의 정도는 당신이 생각하는 것보다 훨씬 심할 것입니다. 그러나 그런 것은 아실 필요가 없습니다. 사교계의 저 천박한 유혹이 두렵습니까? 당신의 그 빛나는 미소와 함께 그 속으로 과감하게 돌진해 가십시오. 사교계가 마치 환자로 가득 찬 병원인 양 그 속으로 들어가십시오. 하지만 엄격한 처방전과 쓰디쓴 약을 가져오는 의사처럼 행동하진 마십시오. 그리고 누가 무엇 때문에 아픈지는 따지지 마십시오. 당신은 질병을 진단하고 치료하는 능력이 없으며 저 또한 그런 능력이 있는 여성에게 주었을 법한 그런 충고는 드리지 않겠습니다. 당신이 하실 일은 그저 환자에게 당신의 미소와 그 음성, 그러니까 듣는 이에게 천상에서 내려온 누이의 속삭임을 전해 주는 그 음성을 주시기만 하면 됩니다. 더 이상은 아무것도 필요 없습니다. 도처에서 당신을 필요로 하니까 한 사람한테 너무 오래 머물지 마시고 곧 다른 사람에게로 가십시오. 안타깝게도 온 세상 곳곳에서 사람들은 다른 그 어떤 것도 아니고, 당신이 이미 가지고 계신 바로 그 음성의 친숙한 노래만을 기다리고 또 기대하고 있습니다. 사교계 사람들과 시시덕거리지 마십시오. 그 사람들로 하여금 당신의 말씀에 관해 담소하도록 하십시오. 하느님께서 오늘날의 저 암사자들 입에서 나올 법한 그런 쑥덕공론과 일체의 현학으로부터 당신을 보호해 주시기 바랍니다. 가까운 친지들에게 둘러싸여 있을 때 당신의 입에서 유려하게 흘러나오는 소박한 이야기들, 단순한 말 한마디 한마디가 찬란하게 빛나서 그것을 듣는 사람은 누구라도 자기의 영혼이 천사와 함께 인간의 천국 같은 어린 시절에 관해 종알거리고 있다는 느낌을 받게 되는 그런 이야기들을 사교계에 전해 주십시오. 바로 그런 이야기를 사교계에 전해주시면 됩니다.

1846년

III

질병의 의미[1)]

A. P. T.[2)] 백작에게 보내는 편지 중에서

…제 기력은 시시각각 쇠약해지고 있지만 정신만큼은 그렇지 않습니다.[3)] 육신의 병이 이토록 고통스러웠던 적은 일찍이 한 번도 없었습니다. 간혹 너무나, 너무나 고통스럽고 뼈 마디마디에서 무서운 피로감이 느껴져서, 마침내 하루가 저물어 잠자리에 들 시간이 다가오면 무턱대고 기쁘기까지 합니다. 정신마저도 약해질 대로 약해져 어떤 때는 이렇게 외치기도 합니다, "오 하느님, 대체 언제나 이 모

1) 이 편지는 그 어떤 편지보다도 확연하게 심각한 질병으로 야기된 고골 자신의 정신적·신체적 상태를 반영한다. 그리스도교적 극기와 겸손, 생에 대한 관조적 입장 등은 이 편지의 기조를 이루지만 여기서도 그의 논조가 광적인 신앙과 결합하는 바람에 원래의 의도는 상당히 변질되었다는 느낌을 준다.

2) 톨스토이(A. P. Tolstoi, 1801~1873): 고골의 지인 중 한 사람. 전형적 보수주의자이자 행정관료이자 독실한 정교회 신자. 고골은 1842~1843년에 파리에서 그와 처음 알게 되었고 그의 광신적인 신앙심의 영향으로 이후 신비주의적인 종교사상에 깊이 빠져들었다. 1848년 러시아로 영구 귀국한 고골은 임종시까지 모스크바 수보로프스키 대로에 있는 그의 집에 기거했다. 현재 그의 저택은 고골 도서관으로 개조되었으며 고골이 사용했던 두 개의 방은 고골 기념실로 되어 있다.

3) 이 구절은 그리스도의 마지막 말씀을 상기시킨다. "마음은 간절하나 몸이 말을 듣지 않는구나"(〈마태오의 복음서〉 26: 41).

든 것의 종착점에 도달하게 되는 겁니까?" 하지만 그리고 나서 자기 자신을 되돌아보고 자신의 내면을 깊숙이 들여다보게 되면, 영혼에서 쏟아져 나오는 것은 오로지 눈물과 감사의 기도뿐입니다. 아! 질병이란 우리에게 얼마나 필요한 것일까요! 제가 이미 얻어낸 무수한 질병의 효용 중에서 딱 한 가지만 말씀드리겠습니다. 제가 지금 어떤 사람이건 간에 저는 어쨌든 이전보다 훌륭한 사람이 되었습니다. 만일 질병이 아니었더라면 저는 제가 마땅히 되어야 하는 사람이 이미 되어 있다고 생각했을 겁니다. 러시아 사람으로 하여금 끊임없이 광태(狂態)를 부리게 하고 또 사람들 앞에서 으스대고 싶게 만드는 저 건강함이 나로 하여금 수천 가지 우행(愚行)을 저지르게 했을지도 모른다, 뭐 이런 얘기를 하고자 하는 게 아닙니다. 고통 중에도 하느님의 은총이 선사해주시는 상쾌한 순간이 오면 가끔 이전보다 비교할 수 없이 훌륭한 생각들이 떠오르고, 이제 저의 펜 끝에서 흘러나오는 것은 무엇이든 이전보다 훨씬 의미심장할 것이라는 사실을 깨닫게 됩니다. 질병에서 오는 무서운 고통이 아니었더라면 제가 어떻게 되었을지 생각하기도 두렵습니다. 아마 제 스스로가 대단한 사람인 양 착각하고 있었을 것입니다! 하지만 매 순간 깨닫습니다, 제 생명이 위태롭고, 또 질병으로 인해 제 모든 명성이 달려있는 필생의 업이 갑자기 중단될지도 모르고, 제 영혼이 그토록 소망했던 인류에의 공헌이 이루어지지 않은 채 그저 무기력한 희망사항으로만 남아있게 될지도 모르고, 하느님께서 제게 주신 재능에 이자를 제대로 갚지 못해 최악의 죄인처럼 심판을 받게 될지도 모른다는 것을요… 이 모든 것을 깨달음에 저는 매순간 겸손해지고 저에게 병을 주신 천상의 주재자께 무어라 감사의 말씀을 드려야 할지 모르게 됩니다. 그러니 당신도 모든 질병을 겸허하게 받아들이시고, 지금부터라도 그것이 필요한 것임을 믿도록 하십시오. 그저 하느님께 기도드리십시오, 질병의 신비한 뜻을, 거기 깊숙이 숨겨진 숭고한 의미를 당신 앞에 드러내 주십사고요.

1846년

IV

말이란 무엇인가[1)]

언젠가 푸쉬킨은[2)] 흐라포비츠키에게[3)] 바치는 데르자빈의[4)] 송시

---

1) 이 글은 특정 수신인을 상대로 한 서신이 아닌, 독립적인 논평의 형태로 씌어졌다. 유명한 저널리스트인 포고딘(주 6 참조)과의 불화가 이 글을 쓰게 된 동기였다고 사료된다. 비록 포고딘에 대한 악의가 이 글의 바탕에 깔려 있긴 하지만 그래도 작가로서의 고골의 역량은 이 글에서 다시 확인된다. 말에 대한 경외심, 그리고 그 의의에 대한 진정한 이해는 고골이 이 책을 쓸 당시 예술가로서의 본분을 완전히 망각했다는 일각의 비난을 일축해 준다.

2) 푸쉬킨(A. P. Pushkin, 1799~1837) : 시의 황금시대를 대표하는 러시아 최고의 시인. 선배 시인 데르자빈의 시적 천재성은 인정하면서도 그가 러시아어에 미친 공헌에 대해서는 회의적이었다. 1831년 모스크바를 방문한 고골은 그곳에서 푸쉬킨을 만나게 되었다. 푸쉬킨은 이제 막 문단에 등단한 젊은 작가를 따뜻하게 맞아 주었으며 여러 가지 격려의 말을 해주었다. 푸쉬킨과의 만남은 청년 고골에게 있어 엄청난 의미를 갖는 일종의 사건이었다. 푸쉬킨은 고골의 재능을 일찌감치 꿰뚫어 보았으며 그가 위대한 작가로 성장할 수 있도록 성원을 아끼지 않았다. 푸쉬킨은 고골의 선배이자 가장 든든한 후원자이자 조력자이자 친구였다.

3) 흐라포비츠키(A. V. Khrapovitskii, 1749~1801) : 18세기 말의 2류 시인, 데르자빈의 친구. 두 사람은 근위 보병대에 같이 근무했다. 데르자빈은 그를 위해 두 편의 송시를 썼다.

4) 데르자빈(G. R. Derzhavin, 1743~1816) : 푸쉬킨 이전 시대를 풍미한 당대

에서 다음과 같은 시구를 읽고서

풍자가는 내 말을 욕할지라도
내 행위는 칭찬하리라, —

이렇게 말했습니다. "데르자빈이 전적으로 옳은 것은 아니다. 무릇 시인의 말이란 그 행위의 요체이다." 푸쉬킨이 옳았습니다. 시인은 말의 구사라고 하는 직업에 관한 한 다른 사람이 자기 분야에서 그러하듯 비난받을 수 없는 존재입니다. 만일 시인이 불성실이라든가, 무분별이라든가, 경망스러운 말투 등의 원인이 된 무슨 상황 등을 손꼽아가며 자기 자신을 합리화시킨다면, 그것은 타락한 판사가 열악한 환경이라든가 마누라, 너무 많은 식구 등 그러니까 한마디로 말해서 무어든 닥치는 대로 구실로 삼아 뇌물을 받아먹고 공정한 재판을 돈으로 흥정한 사실을 정당화시키는 것과 마찬가지일 것입니다. 인간은 돌연 열악한 상황에 처해지는 수가 있습니다. 그렇지만 후대의 독자들은 어떤 작가가 무슨 바보소리나 엉뚱한 소리를 지껄여 댄 것이, 혹은 전반적으로 무분별하고 유치한 글을 써댄 것이 과연 누구의 잘못인지에 대해서는 관심이 없습니다. 누가 그 작가를 부추겼는지 판정하지도 않을 것입니다. 작가로 하여금 졸속으로 원고를 넘기도록 꼬드긴 근시안적인 친구의 잘못인지, 아니면 자기 잡지가 얻을 수익에만 급급한 저널리스트의 잘못인지에 관해서는 관심이 없다는 뜻입니다. 후대의 독자들은 작가의 친인척이라든가, 저널

최고의 시인. 놀라운 상상력과 독창력을 겸비한 서정성 높은 시들을 썼으며 고전주의 시대와 낭만주의 시대를 이어주는 교량 역할을 했다. 젊었을 때는 군인으로, 그 후에는 내무성의 관리로 봉직했으며 한동안 예카테리나 여제의 총애를 받기도 했다. 만년에 황실과의 관계가 악화되자 즈반카의 영지에 정착하여 전원생활을 향유하며 철학적 시들을 썼다.

리스트들, 궁핍한 사생활, 혹은 열악한 상황 등을 고려하지 않을 것입니다. 후대의 독자들은 그들이 아닌 작가 자신에게 비난을 퍼부을 것입니다. 어째서 너는 이 모든 것을 참고 견디지 않았느냐? 너도 네 소명의 순수성을 잘 알고 있었지 않느냐. 네 스스로 수입이 훨씬 나은 다른 직업 대신 그 직업을 택했고, 게다가 무슨 환상 때문에 그런 것이 아니라 너의 내부에서 울리는 하느님의 부르심을 들었기 때문에 그런 것이고, 또 너는 거기 덧붙여서 너를 꼬드긴 인간들보다 더 멀리, 더 깊게, 더 넓게 볼 수 있는 지혜까지 부여받지 않았느냐. 성숙한 인간에게 필요한 모든 것을 받았음에도 너는 어찌하여 어린애같이 굴었느냐? 한마디로 말해서, 그냥 평범한 작가라면 개인 사정으로 정당화될 수 있겠지만 데르자빈은 안 됩니다. 데르자빈은 자기가 쓴 모든 송시의 최소한 절반은 불태워버렸어야 했는데 그렇게 하지 않음으로 해서 스스로를 엄청나게 훼손시켰습니다. 이 절반 분량의 송시는 놀라운 현상을 보여줍니다. 요컨대, 이제껏 그 누구도 자기 스스로를, 그리고 자신의 지극한 믿음과 감정의 성스러움을, 데르자빈이 그 불행한 송시들 속에서 그랬던 것만큼 웃음거리로 만든 적이 없었던 것입니다. 그는 애써 자기 자신의 캐리커처를 엉터리로 그려 놓은 셈이 되어버렸습니다. 다른 작품들에서는 그토록 아름답고, 자유롭고, 영혼의 불길에서 흘러나오는 내적인 힘으로 충만되었던 모든 것이 여기서는 차갑고, 생기 없고 부자연스럽게 보입니다. 게다가 무엇보다도 나쁜 것은, 똑같은 어투, 똑같은 표현, 심지어 똑같은 구절이 통째로 반복 사용되고 있는데 그것들이 저 생생한 송시들에서는 독수리 같은 특징을 지니고 있다면 여기서는 그저 우스꽝스러울 뿐이며 난쟁이가 거인의 갑옷을, 그것도 뒤집어서 입고 있는 꼬락서니와 비슷합니다. 오늘날 얼마나 많은 사람들이 데르자빈의 속악한 송시를 근거로 그를 판단하고 있습니까. 얼마나 많은 사람들이 오로지 그의 감정이 많은 작품에서 무기력하고 생기 없이 그려졌다는 그 이유 하나만으로 그의 순수성을 의심하고 있습니까. 그의 성격, 고매한 영혼, 그리고 심지어 그가 옹호했던 청렴하고 공정한 판결에 대해서까지 얼마나 기이한 유언비어들이 나돌곤 했습니까.[5] 내가 아는 P씨는[6] 유명한 작가의 글이라면 무엇이건 손에 걸리는 대로 그것이 작가에게 명예가 될지 불명예가 될지 생각도 안 해보고는 즉시 자기 잡지에 실어버리는 습관이 있습니다. 그는 저널리스트의 상투적 문구를 끌어다가 그런 습관을 합리화시킵니다. "우리는 현대 및 후대의 독자들이 이 소중한 글의 공개에 대해 감사히 여길 것이라 기대한다. 위대한 인물의 모든 것은 관심을 받을 가치가 있기 때문이다" 등. 그러나 이건 죄다 헛소리입니다. 시시껄렁한 독자라면 감사히 여길지도 모릅니다. 그렇지만 그 소중한 글에서 이미 써먹은 구절이 반복되고 있다면, 그리고 응당 성스러워야 할 것에서 성스러움이 풍겨 나오지 않는다면 후대의 독자들은 거기 침을 뱉을 것입니다. 진리가 고상하면 할수록 그것을 다룰 때는 조심해야 합니다. 안 그러면 그 진리는 즉시 평범한 것으로 변하고 평범한 것은 대개 믿음을 유발시키지 못합니다. 무신론자보다 위선자들과 준

---

5) 고골은 여기서 데르자빈의 인간성을 힐난하는 여러 가지 풍문에 관해 언급하고 있는데, 여제에 대한 아부에 가까운 충성심, 관직에 대한 야심, 동료들과의 잦은 불화와 말다툼, 음식과 술과 여자 등 온갖 세속적 쾌락에의 탐닉 등이 데르자빈에 관한 소문의 주된 원인이었다.

6) 포고딘(M. P. Pogodin, 1800~1875) : 모스크바의 저명한 저널리스트, 잡지 편집장. 훗날 모스크바 대학 역사학부 교수를 역임하기도 했다. 고골은 1832년 그와 알게 되었고 그를 통해 유명한 슬라브주의자 악사코프 일가와 친교를 맺었다. 고골은 그가 자신의 허락도 없이 초상화를 출판하자 몹시 화를 내었으며(이 책의 I 장 "유언"의 역주를 참조할 것), 또 포고딘은 《친구와의 서신 교환선》이 출간된 이후 고골을 혹독하게 비방했으나 그럼에도 불구하고 두 사람간의 우정은 그럭저럭 꽤 오랫동안 지속되었다. 고골은 그에게서 수차례 돈을 빌려 썼으며 그의 집에 한동안 기거하기도 했다.

비가 덜 된 설교사들이, 즉 정화되지 않은 입으로 감히 하느님의 이름을 내뱉은 설교사들이 훨씬 더 많은 악행을 저질렀지 않습니까. 말은 진실하게 다루어져야 합니다. 그것은 하느님이 인간에게 내려주신 가장 고귀한 선물입니다. 작가가 정념에 사로잡혀 있거나, 짜증, 분노, 혹은 누군가에 대한 개인적인 혐오감의 영향 하에 있을 때, 한마디로 그의 내밀한 영혼이 아직 조화를 얻지 못한 상태에서 말을 내뱉는다면 그것은 불행한 일입니다. 그의 입에서 나오는 말은 모든 사람에게 혐오감을 줄 것입니다. 그럴 경우 선에 대한 지순한 소망도 악을 유발시킬 것입니다. 우리의 친구 P씨야말로 그 점을 뒷받침해 주는 예라 할 수 있습니다. 그는 자기의 생각이 모든 이에게 친숙하게 받아들여지려면 그것이 자기 머릿속에서 먼저 무르익어야 한다는 점은 접어둔 채 평생 헉헉거리며 모든 것을 독자와 공유하고 자기가 수집한 모든 것을 독자에게 알려주는 데 급급해 왔습니다. 한마디로 그는 구질구질한 자신의 본색을 적나라하게 드러낸 셈입니다. 그래서 어떻게 되었을까요? 독자들이 그의 내부에서 그토록 자주 소용돌이치던 저 아름답고 숭고한 충동을 알아차렸을까요? 그가 독자들과 공유하려 했던 것을 받아들였을까요? 아닙니다, 그들은 사람들 눈에 제일 먼저 띄게 마련인 불결함과 추레함만을 발견했으며 그에게서는 아무것도 받아들이지 않았습니다. 이 사람은 30년 동안 개미처럼 부지런을 떨며 일했고 러시아의 교육과 계몽에 도움이 된다고 생각한 모든 것을 모두에게 가능한 빨리 전달해 주기 위해 한평생 법석을 떨었습니다만… 단 한 사람도 그에게 고맙다는 말을 한 적이 없습니다. 제가 만난 근실한 젊은이들 중 그 누구도 그의 말이 불어넣어 주어야 했을 선에 대한 아름다운 지향이나 새로운 빛에 대해 감사하는 마음을 품고 있다고 말한 적이 없습니다. 오히려, 저는 그를 제대로 이해한 듯이 여겨지는 사람들 앞에서 그의 순수한 의도와 정직한 말 등을 옹호하며 논쟁을 벌여야 했을 정도입니다. 그런데도 아무도 설득시킬 수가 없었는데 이유인즉, 그가 모든 사람 앞에서 너무도 철저하게 가면을 쓰고 있었으므로 그의 진정한 모습이 어떤 것인지 보여줄 방도가 전혀 없었기 때문입니다. 그에게 애국심에 관해 말하라고 하면 그는 자기의 애국심이 어용으로 들리게끔 지껄입니다. 그가 마음속에 진정으로 거룩하게 품고 있는 황제 폐하에 대한 사랑에 관해 얘기할 때도 그의 사랑은 굴종, 혹은 무슨 타산적인 아첨처럼 들립니다. 러시아에 해가 되는 경향에 대한 그의 진실하고 꾸밈없는 분노도 그의 입을 빌려 표현될 때면 마치 그가 개인적으로 알고 있는 어떤 사람들을 중상모략하고 있는 것처럼 들립니다. 한마디로 말해서, 그는 사사건건 스스로의 비방자가 되어버리는 것입니다. 작가가 말로 장난을 치는 것은 위험한 일입니다. 여러분의 입에서 타락한 말이 흘러나오지 않기를 바라 마지않습니다![7] 이것이 우리 모두에게 예외 없이 해당된다면, 말하는 것이 직업인 사람, 오로지 아름답고 고상한 것만을 말해야 하는 사람에겐 몇 배나 더 해당될 것입니다. 거룩하고 숭고한 소재에 관해서 타락한 말이 흘러나온다면 이는 재앙이니, 차라리 타락한 소재에 관해 타락한 말이 흘러나오게 해야 합니다. 모든 위대한 인류의 교사들은 다름 아닌 달변가들에게 오랜 침묵을 부과했는데 그것도 하필이면 그들이 무엇보다도 말재간을 자랑하고 싶어 안달할 때, 인류에게 많은 도움이 되는 말을 지껄이고 싶어 그들의 영혼이 몸부림칠 때였습니다. 인간은 말로써 자기가 숭앙하고자 하는 것을 모욕할 수도 있다는 것을, 그리고 언어는 매사에 있어 우리의 배신자가 될 수 있다는 것을 인류의 교사들은 알고 있었던 것입니다. 시락의 아들 예수께서 하신

7) 〈에페소인들에게 보낸 편지〉 4: 29를 참조하라. "남을 해치는 말은 입 밖에도 내지 마십시오."

말씀을 기억하십시오. "네 입에 문을 닫고 자물쇠를 잠가라. 네가 가진 금과 은을 녹여서 네 말의 무게를 달 저울을 만들고 네 입에 채울 공정한 재갈을 만들어라."[8)]

1844년

8) 이 인용문의 전반부는 〈집회서〉 28: 28에서 따온 것이지만 후반부는 고골의 창작인 듯하다. 가톨릭과 정교회에서 제 2 경전으로 간주되는 〈집회서〉는 "시락의 아들(*Son of Sirach*) 예수의 지혜서"로 알려져 있다.

V

러시아 시의 공개 낭송[1)]

L에게[2)] 보내는 편지

우리나라에서도 마침내 국내 작가의 작품을 대중 앞에서 낭송하는 모임이 시작되어 저는 기쁘게 생각합니다. 모스크바에서 그 낭송회에 관한 소식을 전해왔답니다. 다양한 현대작품을 낭송했는데 제 소설도 거기 포함되어 있었다고 합니다. 저는 공개 낭송회가 반드시 필요하다고 늘 생각했습니다. 이유는 모르겠지만 우리는 좌우간 함께 행동하길, 심지어 독서조차 함께 하길 좋아합니다. 우리 개개인은 혼자 있을 때 게으르기 짝이 없으며 또 남이 움직이지 않는 것을 보면 자기도 움직이려 들지 않습니다. 그러니 숙련된 낭독자를 양성

---

1) 이 편지는 1843년 말리 극장의 유명한 배우 시체프킨(M. S. Shchepkin)이 주창한 문학작품 낭송회가 모스크바에서 개최된 일을 계기로 씌어졌다. 대중의 열렬한 호응을 받은 이 낭송회에는 시체프킨뿐 아니라 사도프스키(P. M. Sadovskii), 모찰로프(P. S. Mochalov) 등 당대의 유명한 배우들이 줄줄이 등장하여 인기 작품을 낭송했는데 그 중에는 고골의 《외투》(*Shinel'*), 《타라스 불바》(*Taras Bul'ba*) 등이 포함되어 있었다. 동시대인들의 회고에 따르면 고골 자신도 낭송에 천부적 재능을 가지고 있었다고 한다. 이 편지에서 고골은 예술적인 낭송의 어려움과 그 가치를 특히 강조하고 있다.

2) 이 편지의 수신인은 아마도 모스크바 대학 법학부 교수이자 검열관이기도 했던 레쉬코프(V. Leshkov)인 것 같다.

해야만 합니다. 궁전이나 의회에서 말솜씨를 뽐낼 만한 능숙한 달변가는 많지 않습니다만 모든 것에 '공감'할 수 있는 사람들은 많이 있습니다. 무언가 전달하고 자기의 느낌을 많은 이들과 공유하고자 하는 소망은 일종의 열정으로 발전하였는데 그 열정은 더더욱 강렬해져서 사람들은 이제 자기의 생각을 말로는 도저히 표현할 수 없다는 것을 더욱 생생하게 자각하게 되었습니다(그건 미학적 성향에 대한 징표라 할 수 있지요). 우리의 언어 또한 낭독자의 양성을 촉진시켜 주는 요인으로, 그것은 모든 소리의 뉘앙스, 그리고 한 가지 담화 안에서 고상한 것을 소박한 것으로 뒤바꿀 수 있는 엄청난 과감성을 자체 내에 가지고 있는, 요컨대 숙련된 낭독을 위해 창조된 언어라 할 수 있습니다. 저는 심지어 공개 낭송회가 조만간 연극을 대신하게 될 거라는 생각까지 합니다. 하지만 한 가지 제가 바라는 것은 공개적인 낭독에 진정으로 걸맞은 작품들이 우리의 낭송회를 위해 선별되었으면, 그리하여 낭독자가 기꺼운 마음으로 사전에 그 작품을 숙지할 수 있었으면 하는 것입니다. 요즘의 우리 문학에서는 그런 작품을 찾아보기 어려우며 또 읽을 가치조차 없는 작품들만 양산되고 있습니다. 대중은 어쨌든 낭송회가 아니더라도 신작에 대한 과도한 관심 때문에 요즘 작품들을 읽을 것입니다. 이 모든 새로운 소설들(그중에는 저의 것도 있습니다만)은 공개적인 낭송을 할 만큼 중요하지 않습니다. 우리는 차라리 시인들이 머릿속에서 오랫동안 곰곰이 생각하며 수천 번 고쳐 쓴, 그리하여 낭독자 또한 오랫동안 숙지해야만 하는 저 고상한 운문작품으로 눈을 돌려야 할 것입니다. 우리 시인들은 이제까지 대중들에겐 별로 알려진 바가 없습니다. 잡지에서는 시인들에 대해 이러쿵저러쿵 떠들어대고 심지어 장황하게 연구까지 해놓았습니다만 비평가들은 연구대상인 시인보다는 자기 자신에 대해 훨씬 많은 것을 드러내주었습니다. 잡지가 한 일이라고는 우리 시인들에 대한 대중의 이해를 왜곡시키고 변질시킨 것밖에 없으므로 이제 대중의 눈에 비친 각 시인의 개성은 너무도 모호해서 그 시인의 진정한 모습이 어떤 것인지 결정적으로 말할 수 있는 사람은 아무도 없습니다. 오로지 숙련된 낭독만이 그들에 대한 명쾌한 이해를 도모할 수 있습니다. 하지만 물론 낭송회 자체는 자기가 낭독하는 작품의 모든 미묘한 특성을 전달할 수 있는 그런 낭독자에 의해 수행되어야만 하겠지요. 이를 위해서는 흥분의 도가니 속에서 숨도 한 번 돌리지 않고 하룻저녁에 비극이든 희극이든 송시든 아니면 자기가 원하는 무어든 줄줄이 읽어대는 그런 열정적인 젊은이는 필요치 않습니다. 서정시를 제대로 읽는다는 것, 그것은 절대로 만만한 일이 아닙니다. 오랫동안 작품을 공부해야만 할 수 있는 일입니다. 시인의 영혼을 가득 채우고 있는 저 고결한 감각을 진심으로 시인과 공유해야만 합니다. 그의 말 한마디 한마디를 열과 성을 다해 느껴야만 합니다. 그럴 때에야 비로소 그의 낭독은 대중 앞에 울려 퍼질 수 있게 되는 것입니다. 그런 낭독은 시끄럽지도 않을 것이고 흥분과 열기를 수반하지도 않을 것입니다. 그것은 오히려 매우 조용할 것이지만 낭독자의 음성 속에서는 내면의 진정한 감동을 증거해 주는 어떤 미지의 힘이 감지될 것입니다. 그 힘은 모든 이에게 전달되고 기적을 불러일으킬 것입니다. 시를 읽으며 한 번도 감동해 본 적이 없는 사람들까지도 전율할 것입니다. 게다가 우리 시를 낭독하는 것은 커다란 공익을 가져올 수 있습니다. 그 속에는 단순히 잊혀졌을 뿐 아니라 비방당하고 모욕당하고, 또 우리 시인들의 고상한 가슴으론 도저히 상상도 할 수 없는 저열한 방식으로 대중 앞에 제시되어온 아름다움이 무척이나 많이 깃들어 있습니다. 누구의 발상인지 모르나 공개 낭송회의 수익을 빈민을 위해 쓰자는 생각은 매우 훌륭합니다. 러시아에 그토록 많은 사람들이 기아와 화재와 질병과 기타 온갖 재난으로 고통당하고 있는 지금, 그 생각은 더욱 시의적절하다고 할 수 있습니다. 자기들의 작품이 그런 일에 사용된 것을 알면 세상을 하직한 시인들의 영혼 또한 위로받을 것입니다!

1843년

VI

가난한 사람을 도와주는 문제[1)]

A. O. S.[2)]에게 보낸 편지 중에서

…지금 러시아에서는 몇몇 현 전체가 기아에 허덕이고 있는 판에 페테르부르크의 어떤 어리석은 젊은이들이 외국에서 온 가수니 여배우들한테 황금 화관과 황금 컵을 바쳤다고 해서 당신은 비난을 퍼부우셨지요. 그 점에 관해 저도 한마디하겠습니다. 그건 어리석음의 소치도 아니고 냉혹함의 소치도 아니고 경박함의 소치도 아닙니다. 그건 우리 모두가 가지고 있는 인간적 부주의에서 나온 것입니다. 기아로 인한 재난과 공포는 우리에게서 멀리 떨어져 있습니다. 그것은 어느 외딴 시골에서 일어나고 있고 그래서 우리 눈에는 보이지 않습니다—이거야말로 모든 것에 대한 해답이자 설명입니다! 루비니의[3)] 노래를 듣기 위해 극장좌석에 100루블을 지불한 사람이라면 그 어떤

---

1) 1844년 말경에 씌어진 것으로 그해에 스미르노바 부인과 주고받은 편지들을 토대로 하고 있다. 빈곤의 문제를 다루고 있는 이 편지에서 고골이 견지하는 입장은 근본적으로 옳은 것임에도 불구하고 표현하는 방식 때문에 작위적이고 불쾌한 느낌을 유발시킨다.

2) A. O. 스미르노바.

3) 루비니(G. Rubini, 1795~1854): 유명한 이탈리아 가수. 당대 최고의 테너로 알려져 있었다.

멜로드라마에서 묘사된 공포와 참상보다 더 끔찍한 저 기아의 현장을 한 번이라도 직접 목격할 경우 아마 자기가 가진 동전 한 닢까지 모조리 다 털어 줄 겁니다. 우리에게 의연금을 희사한다는 것은 아무런 문제도 되지 않습니다. 우리는 기꺼이 기부합니다. 그러나 오늘날 진정으로 가난한 사람을 돕기 위한 기부행위를 우리는 마뜩찮아 하는데, 자기가 낸 기부금이 가기로 된 장소로 가게 될지, 받기로 된 손에 쥐어지게 될지 아무도 확신할 수 없다는 것이 그 부분적인 이유입니다. 대부분의 경우 기부금은 손아귀에 든 물처럼 가는 도중에 길바닥에 다 뿌려지고 정작 도움을 필요로 하는 사람은 아무것도 없는 바싹 마른손만을 보게 되는 것이 현실입니다. 기부금을 모으기 전에 우리는 반드시 이 점을 짚고 넘어가야 합니다. 이건 그냥 대충 넘어갈 문제가 아니라 반드시 현명하게 논의되어야 할 문제이므로 나중에 자세히 이야기해보기로 합시다. 지금은 우선 누구를 먼저 도와야 하는지 말해봅시다. 무엇보다도 먼저 도와주어야 할 사람은, 갑작스럽게 재난을 당한 사람, 한순간 돌연 모든 것을 한꺼번에 다 빼앗긴 사람입니다. 모든 걸 다 태워버린 화재, 가축을 전멸시킨 가축 전염병, 혹은 유일한 경제적 지주를 앗아간 죽음 같은 것들, 한마디로 말해서 한 인간으로 하여금 아직 익숙해질 겨를도 없이 느닷없는 극빈에 당면케 하는 그런 모든 갑작스러운 상실 말입니다. 그런 사람에게 먼저 도움을 주어야 합니다. 하지만 그 도움은 반드시 진정한 그리스도교인의 방식으로 주어져야 합니다. 도움이 그저 단순한 금전의 제공에 그치고 만다면 그것은 아무런 의미도 갖지 못할 것이며 또 선으로 발전되기도 어려울 것입니다. 당신이 도와주고자 하는 사람의 상황 전체를 우선 당신 자신의 머릿속에서 꼼꼼히 곱씹어 본 다음, 그 사람이 앞으로 어떻게 살아가야 하는가에 대한 교훈을 전달해 주지 않는다면 그 사람은 당신의 원조에서 아무런 선도 끌어내지 못할 것입니다. 도움의 액수는 상실의 액수에 버금가는 적이 거의 없습니다. 대체로 의연금은 잃은 것의 반, 혹은 사분의 일 정도이며, 혹 때로는 그보다 더 적을 수도 있습니다. 러시아인은 그 어떤 극단적인 일도 다 할 수 있습니다. 얼마 안 되는 원조금으로는 도저히 이전과 같은 생활을 지탱할 수 없다는 것을 깨닫는 순간, 그는 너무도 슬픈 나머지 한동안 먹고살라고 준 돈을 한꺼번에 몽땅 탕진해 버릴 수도 있습니다. 바로 그렇기 때문에 당신은 당신이 준 바로 그 의연금으로 어떻게 난관을 극복해야 하는가를 그에게 보여주어야 하며, 그 사람에게 재앙의 진정한 의미를 설명해 주어야 하는데 그러면 그 사람은 재앙이 자기에게 닥쳤기 때문에 이전의 생활방식을 바꿔야 한다는 사실, 또 이제는 옛날의 자기가 아닌, 물질적으로나 정신적으로나 전혀 새로운 사람이 되었다는 사실 등을 깨닫게 될 겁니다. 그 사람의 본질, 그 사람의 상황을 충분히 헤아리기만 한다면 당신은 그런 말을 현명하게 할 수 있을 겁니다. 그는 당신의 말을 이해할 것입니다. 재앙은 사람을 부드럽게 만듭니다. 그의 성격은 좀더 민감해지고 사물에 대한 이해력도 평범한 일상적 상황에 처한 인간보다 훨씬 높아집니다. 그는 마치 불에 녹인 왁스로 만들어진 것 같기 때문에 당신은 당신이 원하는 대로 그를 주조할 수 있을 것입니다. 하지만 가장 좋은 것은 역시 현명하고 경험 많은 성직자의 손으로 모든 도움을 전달하는 것입니다. 그분들만이 인간에게 재난의 심오하고 거룩한 의미를 설명해 줄 수 있는데, 재난이란, 어떤 형태로 나타나건, 어디 사는 누구에게 닥치건 — 오두막에 사는 자건, 궁궐에 사는 자건 —, 인간에게 지금까지의 삶을 바꾸라고 명하는 하느님의 부르심인 것입니다.

1844년

VII

주코프스키[1]가 번역한 《오디세이》[2]에 관하여

N. M. Ia.[3] 에게 보내는 편지

1) 주코프스키(V. A. Zhukovskii, 1783~1852) : 러시아 낭만주의를 대표하는 시인, 번역 문학가. 낭만적 정취로 가득 찬 무수한 서정시를 남겼으며 실러, 뷔르거, 톰슨, 바이런, 그레이 등 독일과 영국작품을 러시아어로 번역했다. 그의 번역은 종종 원전을 능가했으며 또 그의 지순하고 완벽한 시어와 정교한 운율, 우아한 형식미 등은 근대 러시아 문학어 형성에 지대한 공헌을 했다고 평가된다. 그가 이룩한 가장 위대한 업적 중의 하나는 1830년대에 시작되어 1847년 완성된 《오디세이》의 번역이다. 그는 그리스어를 몰랐기 때문에 독일어 번역본을 토대로 자신의 번역을 완성했지만 완성도라는 측면에서 볼 때 그의 《오디세이》는 번역사의 새 장을 열어주는 역작이라 할 수 있다. 고골은 1830년 페테르부르크에서 당시 문단의 주역이었던 주코프스키와 알게 되었고 그것을 계기로 문학에 대한 투지와 야망을 키워 나갈 수 있었다. 주코프스키가 《오디세이》를 번역하는 동안 고골은 그와 자주 만나 이야기를 나누고 그의 집에 머물기도 했다. 주코프스키는 고골에게 종종 자신의 번역문을 읽어주기도 했는데 그때마다 고골은 번역문의 훌륭함에 외경심을 느꼈다고 전해진다.

2) 이 편지는 1846년 〈현대인〉(*Sovremennik*) 지 7호에 단독으로 게재되었다. 고골은 이 편지를 당시 〈현대인〉의 편집장이었던 플레트뇨프(P. Pletnev)에게 보내면서 〈현대인〉뿐 아니라 다른 중요한 잡지들에도 실어 줄 것을 당부했다. 이 편지의 의의는 무엇보다도 고골이 러시아 문학사상 가장 위대한 번역가 중의 한 사람이었던 주코프스키의 참다운 가치를 알아보았다는 데 있다. 물론 고골 특유의 과장법, 그리고 《오디세이》의 의미를 자신의 교훈적 논리에 끼워 맞추려는 고골의 의도 등이 이 글에 그림자를 드리우는 것은 사실이지만 그럼에도 불구하고 위대한 고전과 그것의 러시아어 번역에 바치는 고골의 찬미가는 그 자체만으로도 매우 아름답게 느껴진다.

3) 야지코프(N. M. Iazykov, 1803~1846) : 낭만주의 시대의 유명한 시인. 언어를 다루는 데 있어 남다른 재능을 가졌다. 고골은 그의 시어 구사력을 극찬했으며 그와 자주 서신을 주고받았다.

《오디세이》의 출간은 새로운 시대를 열 것입니다. 《오디세이》는 모든 세기의 작품들 중 단연 최고의 작품입니다. 그것의 스케일은 어마어마합니다. 그것과 비교하면 《일리아드》도 한 편의 에피소드에 불과합니다. 《오디세이》는 고대 세계 전체를, 공적인 삶과 가정사를, 당시 사람들의 모든 직업을, 그들의 기술과 지식과 믿음을 포괄합니다. … 한 마디로 말해서, 도대체 《오디세이》에 없는 것이 무엇인지, 누락된 것이 무엇인지 알 수가 없습니다. 그것은 수세기에 걸쳐 고대의 시인들에게, 그 뒤에는 모든 시기의 시인들에게 마르지 않는 샘이었던 것입니다. 무수한 비극과 희극의 소재들이 거기서 퍼 올려졌습니다. 이 모든 것은 전 세계에 널리 퍼져 모든 사람들의 자산이 되었습니다만 정작 《오디세이》 자체는 잊혀졌습니다. 《오디세이》의 운명은 기이합니다. 유럽에서 그것은 제대로 평가받지 못했습니다. 이러한 현상은 부분적으로 고대의 저 웅장한 예술품을 전달해 줄 수 있는 번역의 부족에 기인하며 또 다른 한편으로는 호메로스 및 헬레니즘 언어 일반의 저 미묘하고 무궁무진한 아름다움을 반영할 수 있을 만큼 풍요롭고 완전한 언어가 부족했다는 데 기인합니다. 그리고 또 물론 호메로스를 제대로 이해하기 위해서 필수적인 처녀처럼 순결한 취향을 타고난 민족이 부족했다는 사실도 한몫 했습니다.

이제 이 최상의 시가 모든 유럽언어 중에서 가장 완전하고 가장 풍요로운 언어로 번역이 되었습니다.

주코프스키에게 있어 그동안의 모든 글쓰기는 마치 이 번역을 위한 준비작업 같았습니다. 호메로스의 영원한 시를 번역하기 위해 그는 세계 각국의 시를 번역할 때나 자신의 창작시를 쓸 때나 시행 하나하나를 다듬었고, 고대 그리스어의 음성적 뉘앙스를 단 하나라도 놓치지 않을 만큼 예리한 청각을 연마하기 위해 이 세상 모든 리라에 귀를 기울였습니다. 자기 혼자만이 호메로스와 사랑에 빠지는 것은 그에게 충분치 않았고, 그리하여 동포 한 사람 한 사람의 영혼에 미학적인 도움을 주기 위해 그들 모두가 호메로스와 사랑에 빠지도록 하고 싶다는 열렬한 소망을 품게 되었습니다. 그토록 완벽한 조화와 평정 속에서 태어난 작품을 번역하는 데 필요한 더 완벽한 조화와 평정을 자신의 영혼에 제공하기 위해 번역자 자신도 무수한 인생경험을 쌓아야만 했습니다. 마지막으로, 오로지 인생의 의미를 터득한 그리스도교인만이 가질 수 있는 웅숭깊고 명석한 인생관을 획득하기 위해 그 자신도 더욱 독실한 그리스도교인이 되어야만 했습니다. 《오디세이》의 번역이 맹종적인 모사품이 아닌, '살아있는 말'을 울려 퍼뜨리고 전 러시아가 호메로스를 러시아 사람으로 받아들일 수 있도록 해주는 그런 번역이 되게 하기 위해서 그토록 많은 조건을 만족시켜야 했던 것입니다!

그리하여 기적이 창조되었습니다. 그것은 번역이 아니라 오히려 호메로스의 재창조, 복원, 부활이라 할 수 있습니다. 그 번역은 원전보다 더 많이 고대의 삶을 보여줍니다. 번역자는 슬그머니 호메로스의 해석자가 되었고 호메로스가 가진 그 숱한 보물들 전체를 보다 생생하게, 보다 정확하게 독자에게 비춰주는 프리즘이 되었습니다.

제 생각에, 현재의 모든 상황은 마치 일부러 그런 듯 《오디세이》의 번역본 출간을 시의적절하고 필요불가결한 것으로 만들어 주었습니다. 지금은 다른 모든 분야에서와 마찬가지로 문학분야에서도 냉담함이 지배적입니다. 사람들은 황홀경에 빠지는 것도, 환멸을 느끼는 것도 다 싫증이 나 죄다 그만두어 버렸습니다. 심지어 정치적 혹은 그 비슷한 소요로 인해 유발된 설익은 이념들과 뒤섞인 우리 시대의 병적이고 발작적인 작품들마저도 현저하게 줄어들었습니다. 저널리즘의 기수들, 꼬리에 매달리는 데 익숙해진 낙후된 독자들만이 아직도 이것저것 읽고 있긴 합니다만 그들은 너무도 순진한 나머지 자기들을 선도해온 마부들도 이제는 길 잃은 양떼를 어디로 끌고 갈지 몰라 망설이고 있다는 사실을 눈치조차 못 채고 있습니다. 한마디로 말해서, 지금은 놀랍도록 명쾌하게 삶을 묘사하고 거의 어린애 같은 소박함과 평정의 숨길을 내쉴 수 있는, 모든 점에서 조화로운 작품의 소개가 너무도 절실한 시점입니다.

《오디세이》는 '우리 모두에게 전반적 영향'을, 또 '한 사람 한 사람에게 개별적 영향'을 미칠 것입니다.

그것이 '우리 모두에게 전반적으로' 끼칠 영향을 살펴봅시다. 《오디세이》는 일반적이고 대중적인 독서에 필요한 모든 조건을 구비하고 있습니다. 그것은 동화의 모든 재미와 누구에게나 똑같은 매력을 선사하는 여행담의 모든 소박한 진실을 결합시키고 있습니다. 귀족, 소시민, 상인, 글을 깨친 사람과 못 깨친 사람, 사병, 하인, 동화를 좋아할 만한 연령대의 남녀 어린이, 이 모든 사람들이 그것을 읽고 시간가는 줄 모르게 재미있어 할 것입니다. 더군다나 《오디세이》는 더할 나위 없이 도덕적 작품이라는 점, 또 저자는 오로지 그러한 목적에서 당시 인간들에게 생생한 이미지를 통해 행동의 율법을 그려 보였다는 점을 고려해 본다면 그러한 현상은 너무도 중요합니다.

그리스의 다신론은 우리 민중을 호도하지 않을 것입니다. 우리 민중은 현명합니다. 그들은 심지어 똑똑한 사람들을 어리둥절하게 만드는 문제까지도 골머리 앓는 일 없이 척척 풀어냅니다. 민중은 여기서 한 가지 증거만을, 그러니까 즉, 예언자들과 하늘의 계시가 없다면 하느님의 진정한 모습을 파악하는 것이 얼마나 어려운가, 그리고 한 분이신 존재와 하나뿐인 권세를 여러 개로 흩뜨려 놓을 경우 하느님의 모습은 얼마나 불합리한 형태로 드러나는가에 대한 증거만을 발견하게 될 것입니다. 민중은 또한 당시의 이교도들에겐 아무런 죄도 없음을 인정하기 때문에 그들을 업신여기지 않을 것입니다. 예언자들은 그들에게 말씀을 전파하지 않았고 그리스도께서는 아직 탄생하지 않으셨으며 사도들 또한 아직은 없었으니까요. 아니, 민중들은 자기들이 하느님의 진정한 모습을 알고 있고, 성문화된 하느님의 계율을 손에 쥐고 있고, 율법을 해석해 주는 신부님들까지 알고 있지만 오히려 고대의 이교도보다 기도를 더 게을리하고 의무를 더 소홀히 한다는 사실을 깨닫고는 그저 뒤통수만 긁적일 것입니다. 민중은 또 비록 이교도들이 무지 때문에 포세이돈,[4] 크로노스,[5] 헤파이스토스,[6] 헬리오스,[7] 아프로디테,[8] 그 밖에 그리스인들의 분방한 상상력이 엮어낸 온갖 신들의 형상을 통해 하느님의 권세에 호소했지만, 하느님은 그들의 선한 삶과 열렬한 기도를 보시어 도움을 내리셨음을 깨닫게 될 것입니다. 한 마디로 말해서, 민중은 다신론 같은 것은 한편으로 제쳐두고 자기들이 《오디세이》에서 반드시 끄집어내야 하는 것만 끄집어낼 것인바, 요컨대, 모든 이에게 분명하게 보이는 것, 그 내용의 정수, 《오디세이》 자체가 씌어진 목적 등, 그러니까 좀더 구체적으로 말해서, 인간은 어디서 무슨 일을 하건 숱한 재난을 당할 수밖에 없지만 그것과 싸워야 하며 또 그렇기 때문에 인생이 주어졌다는 사실, 오디세이가 그런 것처럼 어떤 상황에서건 좌절하지 말아야 한다는 사실, 오디세이는 내적인 자기성찰이 곧 신을 향한 무언의 기도라는 점은 알지 못하면서도 어려운 순간이면 언제나 자기의 선량한 가슴에 호소했다는 사실, 그리고 신에 대해 아무것도 모르는 사람일지라도 위난의 순간에는 그러한 기도를 바치게 된다는 사실 등을

---

4) 그리스 신화에 나오는 바다의 신.

5) 하늘과 땅 사이에서 태어난 신. 제우스 이전에 우주를 지배한 거인.

6) 대장간과 금속 가공의 신.

7) 아폴론과 종종 동일시되는 태양의 신.

8) 사랑과 미의 여신. 로마 신화의 비너스.

끄집어낼 것입니다. 이것이 바로 《오디세이》의 '전반적' 의의, 혹은 내용적인 본질로, 그것은 일부 독자들이 시적인 진가나 정경의 사실성, 묘사의 생생함 등에 매혹되기도 전에 모든 이에게 영향을 끼칠 것입니다. 그렇게 모든 이에게 영향을 끼치고 나서야 비로소 어떤 독자들은 이 고대의 보물이 이제껏 그 어떤 조각도 회화도 혹은 여타 고대의 기념비적 작품도 보여준 적이 없는 섬세한 필치로 드러나게 된 것에 놀라워할 것이고, 또 어떤 독자들은 모든 것을 다 꿰뚫어보는 장님에[9] 의해 낱낱이 파헤쳐진 인간 영혼의 모든 굴곡에 혀를 내두를 것이고, 또 다른 독자들은 저 지존한 원로 시인(자기 세대뿐 아니라 이후 세대의 입법자인)이 가지고 있던 심오한 관리능력, 즉 사람을 다스리고 지배하는 어려운 기술에 대해 감동할 것입니다. 한마디로, 사람들이 자기의 기술, 직업, 성향, 혹은 개성에 따라 각각 《오디세이》의 어떤 부분에 매료되기 이전에 내용적 본질은 모든 이를 사로잡을 것입니다. 왜냐하면 모든 개별적 에피소드들이 주제를 흐리게 할 정도로 선명하게 제시됨에도 불구하고, 모든 것을 관통하고 모든 것을 지배하면서 전례 없이 강력하게 드러나는 그 내용적 본질, 그 내적인 핵심이 선명하게 느껴지기 때문입니다.

그렇다면 어째서 그것은 모든 이에게 그토록 강렬하게 느껴지는 것일까요? 왜냐하면 그것은 저 고대 시인의 영혼, 바로 그 깊은 곳에 놓여 있기 때문입니다. 독자는 책장이 한 페이지 한 페이지 넘어갈 때마다 보게 될 것입니다, 시인이 사람들 속에 영원히 각인시켜 놓고자 했던 것이 어떻게 눈부시게 아름다운 시(詩)로 구현되었는가를, 그가 민중의 관례 속에 훌륭한 전통을 새겨 놓으려고 얼마나 노력했으며, 누구나 갖고 있는, 그러나 매순간 잊기 마련인, 훌륭하고 신성한 본

9) 호메로스는 장님이었다고 전해진다.

성을 사람들에게 일깨워 주려고 얼마나 노심초사했으며, 모든 등장인물을 통해 독자 한 사람 한 사람의 인생행로에 대한 귀감을 남기고 또 저 불굴의 오디세이를 통해 인간 일반의 인생행로에 대한 귀감을 모든 이에게 고루고루 남기기 위해 얼마나 고심했는가를 말입니다.

관례에 대한 엄격한 숭배, 권력의 한계에도 불구하고 권력과 통치 계급을 향하여 바쳐진 경건한 존경심, 젊은이들의 수줍은 겸손함, 노인들의 온화와 자비, 손님에 대한 정성어린 환대, 하느님의 형상을 지닌 존재로서의 인간에 대한 거의 외경에 가까운 존중, 우리보다 훨씬 높은 곳에 계신 존재의 전능하신 뜻이 없이는 그 어떤 훌륭한 생각도 배태될 수 없고 우리는 우리 자신의 힘만으로는 아무것도 할 수 없다는 사실에 대한 믿음—한 마디로 말해서, 《오디세이》의 이 모든 것은 아무리 사소한 특성이라 할지라도 모두 저 시인 중의 시인이 품고 있던 은밀한 소망, 즉 아직 입법자도 질서의 창립자도 없던 시절에, 사람들 사이의 관계가 아직 그 어떤 문서화된 공민법에 의해서도 규정되지 않고 있던 시절에, 아직 사람들이 많은 것을 체험하지도 예견하지도 못하던 시절에, 인간이라면 누구나 갖고 있는 시력 대신 아무도 갖지 못한 마음의 눈을 갖춘 저 신성한 장님 노인만이 모든 것을 보고 듣고 상상하고 예견하던 시절에, 고대인들에게 완벽한 법령집을 남기고자 하는 저자의 소망을 증거하는 것입니다!

게다가 수년간에 걸친 각고의 노력 끝에 탄생한 이 역작이 단순 소박한 이야기 아래 은닉되어 있다는 것은 또 얼마나 오묘한 조화입니까! 그는 마치 모든 사람을 한 식구처럼 모아 놓고 그들 틈에 자리 잡고 앉아 손자들한테 둘러싸인 할아버지가 아이들과 장난이라도 치듯 선량한 이야기를 엮어내고 있는 것처럼 보이며, 또 그들을 지루하게 하지나 않을까, 너무 긴 설교로 겁을 주지나 않을까 걱정해가며 동시에 이야기 요소요소에 그 설교를 은근슬쩍 집어넣어 그들이 장난을 쳐가면서도 진지한 인생의 교훈을 얻고, 또 은연중에 그가 평생에 걸쳐 보고 들었던 최상의 진리를 받아들일 수 있도록 배려하고 있는 것처럼 보입니다. 만약에 훗날의 자세한 연구가 작품 전체 및 개별적 칸토에 담긴 놀라운 구조를 밝혀내지 않았더라면 사람들은 그 모든 것을 즉흥적으로 흘러나온 이야기라고 믿어버렸을지도 모릅니다. 그러니 호메로스를 신화 속의 인물이라고 생각하고 또 그의 전 작품을 민중 시가로 치부한 독일의 학자들은 얼마나 한심한 바보들인가요!

그럼 이제 《오디세이》가 우리 '한 사람 한 사람에게 개별적으로' 끼칠 영향에 대해 살펴봅시다. 첫째, 그것은 우리의 작가 형제들에게 영향을 줄 것입니다. 그것은 마치 숙련된 수로 안내인처럼 무질서하고 비조직적인 작가들이 뿌려 놓은 안개와 혼란을 뚫고 많은 이들을 인도하여 참세상으로 되돌아오게 할 것입니다. 그것은 또한 우리 모두에게 상기시켜 줄 겁니다, 꾸밈없이 순수한 마음으로 자연을 재현해야 함을, 모든 생각은 손으로 만질 수 있을 정도로까지 분명하게 표현해야 함을, 우리의 말은 반드시 균형 잡힌 평상심 속에서 흘러나와야 함을 말입니다. 그것은 우리네 작가 모두에게 우리가 영원히 기억해야 하지만 언제나 잊어버리는 저 해묵은 진리를 깨닫게 해줄 것입니다. 즉, 머릿속의 모든 것이 어린아이라도 금세 이해하고 암기할 정도로 분명하고 질서정연하게 정리될 때까지는 그 어떤 것도 글로 써서는 안 된다는 진리 말입니다. 《오디세이》가 작가들보다도 더 큰 영향을 끼칠 대상은 중학교와 대학교에서 수학하고 있으면서 장래의 천직에 대해 아직 어둡고 불투명한 비전만을 갖고 있는 작가 지망생들입니다. 《오디세이》는 그들의 선배들이 수시로 부딪치곤 했던 꼬불꼬불한 골목길에서의 불필요한 배회를 제거함으로써 그들을 출발점에서부터 옳은 길로 인도할 것입니다.

둘째, 《오디세이》는 미학적 감각의 개발과 취향 형성에 영향을 끼칠 것입니다. 그것은 평론계를 계도할 것입니다. 문예 평론은 최근 문단의 저 수수께끼 같은 작품들을 분석하느라고 지치고 혼란스러워져 애석하게도 요점에서 벗어났으며 또 문학적인 문제들로부터 이탈하여 헛소리만 지껄이게 되었습니다.《오디세이》에 관해서는 진실로 중요한 평론들이 여러 편 등장할 것인바, 특히《오디세이》만큼 다양한 측면에서 고찰할 수 있는 작품은 이 세상에 단 한 편도 존재하지 않으므로 더더욱 그럴 것입니다. 확신컨대,《오디세이》로 인해 씌어진 무수한 해석과 분석과 평론과 주석과 단상들은 우리의 잡지에서 아주 오랜 세월동안 줄기차게 울려 퍼질 것입니다. 그것 때문에 독자가 손해를 볼 일은 없을 것입니다. 평론가들 또한 대단한 사람들일 테니까요. 그들은 평론을 쓰기 위해 많은 것을 다시 읽고 새로이 관찰하고 새로이 느끼고 또 새로이 생각해야 할 것입니다. 시시한 평론가는《오디세이》에 관해 아무것도 쓸 말이 없을 것입니다.

셋째, 주코프스키가 러시아 옷을 입혀놓은《오디세이》는 상당 정도 언어순화에 영향을 미칠 것입니다. 러시아어는 여태껏 그 어떤 작가에게서도, 그동안의 모든 작품에서 드러난 주코프스키뿐 아니라 단어와 표현에 있어 그보다 비교할 수도 없이 훨씬 더 정확했던 푸쉬킨이나 크릴로프에게서[10] 조차도 그토록 완벽한 경지에 도달한 적이 없습니다. 거기에는 러시아어의 모든 어법과 표현이 온갖 다양한 형태로 포함되어 있습니다. 다른 작가한테서였다면 침침하고 께느른하

---

10) 크릴로프(I. A. Krylov, 1769~1844) : 러시아의 대표적 우화작가, 극작가. 처음에는 이솝이나 라퐁텐의 우화를 모방하였으나 차츰 독자적인 러시아 우화를 창작하기 시작했다. 그의 단순 명쾌한 언어는 러시아어 발달에 지대한 공헌을 했으며 소외되었던 민중어의 예술성을 구현하는 데 일익을 담당했다. 그의 우화는 단순한 도덕적 설교에 그치지 않고 사회악이나 국가 권력에 대한 통렬한 풍자로 발전했다. 그의 작품 중 많은 구절들이 러시아의 격언이나 속담으로 굳어졌다.

게 느껴졌을 엄청나게 긴 문장, 그리고 다른 작가한테서였다면 비정하고 무뚝뚝하고 냉혹하게 느껴졌을 짧고 압축된 문장, 이 두 가지가 그에게서는 사이좋게 나란히 제시되고 상반되는 요소들의 조우와 변환이 그토록 완벽한 화성 속에서 이루어지고, 모든 것이 하나로 합쳐지면서 전체적으로 무겁고 장황스러운 부분은 모두 증발시켜 버리므로, 모든 음절, 모든 철자가 아예 완전히 사라져 버린 것처럼 느껴집니다. 음절도 철자도 사라지고 번역자 자신까지도 사라집니다. 그 대신 우리 눈에 들어오는 것은 위풍당당한 노인 호메로스이며 우리에게 들려오는 것은 인간의 입이 아닌, 세상 속에서 영원히 울려 퍼지도록 운명지어진 존재의 입에서 흘러나오는 장엄하고 항구한 말씀인 것입니다. 바로 여기서 우리의 작가들은 깨닫게 될 겁니다, 말과 표현은 현명하고 신중하게 사용해야 한다는 것을, 아무리 단순한 말이라도 제자리에 정확하게 놓여질 때 그 고상한 진가를 되찾게 된다는 것을, 만인을 위해서 태어난 작품, 천재적인 작품에 있어서는 적절하게 다듬어진 아름다운 외형도 대단히 중요하다는 것을 말입니다. 여기서는 아무리 사소한 티끌도 금방 사람들의 눈에 띄게 됩니다. 주코프스키는 매우 적절하게도 이 티끌들을 천장에서 바닥까지 모든 것이 거울처럼 반들반들하게 닦여진, 화려하고 정갈한 방에 널려 있는 휴지조각에 비유합니다. 방에 들어오는 사람은 누구나 우선 그 휴지조각들에 눈을 줄 것인데 그것은 청소가 안 된 더러운 방에서는 그 휴지조각들이 아예 눈에 들어 오지조차 않는 것과 같은 이치입니다.

넷째, 《오디세이》는 고대 세계에 대한 지식을 유포시킴으로써 학문에 종사하건 아니건, 좌우간 지식욕이 풍부한 모든 사람들에게 영향을 미칠 것입니다. 그 어떤 역사책도 《오디세이》에 담겨 있는 것들을 보여주지 못할 것입니다. 그것은 지나간 세월을 숨쉬고 있습니다. 고대의 인간이 바로 어제 만나 이야기를 나눈 사람처럼 생생하게 우리 눈앞에 다가옵니다. 매 시간 그가 하는 모든 행동이, 이를테면 신성한 제사를 준비하는 모습, 주연상 앞에서 예의바르게 손님과 환담하는 모습, 옷을 갈아입는 모습, 광장에 나서는 모습, 노인의 말을 경청하는 모습, 젊은이에게 훈계하는 모습 등이 눈에 들어옵니다. 그의 집, 그의 마차, 그의 침실, 집안에 있는 아주 하찮은 가구 한 점, 이동식 테이블에서 문에 거는 가죽 끈 빗장에 이르기까지, 모든 것이 폼페이의[11] 흙더미에서 발굴한 것보다 더 선명하게 우리 눈앞에 펼쳐지는 것입니다.

마지막으로, 저는 심지어 《오디세이》의 출간이 작금의 우리 사회 전반에 감동을 주리라고까지 생각합니다. 신비로우신 하늘의 섭리 덕분인지 도처에서 병적인 불평의 소리가, 그러니까 사물의 질서, 시대, 자기 자신 등 이 세상 모든 것에 대한 인간적인 불만의 목소리가 들려오기 시작한 이 시점에서 말입니다. 최신 문명과 계몽을 통해 우리가 도달한 저 완벽함이란 것이 마침내 모든 이에게 경멸적으로 느껴지기 시작한 이 시점에서 말입니다. 모든 사람이 자기 자신이 아닌 다른 존재가 되고 싶다는 본능적 갈증(어쩌면 더욱 훌륭해지고 싶다는 아름다운 소망에서 나온 갈증인지도 모릅니다만)을 느끼고 있는 이 시점에서 말입니다. 새로운, 그러나 아직 뭐가 뭔지 잘 모르는 사상의 어리석은 고함소리와 경솔한 설교를 뚫고 그 어떤 이상적 중용에 더 가까이 가고 싶다는, 그리고 진정한 행동규범을 찾아내고 싶다는 전반적인 열망의 소리가 군중과 개인 모두에게서 들려오는 이 시점에서 말입니다. 한마디로, 바로 이 시점에서 《오디세이》는 고대의 위풍당당한 가부장제와 사회의 원동력이 갖는 단순 소박함과 아직도 무디어지지 않은 어린 시절의 저 순진함을 통해 깊은 감명을 줄 것입니다.

---

11) 이탈리아의 고대 도시. 79년 대지진으로 매몰되었다가 18세기부터 유적이 발굴되기 시작하였다.

우리의 19세기는 《오디세이》 안에서 자기 자신을 향한 지독한 비난의 소리를 들을 것인바, 《오디세이》를 더 자세히 들여다보면 볼수록, 더 꼼꼼히 읽으면 읽을수록 그 비난은 더욱 강렬하게 끝없이 계속될 것입니다.

변변찮은 생활수단, 기만과 보복을 허락할 뿐 아니라 적을 물리치기 위해서라면 간계를 부리는 것까지 허락하는 불완전한 종교, 무뚝뚝하고 잔인하고 교만한 성정, 그리고 하찮은 율법밖에 가진 것이 없는 고대의 인간이 옛 시절의 관습과 의식, 그러니까 고대 성현들이 다 뜻이 있어 제정한 다음 성스러운 보물처럼 대대손손 물려주도록 지정해 놓은 그 관습과 의식을 그저 지키는 것만으로, 오로지 그 행위 하나만으로 일종의 올곧고 아름다운 행동거지를 습득하여 모든 점에서, 즉 머리끝에서 발끝까지, 말투에서 움직임, 심지어 옷자락의 주름에 이르기까지 장엄한 모습을 띠게 되고 그리하여 인간이 신의 형상대로 만들어졌다는 사실을 실감나게 만들어 주는 것을 볼 때, 영혼 속에서 울려 퍼지는 저 비난의 소리보다 더 강력한 것이 도대체 어디 있겠습니까? 그런데 우리로 말할 것 같으면, 완벽을 향한 저 모든 어마어마한 수단과 방법, 수세기에 걸쳐 누적되어온 경험, 교묘하면서도 흉내 잘 내는 성격, 그리고 우리를 성인·성녀로 만들기 위해서 하늘이 내려주신 종교, 이 모든 수단을 갖추고서도 내적으로나 외적으로나 오예(汚穢)와 난잡의 수준에 도달했고 또 머리부터 의복에 이르기까지 누덕누덕 기운 넝마쪼가리처럼 하찮은 존재가 되었으며 게다가 서로가 서로를 혐오하여 그 누구도 아무도 존중하지 않게 되었는데, 심지어 모든 이를 존중하라고 떠들어대는 자들도 예외는 아닙니다.

한마디로, 《오디세이》는 유럽적인 완전성으로 인해 상처입고 고통당하는 이들에게 영향을 미칠 것입니다. 그 책은 그들에게 잃어버린

(안타깝게도!), 그러나 인류가 합법적 유산으로서 반드시 되찾아야만 하는 어린 시절의 아름다움을 상당 정도 상기시켜 줄 것입니다. 많은 이들이 많은 것에 관해 사색하게 될 것입니다. 특히 러시아인의 성격과 그토록 유사한 가부장제 시절의 많은 것들이 러시아 땅의 얼굴 위로 보이지 않게 울려 퍼지게 될 것입니다. 시(詩)의 향기로운 입술은 우리의 영혼에 그 어떤 율법이나 권세도 가져다줄 수 없는 무언가를 불어넣어 줄 것입니다!

VIII

우리의 교회와 성직자에 관한 몇 마디 말[1)]

A. P. T.[2)] 백작에게 보내는 편지 중에서

우리의 교회에 관해 오늘날 유럽에서 울려 퍼지는 비난의 소리에 당황해 하실 필요는 없습니다. 우리 성직자들의 무관심을 비난하는 것 또한 공정치 못한 일입니다. 당신은 어찌하여 이제껏 매우 적절하게도 위대한 평정을 특징으로 삼아온 우리의 성직자들이 유럽의 요설가 대열에 합류하여 그들처럼 경솔한 팸플릿 나부랭이나 찍어대기를 원하십니까? 우리의 교회는 현명하게 행동했습니다. 우리 교회를 옹호하기 위해서는 우리 자신이 먼저 교회를 알아야 합니다. 그런데 우리는 전반적으로 우리 교회에 관해 아는 것이 별로 없습니다. 우리의 성직자들이 게으른 것은 아닙니다. 수도원의 저 깊은 곳에서, 그리고 승방의 정적 속에서 우리 교회에 대한 확고한 변론이 씌어지고 있음

---

1) 고골이 A. 톨스토이와 나누었던 교회와 신앙에 관한 일련의 담화가 이 편지와 다음에 이어지는 "같은 주제에 관하여"의 토대를 이루는데, 이 두 가지 편지는 교회 검열관의 저지로 출간이 금지되었다. 편지의 저자가 종교문제에 관하여 매우 혼란스러운 견해를 갖고 있다는 것이 그 이유였다. 이 두 서한은 얼마 후 플례트뇨프의 간절한 탄원 덕에 가까스로 출판이 허용되었다. 여기서 고골은 러시아 정교회에 대해 매우 열렬한 지지를 표명하고 있지만 그 괴상한 문체가 교회 당국을 당혹스럽게 한 듯하다.

2) A. P. 톨스토이.

을 저는 매우 잘 알고 있습니다. 그러나 성직자들은 자기들이 할 일을 우리보다 더 잘 압니다. 그들은 서두르지 않으며, 그런 일에 필요한 것이 무엇인지 잘 알기 때문에 심오한 평정 속에서 자신의 과업을 수행합니다. 그들은 기도하고, 스스로를 단련시키고, 자신의 영혼에서 부적절하고 어리석은 열병과 유사한 모든 정열을 몰아내어 그와 같은 주제를 논하기 위해서는 반드시 도달해야 하는 영혼의 상태, 즉 신적인 초연의 절정에 오르는 것입니다. 그러나 그들의 변론도 서구의 가톨릭 신자들을 납득시키는 데는 역부족일 것입니다. 우리의 교회는 우리의 말 속에서가 아니라 우리 자신 안에서 거룩하게 되어야 합니다. 우리 자신이 우리의 교회가 되어야 하며 교회의 진리는 우리에 의해서 선포되어야 합니다. 그들은 우리의 교회에 생명이 없다고 말합니다. 그들의 말은 거짓입니다, 왜냐하면 우리의 교회가 바로 생명이기 때문입니다. 그러나 그들의 거짓말은 논리적으로, 올바른 결론을 통해 도출되었습니다. 우리의 교회가 아니라 우리 자신이 시체이므로 그들은 우리를 보고 우리의 교회를 시체라 부른 것입니다. 그들이 우리에게 다음과 같은 질문을 제기한다면, 즉 "당신네 교회가 당신들을 더 훌륭한 인간으로 만들었소? 당신들 개개인은 자기의 의무를 합당하게 수행하고 있소?"라고 묻는다면, 우리는 어떻게 교회를 옹호해야 할까요, 무슨 답변을 제시해야 할까요? 그런 질문을 받았는데, 그동안 줄곧 교회를 비껴 지나왔으며 지금도 교회에 관해 거의 아는 것이 없다는 사실을 영혼과 양심 속에서 불현듯 깨닫게 된다면 그들에게 도대체 무어라 대답을 할 수 있을까요? 그건 마치 값을 매길 수 없는 보물을 가지고 있는데도 그걸 향유하는 일에는 신경도 안 쓸 뿐더러 그걸 어디에 처박아 두었는지조차 모르는 격입니다. 손님이 주인에게 그 집에서 제일 좋은 물건을 보여 달라고 청하는데 주인이란 작자는 그게 어디 있는지조차 모르는 격입니다. 사도 시대부터 지금까지 순결한 처녀처럼 시원적이고 무결한 순수성을 보존해 온 저 유일한 교회, 심오한 교의에서 사소한 외적 의식에 이르기까지 모든 것이 마치 러시아 민중을 위해 하늘에서 직접 내려온 것 같은 교회, 우리의 모든 의문과 의혹의 매듭을 풀어 줄 수 있는 유일한 교회, 우리의 모든 계층과 신분과 직위를 유럽인들의 합법적인 경계선과 영역 안으로 밀어 넣어 줌으로써 전 유럽이 보는 가운데 전대미문의 기적을 행사할 수 있는 교회, 국가 내부의 그 어떤 것도 바꿔놓지 않았지만 러시아로 하여금 합당하고 조화로운 조직을 통해, 그 위협적인 힘을 통해, 전 세계를 경탄시킬 수 있게 해주는 교회, 그 교회를 우리는 모르고 있단 말씀입니다! 삶을 위해 창조된 그 교회를 우리는 이제껏 우리의 삶 속으로 불러오지 않았다, 이 말씀입니다!

아니, 신께서 우리로 하여금 교회를 옹호하지 말게 하소서! 옹호하는 것이 오히려 교회에 해를 입힐 것입니다. 우리가 할 수 있는 유일한 선전은 우리의 삶 그 자체입니다. 우리는 우리의 삶으로써 그 전체가 하나의 '생명'이라 할 수 있는 우리 교회를 방어해야 합니다. 우리는 영혼의 향기로써 교회의 진리를 선포해야 합니다. 서구의 가톨릭 선교사들로 하여금 제 가슴을 치고, 손을 휘휘 내젓고, 웅변적인 통곡과 말재주로 곧 말라버리고 마는 눈물을 짜내도록 하십시오. 동방의 가톨릭[3] 설교자는 민중 앞에 등장할 때 아직 자기가 하고자 하는 말을 시작도 하기 전에 겸손한 모습만으로, 그윽한 눈길과 속세의 모든 번뇌를 초월한, 영혼에서 흘러나오는 것처럼 조용하게 떨리는 음성만으로, 모든 이가 깊은 감동을 받아 한목소리로 "아무 말씀도 하지 마세요, 말씀 없이도 저희는 거룩한 교회의 진리를 들을 수 있답니다!" 라고 외치게 해야 하는 것입니다.

---

3) 여기서 "가톨릭"은 로마 가톨릭이라는 뜻이 아니라, 교부시대 때 사용되던 그리스어의 원래 의미인 '보편적'이란 뜻으로 사용되었다.

IX

같은 주제에 관하여[1]

A. P. T.[2] 백작에게 보내는 편지 중에서

우리 교회의 권세는 시들어 가고 있으며 우리의 성직자들은 사람을 대하는 데 능란하지 못하고 사교성도 없다는 견해는 우리의 성직자가 교회법 때문에 실질적인 삶과 전적으로 유리되어 있으며 행동에 있어서는 정부와 결탁하고 있다는 주장만큼 신빙성이 없습니다. 속세와의 접촉과 관련하여 우리의 성직자들은 합법적이고 정확한 한계를 알고 있습니다. 만일 그들이 우리의 일상적 모임이나 유락장에 끼어들고 우리의 가정 일에 참견하는 등, 우리와 더욱 자주 마주치게 된다면 그건 매우 볼썽사나운 일입니다. 성직자들 앞에는 심지어 보통 사람들보다도 더 많은 유혹이 놓여 있습니다. 그렇기 때문에 로마 가톨릭 사제들이 비난받는 것처럼 가정의 분쟁에 휘말리기 십상입니다. 로마 가톨릭 사제들은 지나치게 세속적이라는 바로 그 점 때문에 추악한 존재가 되어버렸습니다. 우리의 성직자들이 우리와 만날 수 있는 합법적 영역은 두 가지가 있는데, 그건 고백성사와 강론입니다.

1) 이 편지는 앞의 편지의 속편이라 할 수 있다. 앞의 편지가 러시아 정교회와 로마 가톨릭의 차이점을 주로 논한다면 이 편지는 러시아 성직자들의 책임과 의무에 관해 논하고 있다.

2) A. P. 톨스토이.

첫 번째는 일 년에 고작 한두 차례 행해지고 두 번째는 매주 주일날 행해지지만 이 두 가지를 통해 무척이나 많은 일을 할 수 있습니다. 만일 사제가 신자들에게서 여러 가지 사악한 점을 발견했으되, 한동안은 그걸 마음속에 담아둔 채 오랜 시간 혼자서 그걸 어떤 식으로, 그러니까 어떻게 한마디 한마디가 신자들의 가슴에 즉각 와 닿을 수 있도록 말할 수 있을까를 궁리했다면, 그는 고백성사나 강론 중에 아주 강력하게, 우리와 일상적으로 나누는 대화 중에는 한 번도 보인 적이 없는 힘찬 어조로 말해야 합니다. 사제는 속세의 인간을 향해 모종의 높은 위치에서 말함으로써 인간으로 하여금 사제의 존재가 아닌, 그 두 사람 모두의 말에 귀 기울이고 계시는 하느님의 존재를 체험하도록 해야 하며 또한 그분의 보이지 않는 현존에 대한 양면적인 외경심을 불러일으켜야 합니다. 아니, 우리의 성직자들이 우리한테서 어지간히 떨어져 있는 것은 차라리 잘 된 일입니다. 우리의 어리석은 유행이 보여주는 온갖 변화와 변덕에 따르지 않는 그들의 제의 또한 그들과 우리를 분리시켜 주어서 정말 다행입니다. 그들의 제의는 아름답고 장엄합니다. 그건 18세기의 잔재인 무의미한 로코코 스타일도 아니고 로마 가톨릭 사제들의, 아무것도 설명해 주지 않는, 저 꾀죄죄한 의상도 아닙니다. 그들의 제의는 의미를 갖습니다. 그건 구세주께서 입으셨던 바로 그 의상의 모습과 닮은[3] 옷인 것입니다.[4] 그들은 그러한 옷을 입는 것으로써 자기들이 우리에게 보여주어야 하는 그분의 모습을 영원히 상기해야 하고, 또한 우리보다 천

---

3) 여기서 고골이 사용하는 표현 "모습과 닮은"(*po obrazu i podobiiu*)은 〈창세기〉 1: 26에서 그대로 따온 것이다.

4) 여기서 고골은 일반 성직자들이 평소에 입는 소박한 스타일의 수단을 말하고 있는 듯하다. 고위 성직자의 제의는 비잔틴 황실의 의상을 모델로 한 매우 화려한 것이었다.

배나 많은 일을 해야 하는 만큼, 세상의 유혹과 무가치한 욕구에 빠져 정신없이 허우적거리는 일이 단 한순간도 일어나지 않게 해야 하며, 또 자기들은 우리와 다른, 우리보다 높은 존재임을 항상 분명히 깨닫고 있어야 합니다. 아니, 아직 세상을 모르는 젊은 사제라면 고백성사와 강론을 제외하고는 아예 사람들과 만나지 않는 편이 좋습니다. 사람들과 꼭 접촉을 해야 하는 경우에는 현명하고 경험 많은 선임자들, 즉 인간의 영혼과 가슴을 그에게 전해주고 미숙한 인간의 눈에 비친 삶이 아닌, 진정한 형태와 빛 속의 삶을 그려줄 수 있는 그런 선임자들을 대동해야 할 것입니다. 성직자는 또한 자기 자신을 위한 시간을 가져야 합니다. 자기 자신을 단련시켜야만 하기 때문입니다. 그는 오랜 세월 동안 광야에서 지내시고 사십 일간의 단식을 끝내신 후에야 비로소 사람들을 가르치러 나오신 구세주의 모범을 따라야 합니다. 오늘날의 일부 똑똑한 척하는 인간들은 세상을 알려면 세상사에 부대껴 보아야 한다고 생각합니다. 그거야말로 완벽한 헛소리입니다. 허구한 날 세상사에 부대끼면서도 그 누구보다도 속이 텅텅 빈 속세의 인간들을 본다면 그런 소리는 쏙 들어갈 것입니다. 성직자들은 세상을 위해서 스스로를 다스리되, 세상 속에서가 아니라 세상과 떨어져서, 심오한 내적 명상과 자기 영혼에 대한 탐구를 통해서 그렇게 해야 하는데 이는 거기에 모든 것을 위한, 모든 것의 율법이 있기 때문입니다. 요컨대, 자기 영혼의 열쇠를 찾으라, 그러면 바로 그 열쇠로써 모든 이의 영혼을 열게 되리라.

X

우리 시인들의 서정성에 관하여[1)]

V. A. Zh.[2)]에게 보내는 편지

사형선고를 받은 저의 논문, 즉 "우리 시인들의 서정성에 관하여"라는 제목의 논문에 관해 말씀드리겠습니다.[3)] 무엇보다 먼저, 선생님께서 내려주신 사형선고에 감사드립니다! 아, 저의 진정한 스승이시자 영도자시여, 선생님께서는 벌써 두 번째 저를 구원해 주셨습니다! 작년에 제가 〈현대인〉 지의 플례트뇨프씨에게[4)] 러시아 시인들

---

1) 고골은 문학적인 대 선배 주코프스키에게 보내는 이 편지에서 러시아 시인들의 서정성이 갖는 사회적, 미학적 의미를 천착하고 있다. 로모노소프, 데르자빈, 푸쉬킨 등 러시아 고전주의와 낭만주의를 대표하는 시인들의 위대함을 고골은 매우 예리하게 파악하고 있는데, 문제는 그들 하나하나에 대한 고골의 논평이 진실을 왜곡하고 있다는 데 있다. 특히 푸쉬킨을 니콜라이 황제의 총신으로 묘사하고 그의 시들을 황제찬가 정도로 기술하는 대목은 가히 충격적이다. 러시아 문학을 조금이라도 아는 사람이라면, 그리고 푸쉬킨의 시를 조금이라도 이해하는 사람이라면 이 편지를 읽고 분통을 터뜨리지 않을 수 없을 것이다. 고골의 곡해는 너무도 자명하기 때문에 이 편지는 이 책에 수록된 다른 대부분의 편지처럼 그 내용의 옳고 그름을 따지는 것이 무의미하게 느껴질 정도이다.

2) V. A. 주코프스키.

3) 고골은 1845년에 집필한 동일한 제목의 평론을 주코프스키에게 보여주었는데 주코프스키가 혹평과 함께 파기할 것을 권하자 그의 권고를 받아들여 원고를 불태워 버렸다. 여기 실린 평론은 첫 번째 평론을 대폭 수정하여 다시 쓴 것이다.

에 관해 쓴 것을 보내려 했을 때 선생님께서는 저를 말려 주셨습니다. 이제 두 번째로 선생님께서는 제 우둔함의 새로운 결실을 파기토록 해주셨습니다. 다른 모든 지인들은 어찌된 영문인지 절더러 자꾸만 쓰라고 하는데 오로지 선생님 한 분만이 아직도 말리고 계십니다. 친구들의 말만 들었다면 얼마나 많은 우행을 범했을까요! 그래서 선생님께 무엇보다도 감사의 노래를 바치는 것입니다!

그럼 이제 문제의 논문으로 돌아가겠습니다. 나는 이제껏 얼마나 어리석은 인간이어 왔는가, 그리고 어쩌면 나는 이토록 단 한마디의 현명한 말도 하지 못하는 것일까를 생각하면 낯이 뜨거워집니다. 문학에 관한 저의 생각이나 해석은 특히 졸렬합니다. 그것과 관련하여 제가 쓴 것은 어떻게 된 일인지 모조리 과장되고 침침하고 무슨 소린지 도무지 알 수 없는 것이 되어버립니다. 이성으로 파악할 뿐 아니라 가슴으로 느끼기까지 하는 제 개인적 생각을 저는 전달할 수가 없는 것입니다. 제 영혼은 많은 것을 감지합니다만 저는 아무것도 요령있게 말하거나 써 내려가지 못합니다. 제 논문의 토대는 옳았지만 그것을 설명함에 있어 제가 사용한 표현은 한마디 한마디가 반박을 불러일으켰습니다. 똑같은 얘기를 되풀이 말씀드리자면, 우리 시인들의 서정성 속에는 다른 나라 시인들에게서는 찾아볼 수 없는 그 무엇, 요컨대, 어딘지 성서와 비슷한 그 어떤 것, 다시 말해서, 격정적 감정의 동요 없이 이성의 빛에 단단히 뿌리박은 최고 수준의 서정성, 건전한 영혼의 당당한 승리 같은 것이 있습니다. 로모노소프나[5] 데

---

4) 플레트뇨프(P. A. Pletnev, 1792~1865) : 시인, 평론가, 출판인. 푸쉬킨이 사망한 뒤 그가 창간한 잡지 〈현대인〉 지를 맡아 출간했다. 고골의 《죽은 혼》(*Mertvye dushi*)을 비롯한 당대의 유명한 작품에 관한 평론을 여러 편 남겼으며 《친구와의 서신 교환선》 초판의 감수를 보기도 했다.

5) 로모노소프(M. V. Lomonosov, 1711~1765) : 러시아 고전주의를 대표하는 문인, 과학자. 화학, 천문학, 지질학 등의 많은 분야에서 업적을 남겼으며 유

르자빈은 일단 차치하고서라도, 심지어 푸쉬킨의 경우만 해도 그가 고상한 주제에 손대기만 하면 벌써 이 엄격한 서정성이 느껴지기 시작합니다. 그의 시 몇 편을, 이를테면, 그가 성직자에게 보냈던 시,[6] 〈예언자〉, 그리고 사후에 출간된 저 신비한 도시탈주 장면[7] 같은 것을 기억해 보십시오. 또한 야지코프의 시를 읽어보면 그가 고상한 무언가를 말하고자 할 때는 언제나 열정같은 감정보다, 심지어 자기 자신보다 무한히 높이 서 있음을 알게 될 것입니다. 그가 젊은 시절에 쓴 시 중의 한편을 예로 들어보겠습니다. 〈천재〉라는 제목인데 그다지 길지 않습니다.

천둥처럼 노호하며 불꽃처럼 타오르며
엘리야가[8] 하늘로 날아올랐을 때
강력한 불길이 예언자의
살아있는 영혼을 찔렀도다.

럽 고전주의를 받아들여 러시아식으로 재창조하는 데 기여했다. 작시법에 관한 저술을 비롯해 무수한 학술 논문을 집필했으며 송시, 드라마 등의 창작에서도 발군의 재능을 발휘했다. 모스크바 대학의 설립자이기도 하다.

6) 이 시는 〈위락과 무익한 권태의 시간이면〉(*V chasy zabav il' prazdnoi skuki*)을 가리킨다. 이 시를 '성직자에게 보낸 시'라고 하는 데에는 다음과 같은 사연이 있다. 푸쉬킨은 1828년의 시에서 "무익한 선물, 우연한 선물/삶이여, 너는 어째 내게 주어졌는가?/어찌하여 비밀의 운명이/네게 형을 선고하였나?"라고 노래했는데 그 시를 읽은 모스크바의 수좌 대주교 필라레트(Filaret, Drozdov)는 "무익한 것도, 우연한 것도 아니네/주님께서 주신 삶은./슬픈 운명 짐지우신/그분의 섭리에는 목적이 있다네"라는 시를 남겼다. 푸쉬킨은 필라레트의 시에 대한 답으로 〈위락과 무익한 권태의 시간이면〉을 썼다고 전해진다.

7) 푸쉬킨이 1835년에 집필한 〈순례자〉(*Strannik*)를 가리킨다. 이 시는 속세의 번뇌에 괴로워하는 화자가 모든 것을 뿌리치고 참된 구원을 찾아 방랑길에 오른다는 내용으로 푸쉬킨이 사망한 뒤 1841년에 최초로 출판되었다.

8) 히브리의 예언자.

성스러운 감정으로 가득 찬 그의 영혼
자라나고 강해지고 높이 올려져
영감으로 찬란히 빛나며
하느님의 음성을 들었노라.
천재는 그렇게 기쁘게 전율하고
자신의 위대함을 깨닫게 되리라
그의 앞에서 또 다른 천재가
노호하고 타오르며 날아오를 때.
그가 가진 갱생의 힘은
순간적으로 기적을 감지하여
이 세상에 새로운 천체가 드러나리니 —
그건 바로 하늘이 뽑은 자의 성업(聖業)이로다.

얼마나 찬란합니까, 얼마나 엄숙하고 장엄합니까! 이러한 현상에 대한 저의 설명은 이렇습니다, 즉 우리 시인들은 모든 숭고한 소재를 서정성의 가장 고차원적인 근원인 신과의 합법적인 교감을 통해 인식하는바, 누구는 의식적으로, 또 누구는 무의식적으로 그러는데, 이는 러시아의 영혼은 러시아적 본성 덕분에 왜인지는 몰라도 그냥 스스로 그걸 알아차리기 때문입니다. 저는 두 가지 소재가 성서와 비슷한 이런 서정성을 우리 시인들에게 불러일으킨다고 말한 바 있습니다. 그 중 첫 번째 것은 '러시아'입니다. 이 말 한마디에 우리 시인의 눈은 갑자기 번쩍 뜨이고 시야는 확장되며 눈앞의 모든 것이 넓어지는 한편, 그 자신은 장엄한 광휘에 둘러싸인 채 보통사람보다 높은 곳에 서 있는 존재처럼 됩니다. 이는 보통 말하는 조국애와는 다른 그 어떤 것입니다. 조국에 대한 사랑은 위선적인 허풍 속에서도 울려 퍼질 수는 있습니다. 우리의 이른바 말하는 허풍쟁이 우국지사들이 이를 증명해 줄 것입니다. 그들의 송가는 제법 진실하게 느껴지기는 하지만 읽고 나면 러시아에 침을 뱉게 될 뿐입니다. 그렇지만 만일 데르자빈이 러시아에 관해 말하기 시작한다면 듣는 이는 자기 내부에서 그 어떤 초자연적 힘을 느끼게 되고 러시아의 숭고함을 숨쉬는 것 같은 기분이 드는 것입니다. 그냥 단순히 조국을 사랑하는 것만으로는 데르자빈도, 아니 심지어 야지코프까지도 러시아를 노래할 때마다 매번 그토록 폭넓게, 그토록 장중하게 표현할 수는 없을 것입니다. 예를 들어, 바토리의[9] 러시아 침략을 묘사한 야지코프의 시를[10] 한 번 볼까요.

포악한 스테판은[11] 벌써
수십만 대군을
강력한 진영으로 불러들였도다—
그래, 이제 프스코프 사람들은 전멸하겠구나,
그래, 이제 러시아는 파멸하겠구나!
허나, 너, 조국을 향한 사랑이여,
선혈들이 그토록 자랑스러워했던 너,
너는 무기를 손에 잡았다. 그리하여 피의 강물이—
그런데 승리를 축하한 것은 스테판이 아니었도다!

간혹 러시아에 관한 일종의 본능적 예언과도 결합하는 이 영웅적이고 진지한 힘은 우리 조국의 운명 속에서 분명하게 감지되는 저 거룩한 섭리와 시인의 사랑이 본능적으로 접촉할 때 생겨납니다. 여

9) 스테판 바토리(Stefan Batorii, 1533~1586) : 1569년 합병된 폴란드-리투아니아 왕국의 왕. 1579년 러시아 도시 폴로츠크를 점령했으며 1581년에는 대군을 이끌고 프스코프를 향해 진격했다. 그러나 프스코프 수비대의 완강한 저항에 부딪혀 우세한 전력에도 불구하고 5개월에 걸친 전투를 실패로 끝냈다.

10) 1826년에 씌어진 야지코프의 시 〈트리고르스코에〉(*Trigorskoe*)를 가리킨다.

11) 스테판 바토리를 가리킨다. 역주 9를 보라.

기에서는 사랑 외에도 신비한 경외심이 개재하는데, 그건 우리의 조국으로 점지된 이 땅에서 일어나도록 하느님께서 명하신 일련의 사건들, 아니면 아직은 보통 사람들의 눈에는 보이지 않지만 '씨앗' 속에서 '열매'를 볼 수 있는 영매(靈媒), 혹은 모든 것을 들을 수 있는 시의 귀를 지닌 시인만이 알아볼 수 있도록 세워진 새롭고 아름다운 전당 앞에서 느낄 수 있는 그런 경외심입니다. 이제 다른 사람들도 조금씩 그걸 깨닫기 시작했지만 그걸 표현하는 것이 서툴기 때문에 그들의 말은 헛소리처럼 들리는 것입니다. 슬라브인들만의 원칙에 관해 헛된 꿈을 꾸며 러시아의 미래를 예언하는 오늘날의 젊은이들이 일종의 최신 유행 전염병을 따르고 있는 것처럼 보인다면 그건 선생님께서 잘못 생각하시는 겁니다. 그들은 자기들의 생각이 아직 바보 같은 어린애에 불과함을 모르므로 사상을 머릿속에서 성숙시킬 겨를도 없이 서둘러 세상에 공표해 버리는 것입니다, 그게 다입니다. 히브리 민족 가운데서 400명의 예언자들이 일제히 예언을 했습니다만[12] 그 중에서 단 한 분만이 하느님의 선택을 받아 히브리 민족의 경전에 그의 예언서가 수록되었습니다. 다른 모든 예언자들이 불필요한 말을 많이 지껄인 건 사실이지만, 그렇다 해도 그들 역시 선택받은 예언자가 명명백백하게 전달할 수 있었던 바로 그 말씀을 듣긴 들었습니다. 단 불분명하고 희미하게 들었던 것이지요. 말씀을 듣지조차 못했다면 사람들이 그들을 돌로 쳐서 죽였겠지요. 어째서 프랑스도 영국도 독일도 그런 전염병에 감염되지 않았을까요, 어째서 그들은 자기 민족에 대해 예언을 하지 않는데 오로지 러시아인들만이 예언을 하는 걸까요? 왜냐하면 러시아인들은 조국에서 일어나는 일이 무엇이든 간에 그 안에서 하느님의 손길을 그 어떤 민족보

12) 이 대목은 〈열왕기상〉 제 22장을 참조하라.

다 강렬하게 느끼고 새로운 왕국의 도래를 감지하기 때문입니다. 그래서 우리 시인들의 곡조에서는 성서의 숨결이 느껴지는 것입니다. 다른 나라 시인들이 아무리 자신의 조국을 사랑하고 또 아무리 그 사랑을 열렬하게 표현할 수 있다 해도 그들의 시는 그렇게 될 수가 없습니다. 이 점에 관해서는 저와 논쟁하지 말아 주세요, 존경하는 선생님!

그럼 예의 그 숭고한 서정성을 우리 시인들에게서 흘러나오게 해주는 또 다른 소재, 즉 '차르에[13] 대한 사랑'으로 넘어가기로 하겠습니다. 차르께 바치는 무수한 찬미가와 송시 덕분에 우리의 시는 이미 로모노소프와 데르자빈 시대 때부터 모종의 장중하고 제왕적인 표현력을 획득했습니다. 그들의 감정이 진실한 것이었는가 — 이 점에 관해서는 이론의 여지가 없습니다. 하잘 것 없는 재치를 타고난 자, 오로지 순간적이고 경박한 판단력밖에는 내세울 것이 없는 자라면 여기서 무언가를 받아내려는 속셈이나 아첨을 보게 될 것인즉, 그나마 그 판단력이란 것조차 그 시인들의 속악하고 형편없는 송시를 바탕으로 한 것일 겁니다. 그러나 재치 이상의 것을 타고난 현명한 사람은 군주의 수없이 많은 은혜로운 행적을 그려 보여주는 데르자빈의 송시들 앞에서 숨을 멈출 것입니다. 그 송시들에서 시인은 눈물을 머금은 채 러시아인들뿐 아니라 제국의 변방에 사는 무감각한 야만인들까지도 오로지 전능하신 군주만이 민중에게 보여줄 수 있는 그런 자비와 사랑을 접하고서는 눈물을 줄줄 흘리게 된다는 말씀을 황제 폐하께 아뢰고 있습니다. 그 시들 속에서는 많은 것들이 그토록 강렬하게 표현되어 있기에 설령 순간적으로 자신의 소명을 망각한 군주가 있다손 치더라도 그 시들을 읽고 나면 제정신을 차리고 군주의 소명이 갖는

13) 러시아 황제를 이르는 말. 이 책에서는 문맥이나 뉘앙스에 따라 '차르'란 말을 '차르', 혹은 '황제 폐하', 혹은 '폐하'로 융통성 있게 번역하기로 한다.

성스러움 앞에서 가슴 벅찬 감동을 받게 될 것입니다. 오로지 가슴이 차가운 자들만이 예카테리나 여제에[14] 대한 과도한 칭송을 꼬투리 삼아 데르자빈을 질책할 것입니다. 그러나 가슴이 돌처럼 굳지 않은 사람은 저 탁월한 시구를 감동 없이는 읽지 못할 것입니다. 여기서 그는 말하기를, 자신의 대리석 동상이 후대에 전해진다면 그것은 오로지

내가 러시아의 여제를 노래했기 때문이니
그런 분은 그 어디에서도, 이 땅에서도
아니면 저 너른 세상에서도 찾지 못하리.
뽐내어라, 뽐내어라, 나의 리라여![15]

가슴이 뜨거운 독자라면 또한 꾸밈없는 영혼의 전율 없이는 데르자빈이 별세하기 직전에 쓴 다음의 시를 읽지 못할 것입니다.

내 영혼 차갑게 식고 세월은 내 리라의 목소리 앗아가
예카테리나의 뮤즈 졸고 있구나.
… 노래는
이미 부를 수가 없네. 다른 가수들에게
내 낡은 하프를 타라고 물려주노니
저 순결하게 타오르던 불꽃의 뇌신이
또다시 거기서 흘러나오게 하라,
내가 세 분의 폐하를 노래할 때 그랬듯이.[16]

---

14) 예카테리나 여제(Ekaterina II, 재위, 1762~1796): 러시아의 여제. 궁정 반란을 통해 남편 표트르 III세를 폐위시키고 제위에 오른 강력한 군주. 계몽 군주를 자칭하며 귀족의 권한을 확장시키고 학문과 예술의 발전에 힘을 쏟았으나 사치스럽고 분방한 생활로 인해 농민들의 삶을 더욱 비참하게 만들었다.

15) 1794년에 씌어진 데르자빈의 시 〈나의 우상〉(*Moi istukan*) 중의 한 구절이다.

죽음을 목전에 둔 노인은 거짓말을 하지 않는 법입니다. 생전에 그러한 사랑을 성물(聖物)처럼 다루었던 그는 세상을 하직할 때도 그것을 성물처럼 무덤으로 가져갔습니다. 하지만 요점은 그게 아닙니다. 그러한 사랑은 도대체 어디서 생겨난 것일까요? — 이것이 바로 문제입니다. 전 민족이 그러한 사랑을 진정으로 체험하고 있으므로 민족의 지고한 반영인 시인 또한 고도로 강렬하게 그걸 느끼는 건 당연한 일이다 — 이러한 답변은 문제의 반쪽밖에 설명해 주지 않습니다. 완전무결한 시인은 그 무엇에도 명분 없이 헌신하지 않으며 완벽한 이지의 현명함으로 모든 것을 검증합니다. 모든 걸 미리 감지할 수 있는 촉각과, 남들은 네 방향이 아닌 한두 방향에서만 단편적으로 바라볼 수 있을 뿐인 사물을 완전하게 재생하고자 하는 내적 열망을 간직한 그는 권력의 완전한 발전을 예견하지 않을 수 없었던 것입니다. 푸쉬킨은 얼마나 현명하게 전권 군주의 의미를 정의내렸던가요, 그리고 일반적으로, 만년의 그는 무슨 주제든 어쩌면 그토록 현명하게 말했던가요! 그는 이렇게 말했습니다.

> 어찌하여 우리 중의 한 사람이 다른 모든 이보다, 심지어 법보다 더 높이 존재해야 하는가? 왜냐하면 법이란 각목처럼 무감각하기 때문이다. 법에서는 무언가 잔인하고 비인간적인 것이 느껴진다. 법을 문자 그대로 지키는 것만 가지고는 더 이상 멀리 갈 수 없다. 물론 우리는 누구나 법을 따르고 수호해야 한다. 그러나 그렇게 되려면 법을 부드럽게 만들어 줄 숭고한 은총이 필요한데 그걸 인간에게 제공해 줄 수 있는 것은 전권 군주 한 분뿐이다. 전권 군주가 없는 정부는 자동인형이나 마찬가지이다. 그러한 정부는 미합중국

---

16) 1812년에 씌어진 데르자빈의 시 〈프랑스군의 퇴각에 부치는 서정적이고 서사적인 찬가〉(*Gimn liro-epicheskii na prognanie frantsuzov iz otechestva*) 중의 한 구절이다.

> 이 이룩한 정도만 이룩해도 과분할 것이다. 그렇다면 미합중국이란 무엇인가? 그건 짐승의 시체와도 같은 나라이다. 그 나라에서는 인간이 동전 한 푼의 가치도 없이 소멸한다. 전권 군주 없는 정부는 지휘자 없는 오케스트라나 마찬가지다. 모든 연주자들이 아무리 훌륭하다 해도 그들 가운데 지휘봉을 움직여 신호를 보내줄 수 있는 한 사람이 없다면 연주회는 무산될 것이다. 아무런 악기도 연주하지 않는 그는 겉보기에 아무것도 안 하면서 그저 지휘봉이나 슬슬 휘두르고 좌중을 훑어보기만 할 뿐인 듯 여겨지지만 어느 멍청한 드럼 주자나 미숙한 트럼본 주자가 여기저기서 낼 법한 거친 소리를 다스리는 데는 그의 눈길 하나만으로도 충분하다. 그가 있기 때문에 제1 바이올린 주자도 다른 연주자를 무시하고 제멋대로 설칠 수가 없다. 지휘자, 즉, 최고 화음의 최고 권력자, 모든 것을 소생시키는 이는 전체적 조화를 보전하는 것이다![17]

푸쉬킨의 표현은 얼마나 적절한가요! 그는 얼마나 완벽하게 위대한 진실의 의미를 파악한 걸까요! 이 내적 본질, 즉 전제 군주의 위력을 그는 자신의 시 속에서 부분적으로나마 묘사하기까지 했는데 선생님께서는 푸쉬킨의 유고집에 그 시를 수록하면서 그 의미를 헤아리지 못한 나머지 시행을 수정하셨습니다. 그 시의 비밀을 이제 제가 열어 보이겠습니다. 저는 지금 〈＊＊＊에게〉라는 소박한 제목과 함께 출판된, 니콜라이 황제 폐하께[18] 바치는 송시를 말하고 있는 것입니다.

그 시가 씌어지게 된 경위는 다음과 같습니다. 어느 날 아니츠코프 궁전[19]에서 연회가 열렸는데 그건 아시다시피 우리 사회의 저명인사

17) 푸쉬킨이 남긴 원고 가운데 이 인용문은 아직껏 발견되지 않고 있다. 고골은 아마도 사적 대화 중에 푸쉬킨이 한 말을 각색하여 쓴 듯하다.

18) 니콜라이 I 세(Nikolai I, 재위, 1825~1855) : 봉건제도와 전제정치의 수호를 위해 반대파를 무자비하게 탄압한 것으로 악명 높은 차르. 헌병대를 창설했으며 검열제도를 강화했다.

만이 초대받는 그런 연회 중의 하나였습니다. 그날 초대받은 손님 중에는 푸쉬킨도 있었습니다. 모두들 이미 연회장 안에 모여 있었습니다. 그러나 폐하께서는 오랫동안 납시지 않으셨습니다. 폐하께서는 궁전의 다른 방에 홀로 떨어져 오랜만에 갖는 망중한을 잠시 즐기시느라 《일리아드》를 펼치셨고 연회장에서는 이미 한참 전부터 음악이 울려 퍼지고 춤이 무르익어 가고 있는 동안 내내 독서 삼매경에 빠져 계셨습니다. 폐하께서는 용안에 색다른 표정을 띠시고 꽤 느지막하게 연회장에 납시었습니다. 두 가지 상반되는 표정의 병치를 아무도 눈치 채지 못했지만 푸쉬킨은 매우 강렬한 인상을 받아 그걸 토대로 다음의 숭엄한 송시를 집필했습니다. 그건 한 개의 연으로 이루어진 시인데 전문을 여기서 인용해보겠습니다.[20]

> 님께서는 홀로 오랫동안 호메로스와 담소를 나누셨고
> 우리는 오랫동안 님을 기다렸습니다.
> 찬란히 빛나는 님께서는 저 신비한 고지에서 내려와
> 우리에게 증거판을[21] 가져다주셨습니다.
> 그런데 어떻게 되었을까요? 님께서 광야의 천막 속에서

---

19) 네프스키 대로에 있는 목조 궁전. 18세기에 건축되었다.

20) 이 시는 1832년에 씌어졌으나 푸쉬킨이 사망한 뒤에 〈그네디치에게〉(*Gnedichu*)라는 제목으로 출간되었다. 고골은 '전문'을 인용해 보겠다고 했지만 그의 인용문에서는 여덟 개의 행이 누락되어 있다. 게다가 고골은 이 시를 전적으로 잘못 해석하고 있다. 이 시는 푸쉬킨이 동료 시인 그네디치(N. I. Gnedich, 1784~1833)의 우아한 고전적 문체를 찬미하며 쓴 시로 차르 니콜라이와는 아무런 관계도 없다.

21) "증거판"(*skrizhali*)은 모세가 시나이 산에서 하느님으로부터 받은 돌판을 의미한다(출애굽기 31: 18). 이 시는 전반적으로 〈출애굽기〉의 에피소드를 토대로 한다. 돌판을 받아가지고 시나이 산에서 내려온 모세는 백성들이 수송아지를 둘러싸고 춤을 추고 있는 것을 보고는 격분한 나머지 돌판을 내던져 깨뜨렸다. 〈출애굽기〉 제 32장을 참조하라.

우리를 발견했을 때 우리는 천박한 주연의 광기 속에서
광포한 노래를 부르고 우리가 만든 우상 주위를
돌며 껑충껑충 뛰고 있었습니다.
당황한 우리는 님의 빛을 저어했고
님은 터져 나오는 슬픔과 분노 속에서
우리, 어리석은 자식들을 저주하며
증거판을 부수어 버리셨습니다.
아니, 저주가 아닙니다. 님은 저 높은 곳에서
작은 골짜기 그늘로 내려오시는 걸 좋아하시고
하늘의 뇌성을 좋아하시고 또 빨간 장미 위에서
윙윙거리는 벌들의 노래에 기꺼워하십니다.

니콜라이 황제의 인간성은 일단 제쳐두고 군주 일반, 그러니까 자기에게 맡겨진 민중을 하느님의 나라로 인도해야만 하는, 하늘의 기름부음 받은 자로서의[22] 군주에 관해 논해 봅시다. 푸쉬킨이 군주를 선지자 모세에 비유한 것은 진정 옳았던 걸까요? 수백만 동포의 운명을 어깨에 짊어진 사람, 하느님 대전에서 그들에 대한 무서운 책임을 서약했기 때문에 인간에게는 아무런 서약도 하지 않아도 되는 사람, 그 책임감의 공포로 끙끙 앓고, 그보다 아래 위치한 사람은 도저히 상상할 수도 없는 그런 고통을 당하고 보이지 않게 눈물을 흘리는 사람, 그치지 않고 영원히 귓전에서 울려 퍼지는 신의 외침, 그치지 않고 그에게 노호하는 그 외침 소리를 세상의 환락 속에서도 듣고 있는 사람, 그런 사람은 선지자 모세에 비유되어도 좋을 것이며 모세가 그랬던 것처럼 저 경박하게 춤추는 종족, 즉 지상의 모든 존재가 지향

22) 여기서 '기름 부음 받은 자'는 차르의 즉위 시에 도유식이 거행됨과 관계가 있지만 더 나아가 그리스도의 원래 의미인 '기름 부음 받은 분'을 연상시킴으로써 지상의 군주와 천상의 그리스도가 동격임을 암시한다.

하는 것을 지향하는 대신, 자기들 손으로 만든 우상의 주위를 번잡하게 뛰어다니는 저 종족을 저주하며 증거판을 부수어 버려도 괜찮을 것입니다. 그는 나약한 인류 중 누구도 피할 수 없는 공정한 심판이 아닌, 직무태만과 불평불만에 이르기까지 인간이라면 용서할 수 없는 모든 것을 용서해주는 거룩한 하느님의 사랑을 애타게 찾으며 권력을 간원했던바 — 모든 이로부터 떨어져 있는 어떤 한 사람이 정상에 우뚝 서서 권력을 수합하고, 그럼으로써 모든 이와 가까워지고, 천상에서 지상의 모든 이에게로 하강하고, 하늘의 노호와 시인의 리라에서부터 인간의 사소한 홍청거림까지 모두 들을 수 있도록 말입니다 —, 푸쉬킨은 바로 그러한 권력에 보다 높은 의미를 부여했던 것입니다.

푸쉬킨은 이 시에서 권력이란 무엇인가 라는 질문을 스스로에게 던지고는 영혼의 심연에서 솟구쳐 오르는 대답의 장엄함에 깜짝 놀란 나머지 먼지로 오그라든 것처럼 여겨집니다. 여기서 이 사람이 자신의 독자적 생각과 개인적 업적을 그토록 자부했던 그 시인과 동일인이라는 사실을 지적해도 괜찮겠지요. 사실 아무도 자기 자신에 대해 푸쉬킨처럼 말한 적이 없습니다.

나는 내 기념비를 세웠다, 기적의 손으로
하여 그리로는 군중의 발길 끊어지지 않으니
나폴레옹 첨탑보다 더 높이
꼿꼿한 머리 치켜들고 서 있다.[23]

물론 "나폴레옹 첨탑"이란 말은 선생님 잘못입니다.[24] 그러나 원래

---

23) 1836년에 씌어진 시 〈나는 내 기념비를 세웠다〉(*Exegi Monumentum*)의 첫 번째 연.

의 단어를 그대로 두었다 해도(그러면 오히려 더욱더), 이 시는 푸쉬킨이 군주 앞에서 자신의 인간적 우위를 느끼면서도 군주의 소명에 비하면 자신의 소명은 하잘 것 없음을 깨달아 소명의 위대함을 세상에 보여준 사람 앞에 경건하게 고개 숙였다는 사실을 입증해 줄 것입니다.[25]

우리나라 시인들은 군주란 궁극적으로 그 전 존재가 하나의 '사랑'이 될 수밖에 없고 또 그렇기 때문에 민족 전체가 본능적으로 인정하듯 누구나 군주란 곧 하느님의 다른 모습임을 분명히 알게 될 수밖에 없다는 사실을 간파함으로써 군주의 숭엄한 의미를 깨달았습니다. 유럽에서의 군주의 의미 역시 불가피하게 그런 쪽으로 다가갈 것입니다. 군주의 마음속에서 민중을 향한 숭고하고 거룩한 사랑이 솟아오르도록 모든 일이 진행될 것입니다. 현재 유럽의 거의 모든 민족이 앓고 있는 저 영혼의 질병, 그 질병의 고통으로 전 인류가 몸부림치며 질러대는 오열이 울려 퍼지고 있지만 가엾은 환자는 무엇으로 어떻게 병을 고쳐야 할지조차 모르며 허우적거리고 있습니다. 부차적 접촉은 오히려 환부를 더 아프게 할 것입니다. 이성으로 고안된 그 어떤 방법도 그 어떤 치료도 그에게는 거칠기만 해 아무런 도움이 안 될 것입니다. 그들의 비명은 점점 커져 마침내 무감동한 사람까지도 연민을 토로하게 되고 전대미문의 고통이 갖는 위력은 전대미문의 사랑이라고 하는 또 다른 위력을 불러일으킬 것입니다. 인간은 이제껏

24) 원래 시인이 사용한 단어는 "알렉산드르 첨탑"인데 주코프스키가 1841년에 푸쉬킨 유고집을 출판할 때 검열을 통과하기 위해 "나폴레옹 첨탑"으로 바꿨다. "알렉산드르 첨탑"이란 1834년에 완공된 당시 최고의 탑으로 꼭대기에는 알렉산드르 I 세의 모습과 닮은 조각상이 붙어 있다.

25) 이 시에 대한 고골의 해석은 진실에서 상당히 멀리 떨어져 있다. 푸쉬킨은 이 시에서 시인이란 지상의 군주보다 위대하다는 것을, 예술은 덧없는 속세의 권력을 압도하며 항구하게 살아남는다는 것을 말하고 있다.

한 번도 그래본 적이 없을 정도로 강력하게 전 인류를 향한 사랑으로 불타오를 것입니다. 그러나 우리 개개인은 그토록 완벽한 위력의 사랑을 가슴에 품을 수가 없습니다. 그것은 행동이 아닌, 생각과 이상 속에서만 존재할 것입니다. 모든 이를 한 사람처럼 사랑해야 한다는 저 불가피한 법칙이 적용되는 사람만이 그 사랑으로 속속들이 충만될 수 있습니다. 나라 안의 모든 것을 사랑하고, 신분의 귀천을 막론한 나라 안의 모든 이를 사랑하고, 나라 안의 모든 것을 자기 몸처럼 아끼고, 모든 이를 염려하며 슬퍼하고, 통곡하고, 고통당하는 백성 생각에 낮이고 밤이고 기도하는 군주만이 그러한 사랑의 전능한 음성을 획득할 것인바, 오로지 그러한 사랑만이 환자에게 도움을 줄 것이고, 오로지 그러한 사랑의 접촉만이 환부를 악화시키지 않을 것이며, 오로지 그러한 사랑만이 모든 계급의 화해를 가져오고 국가를 하나의 조화로운 오케스트라로 변형시킬 것입니다. 군주가 군주로서의 최고 의미를 획득하는 곳, 즉 군주가 그 자체로서 사랑이신 지존하신 분의 모습을 지상에서 획득하는 곳, 그곳에서만이 민중은 완치될 수 있습니다. 유럽에서는 그 누구도 군주의 이러한 의미를 정의내릴 생각을 하지 못했습니다. 위정자들, 입법자들, 법률가들은 군주를 오로지 한 가지 시각에서만, 즉 사람들이 뽑은 국가의 최고 관리로서만 바라보았고, 그랬기 때문에 군주의 권력을 어떻게 다루어야 할지 몰랐고, 또 시시각각 변화하는 상황에 맞추어 때로는 권력의 영역을 제한하고 때로는 확장시켜야 하는데도 적당한 한계를 어떻게 정해야 하는지 몰랐습니다. 그리하여 군주와 백성은 기이한 관계에 놓이게 되었습니다. 그들은 서로를 원수처럼 바라보면서 상대방의 기선을 제압하는 데만 급급했습니다. 우리나라에서는 입법자들이 아닌 시인들이 군주의 숭고한 의미를 파악했던바, 그들은 러시아에서 당신의 뜻을 적법하게 이루시려는 하느님의 음성을 전율 속에서 들었던 것입니다. 바로 그 점 때문에 그들의 입에서 황제라는 낱말이 나올 때마다 그들의 시는 성서처럼 들리는 것입니다. 그런데 우리나라에서는 역사가 하느님의 섭리를, 요컨대 러시아에서 권력은 완전하고 무결한 형태로 실현되리라는 섭리를 너무도 분명히 보여주므로 시인이 아닌 사람들도 그것을 느낍니다. 타타르 족의 강점부터[26] 시작되는 우리 조국의 모든 사건들은 한 사람의 손에 권력을 모아 주려는 쪽으로 움직여 왔는데 이는 그 한 사람이 국가 안의 모든 것에 대한 저 유명한 개혁을 실시하고, 모든 것을 뒤흔들고, 모든 이를 각성시켜 우리 개개인이 자기 자신에 대한 최고의 통찰력 — 이 통찰력이 없다면 인간은 스스로를 파악하고 판단할 수 없으며 또 황제께서 전국에 선포한 그 무지몽매와의 전쟁을 자기 내부에서 수행할 수 없습니다 — 을 갖추도록 하기 위함이었습니다. 이는 또한 훗날 모든 이가 그 신성한 전쟁으로 불타오르고 또 모든 이가 자신의 위력을 의식하게 될 때 어떤 한 사람이 손에 횃불을 들고 만인의 앞에 서서 러시아가 그토록 원해온 저 높은 세상으로 모든 민중을 마치 하나의 영혼처럼 이끌어 가도록 하기 위함이었습니다. 자, 군주도 그의 신하도 미처 그 권력의 완전한 의미를 깨닫기도 전에 그들의 가슴속에 서로에 대한 사랑의 씨가 뿌려진 것을 보십시오, 이 얼마나 기적 같은 일입니까! 그 어떤 왕조도 로마노프 왕조처럼 그토록 비범하게 시작된 적이 없습니다. 로마노프 왕조의 시작은 이미 그 자체가 사랑의 승리였습니다. 가장 미천하고 보잘것없는 백성 한 사람 한 사람에 이르기까지 러시아의 모든 이가 우리에게 차르를 주기 위해 자신의 목숨을 바쳤고 그 이래로 순수한 희생정신은 군주와 백성을 하나로 꽁꽁 묶어 주었습니다. 사랑이 우리의 핏속으로 들어왔고 우리 모두는 황제와 혈연관계를 맺게 되었

26) 러시아는 13세기부터 15세기까지 200년이 넘는 세월 동안 몽고 타타르의 지배를 받았었다.

습니다. 그렇게 군주와 백성이 한몸으로 뭉쳐졌기 때문에 우리 모두는 만약에 군주가 백성을 잊어버리거나 저버린다면, 혹 반대로 백성이 군주를 잊어버리거나 저버린다면 얼마나 무서운 재앙이 일어날지 분명히 알고 있습니다. 그리고 또 이를 위해 다른 가계가 아닌 로마노프 가계를 선택하시다니, 하느님의 뜻은 얼마나 분명히 드러난 것일까요! 아무에게도 알려지지 않은 소년이[27] 제위에 등극하다니, 이 얼마나 현묘한 일일까요! 주변에는 훨씬 오래된 가문도 있었고, 특히 바로 얼마 전에 조국을 구한 용맹스런 장군들도 있었습니다. 포자르스키도 있었고, 트루베츠코이도[28] 있었고, 류리크 왕조의[29] 직계 공후들도 있었습니다. 그들 모두는 선출과정에서 제외되었고 거기에 대해 아무도 이의를 제기하지 않았습니다. 그 누구도 자기의 권리를 주장하지 않았습니다. 게다가 이런 일이 다름 아닌 대혼돈기에,[30] 그러니까 모두들 싸우고 다투고 패거리를 짓던 그 시절에 일어났단 말씀입니다! 그럼 누가 선출되었을까요? 바로 얼마 전까지만 해도 박해받고 처형당한 대 귀족뿐 아니라 거의 아무런 위해도 입지 않은 일반 백성까지도 "현명하신 나라님이었지만 돌아가셔서 다행이로다"라는 속담을 한동안 읊어댈 정도로 러시아 전역을 공포로 몰아넣었던 선대 차르의[31] 모계 후손이[32] 선출되었습니다. 더욱이 대 귀족에서

27) 로마노프 왕조 최초의 차르인 미하일은 1613년 제위에 등극할 당시 16세에 불과했다.

28) 포자르스키와 트루베츠코이는 대혼돈기에 참칭자 드미트리를 앞세워 러시아를 침략한 폴란드군을 격파하여 모스크바를 해방시킨 국민군 지도자들이다.

29) 17세기에 로마노프 왕조가 출범하기 전까지 러시아를 다스렸던 왕조. 마지막 차르인 표도르가 사망한 1598년에 종말을 고했다.

30) '대혼돈기'라는 것은 1604년부터 1613년까지의, 러시아 역사상 가장 어려운 시절을 말한다. 이 시기에 러시아 황제 자리를 둘러싼 암투는 절정에 이르렀고 심한 기근, 외세의 침략, 참칭자의 등장, 농민 전쟁 등으로 백성은 도탄에 빠졌다.

가장 보잘것없는 농부에 이르기까지 모든 백성이 한 목소리로 그분을 제위에 추대했습니다.[33] 우리나라에선 이런 식으로 일이 진행되었던 것입니다! 그런데도 선생님께서는 어찌하여, 도대체 어찌하여 구약 성서 안에 씌어진 차르의 완전한 의미를 파악한 우리 시인들, 그러면서 동시에 우리 조국에서 일어난 모든 사건들 속에서 하느님의 뜻을 그토록 확실하게 읽어낸 시인들의 서정성이 성서적 반향으로 가득 차 있지 않다고 주장하시는 겁니까? 되풀이 말씀드리겠지만, 단순한 사랑은 그들의 시에 그토록 엄격하고 건전한 음조를 도저히 부여해 줄 수 없을 겁니다. 그렇게 되려면 본능적 사랑의 감정이 아닌, 완전하고 굳건한 이성의 확신이 필요한데, 후자가 없을 경우, 그들의 시는 선생님께서 젊은 시절 영혼의 사랑이라고 하는 감정에만 온통 빠지셨을 때 쓰신 시처럼 그렇게 부드럽기만 할 것입니다. 아니, 우리 시인들에게는 다른 나라 시인들한테서 찾아볼 수 없는 강력한, 너무도 강력한 무언가가 있습니다. 선생님께서 이 점을 못 보신다 해서 그게 없다는 걸 증명해 주진 않습니다. 선생님께서 러시아적 본성의 모든 측면을 구비하고 계시지는 않다는 점을 인정해 주십시오. 반대로, 선생님의 성격 중 어떤 것들은 너무도 높이, 너무도 폭넓게 강조된 나머지 다른 성격이 들어설 여지를 남겨 놓지 않았으며 그랬기 때문에 선생님은 이미 보편적인 러시아인의 예외처럼 되어버리셨습니다. 선생님은 우리 슬라브족의 성격이 갖는 부드럽고 달콤한 시정을 완벽하

31) 포악하기로 이름난 이반 Ⅳ세(Ivan Ⅳ, 재위, 1547~1584)를 가리킨다. '이반 뇌제'라는 별칭으로 더 잘 알려진 그는 '오프리츠니키'라는 친위대를 창설하여 반역의 가능성이 있다는 이유로 수많은 공후와 대 귀족들을 처형했다.

32) 혈통이란 측면에서 보면 차르 미하일의 가계는 이반 Ⅳ세의 첫 번째 부인이었던 아나스타샤의 후손이다.

33) 차르 미하일은 소 귀족과 평민, 카자크인들을 포함한 국민회의에서 황제로 선출되었다.

게 갖고 계십니다. 그러나 인간의 모든 조직에 비밀스런 공포와 전율을 퍼뜨리는 저 진하고 강력한 시정을 전혀 모르고 계십니다. 그것이야말로 이 편지에서 논의되고 있는 서정성의 근원인데 말씀입니다. 이 서정성은 하느님이라고 하는 저 유일하고 거룩한 근원으로 올라갈 수밖에 없습니다. 그것은 엄숙하고 조심스러우며, 다변을 싫어하며, 하느님의 표징을 담지하지 않는 이 세상 모든 것을 혐오합니다. 이러한 서정성을 단 한 방울이라도 가지고 있는 사람은 그 모든 단점과 결점에도 불구하고 자기 자신마저도 전율케 하는 엄숙하고 숭고한 영혼의 고상함을 갖추고 있다고 볼 수 있는데 그는 그러한 고상함 덕분에 인간적인 사의(謝意)와 비슷한 그 어떤 것도 거부하게 되는 것입니다. 그는 자기 자신이 이룩한 최고의 업적까지도 무슨 보상 같은 것이 수반될 경우 혐오합니다. 그는 모든 고상한 것은 보상보다 더 숭고해야 한다는 것을 너무도 절실하게 느낍니다. 푸쉬킨이 사망하고 나서야 비로소 그와 군주와의 진정한 관계가, 그리고 그가 쓴 탁월한 두 편의 시의 비밀이 드러나게 되었습니다.[34] 그는 살아생전에 자신을 가득 채우고 있던 감정에 관해 그 누구에게도 말하지 않았는데 그건 참으로 현명한 행동이었습니다. 무감각한 잡지들이 질러대는 온갖 종류의 환호성, 그 기름기 흐르는 선언문식 문체, 각종 허풍쟁이 애국지사들, 혹은 허풍쟁이가 아닌 애국지사들이 저지르는 천태만상의 성급하고 추악하고 분노에 찬 적대행위들 때문에 우리 러시아에서는 출판물의 진실성을 믿지 않게 되었습니다. 그래서 푸쉬킨은 그 시들을 출판하는 것이 위험하다고 생각했던 것입니다. 만일 그것들이 출판되었더라면 사람들은 아마 그를 가리켜 야심가라는 둥 어용 시인이라는 둥 하며 쑥덕거렸을 겁니다. 그러나 그가 세상을 하직

---

34) 이 두 편의 시는 앞에서 언급한 〈그네디치에게〉와 1828년의 시 〈벗들에게〉(*Druz'iam*)를 가리킨다.

하고 난 지금 그 시를 읽고 감히 푸쉬킨을 아첨꾼이라든가 그 누군가의 추종자라고 부를 사람은 러시아 전체에 단 한 사람도 없을 것입니다. 그렇게 해서 성스러운 감정은 보전될 수 있었던 것입니다. 지금은 모든 이들이, 심지어 스스로의 지성만으로는 상황을 판단하기 어려운 사람까지도 푸쉬킨의 말을 액면 그대로 받아들여 이렇게 말합니다. "만일 푸쉬킨이 그렇게 말했다면 그게 진짜 옳은 말이지."

우리 시인들이 쓴 차르 찬미가는 장엄한 구성과 문체로 인해 외국인들을 놀라게 했습니다. 얼마 전에 미츠케비치는[35] 파리에서 한 강의[36] 도중 이 점을 지적했는데 그 자신도 우리 국민에게 부정적 감정을 갖고 있을 뿐 아니라 파리의 모든 사람들이 우리에게 분노하고 있던 시기에 그랬다는 건 정말 보통일이 아닙니다. 그는 그런 반(反)러시아 감정에도 불구하고 우리나라 송시와 찬가에는 노예적이고 비열한 것은 아무것도 없으며 오히려 자유롭고 위풍당당한 무언가가 있다고 엄숙하게 선언했습니다. 미츠케비치의 동포들이야 물론 싫었겠지만, 그럼으로써 그는 우리나라 작가들에게 경의를 표한 셈입니다. 미츠케비치가 옳았습니다. 우리나라 작가들은 무언가 고상한 성격을 지니고 있습니다. 그들은 그 사실을 의식하는 순간 자신의 정신적인 자화상을 그려 놓았는데 만일 그들의 삶이 그 자화상에 부합하지 않았던들 그것은 자기자랑처럼 들렸을 겁니다. 여기 푸쉬킨이 자신의 미래를 예견하며 쓴 시가 있습니다.

---

35) 미츠케비치(A. Mickiewicz, 1798~1855): 폴란드를 대표하는 시인, 애국지사, 폴란드 해방운동의 지도자. 러시아 데카브리스트들과 절친한 관계를 맺고 있었다. 푸쉬킨은 그의 몇몇 시들을 번역해 러시아에 알렸고 그 뒤를 이어 러시아 후기 낭만주의 시인들이 지속적으로 그의 작품에 관심을 보였다.

36) 미츠케비치는 1840~1841년에 파리의 프랑스 대학에서 슬라브 문학에 관한 강의를 했다.

나 오래도록 민중의 사랑을 받으리라
리라로 선한 감정 일깨우고
생생한 시의 매력으로 사람들을 도우고
스러진 자에게 자비를 베풀라 외쳤으므로.[37]

이것이 얼마나 정확한 자화상인지는 푸쉬킨의 삶을 회고해 보면 금방 알 수 있습니다. 추방객의 운명을 위로해 주거나 파멸한 사람에게 도움을 주어야 할 때면 그는 얼마나 눈부시게 열정과 생명력으로 피어나곤 했던가요! 그가 차르의 총애를 그토록 기다렸던 것은 자기 자신이 아닌 다른 불행한 패자를 위해 차르에게 읍소하기 위해서였던 것입니다! 그거야말로 진정 러시아적 특성인 것입니다. 시베리아로 호송되어 가는 유형수들이 전 민중과 나누는 저 감동적인 작별의 장면을, 그러니까 누구는 음식을, 누구는 돈을, 또 누구는 그리스도교적 위안의 말을 전해주는 장면을 상기해 보십시오. 거기에는 죄인에 대한 혐오심도 없고, 또 개화된 유럽에서들 하는 식으로 죄인을 영웅으로 만들거나 죄인의 친필 또는 초상화를 얻거나, 혹은 호기심에 차서 죄인을 구경하려는 돈키호테식의 열정도 없습니다. 거기에는 그 이상의 무엇인가가 있습니다. 그건 죄인을 합리화시키거나 정의로운 심판의 손에서 그를 떼어내려는 열망이 아닌, 타락한 그의 영혼을 보듬어주고 그리스도께서 우리에게 서로를 위로해 주라 하셨듯이 그를 형제처럼 위로해 주려는 소망인 것입니다. 푸쉬킨은 타락한 자를 보듬어주려는 모든 노력을 대단히 높이 평가하고 있었습니다. 바로 그렇기 때문에 군주께서 콜레라가 창궐한 모스크바를 방문했다는 소식

---

37) 〈나는 내 기념비를 세웠다〉에서 인용한 것임. 그러나 인용문의 3행은 푸쉬킨 유고집 출판시 주코프스키의 수정을 거친 것으로 원본에서는 "이 가혹한 시대에 자유를 찬양하고"라고 되어 있다.

을 들었을 때 그의 가슴은 그토록 긍지에 차서 전율했던 것입니다. 그것은 그 어떤 군주도 보여준 적이 없는 놀라운 행적이며 거기에서 영감을 얻은 푸쉬킨은 다음과 같은 탁월한 시를 썼습니다.[38)]

하늘에 맹세코
죽어 가는 사람에게 용기 주려고
무서운 병마 앞에 자기 목숨 내놓은 사람,
눈먼 세상의 평가가 어떠하든
오로지 그 사람만이
천상의 벗이 될 것이로다…

그는 또한 또 다른 군주의[39)] 삶에서 발견되는 또 다른 행적을 제대로 평가했습니다. 기억하시겠지만 〈네바 강의 주연〉이란[40)] 시에서 그는 포성으로 흔들리는 네바 강과 페테르부르크 전역을 쩡쩡 울리는 환호성으로 메워주는 황궁의 범상치 않은 주연에 관해, 그 이유에 관해 놀라워하며 묻습니다. 그는 차르를 기쁘게 하여 그런 주연을 베풀도록 해줄 만한 모든 경사를 열거합니다. 차르께서 후사를 보셨나, 아니면 황후 마마의 영명 축일인가, 아니면 무적의 적이 패주했나,

---

38) 1830년 9월 29일 니콜라이 I 세가 콜레라가 창궐한 모스크바에 왔을 때 쓴 〈영웅〉(*Geroi*) 이란 제목의 시이다.

39) 표트르 대제(Petr I, 재위 1682~1725)를 가리킨다. 로마노프 왕조의 제 4대 황제. 낙후된 러시아를 유럽 열강의 대열에 올려놓기 위해 서유럽의 문물을 받아들이고 과학과 기술의 발전을 촉진시켰으며 러시아 관습과 풍속에 대한 대대적 혁신을 감행했다. 네바 강 하구에 새로운 수도 '페테르부르크'('표트르의 도시'라는 뜻임)를 건설하여 '유럽을 향한 창문'이자 발트 해 지배를 위한 기지로 삼았다.

40) 이 시의 제목은 〈네바 강의 주연〉이 아니라 〈표트르 대제의 주연〉(*Pir Petra Pervogo*) 이다. 고골이 착각한 것으로 사료된다.

아니면 군주께서 각별히 좋아하시는 함대가 입항했나, 라고 물은 뒤 그는 이 모든 의문에 다음과 같이 대답합니다.

아니, 폐하께선 백성과 화해하였네,
죄지은 자의 죄를 잊고
흥겨운 잔치 벌여
술잔에 거품이 하얗게 일어난다네.
그래서 주연은 이렇게 즐겁고
하객들의 술 취한 음성 울려 퍼지고
멀리서 네바 강은
무거운 축포 소리에 자지러든다네.[41]

오로지 푸쉬킨만이 그러한 행위의 아름다운 면을 완전히 이해할 수 있었습니다. 백성의 죄를 사해 줄 뿐 아니라 그 사함을 마치 적군에 대한 승리인 양 경축하는 것, 이것이야말로 진정 신적인 행적 아니겠습니까.[42] 오로지 천국에서만이 그런 행동이 가능합니다. 그곳에서만이 정의로운 인간보다 회개한 죄인을 더 반가워하고 보이지 않는 모든 힘이 하느님이 베푸시는 천상의 잔치에 참여합니다. 푸쉬킨은 모든 인간적 위대함의 진정한 평가자이자 감식가였습니다. 하지만 영혼의 고상함이란 것이 우리나라 거의 모든 작가들의 특성인데 어찌 그렇지 않을 수 있겠습니까? 놀랍게도 다른 모든 나라에서는 작가가 그 개인적인 성격과 관련하여 사회로부터 별로 존경을 받지 못하고

41) 고골의 인용문은 행수와 어휘에 있어 원본과 상당한 차이를 보인다. 고골은 자신의 불완전한 기억에 의존해 푸쉬킨의 시를 인용하고 있는 것으로 사료된다.

42) 사실상 푸쉬킨이 이 시를 쓴 것은 표트르 대제의 '신적인' 행동을 찬미하기 위해서가 아니라, 표트르 대제가 죄인을 청해 주연을 베풀었던 일화를 언급함으로써 니콜라이 I 세에게 시베리아에 유형중인 데카브리스트들에게 대사면을 내려줄 것을 호소하기 위해서였다.

있습니다. 그러나 우리나라에서는 정반대이지요. 러시아 저 깊은 곳에서는 심지어 작가라 하기 어려운 삼류 문인조차도, 영혼의 아름다움은커녕 때로 비열함까지 보여주는 그런 인간조차도 그런 식으로 받아들여지지 않습니다. 반대로, 우리나라에서는 대체로, 작가에 관해 거의 들어본 적조차 없는 사람까지도 작가란 무언가 우월한 존재이며, 그래서 작가는 반드시 고상해야만 하며, 설령 다소 무례한 점이 있더라도 다른 이에게는 허용되는 실수를 절대로 스스로에게 허용해서는 안 된다는 모종의 확신을 가지고 있습니다. 우리나라 어느 현에서 귀족선거가 있었는데 문필가이기도 한 어느 귀족이 양심에 다소 검은 구석이 있는 어느 출마자를 지지하는 말을 하자, 다른 모든 귀족들이 일제히 그를 나무라며 호통을 쳤답니다. “그러고도 명색이 작가란 말이냐!”

1846년

XI

논 쟁[1)]

L.[2)]에게 보내는 편지 중에서

유럽적 원칙과 슬라브적 원칙에 관한 논쟁은[3)] 당신도 말씀하셨다시피 이미 우리의 응접실 안까지 침투해 들어왔습니다만 그건 우리가 깨어나기 시작했으되, 아직 완전히 깨어나지 않았음을 입증해 줍니다. 그렇기 때문에 양 진영에서 헛소리를 마구 해대고 있다는 사실은

---

1) 미지의 수신인을 향해 쓴 편지의 발췌문인 이 글은 서구파와 슬라브파 간의 갈등과 대립을 주제로 한다. 고골은 그러한 대립을 낳을 수밖에 없었던 역사적 '현실'에 대한 고려는 거의 접어둔 채 종교적 해결책을 대안으로 제시함으로써 서구파와 슬라브파 모두로부터 비난을 받았다.

2) 이 편지의 수신인이 누구인지는 아직껏 밝혀지지 않고 있다.

3) 고골이 여기서 말하고 있는 것은 1840년대부터 시작된 슬라브파와 서구파의 갈등이다. 당시 러시아 지식인들은 낙후된 러시아가 나아갈 길에 관해 상반되는 의견을 피력하였는데, 슬라브파는 표트르 대제의 서구화 정책이 결국 러시아의 발전을 저해하는 요인이었다는 주장과 함께 러시아가 표트르 대제 이전의 그리스도교적이고 공동체적인 사회로 되돌아갈 것을 촉구한 반면 서구파는 더 빨리 더 많이 서구의 문물을 받아들임으로써 서구를 따라잡을 수 있다고 주장했다. 슬라브파에 속한 인물로는 키레에프스키(I. Kireevskii), 호먀코프(A. Khomiakov), 악사코프(K. Aksakov), 도스토예프스키(F. Dostoevskii) 등이 있고 서구파에 속한 인물로는 벨린스키(V. Belinskii), 게르첸(A. Gertsen), 오가료프(N. Ogarev) 등이 있다.

별로 놀라울 것이 없습니다. 이 모든 슬라브주의자들과 유럽주의자들, 혹은 구교도들과 신교도들, 혹은 동방파와 서구파, 그들은 자기들이 되고 싶어하는 것의 캐리커처처럼 보이기 때문에 실제로 그들이 누구인지 저는 알 수가 없습니다. 그들 모두는 서로를 반박할 필요도 없고 싸울 필요도 없다는 사실을 헤아리지 못한 채 동일한 주제의 두 가지 측면에 관해 떠들어 대고 있습니다. 한쪽은 건물에 너무 가까이 가는 바람에 오로지 한 부분만 보고 있습니다. 다른 한쪽은 너무 멀리 가버렸기 때문에 부분은 보지 못하고 전체적 모습만 볼 따름입니다. 슬라브주의자들과 동방주의자들은 어쨌든 전체를 보고 또 그러므로 어쨌든 부분이 아닌 일반적인 것에 관해 말하고 있으므로 그들이 더 옳다고 느껴지는 건 사실입니다. 그러나 유럽주의자들과 서구파들 또한 눈앞에 서 있는 담장에 관해 자세하고 세밀하게 말하고 있으므로 그들도 틀린 것은 아닙니다. 그들의 잘못은 담장에 둘러 처진 처마 때문에 건물 전체의 꼭대기, 그러니까 둥근 지붕 및 그 위의 것들은 아무것도 보지 못한다는 데 있습니다. 양측 모두에게 충고를 해준다면, 한쪽에게는 잠깐만이라도 조금 더 가까이 와보라고 할 수 있고 다른 쪽에게는 조금만 더 멀리 물러서라고 할 수 있을 것입니다. 하지만 교만으로 가득 찬 그들은 어느 쪽도 충고를 듣지 않을 것입니다. 양쪽 공히 자기는 완전히, 결정적으로 옳고, 다른 쪽은 완전히, 결정적으로 틀렸다고 믿고 있기 때문입니다. 교만으로 치자면, 슬라브주의자들이 한 수 위입니다. 그들은 허풍쟁이들입니다. 그들은 하나같이 자기가 아메리카를 발견했다고 생각하며 자기가 발견한 작은 씨앗을 순무인 양 부풀립니다. 그들은 그런 식의 호언장담으로 유럽주의자들의 적의를 배가시키는데, 유럽주의자들로 말할 것 같으면, 이전에는 몰랐던 많은 것을 깨달았기 때문에 벌써 오래전부터 자신들의 주장을 철회할 용의가 있어왔음에도 불구하고 잘난 척만 하는 상대방에게 양보하기가 싫어서 고집을 부리고 있는 것입니다. 이 모든 논쟁이 그저 응접실이나 잡지에만 머무른다면 아무런 문제도 없습니다. 하지만 아직 미숙하고 모호한 형태의 상반되는 주장이 관직에 있는 사람들의 머릿속으로 들어간다면 그건 심각한 문제가 됩니다. 저도 들은 얘기입니다만, 어떤 사람은 완전히 유럽적 방식으로 일을 하는데 다른 사람은 동료가 생각하는 것과는 정반대되는 구시대의 질서를 신봉하여 고대 러시아식으로 일을 처리하는 일이 비일비재하다고 합니다(특히, 권력과 직무가 각각 다른 손 안에 있는 자리에서 그렇다고 합니다). 그렇기 때문에 공무뿐 아니라 그 공무에 종사하는 사람까지도 엉망이 되어 버리는 것입니다. 누구 말을 따라야 할지 모르니까요. 게다가 양측의 견해는 그 신랄함에도 불구하고 아직 그 누구에게도 정확하게 설명이 되지 않은 상황이므로 온갖 기회주의자들이 그걸 악용한다고 합니다. 협잡꾼은 자기 상관이 어떤 쪽을 선호하는지에 따라 때로는 슬라브주의자의, 때로는 유럽주의자의 가면을 씀으로써 유리한 지위에 오르고 또 그 지위에서 때로는 구질서의 신봉자처럼 때로는 최신 사상의 신봉자처럼 사기행각을 벌일 수가 있는 것입니다. 대체로 현명하고 나이 지긋한 사람이라면 관심을 기울일 가치가 전혀 없는 것, 그것이 바로 요즘 논쟁의 본질입니다. 젊은이들더러 실컷 소리치라고 하십시오. 그게 그들의 일이니까요. 선구적 요설가(饒舌家)들이 마냥 떠드는 동안 현명한 사람들은 마냥 사색한다면 이거야말로 합당하면서도 필요한 일 아니겠습니까. 논쟁을 귀담아듣는 거야 괜찮겠지만 거기 끼어들진 마십시오. 당신이 쓰고자 하는 글의 취지는 매우 훌륭하며 또한 확신하건대, 당신은 그 어떤 문필가보다도 훨씬 잘 쓸 것입니다. 그러나 한 가지만 부탁드리겠습니다. 가능한 냉정하고 평온한 시간에 글을 쓰십시오. 하느님께서 보호하사 아무리 간단한 표현이라도 조급하거나 흥분된 상태에서 쓰지 않기를 바랍니다. 분노는 어디에도 어울리지 않지만 법을 모호하고 혼란스럽게 만들기 때문에 법과 관련된 분야에서는 더더욱 그렇습니다. 당신은 젊지 않은 정도가 아니라 오히려 나이가 지긋한 편이라는 사실을 기억하십시오. 젊은이라면 아직 분노가 어울릴지도 모릅니다. 적어도 일부의 눈에 그는 어딘지 멋지게 보일 수도 있습니다. 그러나 노인이 열을 올린다면 그건 그냥 혐오스러울 뿐입니다. 젊은이들이 그를 향해 이빨을 드러내며 비웃을 겁니다. 당신에 관해 이런 말이 들려오지 않도록 조심하십시오.

> 저런, 더러운 노인네가 있나! 한평생 아무것도 안하고 빈둥거리더니 이제 와서 다른 사람들이 자기처럼 굴지 않는다고 욕을 하다니!

노인의 입에서는 시끄럽게 따지는 말이 아닌, 친절한 말이 흘러나와야 합니다. 순수하게 선량한 마음씨와 겸손함이 그의 고상한 말을 가득 채워 젊은이들로 하여금 백발에 대한 존경심과 자기네 독설에 대한 부끄러움을 느끼도록, 그리하여 노인을 비방하는 말을 삼가도록 하게 해야 합니다.

1844년

XII

그리스도교인은 전진한다[1)]

Shch.[2)] 에게 보내는 편지

친구여! 당신 스스로를 아직도 배우고 있는 학생이라 여기십시오. 배우기에는 너무 늙었다고, 당신의 능력은 완전한 성숙과 발전을 획득했다고, 그리고 당신의 성격과 영혼은 진정한 모습을 갖추어서 이보다 더 훌륭하게 되기는 어렵다고 생각하지 마십시오. 그리스도교인에게 완결된 과정이란 없습니다. 그는 영원히 학생이며 죽을 때까지 학생입니다. 일반적이고 자연스러운 성장과정을 따르자면, 인간은 나이 삼십에 완전한 지성의 발전을 이룩합니다. 삼십에서 사십까지 그의 능력은 어떻게든 더 앞으로 나아갑니다. 그러나 사십 이후에는 더 이상 아무것도 이룩되지 않으며 그가 행하는 모든 것은 이전의 업적보다 나을 것이 없는 정도가 아니라 더 취약하고 더 초라합니다.

---

1) 고골의 종교적, 윤리적 탐색을 반영하는 이 편지는 교훈적 내용뿐 아니라 설교조의 문체에 있어서도 교부들의 저작을 연상시킨다. 이 편지를 쓸 당시 고골이 읽었던 여러 가지 신학 저술들이 이 편지의 문체 형성에 크게 영향을 미쳤을 것으로 사료된다.

2) 시체프킨(M. S. Shchepkin, 1788~1863) : 당대를 풍미했던 배우. 고골은 그의 사실주의적 연기를 높이 평가했다. 그러나 이 편지가 문학교수인 셰비료프(S. P. Shevyrev, 1806~1864)에게 보내진 것이라는 주장도 있다.

그러나 그리스도교인에게는 그런 일이 없으며 다른 이들에게 있어서 완성의 정점이라 할 수 있는 것이 그에게는 시작에 불과합니다. 아무리 재능 있고 능력 있는 사람이라도 마흔 살이 넘으면 어리석어지고, 허약해지고 지치게 됩니다. 모든 철학자들과 세계적으로 유명한 최고의 천재들을 살펴보십시오. 그들의 전성기는 오로지 그들이 완전히 성숙한 시기에만 펼쳐졌습니다. 그 이후에 그들의 지력은 조금씩 쇠하고 노년에 이르면 아예 어린애처럼 되어버렸습니다. 만년에 기억을 완전히 상실하고 어린애처럼 되어 죽은 칸트를[3] 상기해 보십시오. 하지만 모든 성인들의 삶을 살펴보십시오. 노쇠와 죽음에 가까이 가면 갈수록 그들의 지혜와 정신력은 강화되었습니다. 그 어떤 반짝이는 재능도 타고나지 못해 한평생 평범한 둔재 취급을 받았던 사람도 지혜의 말씀으로 세상을 놀라게 하지 않았습니까. 어째서 이런 일이 일어나는 걸까요? 그들은 항시 열망을 간직했던바, 그 열망이란 보통 우리가 젊은 시절에, 그러니까 세계적 갈채라고 하는 보상을 위해 공적을 쌓고자 할 때, 그리고 청춘을 유혹하는 저 무지갯빛 원경이 눈앞에 아른거릴 때 간직하는 것이지요. 공적과 원경이 눈앞에서 사라지면 열망도 사라집니다. 그러나 그리스도교인에게 찬란한 원경과 공적은 영원히 시야에서 사라지지 않습니다. 그는 청년처럼 삶과 사투를 벌입니다. 그는 무엇과 싸워야 할지, 또 어디에서 행동해야 할지를 알고 있는데 이는 자기 자신을 향한 저 끊임없이 반짝이는 시선이 그에게 새로운 투쟁을 거쳐 고쳐야만 하는 새로운 결점을 보여

---

3) 칸트(I. Kant, 1724~1804) : 독일의 철학자. 서구 근세 철학의 전통을 집대성하고 독일 관념론의 토대를 마련하여 그 이후의 철학의 발전에 지대한 공헌을 했다. 대표적 저술로 《순수이성비판》(*Kritik der reinen Vernunft*)과 《실천이성비판》(*Kritik der praktischen Vernunft*)이 있다. 칸트의 철학은 J. G. 피히테에서 G. W. F. 헤겔에 이르는 독일 관념론의 모태가 되었을 뿐만 아니라 훗날 독일 및 유럽사상의 여러 유파에 직간접적 영향을 미쳤다.

주기 때문입니다. 그렇기 때문에 그의 모든 능력은 잠들거나 허약해지지 않을 뿐만 아니라 언제나 더욱 예리해지는 것입니다. 더 선한 인간이 되고 싶다는 소망, 그리고 천국에서 갈채를 받고 싶다는 소망은 최고의 야심가가 지닌 저 탐욕스러운 야망보다도 더 강렬한 자극을 그에게 제공합니다. 바로 그렇기 때문에 다른 사람들이 후퇴할 때 그리스도교인은 전진하는 것이며 또 그렇기 때문에 그리스도교인은 멀리 가면 갈수록 점점 더 현명해지는 것입니다.

지능(知能)은 우리에게 주어진 최고의 능력이 아닙니다. 지능의 의무는 경찰관의 의무와 다를 바가 없습니다. 그것은 우리가 이미 가지고 있는 것들을 질서 정연하게 제자리에 배치할 수 있을 따름입니다. 그것에 현명함을 부여해 주는 다른 능력들이 우리 안에서 움직이지 않는 한 그것은 앞으로 나아갈 수가 없습니다. 추상적인 독서와 사색, 그리고 중단 없는 학문의 연마는 지능의 발전에 너무도 작은 도움만을 줄 수 있습니다. 게다가 때로는 지능의 자족적 발전을 저해하는 걸림돌이 되기까지 합니다. 그것은 비교할 수 없을 정도로 심각하게 영혼의 상태에 의존합니다. 정열이 폭발할 경우 지능은 즉각 장님이나 바보처럼 행동합니다. 영혼이 평화롭고 그 어떤 열정도 끓어오르지 않는다면 지능 또한 명쾌하고 현명하게 행동합니다. 지혜는 지능과는 비교할 수도 없이 고상한 능력인데, 그것은 오로지 정열을 다스림으로써만 획득할 수 있습니다. 자신의 내적 훈육을 소홀히 하지 않는 사람만이 그것을 지닐 수 있었습니다. 그러나 지혜 또한 인간에게 앞으로 나아갈 수 있는 가능성을 완벽하게 제공해 주지는 않습니다. 그보다 더 높은 능력이 있기 때문입니다. 그것의 이름은 예지(叡智)이며 그것을 주실 수 있는 분은 그리스도 한 분뿐입니다. 우리 중 어느 누구도 예지를 타고나지는 않으며, 우리 중 어느 누구에게 있어서도 그것은 자생적인 것이 아니라 저 높으신 하느님 은총의 덕분으로 주어지는 것입니다. 이미 지능과 지혜를 겸비한 사람이라면 오로지 밤낮없는 기도를 통해서만, 밤낮없이 하느님께 드리는 간원(懇願)을 통해서만 예지를 얻을 수 있는바, 그는 자기 영혼을 비둘기처럼 선하게 고양시키고 자신의 내면을 최대한 순결하게 꾸밈으로써, 영혼의 질서와 모든 것의 조화를 결여한 집에는 들어오려 하지 않는 저 천상의 손님을 맞이해야 합니다. 그 손님이 일단 집안으로 들어오면 그를 맞이한 인간에게는 천상의 삶이 시작되며 그는 비로소 학생이라는 사실이 갖는 그 달콤한 신비를 이해하게 됩니다. 그에게는 모든 것이 선생입니다. 온 세상이 그의 선생입니다. 가장 형편없는 인간조차도 그에게는 선생입니다. 가장 평범한 충고도 그에게는 예지의 원천이 됩니다. 어리석기 짝이 없는 사물도 그에게는 현명한 일면을 보여줄 것이며 우주 전체가 그에게는 활짝 펼쳐진 한 권의 교과서가 될 것입니다. 그는 자신이 학생임을 그 누구보다도 잘 이해하기 때문에 그 누구보다도 많은 보물을 그 책에서 얻을 것입니다. 그러나 그가 단 한순간일망정 공부가 끝났다고, 자신은 더 이상 학생이 아니라고 생각한다면, 그리고 누군가의 가르침이나 설교에 기분 나빠한다면, 예지는 즉시 그에게서 떠날 것이며 그는 만년의 솔로몬 왕처럼 어둠 속에 남겨질 것입니다.

XIII

카람진[1)]

N. M. Ia.[2)]에게 보내는 편지 중에서

저는 포고딘이 쓴 카람진에게 바치는 찬사를[3)] 기쁜 마음으로 읽었습니다. 그것은 예절, 즉 내적 예절이든, 외적 예절이든 간에 좌우간 예절에 관한 한 포고딘이 쓴 글 중에서 가장 훌륭합니다. 평소에 그가 보여주던 거칠고 속악한 말버릇, 그리고 그에게 그토록 많은 해를 입힌 바 있는 저 조잡하고 칠칠치 못한 문체 같은 것들이 거기에는 없습니다. 반대로 모든 것이 조화롭고 사려 깊게 보이며, 또한 질서 정연하게 배치되어 있습니다. 카람진의 모든 인용은 너무도 적절하게 이루어져, 마치 카람진 자신이 스스로의 전 존재를 고안하고, 자

---

1) 카람진(N. Karamzin, 1766~1826) : 러시아 감상주의를 대표하는 작가, 역사가. 《가엾은 리자》(*Bednaia Liza*) 같은 감상주의적 소설뿐 아니라 13권에 이르는 사서 《러시아 국의 역사》(*Istoriia gosudarstva rossiiskogo*)로도 유명하다. 카람진에 관한 이 편지는 어조에 있어 앞에 나왔던 러시아 시인들의 서정성에 관한 편지와 유사하다. 여기서도 고골은 카람진을 황제의 총신쯤으로 변질시키고 있다.

2) N. M. 야지코프.

3) 포고딘이 1845년 심비르스크에서 개최된 카람진 동상 개막식을 기념하여 쓴 〈카람진에게 바치는 찬가〉(*Pokhval'noe slovo Karamzinu*)를 가리킨다.

신의 말로써 스스로를 헤아리고 평가한 것처럼, 또 그럼으로써 독자의 눈앞에 자신의 모습을 생생하게 보여주는 것처럼 느껴질 지경입니다. 카람진은 일종의 매우 특이한 현상입니다. 자신의 의무를 완수했으며, 아무것도 그냥 썩히지 않았으며, 다섯 가지 재능을 받으면 그 두 배의 능력을 발휘했던 사람[4] — 그는 이런 말을 들을 자격이 있습니다. 카람진은 처음으로 우리나라 작가는 독자적 존재이자 국가의 가장 명예로운 시민으로서 만인의 존경을 받아야 하는 존재임을 보여주었습니다. 그는 처음으로 검열관이 작가를 구속해서는 안 된다는 사실을, 선에 대한 순수한 열망이 작가의 존재를 가득 채워 그의 영혼을 휘어잡고 그의 피와 살이 될 정도라면, 그 어떤 검열도 그를 혹사해서는 안 되며 그 어떤 곳에서도 그는 자유로워야 한다는 사실을 엄숙하게 선언했습니다. 그는 이 점을 말했고 또 입증해 보였습니다. 카람진말고는 그 어느 누구도 당대 정부의 입장과 상치되는 생각이나 의견을 조금도 감추지 않고 그토록 대담하게, 그토록 고상하게 말한 적이 없으므로, 우리는 무의식중에 카람진 한 사람만이 그럴 권리를 갖고 있었다는 생각을 하게 됩니다. 우리 동료작가들에게 이 얼마나 따끔한 교훈입니까! 그러니 러시아에서는 완전한 진실을 말해서는

---

4) 이 대목은 〈마태오의 복음서〉 제 25장에 나오는 '달란트의 비유'를 토대로 한다. 주인이 길을 떠나면서 종들에게 돈을 나누어주었다. 첫 번째 종에게는 다섯 달란트를, 두 번째 종에게는 두 달란트를, 세 번째 종에게는 한 달란트를 주었다. 다섯 달란트를 받은 종은 다섯 달란트를 더 벌고, 두 달란트를 받은 종은 두 달란트를 더 벌었지만 한 달란트를 받은 종은 그 돈을 땅에 묻어 두었다. 주인은 돌아와 첫 번째 종과 두 번째 종은 칭찬을 하였지만 세 번째 종은 크게 꾸짖었다. 달란트는 히브리의 화폐 단위이지만 재능을 의미하기도 한다. 고골이 여기서 사용하는 러시아어의 '탈란트'(*talant*)는 재능을 의미하는 동시에 성서의 비유를 연상시킴으로써 카람진에 대한 고골의 지극한 평가를 강조해 준다. 고골은 복음서의 이 비유를 특히 좋아했던 것 같다. 이 책에 수록된 또 다른 편지 "누구의 숙명이 지상에서 가장 고결한가"에서도 동일한 비유가 사용되고 있다.

안 된다, 우리의 진실은 눈이 감겼다, 운운하는 인간들이 얼마나 우습게 보입니까! 그런 인간들은 그토록 황당하고 조잡하게 자기주장을 하는바, 그들은 자신이 진실을 언급할 때 사용한 그 오만한 말, 헝클어진 영혼의 추잡함을 보여주는 속악한 말로써 진리 그 자체를 모욕해 놓고는 나중에 가서 아무도 자기 말에서 진실을 받아들이거나 경청하지 않는다며 놀라워하고 분개합니다! 아닙니다. 카람진이 지녔던 것과 같이 순결하고 질서 잡힌 영혼을 먼저 갖춘 다음 진실을 선포하십시오. 차르에서부터 가장 미천한 거지에 이르기까지 우리나라의 모든 사람이 당신 말에 귀 기울일 것입니다. 그들은 다른 나라에서는 의회의 인권 수호자나, 상류 사회의 저명인사들로 둘러싸인 최상의 설교사조차도 받아본 적이 없는 사랑을 가지고 귀 기울일 것인바, 오로지 우리의 놀라운 러시아만이, 진실을 전혀 사랑하지 않는다는 뒷공론을 듣는 우리 러시아만이 그런 사랑을 가지고 당신 말을 경청할 수 있는 것입니다.

1846년

XIV

연극, 연극에 대한 편파적 시각, 그리고 편견 일반에 관하여[1)]

A. P. T.[2)]에게 보내는 편지

당신은 매우 편파적입니다, 게다가 최근 들어 부쩍 그렇게 되셨습니다. 그렇지만 당신이 지금 처한 정신상태를 고려해 본다면 누구라도 편파적이지 않을 수 없겠지요. 당신은 오로지 자기 영혼의 구원만 생각하고 계시지만 아직 당신께 운명지어진 구원의 열쇠를 발견하지 못하셨기 때문에 세상의 모든 것을 걸림돌이자 유혹으로만 생각하십니다. 수도자도 당신보다는 덜 엄격할 것입니다. 그러니 연극에 대한

---

1) 고골은 이 편지를 통해 연극에 관한 자신의 소견을 피력하고자 한 것처럼 보이지만 사실상 푸쉬킨을 옹호하는 데 더 치중하고 있다. 이 편지의 집필 동기는 1843년 잡지 〈등대〉(*Maiak*)의 발행인 부라초크(S. A. Burachok)가 푸쉬킨에 관한 일련의 논평을 게재한 데서 비롯되었다. 이 논평들은 푸쉬킨의 불경과 반종교적 성향을 강도 높게 비판했는데 고골은 그러한 비판으로부터 푸쉬킨을 옹호하기 위해 이 글을 썼다. 고골은 여기서도 역시 푸쉬킨이 진정한 그리스도교적 작가임을 증명하기 위해 매우 작위적이고 부자연스러운 논지를 전개하고 있다. 푸쉬킨과 그리스도교의 관계는 매우 복잡한 것으로 찬과 반으로 단순화시켜 논할 문제는 아니다.

2) A. P. 톨스토이.

당신의 비난이 편파적이고 부당할 수밖에 없습니다. 당신은 평소 알고 지내던 일부 성직자들이 연극에 퍼부은 비난과 똑같은 비난을 퍼부으면서 자신의 입지를 강조하십니다. 그러나 그들은 옳았지만 당신은 틀렸습니다. 잘 생각해 보십시오, 그들이 비난하는 것이 연극인지, 아니면 오늘날 우리에게 보여지고 있는 연극의 형태인지를 말입니다. 교회는 그리스도교가 보편적으로 정착되기 시작하던 시절, 그러니까 극장이 사방으로 쫓기고 있던 이교도들의 유일한 도피처이자 난폭한 주신제의 소굴이던 그 시절에 연극이란 것에 반기를 들었습니다. 요한 금구께서[3] 그토록 격렬하게 연극에 반대한 것도 그 때문입니다. 그러나 시대는 바뀌었습니다. 그리스도교 토양에서 교육받은 유럽의 신민족이 등장하여 세상을 새롭게 정화시켰으며 성인들 자신이 앞장서서 연극을 도입하기 시작했습니다. 신학교에 극장이 세워졌습니다. 거룩하신 교부의 반열에 오르신(그건 매우 지당한 일이었지요) 우리의 드미트리 로스토프스키께서도[4] 실제 상연을 위한 희곡을 쓰셨습니다. 그러니 연극은 잘못이 없는 겁니다. 이 세상 그 어떤 것도 왜곡할 수 있으며 그 어떤 것에도 추악한 의미를 부여할 수 있는바, 인간은 그런 일에 타고난 선수이지요. 사물을 바라 볼 때는 그것의 본질을, 그것에 부여된 위상을 보아야지 그걸 토대로 하여 만들어진 캐리커처를 보고 판단해서는 안 됩니다. 연극이 다섯 명, 여섯

3) 요한 금구(St. John Chrysostom, 347~407): 성인, 콘스탄티노플의 주교, 교회학자. 서품 후에 설교에 종사했는데, 이때 '황금의 입'(크리소스톰)이라는 뜻의 이름을 얻게 되었다. 그래서 한국 가톨릭과 정교회에서는 그를 요한 금구(金口)라고 부른다(《한국가톨릭 대사전》 참조할 것). 그의 설교는 예리한 지성과 그리스적 균형, 풍부한 상상력과 청중에 대한 제어력으로 유명하다. 그의 설교는 박수와 눈물로 자주 중단되곤 했다고 전해진다. 동방 정교회에서는 오늘날까지도 사용되는 전례를 확립한 성인으로 더 잘 알려져 있다.

4) 드미트리 로스토프스키(Dmitri Rostovskii, 1651~1709): 로스토프의 주교. 본래의 성은 투팔로. 교회 및 교리에 관한 많은 글을 남겼다.

명, 천 명의 관중을 동원할 수 있다는 사실, 그리고 그 군중이 개별적으로는 닮은 점이 하나도 없지만 일제히 동일한 충격으로 전율하고, 동일한 눈물을 흘리며 통곡하고, 동일한 만국 공용의 웃음을 터뜨릴 수 있다는 사실을 고려해 본다면 연극은 절대로 하찮고 시시한 오락이 아닙니다. 그것은 이 세상에 엄청난 선을 포교할 수 있는 강단입니다. 진정 고상한 예술이라 불릴 수 있는 연극을 저 모든 껑충껑충 뛰어다니는 발레니, 보더빌이니 멜로드라마니 하는 것들로부터, 그리고 타락한 취향과 타락한 감성을 만족시켜 주는 겉만 번드레한 볼거리로부터 떼어내십시오. 그러면 당신은 연극을 제대로 보게 될 것입니다. 고상한 비극과 희극을 보여주는 연극은 모든 것으로부터 절대적으로 자유로워야 합니다. 셰익스피어를 여자 무희들과, 혹은 새끼 염소 가죽 타이츠를 입은 남자 무희들과 결부시키는 건 정말로 괴이한 일입니다. 비슷한 점이 대체 어디 있단 말입니까? 다리와 다리가 비슷하고 머리와 머리가 닮았단 말입니까. 유럽 사람들은 몇몇 지역에서 이 점을 깨달았습니다. 고상한 드라마 작품을 상연하는 극장은 독립을 획득하고 정부의 독점적 지원을 받았으니까요. 그러나 그들의 깨달음도 외적인 질서의 측면에서만 실현되었습니다. 이제, 대중의 관심을 불러일으키고, 모든 위대한 작가가 가지고 있는 도덕적으로 유익한 영향력을 그들에게 끼치기 위해서 어떤 식으로 최고의 연극작품을 무대에 올려야 할지 진지하게 생각해 보아야만 합니다. 전시대의 극작가들, 그러니까 셰익스피어,[5] 세리든,[6] 몰리에

---

5) 셰익스피어(W. Shakespeare, 1564~1616) : 영국이 낳은 세계적 극작가, 시인. 인간 심리에 대한 탁월한 묘사, 극적 완성도, 재치와 기지를 특징으로 하는 불후의 명작을 남겼다. 대표작으로 《햄릿》(*Hamlet*), 《리어왕》(*King Lear*), 《로미오와 줄리엣》(*Romeo and Juliet*), 《맥베스》(*Macbeth*) 등이 손꼽힌다.

6) 세리든(R. B. Sheridan, 1751~1816) : 더블린 태생의 극작가. 뛰어난 극작

르,[7] 괴테,[8] 실러,[9] 보마르셰는[10] 물론, 심지어, 레싱,[11] 르냐르,[12] 그리고 다른 이류급 극작가들조차도 고상한 것에 대한 존경심을 해치는 것은 아무것도 쓰지 않았습니다. 당대의 다른 광신적 작가들, 정치적 문제에 사로잡혀 성스러운 것에 대한 경멸을 유포시키던

술로 18세기식의 풍습 희극을 부활시켰다. 자신의 체험을 토대로 한 《연적》(*The Rivals*)으로 대성공을 거두었다.

7) 몰리에르(J. B. Molière, 1622~1673): 프랑스 3대 극작가 중의 하나. 루이 14세의 총애를 얻어 극단의 단장이자 배우이자 극작가로 활동했다. 견실한 양식과 다양한 체험, 그리고 불굴의 열정으로 세태와 인간 심리에 대한 날카로운 풍자를 특징으로 하는 수준 높은 희극을 여러 편 남겼다. 대표작으로 《인간혐오》(*Le Misanthrope*), 《타르튀프》(*Tartuffe*), 《아내의 학교》(*L'ecole des Femmes*) 등이 있다.

8) 괴테(J. W. Goethe, 1749~1832): 독일 최고의 시인이자 극작가. 《젊은 베르테르의 슬픔》(*Die Leiden des jungen Werthers*)으로 문단의 총아가 되었으며 '질풍노도' 운동의 기수로 활약했다. 시 모음집인 《동서시집》(*Der westöstliche Divan*), 자서전 《시와 진실》(*Dichtung und Wahrheit*), 거의 전 생애에 걸쳐 집필한 비극 《파우스트》(*Faust*) 등 무수한 시와 산문과 드라마를 남겼다.

9) 실러(J. F. Schiller, 1759~1805): 괴테와 더불어 독일 문학의 황금시대를 구가한 시인, 극작가. 고전주의와 낭만주의를 아우르는 작품을 남겼다. 대표작으로 《군도》(*Die Räuber*), 《돈 카를로스》(*Don Carlos*), 《간계와 사랑》(*Kabale und Liebe*) 등이 있다.

10) 보마르셰(P. Beaumarchais, 1732~1799): 프랑스의 극작가. 자유로운 구성과 대담한 내용, 기발하고 재치 있는 문체로 인기를 끌었다. 대표작으로 《세비야의 이발사》(*Le Babier de Séville*), 《피가로의 결혼》(*Le Mariage de Figaro*)이 있다.

11) 레싱(G. E. Lessing, 1729~1781): 독일의 극작가, 문학 비평가. 합리적이고 엄격한 정신으로 《신독일 문학에 관한 비평 서한집》(*Kritische Briefe, die neueste deutsche Literatur betreffend*) 등의 비평적 에세이를 집필하였으며 《현자 나탄》(*Nathan der Weise*) 등, 프랑스 드라마의 영향에서 벗어난 많은 희곡을 남겼다.

12) 르냐르(J. F. Regnard, 1655~1709): 프랑스의 극작가. 주로 희극을 썼으며 경박하고 표피적이지만 재치와 해학으로 넘치는 작품을 통해 대중적 인기를 끌었다. 대표작으로 《도박사》(*Le Joueur*)가 있다.

그런 작가들이 거품을 물고 외쳐대던 것들은 그들의 작품 속에서 그림자도 찾아 볼 수 없었습니다. 그들은 때로 위선을 조롱하기도 하고 불경을 조롱하기도 하고 올바른 것에 대한 왜곡된 해석을 조롱하기도 했지만 인간적 용기의 핵심은 절대로 조롱하지 않았습니다. 그렇기는커녕, 톡톡 튀는 경구가 말해질 때조차 선에 대한 지향이 느껴졌습니다. 고상한 드라마, 즉 인간의 영혼과 본질에 초점이 맞추어진 진정한 고전 드라마의 반복적 상연은 사회의 원칙을 더욱 확고하게 강화시키고, 인간의 성격을 차분하게 순화시키겠지만 어줍지 않은 드라마와 보더빌에서부터 휘황찬란한 발레와 오페라에 이르기까지 모든 경박하고 헛된 드라마의 홍수는 원칙을 마구 흩뜨리고 분산시켜 쓸모없고 경박한 사회를 만들 것입니다. 사람의 생각을 중구난방으로 흩어지게 하는 수백만의 번쩍거리는 물건들, 그런 것들에 마음이 쏠린 세속의 인간은 그리스도와 직접 만나기 어렵습니다. 그는 그리스도교의 거룩한 진리에서 멀리 떨어져 있습니다. 그에게 그리스도교를 향한 보이지 않는 계단을 놓아주지 않는다면, 또 그를 들어올려 그리스도교의 무한한 지평을 볼 수 있게 해주고 이전에는 도무지 이해할 수 없었던 것을 이해하도록 해주지 않는다면, 그는 진리가 무슨 음침한 수도원인 양 피하려고 할 것입니다. 이 세상에는 그리스도교에서 이탈한 모든 이들에게 그리스도교를 향한 보이지 않는 계단이 되어줄 만한 것들이 많이 있습니다. 만약 우리가 연극의 고상한 소명에 주의를 기울인다면 연극도 그것들 중의 하나가 될 수 있을 것입니다. 모든 시대, 모든 민중의 가장 완전한 드라마 작품을 모조리 완벽하게 찬란한 무대에 올려야만 합니다. 각각의 작품을 중단 없이 반복적으로 자주, 가능한 자주 상연해야 합니다. 그건 가능한 일입니다. 제대로 무대에 올리기만 한다면 모든 연극은 새롭고 신선하고 남녀노소 모두 재미있어하는 작품이 될 수 있습니다. 어떤 작품이 낙후되었다느니, 대중의 흥미를 상실했다느니 하는 말은 헛소리입니다. 대중은 변덕스럽지 않습니다. 그들은 인도하는 대로 따라갑니다. 작가 자신이 대중에게 악취 나는 멜로드라마를 제공하지 않는 한 대중은 그런 것에 대한 취향도 요구도 보여주지 않을 것입니다. 수천 번 상연되어 닳아빠진 희곡을 아무거나 선택하여 제대로 무대에 올려 보십시오, 관객이 떼를 지어 몰려올 것입니다. 몰리에르도 신작처럼 보일 것입니다. 셰익스피어는 최신 보더빌보다도 더 흥미로울 것입니다. 그러나 상연은 절대적으로 예술적이어야 하며, 상연과 관련된 업무는 극단에서 가장 훌륭한 주역 배우에게 전적으로 일임되어야 합니다. 무슨 관리(官吏) 같은 사람이 끼어들어 방해해서는 안 됩니다. 모든 것을 최고 배우가 처리해야 합니다. 특히 주의해야 할 것은, 그가 모든 책임을 떠맡아, 대중의 눈앞에서 공개적으로 여타의 부차적 역까지도 모조리 차례로 연기함으로써 그때까지 미심쩍은 전통 속에서 전해 내려오는 생명 없는 모범을 통해 연기술을 익히고 책에 씌어진 것만 학습함으로써 자신의 역할에 아무런 생생한 흥미도 못 느끼는 조연급 배우들에게 살아있는 본보기를 남겨놓도록 하는 일입니다. 최고 배우가 조연급 역을 연기한다는 것 하나만으로도 관객은 같은 연극을 스무 번이나 연거푸 관람할 것입니다. 시체프킨이나 카라티긴이 이제껏 한 번도 연기한 적이 없는 배역을 연기한다는데 그 누가 재미있어하지 않겠습니까! 나중에 모든 역을 다 연기한 다음 최고 배우가 자기의 원래 역으로 되돌아가면 그는 자신의 배역뿐 아니라 희곡 전체에 대한 보다 완벽한 시각을 획득하게 될 것입니다. 그리고 희곡 자체만 하더라도 그 완전한 실연—전대미문의 사건이죠!—덕분에 훨씬 더 강렬한 흥미를 새롭게 유발시킬 것입니다. 모든 부분간의 완전한 조화, 이제껏은 오케스트라에서만 들을 수 있었던 그런 조화, 연극이 인기 절정의 오페라보다 더 오래 흥행에 성공할 수 있도록 해주는 그런 조화보다 인간을 더 감동시키는 것은 없습니다. 무엇을 말하던 말로써 표현되는 영혼과 가슴의 소리는 음악의 소리보다 몇 배나 다채롭습니다. 그러나 되풀이 말하지만, 이 모든 것이 가능하게 되려면 모든 업무가 합당하게 제대로 수행되어야 하며 최고 배우 한 사람이 레퍼토리의 세세한 부분에 이르기까지 만사를 책임져야 하는바, 요컨대 비극은 최고의 비극배우가 전담하고 코미디는 최고의 희극배우가 전담하여 그들이 공연의 '유일한' 지도가 되어야 하는 것입니다. 여기서 '유일한'이란 표현을 쓴 것은 매사에 끼어들어 거들먹거리고 싶어 안달하는 인간들이 우리나라에는 너무 많기 때문입니다. 조금이라도 돈 냄새가 나는 자리가 생기기만 하면 즉시 무슨 서기 같은 인간이 끼어듭니다. 그가 어디서 나타나는지는 아무도 모릅니다. 물 속에서 불쑥 솟아오른 것 같습니다. 그는 자기가 필요한 인간임을 2×2=4 처럼 명확하게 입증해 보입니다. 처음에는 회계와 관련된 서류 작업만 꼼꼼하게 챙기지만 점차 매사에 참견하기 시작하므로 그때부터 업무는 우리 손에서 빠져나가게 됩니다. 이들 서기들은 마치 보이지 않는 좀벌레처럼 모든 관직을 갉아먹고 부하에 대한 상관의 혹은 상관에 대한 부하의 관계를 어지럽히고 혼란스럽게 합니다. 저는 바로 얼마 전에 당신과 함께 우리나라에 존재하는 모든 관직에 관해 논한 바 있습니다. 매 관직의 적법한 영역을 검토해 본 우리는 그 모든 관직이 마땅히 제정되었으며, 하나도 빠짐없이 모조리 우리를 위해, 우리 국가 행정의 모든 요구사항을 만족시켜주기 위해서 하느님께서 만들어 놓으신 것 같으며, 또 그 누구라도 경쟁심에 불타 자기 직무의 영역을 넓히거나 혹은 심지어 아예 그 한계를 벗어나게 되지 않도록 적절하게 구성되어 있다는 결론에 도달했습니다. 모든 사람이, 진실하고 현명한 인간까지도 자기 지위에서 조금이라도 더 유능하고 더 훌륭해지고자 노력하고 있으며 또 그럼으로써 자기 자신과 자기의 지위를 개량하고자 하는 것입니다. 당시 우리는 최고위층에서부터 최하의 말단 관리에 이르기까지 모든 관리를 훑어보았습니다만 서기들에 관해서는 잊어버렸습니다. 그들이야말로 그 누구보다도 자기 지위의 한계를 벗어나려고 안달인데도 말입니다. 정서를 시키려고 서기를 고용하면 그는 장관과 관리 사이의 중재자 역할을 하고 싶어합니다. 그래서 진짜로 장관과 관리 간의 중재자 역할을 하라고 시키면 그는 그때부터 거들먹거리기 시작합니다. 관리 앞에서 그의 상관인 척하며 그를 대기실에 세워 놓고 몇 시간씩 기다리게 합니다. 한마디로, 직원이 장관에게 다가가는 것을 수월하게 해주는 게 아니라 오히려 더욱 어렵게 만듭니다. 그리고 이 모든 일이 때로 다른 생각이 있어서가 아니라 오로지 자신의 서기로서의 위치를 개선해 보겠다는 그 생각 하나 때문에 저질러지는 것입니다. 저는 별로 어리석지도 않고 별로 고약하지도 않은 몇몇 서기들을 알고 있었는데 그들이 제 눈앞에서 자기 장관의 부하들을 다루는 것을 보고는 그만 얼굴이 화끈 달아오르고 말았답니다. 저의 흘레스타코프도[13] 그들에 비하면 약과입니다. 만일 이 모든 것이 너무도 유감스러운 결과를 파생시키지만 않는다면 그나마 다행이겠지요. 그러나 진짜로 필요하고 유용한 인물들이 가끔 순전히 서기들의 만행 때문에 관직을 포기하는데, 그 만행이란 상관 한 사람에게만 보여주어야 하는 존경심을 자기한테 보이라고 부하들에게 요구하고, 말을 안 들으면 복수심에 불타 상관에게 가서 그들을 중상모략하는 등, 한마디로 추악한 인간만이 할 수 있는 모든 혐오스러운 짓거리입니다. 물론 예술 및 기예와 관련된 기관에서는 무슨 위원회나 한 사람의 직접적 책임자가 지배하므로 중재자 역할을 할 서기가 설 자리는 없습니다. 서기는 오

13) 고골의 《검찰관》(*Revizor*) 에 나오는 주인공. 거짓말과 사기행각으로 유명하다.

로지 다른 사람들의 결정을 기록하거나 경영업무를 처리하기 위해서 필요합니다. 그러나 그런 곳에서도 어떤 때는 구성원의 태만이나 뭐 다른 이유 때문에 서기가 차츰차츰 파고 들어와 중재자가 되고 심지어 예술업무의 결정자가 되는 일이 일어나기도 합니다. 그럴 경우 무슨 일이 벌어질지는 아무도 모릅니다. 제빵공이 장화를 만들고 장화공이 빵을 굽는 일이 벌어지겠지요. 전혀 예술가가 아닌 사람이 쓴, 예술가를 위한 교본이 출간되겠지요. 지령(指令)이 전달되는데, 어째서 그런 지령이 내려졌는지 아무도 이해할 수 없겠지요. 언제나 현명하게 행동하는 어떤 사람이 양심의 가책도 없이 어리석기 짝이 없는 서류를 남발하여 사람들을 놀라게 하겠지요. 그 서류가 어느 구석에서 나왔는지는 아무도 짐작조차 못해 “서류는 있는데 어디서 나온 건지 아무도 모른다네”라는 속담처럼 되겠지요.

예능과 관련된 일에서는 업무의 완전한 실행이 전적으로 그 예능의 거장에게 의존해야 하며 중간에 끼어든 어느 관리, 즉 경리 및 정서에나 필요한 관리에게 의존해서는 절대로 안 됩니다. 자기 일의 요구사항을 완전히 이해하고 있는 거장만이 그것을 가르칠 수 있는바, 다른 누구도 그것을 할 수 없습니다. 오로지 최고의 배우만이 정확하게 희곡을 선별하고 엄격하게 분류할 수 있습니다. 오로지 그 한 사람만이 리허설의 신비를, 반복적인 대본읽기와 희곡에 대한 반복적이고 완벽한 사전준비의 중요성을 알고 있습니다. 그는 배우들이 집에서 대본을 암기하는 것을 허락하지 않을 것이며 그렇기 때문에 모두가 한자리에 모여서 암기하는 리허설 동안에 각 배역은 저절로 각 배우의 머릿속으로 들어가고 또 주어진 상황의 분위기에 둘러싸인 각 배우는 그 분위기와 접하는 것만으로도 자기도 모르는 사이에 자기 배역의 진정한 음조를 알아듣게 될 것입니다. 그리하여 멍청한 배우라도 부지불식간에 좋은 점을 습득할 수 있을 것입니다. 아직 자기 배역을 소화하지 못한 배우들도 자기보다 훌륭한 다른 배우들한테서 많은 것을 배울 수 있을 것입니다. 각 배우는 어떻게 된 영문인지도 모르면서 대사와 제스처의 자연스러움과 진솔함을 습득할 것입니다. 자극의 어조는 응답의 어조를 결정합니다. 교만한 자극을 가하면 교만한 응답을 얻게 됩니다. 소박한 자극을 가하면 소박한 응답을 얻게 됩니다. 지극히 소박한 인간은 누구나 요령 있게 응답하는 법을 압니다. 그러나 집에서 혼자 배역을 암기한 배우한테서는 거만하고 기계적 응답만이 나올 것이며 그 응답은 그에게 영원히 붙어있을 것입니다. 그는 그것을 그 무엇으로도 떨쳐버리지 못할 것이며 자기보다 나은 배우한테서 단 한마디도 배우지 못할 것입니다. 그의 귀에는 자기 배역을 둘러싼 주변 분위기와 성격이 들리지 않을 것이며 희곡 전체가 그에게는 낯설고 무의미한 것이 될 것이며 그는 죽은 사람처럼 죽은 사람 사이를 돌아다닐 것입니다. 오로지 진정한 배우만이 희곡에 내재된 생명을 파악할 수 있으며 그 생명이 모든 배우들에게 가시적이고 생생한 어떤 것이 되도록 해 줄 수 있습니다. 오로지 그 한 사람만이 리허설의 적절한 정도, 그러니까 희곡이 관객 앞에 완전하게 제시되려면 어떻게 리허설을 진행해야 하는지, 언제 끝내야 하는지, 얼마나 해야 하는지 등을 알고 있습니다. 최고 배우로 하여금 이 모든 일을 자신의 천직으로 삼게 하고, 그것이 자신의 의무임을, 그리고 자기 예술의 명예를 위해 그렇게 해야 함을 알게 하면 그는 자신의 예술을 사랑하기 때문에 임무를 완수할 것입니다. 그는 심지어 그 이상의 일도 할 것인바, 배우 한 사람 한 사람이 완벽한 연기를 통해 연극 전체를 자신의 배역인 양 철저하게 완성시키도록 만들 것입니다. 그는 오로지 매표소의 수입 증가에만 정신이 팔린 서기 따위가 허용할 만한 그런 천박하고 하찮은 희곡은 절대로 무대에 올리지 않을 것입니다. 그의 내부에 있는 미학적 감정이 그런 것은 받아들이지 못하기 때문입니다. 만일 그가 관리들이 그러하듯, 자기에게 맡겨진 배우들과 관련하여 강압적이고 압제적인 행동을 취하고 싶은 마음이 들었다 하더라도 그의 개인적 명성이 그걸 허락지 않기 때문에 그는 그럴 수가 없습니다. 관직에 있는 서기라면 더러운 짓도 서슴없이 저지를 것인데 왜냐하면 자기는 아무도 알아주지 않는 무용지물이므로 자기가 아무리 더러운 짓을 해도 아무도 알아차리지 못한다고 믿어 의심치 않기 때문입니다. 그러나 만일 시체프킨이나 카라티긴이 무슨 부당한 짓을 저지른다면 아마도 온 도시가 즉시 떠들어댈 것입니다. 그렇기 때문에 사회 구성원 모두에게 잘 알려진 사람에게 모든 일의 주된 책임을 지우는 것이 특히나 중요한 것입니다. 마지막으로, 진정한 배우는 자기 예술 속에 전 존재를 투사하여 예술을 지고의 삶으로 삼고 예술의 순수성을 성물처럼 보전하기 때문에 연극이 방탕의 설교사가 되는 것을 절대로 허용하지 않을 것입니다. 그러니 연극은 아무 잘못도 없는 것입니다. 먼저 연극에 쌓인 쓰레기부터 치운 다음 연극이란 무엇인가에 관해 분석하고 평가하십시오. 제가 여기서 연극 얘기를 하는 것은 꼭 연극에 관해서 말하고 싶기 때문이 아니라 연극에 관한 얘기는 거의 모든 것에 적용될 수 있기 때문입니다. 많은 대상들이 그 의미가 왜곡되었기 때문에 수모를 당하고 있습니다. 이 세상에는 "빈대 한 마리 잡으려다 초가삼간 불태운다"는 식으로 성마르게 행동하는 사람들이 꽤나 많이 있기 때문에 그렇지 않았더라면 모든 사람들에게 이익을 가져다주었을 많은 것들이 매장되고 있습니다. 편파적인 사람들은 광신자이기도 한데 그들은 사회의 암 같은 존재로 그들의 손에 무슨 권력 같은 것이 쥐어져 있는 국가나 정부는 매우 불행합니다. 그들에게는 그리스도교인다운 겸양도, 자기반성도 없습니다. 그들은 온 세상이 거짓말을 하고 있고 오로지 자기만이 진실을 말하고 있다고 믿습니다. 친구여! 자신을 좀더 견실하게 살펴보십시오. 당신은 지금 바로 그런 위험한 상태에 놓여 있습니다. 당신이 현재 아무런 관직에도 올라 있지 않고 아무런 임무도 맡고 있지 않아서 정말 다행입니다. 내가 알고 있는 한, 당신은 가장 어렵고 복잡한 일도 수행할 수 있는 최고의 능력을 갖춘 사람이기 때문에, 만일 당신이 무슨 임무를 맡았더라면 가장 무능력한 인간보다 훨씬 심각한 악과 무질서를 초래했을 것입니다. 무언가를 판단할 때는 조심하십시오! 모든 것에서 사악함만을 발견하고 세상만사를 단번에 파괴해버리고자 하는 저 위선자들을 닮지 마십시오. 그들은 결국 가장 어처구니없는 실수로 귀착하게 마련입니다. 그 비슷한 일이 얼마 전에 문학에서 발생했습니다. 몇몇 사람들이 지면을 통해 푸쉬킨이 그리스도교인이 아니라 이신론자(理神論者)였다는 주장을 펼친 바 있습니다. 마치 자기네들이 푸쉬킨의 영혼 속에 들어갔다 나온 듯이, 마치 푸쉬킨이 시를 통해 그리스도교의 가장 고차원적인 교의를, 그러니까 교회의 성직자라 할지라도 경외심과 더불어 거룩한 마음으로 정진한 뒤에야 설파할 수 있는 그런 교의를 설파했어야만 했다는 듯이 말입니다. 그들의 의견에 따르면 그리스도교의 모든 숭고한 것들은 압운을 수반해야 하는 시적인 장난감처럼 만들어져야만 하겠지요. 푸쉬킨이 아직 자신의 영혼으로써 완전히 파악하지 못한 어떤 것을 시 속에 집어넣지 않은 것은, 그리고 스스로를 그리스도교인이라 칭하는 족속들이 써대는 것과 같은 몰지각한 시로써 그리스도로부터 너무도 멀리 떨어져버린 모든 이들을 철저하게 그리스도교에서 떼어버리기보다는 차라리 고지에 도달하기 위한 일종의 냉엄한 계단으로 남아있기를 택한 것은 정말로 현명한 일이었습니다. 검열관조차도 어떤 작품의 의미가 모호할 경우 저자에게 해가 되는 왜곡된 방향에서 해석하기보다는 저자에게 득이 되는 올바른 방향에서 해석하는 것이 권고되고 있는 마당에 어쩌자고 비평가라는 인간이 지면을 통해 만천

하에 푸쉬킨의 작품이 세상의 타락에 기여하고 있다는 등의 비난을 퍼부을 생각을 하게 되었는지 도저히 이해할 수가 없습니다. 비정하고 냉담한 검열, 대중 앞에서 무슨 변명을 할 수 있는 가능성조차 없는 검열도 그런 식으로 해석하는 것이 법으로 지정되어 있다면, 아무리 사소한 행동에 대해서도 해명을 하거나 단서를 붙일 수 있는 비평의 경우에는 그런 식의 해석이 몇 배나 더 강력하게 법적으로 요구되어야 할 것입니다. 한 인간의 몇몇 정신적 결함, 그리고 그가 우리 모두와 마찬가지로 세상의 쾌락에 탐닉했다는 사실 등을 토대로 그가 그리스도교인이 아니라고, 아니 심지어 그리스도의 반대자라고 공공연히 비난하는 것이 그리스도교적 행동입니까? 그렇다면 우리 중 도대체 누가 그리스도교인이겠습니까? 저 같으면 그런 비평가야말로 비그리스도교인이라고 비난하겠습니다. 저는 이렇게 말하겠습니다, 그리스도교인이라면 우리의 지성이 완전히 계몽되고 모든 측면에서 사물을 포용할 수 있는 것은 오로지 거룩한 삶을 통해서만 가능하지만 우리의 삶은 아직 그 정도로 거룩하지 못하다는 사실을 깨닫고 있으므로 하느님 한 분만이 알고 계신 신비한 문제를 해결함에 있어 자신의 지성에 그토록 굳건한 확신은 품지 못할 거라고 말입니다. 그리스도교인이라면 누군가에게 그토록 중대한 죄를, 그러니까 지상으로 내려오신 하느님의 아들이 인간에게 당신을 인정하라 명하신 그 방식대로 그분을 인정하지 않았다는 그런 죄를 뒤집어씌우기 전에 문제가 너무도 중차대한 만큼 오래오래 심사숙고할 것입니다.[14] 그는 또한 시에는 많은 신비가 있다고, 또 시라는 것 자체가 일종의 신비라고 말할 것입니다. 누군가를 — 그가 보통 사람이라 할지라도 — 판단하는 것은 어려운 일입니다. 시인을 완벽하고 결정적으로 판단할 수 있

14) 〈히브리인들에게 보낸 편지〉 10: 28~31을 참조하라.

는 것은 자기 내부에 시적인 본질을 간직한 사람, 거의 시인에 버금가는 사람뿐입니다. 아주 단순한 직능을 포함하는 모든 직능의 사람 누구나가 남을 판단할 수는 있습니다만 완벽하게 판단할 수 있는 것은 오로지 그 직능의 거장뿐입니다. 한마디로 말해서, 그리스도교인은 자기가 그리스도교인임을 알 수 있게 해주는 일차적 표징인 겸손을 무엇보다 먼저 보여줄 것입니다. 그리스도교인은 푸쉬킨의 시 중에서 두 가지로 해석될 수 있는, 아직 의미가 모호한 부분에 대해 떠드는 대신, 경박한 청년기가 아닌 이성적인 원숙기에 씌어진 분명한 부분에 대해 언급할 것입니다. 그는 푸쉬킨이 스스로와 관련하여, 자신은 세상의 쾌락과 번잡에 빠져 있던 때에도 그리스도를 섬기는 사람의 모습만 보고도 전율했다고 술회하는 시, 요컨대 성직자에게 보냈던 저 장엄한 시를[15] 인용할 것입니다.

그러나 교활한 현악기의 소리를
순간적으로 끊어버렸네
그대 당당한 음성
불현듯 나를 놀라게 했을 때.

나는 생각지도 않은 눈물을 흘렸고
그대 향기로운 말씀은
순결한 성유(聖油)처럼
내 양심의 상처를 어루만져 주었네.

지금 그대는 저 높은 영혼의 고지에서
나에게 손을 내밀며
다정한 사랑의 힘으로

15) 앞에서 언급했던 〈위락과 무익한 권태의 시간이면〉을 가리킨다.

내 격렬한 몽상을 달래주누나.

그대의 불길에 영혼이 불타
번잡한 지상의 티끌 저어하고
시인은 거룩한 두려움 속에서
세라핌의 하프소리에 귀 기울이네.

이것이야말로 그리스도교 비평가가 보여주어야 하는 푸쉬킨의 시란 말입니다! 그래야만 그의 비평은 의미가 통할 것이며 선을 가져올 수 있을 것입니다. 자기 안에 시대의 온갖 문제와 신념을—그토록 혼란스럽고 그토록 반그리스도적—지니고 있었던 사람, 바로 그 사람이 시적인 통찰력이 가장 선명하고 가장 훌륭하게 반짝이는 순간에는 그리스도교의 극치를 그 무엇보다도 거룩하게 밝혀냈음을 보여줌으로써 비평가는 자신의 입지를 더욱 공고히 할 수 있을 것입니다. 그런데 오늘날의 비평에는 무슨 의미가 있습니까? 저는 묻고 싶습니다. 사람들한테 푸쉬킨에 대한 의심과 의혹을 불러일으켜 그들을 혼란스럽게 하는 데 무슨 이익이 있습니까? 당대의 가장 현명한 인간을 그리스도를 인정하지 않는 사람처럼 보이게 하는 것은 너무도 어리석은 일입니다! 이 시대의 현명한 사람들이 자기네 지도자로, 다른 사람보다 앞서간 선구자로 생각하는 그 사람을 말입니다! 비평가가 재능이 모자라 또 다른 망언을 주절거리지 못했고, 푸쉬킨 자신이 시를 통해 그러한 비난을 일축했으니 그나마 다행입니다. 안 그랬더라면 믿음 아닌 불신밖에 확산될 것이 뭐가 있겠습니까? 인간이 편파적이면 이렇게 되는 것입니다! 친구여, 하느님께서 당신을 편파성으로부터 지켜주시길 빕니다. 편파적 인간은 도처에서 악을 초래합니다. 문학에서, 관직에서, 가정에서, 세상에서, 한마디로 모든 곳에서 말입니다. 편파적 인간은 자신만만하고 뻔뻔스러우며 모든 사람을 자신의 적으로 돌립니다. 편파적 인간은 그 어떤 일에서도 중용을 발견하지 못합니다. 편파적 인간은 진정한 그리스도교인이 될 수 없습니다. 광신자가 될 수 있을 뿐입니다. 그리스도교는 이성에 다양한 시각을 부여하므로 편파적 사고방식은 인간이 그리스도교 정신에 다다르지 못한 채 아직 중간에 머무르고 있음을 보여줍니다. 아무쪼록 하느님께서 당신을 편파성에서 구해주시기를! 모든 사물을 현명하게 바라보십시오, 그리고 사물에는 두 가지의 완전히 상반되는 측면이 있는데 그중 한 가지는 아직 당신한테 제시되지 않고 있다는 것을 명심하십시오. 연극에는 두 가지 종류가 있는바, 그건 관객의 열광에도 두 가지가 있는 것과 마찬가지입니다. 한 가지는 어떤 발레리나가 조금 더 높이 다리를 들어올렸을 때 유발되는 열광이고 다른 한 가지는 위대한 배우가 충격적 대사를 통해 인간 내부의 모든 고상한 감정을 더 높이 들어올렸을 때 유발되는 열광입니다. 눈물에도 두 가지가 있는데, 한 가지는 어떤 초대 가수가 인간의 음악적인 귀를 간질일 때 흘러나오는 눈물로, 제가 들은 바에 의하면 요즘 페테르부르크에서는 음악가가 아닌 사람들까지도 그런 눈물을 흘린다고 합니다. 다른 한 가지는 관객이 인간의 고상한 공적에 대한 생생한 재현에 완전히 원기를 회복하고, 또 영웅적 행동이 그런 식으로 실연되는 것을 보고는 극장문을 나서면서 새로운 활력으로 자신의 의무를 상기할 때 흘러나오는 눈물입니다. 친구여, 우리는 부수고 깨뜨리라고 이 세상에 부름을 받은 것이 아니라, 하느님이 그러하시듯, 모든 것을, 심지어 인간이 이미 망가뜨리고, 악으로 전변시켜버린 것까지도 선으로 인도하라고 부름을 받은 것입니다. 하느님의 역사하심에 부름받지 않은 도구란 이 세상에 하나도 없습니다. 이교도들이 자기네 우상을 찬미할 때 연주했던 나팔이며 팀파니며 리라며 심벌즈 같은 것들도 다윗 왕이 그들의 정복을 축하하며 연주하자 진정한 하느님에 대한 찬가로 바뀌었고, 온 이스라엘은 그 악기들이 처음으로 연주하는 하느님 찬가를 듣고는 더욱더 기뻐했습니다.

1845년

XV

오늘의 서정시인들을 위한 주제[1]

N. M. Ia.[2] 에게 보내는 두 통의 편지

1

당신의 시 〈지진〉은[3] 저를 매료시켰습니다. 주코프스키 선생님도 그 시를 읽고 역시 열광했습니다. 그분의 의견에 따르면 이 시는 당신의 전 작품 중에서 가장 훌륭할 뿐 아니라 러시아 시 전체 중에서 가장 뛰어나답니다. 과거의 사건을 끌어 와 현재로 바꿔 놓다니, 이 얼마나 현명하고 풍요로운 생각입니까! 그리고 그 송시를 마무리짓는, 시인에 관한 구절은 세계를 뒤흔드는 이 무서운 지진의 시대, 그러니까 모든 사람이 미래에 대한 공포로 우왕좌왕하고 있는 이 시대에 어떤 직종에 종사하건 우리 모두에게 해당되는 말이기도 합니다.

---

1) 이 편지는 1844년 12월 2일부터 26일 사이에 야지코프에게 보낸 두 통의 편지를 토대로 한다. 1844년 말에 발간된 야지코프의 시집을 읽은 고골은 매우 감동을 받아 시인에게 상찬의 편지를 보냈고 야지코프 또한 "당신의 편지를 읽고 매우 기뻤다, 그 편지를 출판하면 좋을 것 같다"라고 화답했다. 고골은 야지코프한테서 그 편지들의 사본을 얻어 약간의 수정을 거친 뒤 《친구와의 서신 교환선》에 수록했다.

2) N. M. 야지코프.

3) 1844년에 씌어진 메타시적이고 명상적인 시로 주코프스키는 이 시를 가리켜 가장 훌륭한 러시아 서정시라고 칭찬을 아끼지 않았다.

친구여! 당신 앞에 생생한 샘물이 펼쳐집니다. 시인을 향한 당신의 말, 즉

떨고 있는 인간들에게
저 높은 산정에서 기도를 가져오라! —

는 당신 자신을 향한 말입니다. 당신 뮤즈의 비밀이 당신 앞에 드러나고 있습니다. 지금은 서정시인을 위한 호기(好機)입니다. 풍자(諷刺) 가지고는 아무것도 이룰 수 없습니다. 현대의 세속적인 인간이 바라본 현실의 단순한 묘사는 그 누구도 깨우지 못합니다. 우리 시대는 도도하게 잠에 빠져 있습니다. 그 옛날 신의 분노가 사건을 일으켜 사람들을 경악케 했듯이, 과거 속에서 현재와 비슷한 사건을 찾아내 모든 이의 면전에 분명하게 제시함으로써 그들을 경악케 하십시오. 과거 속에서 현재를 두들기십시오, 그러면 당신의 말은 두 배의 힘을 얻게 될 것입니다. 그리하여 과거는 더욱 생생하게 살아날 것이고 현재는 비명을 지르며 오열할 것입니다. 《구약 성서》를 들쳐보십시오. 거기서 당신은 현재 일어나고 있는 모든 사건을 발견할 것이며 우리가 하느님 앞에서 무슨 죄를 지었는지를, 또한 우리를 덜덜 떨게 할 정도로 분명하게 묘사된 최후의 심판이 어떤 것인지를 똑똑히 보게 될 것입니다. 당신은 그렇게 할 수 있는 수단과 방법을 가지고 계십니다. 당신의 시에 내재된 힘은 질타와 격려를 동시에 할 수 있습니다. 지금 우리에게는 바로 그 두 가지가 필요합니다. 어떤 사람들은 질타해야 하고 또 어떤 사람들은 격려해 주어야 합니다. 주변 상황의 야비함 때문에, 그리고 공포 때문에 어리둥절해 있는 사람들은 격려해 주어야 합니다. 그러나 하늘의 분노가 치솟고 도처에서 고통의 소리가 울려 퍼지는 이 신성한 시간에 온갖 정념과 낯뜨거운 쾌락

의 도가니에 몸을 던진 자들은 질타해야 합니다. 당신의 시는 모든 이의 눈에 마치 벨사살 왕의[4] 향연 도중 공중에 나타나 사람들이 그 의미를 파악하기도 전에 좌중을 공포에 떨도록 만든 글씨들처럼 보여야 합니다. 만일 모든 이가 당신의 시를 좀더 명확하게 이해하기를 원한다면, 성서의 정신을 갖춘 다음, 그 정신을 횃불처럼 들고서 러시아의 저 깊은 과거로 내려가 그곳에서 현재의 치욕을 일깨우고 또 우리의 치욕을 더욱 치욕스럽게 보이게 하는 그 무엇인가를 우리 안에 더 깊이 박아 놓으십시오. 당신의 시는 지리멸렬하지 않을 터이니 걱정하지 마십시오. 지나간 시절은 당신에게 색채를 더해줄 것이며 지나간 시절이라는 그 자체 하나만으로 당신에게 영감을 줄 것입니다. 그것은 우리의 연대기에서처럼 생생하게 꿈틀거릴 겁니다. 얼마 전에 우연히 《황실 보감》이란[5] 책을 손에 넣게 되었습니다. 지루한 책처럼 여겨질지 모르지만 황실 장신구라던가 고급 직물, 보석 등의 명칭이나 이름만 해도 시인을 위한 진정한 보고라 할 수 있습니다. 모든 낱말은 시속에 그런 식으로 자리를 잡는 것입니다. 보석과도 같은 우리말에 경탄하십시오. 소리 하나하나까지도 신의 선물입니다. 모든 것이 다이아몬드처럼 견고한 결정체를 이루기에 사물의 이름은 사물 자체보다 더 고귀합니다. 당신의 시를 그런 말로 장식한다면 당

4) 벨사살(Belshazzar) 왕: 바빌론의 왕. 벨사살 왕이 예루살렘 성전에서 약탈하여 온 금잔 은잔으로 고관과 왕비와 후궁들과 더불어 술을 마시고 있을 때 갑자기 사람의 손가락 하나가 나타나서 벽에 붙어 있는 판에 글자를 썼다. 겁에 질린 왕은 다니엘을 불러 그 뜻을 물었다. 다니엘은 그 글자들이 벨사살 왕의 시대가 끝났음을 의미한다고 해석하였고 그날 밤 왕은 살해되었다. 〈다니엘〉 제5장을 참조하라.

5) 여기서 고골이 말하고 있는 책은 스트로에프(P. M. Stroev)가 1844년에 쓴 《역대 황제 폐하 및 미하일 표도로비치 대공, 알렉세이 미하일로비치 대공, 표도르 알렉세예비치 대공의 행차》(*Vykhody gosudarei i velikikh kniazei Mikhaila Fedorovicha, Alekseia Mikhailovicha, Fedora Alekseevicha*)라는 책인 것 같다.

신은 독자를 송두리째 과거로 인도하게 될 것입니다. 저로 말할 것 같으면 그 책을 세 페이지 정도 읽고 나자 지나간 옛 시절의 황제 폐하께서 고색창연한 황실 치장을 하시고서 경건하게 만과(晩課)에 납시는 모습이 사방에 어른거리는 것 같았습니다.

1844년

2

당신의 그 시 〈지진〉의 영향을 받아 다시 몇 자 적습니다. 제발 시작하신 일을 중단하지 마세요! 성서를 여러 번 잘 읽으시고 러시아의 과거와 친숙하게 된 다음 그 맥락에서 현재를 살펴보십시오. 많은, 아주 많은 소재가 당신에게 제시될 것인바, 그것들을 보지 못한다면 그건 당신이 잘못하시는 겁니다. 주코프스키 선생님이 당신의 시를 가리켜 황홀경 그 자체라 부른 것도 다 이유가 있어서입니다. 바위를 깨고 절벽을 뚫으라고 당신에게 주어진 서정적인 힘을 허공에 불발탄으로 쏘아 낭비하지 마십시오. 주위를 둘러보십시오. 지금은 모든 것이 서정시인을 위한 소재입니다. 모든 사람이 서정적 부름을 요구하고 있습니다. 어떤 쪽에 눈길을 던지건 당신은 누군가를 질타하거나 소생시켜야 한다는 걸 알게 될 겁니다.

우선 강력한 서정적 비난을 통해 현명하지만 좌절한 인간들을 질타하십시오. 그들에게 상황의 본질, 그러니까 좌절은 하느님께서도 미워하시는 상태이므로 원인이야 어찌되었든 좌절에 굴복한 인간은 모든 관계에서 인간 쓰레기임을 보여준다면 그들은 설복당할 것입니다. 진정한 러시아인을 좌절과의 전쟁으로 인도하시어 당신이 〈지진〉에서 시인에게 했던 것처럼 그를 공포와 대지의 흔들림 저 위쪽으로 들어올리십시오.

강력한 서정적 호소의 형태로 아름답지만 잠자고 있는 인간을 부르십시오. 강가에 서서 그에게 널빤지를 던져 주시고 목청을 다하여 영혼을 구하라 소리치십시오. 그는 이미 기슭에서 멀리 떠내려가고 있습니다. 허망한 사교계의 현란함에, 저녁식사와 무희의 다리와 매일 밤 이어지는 고단한 주연에 밀려 떠내려가고 있습니다. 자기도 모르는 사이에 고깃덩어리로 배를 불려가고 있으며 이미 영혼이라곤 거의 없는 고깃덩어리 그 자체가 되어버렸습니다. 큰소리로 그를 부르시어 그 어떤 감정의 편린도 주고받는 법이 없는(그리고 온통 강철로 만들어져 그 앞에서는 진짜 강철도 물렁하게 보이는) 저 마귀할멈 같은 노년이 그에게 다가오고 있음을 보여 주십시오. 아, 제가 《죽은 혼》의 제3부까지 집필할 경우, 거기서 플류쉬킨이[6] 말하게 될 대사를 당신이 그에게도 말해 줄 수 있다면 얼마나 좋을까요!

분노로 가득 찬 송가를 통해 현대의 새로운 고리대금업자와 그의 저주받은 사치를, 몸치장과 옷 자랑으로 자기 자신과 남편을 망쳐버린 그의 추잡한 마누라를, 그들의 부유한 저택의 천박한 문지방을, 그들이 숨쉬는 썩은 공기를 규탄하십시오, 그리하여 그들이 무슨 역병이라도 된 양 모든 이가 뒤도 안 돌아보고 달아나도록 하십시오.

위풍당당한 찬가를 통해서 무명의 근로자를, 그러니까 뻔뻔한 수뢰자들 사이에서도, 주변의 모든 인간들이 다 뇌물을 받아 챙기는데도, 자기만은 뇌물을 받지 않음으로써 고상한 러시아 종족의 명예가 된 근로자를 찬미하십시오. 그와 그의 가족을, 그리고 남편으로 하여

---

6) 고골은 장편소설 《죽은 혼》 제1부를 1835년에 집필하기 시작하여 1841년에 완성하고 이듬해에 출간했다. 제2부와 제3부까지 쓰는 것이 그의 원래의 의도였지만 그가 중간에 원고를 소각해 버리는 바람에 남아 있는 것은 제1부뿐이다(제XVIII 장의 주를 참조하라). 플류쉬킨은 거기 등장하는 극도로 인색한 지주이다.

금 부당하고 야비한 일을 저지르게 하기보다는 구닥다리 모자를 써서 남들의 웃음거리가 되기를 택한 그의 고상한 부인을 찬미하십시오. 그들의 아름다운 가난을 보여주어 그것이 성물처럼 모든 이의 눈앞에서 빛나고 또 그렇게 함으로써 그들 모두가 자기도 가난해지고 싶다는 생각이 들도록 하십시오.

오로지 러시아 땅에서만 나올 수 있는 거인(巨人)을, 갑자기 수치스런 잠에서 깨어나 일순간에 이제까지와는 다른 사람이 되는 그런 거인을 찬양하십시오. 그는 모든 사람이 보는 앞에서 자신의 야비함과 추악한 악행에 침을 뱉고 선을 위한 최고의 전사가 됩니다. 진정한 러시아 영혼 속에서 이루어지는 그 영웅적 행위를 보여주십시오. 그러나 모든 이가 지니고 있는 러시아적 본성이 자기도 모르게 전율하도록, 그리고 가장 미천하고 저열한 계층의 사람까지도 자기 역시 그런 일을 할 수 있다고 느끼면서 "아, 정말 잘했어!"라고 외칠 수 있도록 보여주십시오.

많은, 정말로 많은 소재가 서정시인을 위해 존재하지만 편지는 더 말할 것도 없고 책들도 그것들을 다 담아낼 수 없습니다. 모든 진정한 러시아적 감정은 메말라가고 그 누구도 그걸 일깨울 수 없습니다! 우리의 대담성도 잠들어 있고, 우리의 단호함과 실천력도 잠들어 있고, 우리의 힘과 능력도 잠들어 있습니다. 공허하고 천박한 혁신이 계몽이라는 이름으로 우리에게 들여온 맥 빠지고 저질스러운 일상의 삶 속에서 우리의 지성은 잠자고 있습니다. 당신의 눈에서 수마(睡魔)를 떨쳐 버리고 다른 사람의 잠을 깨우십시오. 하느님 앞에 무릎 꿇고 '분노'와 '사랑'을 간구하십시오. 인간을 망치는 모든 것에 대해 분노를 청하시고, 사방의 모든 것으로 인해, 자기 자신으로 인해 망가진 인간의 가엾은 영혼을 위해 사랑을 청하십시오. 당신은 말과 표현을 찾게 될 것이고 당신의 입에서는 고대의 예언자들처럼 말이 아넌 불길이 날아오를 것인바, 그렇게 되려면 당신은 고대의 예언자들이 그러했듯이 뼈와 살을 깎아 그런 일에 종사해야 하며, 그들이 그러했듯이 머리에 재를 뿌리고 옷자락을 찢어가며 통곡 속에서 하느님께 힘을 달라고 간구해야 하며, 또 그들이 선택받은 자기 민족의 구원에 헌신했듯이 당신 역시 자기 조국의 구원에 헌신해야만 합니다.

1844년

XVI

충 고[1]

Shch.[2]에게 보내는 편지

다른 사람을 가르치면서 자기도 배우게 된다고 합니다. 무시무시한 정신적 고통까지 더해진 저의 그 힘들었던 투병기간 동안에 저는 그 어느 때보다도 활발한 서신왕래에 몰두할 수 있었습니다. 마치 일부러 그런 듯, 이 기간 동안 저와 정신적으로 가까운 거의 모든 지인(知人)들에게 영혼을 뒤흔드는 사건이 일어났습니다. 모든 지인들이 부지불식간에 저에게 호소하며 도움과 충고를 간청했습니다. 그때서야 저는 인간의 영혼은 모두 긴밀하게 연결되어 있다는 사실을 깨달았습니다. 우리는 스스로 고통을 당함으로써만 모든 고통당하는 사람들을 이해할 수 있고 또 그들에게 무슨 말을 해야 하는지를 알게 됩니다. 아니, 그 이상입니다. 우리의 지성이 밝아지기까지 합니다. 지금까지 숨겨져 있었던 타인의 상황과 생활이 밝혀지고 그들 중 누가 무엇을 필요로 하는지가 백일하에 드러납니다. 최근 들어 저는 심지어 생면부지의 사람들한테서까지 편지를 받았으며 옛날 같으면 도

---

1) 이 편지는 이 책의 제 12장 "그리스도교인은 전진한다"의 후속편이라 할 수 있다.

2) M. S. 시체프킨, 혹은 S. P. 셰비료프. 셰비료프는 《친구와의 서신 교환선》을 공개적으로 칭송한 몇 안 되는 사람들 중의 하나이다.

저히 쓸 수 없는 답장을 그들에게 보냈습니다. 그런데 제가 그들보다 조금이라도 현명하냐 하면 그건 아닙니다. 저는 저보다 몇 배 더 현명하고 교육도 더 많이 받아 저보다 몇 배나 더 유용한 충고를 해 줄 수 있는 사람들을 알고 있습니다. 그러나 그들은 그렇게 하지 않으며 심지어 어떻게 해야 하는지조차 모르고 있습니다. 우리에게 지혜를 주시는 하느님은 위대하십니다! 그러나 어떤 식으로 우리에게 지혜를 주시는 걸까요? 바로 우리가 피하고 감추고 싶어하는 그 슬픔을 통해서입니다. 우리는 슬픔과 고통을 통해서 책에서는 얻을 수 없는 지혜의 낱알을 얻도록 되어 있습니다. 그러나 그 낱알을 이미 얻은 사람은 그걸 다른 사람한테 숨길 권리가 없습니다. 그건 그의 재산이 아니라 하느님의 재산이기 때문입니다. 하느님께서 그걸 그에게 심어 주신 겁니다. 하느님의 모든 선물은 그걸 통해 동포들에게 봉사하라고 우리에게 주어진 것입니다. 하느님께서는 우리가 항상 서로 서로를 가르쳐야 한다고 명하십니다. 그러니 멈추지 마시고 가르치세요, 충고를 해 주세요! 그런데 만일 그 일이 동시에 당신 자신에게도 유익하게 되길 바라신다면 제가 지금 생각하는 대로, 그리고 앞으로는 항상 그렇게 하리라고 결심한 대로 따라 하십시오. 요컨대, 모든 충고와 교훈은, 그 누구를 향한 것이건, 가령 당신과는 아무런 공통점도 없는 무지몽매한 사람을 향한 것이라 할지라도, 동시에 당신 자신을 향하게 해야 하며, 다른 이에게 주는 충고와 동일한 충고를 당신 자신에게도 주어야 합니다. 다른 사람에게 하는 동일한 질타를 자기 자신에게도 하십시오. 틀림없이 모든 것이 당신 자신에게도 적용될 것인바, 당신 자신을 세심하게 살펴본다면, 과연 당신 스스로에게 적용되지 않는 질타가 있을까 의심스럽습니다. 양날의 칼을 사용하여 행동하십시오! 만일 누군가에게 화낼 일이 생긴다면 동시에 자기 자신에게 화를 내십시오, 그것이 설령 다른 이에게 화를 내기 위해서

하는 일이라도 말입니다. 반드시 그렇게 해야 합니다! 그 어떤 경우라도 자기 자신에게서 눈을 떼지 마십시오. 언제나 우선 자기 자신을 관찰 대상으로 삼으십시오. 이런 경우에는 이기주의자가 되셔도 됩니다! 이기주의란 그다지 나쁜 속성이 아닙니다. 사람들은 함부로 그것을 추악하게 해석하지만 이기주의의 근저에는 진정한 진실이 놓여 있습니다. 우선 자기 자신부터 돌보고 남을 돌보십시오. 자기 영혼부터 정화시킨 다음 다른 사람을 정화시키려고 노력하십시오.

1846년

XVII

계 몽[1]

V. A. Zh.[2]에게 보내는 편지

여행길에서 다시 몇 자 적습니다. 형님과도 같으신 분이시여, 모든 것에 감사드립니다! 선생님께서 제게 베풀어주신 정신적인 선의 일부만이라도 되갚을 수 있게 해달라고 우리 주님의 무덤 앞에서 간원할 것입니다. 믿음을 가지세요, 그리고 마음속에 평화를 지니세요! 모스크바에 오시면 꼭 가족의 품에 안기는 것 같을 겁니다. 모스크바는 선생님께서 바라시던 안식처를 제공해 줄 것이며 선생님께는 그곳이 여기보다 더 평화로울 겁니다. 세상사의 헛된 소음도 삐걱거리는 마차 소리도 선생님을 방해하지 않을 것입니다. 그것들은 선생님이 살게 될 거리를 조심스럽게 피해갈 터이니까요. 선생님의 오랜 친구건 아니면 처음으로 알음알이를 트게 된 사람이건, 좌우간 누군가가 선생님을 방문할 경우, 그는 우선 선생님께서 단 일 분이라도 낭비하지 않으시도록 답방은 하지 말아주시기를 청할 것입니다.[3] 우

1) 이 편지는 고골이 1846년 독일과 북 유럽을 여행하던 중에 주코프스키에게 쓴 것으로 앞에 나왔던 주코프스키의 《오디세이》 번역에 관한 편지와 맥을 같이 한다.

2) V. A. 주코프스키.

리는 자신의 일을 완벽하게 성취한 사람을 어떻게 존중해야 하는지를 알고 있고 또 그렇게 할 수도 있습니다. 자기의 재능을 그토록 나무랄 데 없이, 그토록 성실하게 사용한 사람, 자기 능력이 잠들지 않게 하고 한평생 단 일 분도 헛되이 보내지 않은 사람, 주위의 모든 인간이 부질없는 유혹에 청춘을 낭비해 버리고 새파란 젊은이까지도 쇠약한 노인네로 변신해 버리는 마당에 독야청청 신선한 노년을 향유하는 사람, 그 사람은 경건한 관심을 받을 자격이 있습니다. 선생님은 마치 원로처럼 모스크바에 등장하실 것이며 젊은이들은 선생님의 원숙한 말씀을 황금처럼 무겁게 받아들일 것입니다. 미리 말씀드리지만, 선생님의 《오디세이》는 엄청난 공동의 선을 가져다 줄 것입니다. 그것은 무질서한 삶과 무질서한 생각으로 혼곤해진 현대인에게 활력을 되찾아 줄 것입니다. 그 책은 현대인이 일상생활에 불필요하고 낡은 것이라고 내버렸던 많은 것들을 그의 눈앞에서 소생시켜줄 것입니다. 그 책은 그를 소박함으로 되돌려 줄 것입니다. 그러나 하느님께서 친히 영감을 주셔서 씌어진 선생님의 다른 작품들, 선생님이 현명하게도 아직까지는 은밀히 숨겨 둔 작품들 또한 혹 더하지는 않더라도 그 못지않은 선을 가져올 것입니다. 그 속에서도 역시 모든 이들이 필요로 하는 것이 드러날 것입니다. 당황해 하지 마시고 굳건하게 앞을 보십시오! 그 어떤 잡음과 마주치게 된다하더라도 놀라지 마십시오. 이 땅에는 모든 것의 화해자가—비록 모든 사람이 볼 수 있는 것은 아니지만—있으니 그 이름은 우리의 교회입니다. 교회는 이제 총력을 발휘하여 우리나라 전체를 비추일 태세를 갖추고 있습니다. 그 안에는 국사에서 가정사에 이르기까지 모든 관계에 있어서 진정한 러시아적 삶을 위해 필요한 모든 것, 모든 것을 위한 지향, 모든 것을 위

---

3) 당시 러시아에서는 손님이 방문할 경우 주인은 답례차원에서 그의 집을 방문하는 것이 관례였다.

한 방향, 모든 것을 위한 마땅하고 옳은 길이 내재되어 있습니다. 제 생각에는, 우리의 교회를 제쳐놓고, 교회의 축복도 청하지 않고 러시아에 무슨 혁신 같은 것을 도입하는 것은 어리석은 생각입니다. 우리의 사상에 유럽의 사상을 접목시키는 것 또한, 그것이 어떤 것이건 간에 교회가 그리스도의 빛으로 세례를 베풀지 않는 한, 무의미합니다. 선생님께서는 불현듯 두 눈으로 똑똑히 보게 될 것입니다, 믿는 자들뿐 아니라 믿지 않는 자들까지도 이 점을 파악하게 되는 것을, 모든 이가 인정한 우리의 교회가 한순간 행동을 개시하게 되는 것을 말입니다. 많은 이들에게 닥친 저 현묘한 시력의 상실은 하느님의 섭리였습니다. 세계사의 이모저모를 유심히 검토해 본 결과 저는 일시적인 교회의 분리를 허용하시어 한 교회는 사람들로부터 멀리 떨어져 확고부동하게 서 있으라 명하시고 다른 한 교회는 사람들과 더불어 요동치라 명하신 하느님의 그 모든 지혜를 보게 되었습니다. 한 교회에게는 그리스도교 전성기에 성인들께서 도입하신 혁신과 초대 교회의 교부들이 도입하신 혁신 외에는 아무 혁신도 받아들이지 말라고 하시고 다른 교회는 변화 속에서 시대의 모든 상황과 사람들의 정신과 관습에 적응하면서 모든 혁신을, 심지어 부도덕하고 불경한 주교들이 만들어 놓은 혁신까지도 받아들이게 하셨습니다. 한 교회는 세상을 위해 이를테면 잠시 동안 죽으라 하시고 다른 교회는 이를테면 잠시 동안 세상을 지배하라 하셨습니다. 한 교회에게는 저 겸손한 마리아처럼 주님의 말씀을 받아들여 사람들에게 전달하기 전에 그 말씀을 좀더 잘 듣기 위해 지상의 모든 근심 걱정을 접어두고 우리 주님의 발치에 엎드리라 하시었고 다른 교회는 자상한 안주인 마르타처럼 사람들을 대접하느라 호들갑을 떨고 아직 이성으로 헤아리지도 못한 주님의 말씀을 전달하게 하셨습니다.[4] 좋은 쪽을 선택한 것은 첫 번째 교회였던바, 그 교회는 자기를 감히 '죽은' 시체라고, 심지어 주님한테서 떨어져 나온 길 잃은 존재라고 부른 저 근시안적인 여동생의 비난을 감수하며 그토록 오랫동안 주님의 말씀에 귀 기울였습니다. 그리스도의 말씀을 사람들에게 적용시키는 것은 쉬운 일이 아니며 그렇기 때문에 첫 번째 교회는 자기가 먼저 그 말씀을 속속들이 받아들여야 했던 것입니다. 그래서 지금 막 잠에서 깨어나는 우리 사회에 필요한 모든 것이 우리 교회에 보존되어 있는 것입니다. 다가오는 새로운 사물의 질서를 위한 키와 방향타가 그 속에 있으며 가슴과 지성과 사색을 통해 그 속으로 점점 더 깊이 들어가면 갈수록 서구의 교회로서는 도저히 화해시킬 수 없는 대립을 화해시킬 수 있는 신비한 가능성에 놀라움을 느끼지 않을 수 없습니다. 서구의 교회는 이전의 단순한 질서를 위해서는 충분했기에 인류의 불완전하고 일방적인 발전이란 이름 하에 어떤 식으로든 세상을 다스릴 수 있었고 또 세상과 그리스도를 화해시킬 수 있었습니다. 그러나 인류가 좋던 나쁘던 그 모든 능력과 위력에 있어서 완전한 발전을 이룩한 지금은 교회가 세상과 그리스도 사이에 불화를 초래할 뿐입니다. 그 교회의 편협한 빛으로는 현재의 모든 사물을 모든 방향에서 조망할 수 없기 때문에 교회가 양자간에 화해를 도모하려고 애를 쓰면 쓸수록 불화는 더욱 커질 뿐입니다. 주지하다시피, 그 교회는 거룩한 삶을 통해 얻을 수 있는 완전하고 탄력적인 그리스도교적 지혜를 아직 획득하지 못한 주교들이 만들어 놓은 인간의 제도를 여러 가지 도입함으로써 세상과 삶에 대한 시야가 좁아지는 바람에 그것들을 포용할 수가 없는 것입니다. 삶에 대한 완전하고 전면적인 시각은 동방 쪽에, 그러니까 인간

4) 마리아와 마르타의 비유에 관해서는 〈요한의 복음서〉 12: 1~8, 〈마태오의 복음서〉 26: 6~13, 〈마르코의 복음서〉 14: 3~9를 참조하라. 많은 대목에서 그러했듯이 고골은 여기서도 성서의 기본 줄거리를 제외한 나머지 상세한 부분들은 자기 나름대로 각색하여 인용하고 있다.

의 가장 완전하고 가장 최종적인 교육을 위해 보란 듯이 보존되어 온 동방교회에 남겨졌습니다. 거기에는 인간의 영혼과 가슴을 위한 자유뿐 아니라 지성, 그 최고의 능력을 위한 자유까지도 있습니다. 거기에는 인간의 모든 것을 전능하신 분을 위한 한 편의 조화로운 찬송가로 고양시켜주는 길과 방법이 있습니다. 선생님, 그 무엇으로도 당황해 하지 마십시오! 현재의 상황이 지금보다 일흔일곱 배나 더 혼돈스럽다 할지라도 우리의 교회가 해결하고 화해시켜줄 것입니다. 이미 모종의 신기한 섭리를 통해 심지어 주변을 어슬렁거리는 세속적인 사람들까지도 구원의 원천인 어떤 보물이 우리 사이에 눈에 보이지 않게 존재하고 있다는 사실을 깨닫기 시작했습니다. 그 보물은 빛을 발하고 그 빛은 모두를 비출 것입니다. 때는 이미 가까이 오고 있습니다. 우리는 아직도 아무 생각 없이 '계몽'이란 말을 주절대고 있습니다. 그 말이 어디서 왔으며 무엇을 의미하는지조차 생각해 보지 않고 말입니다. 그 단어는 다른 언어에는 없고 오로지 우리말에만 존재합니다. 밝게 한다는 것은 가르치거나 교도하거나 교육하는 것을 의미하지 않으며, 심지어 빛을 발하는 것을 의미하지도 않으며, 인간의 이성을 비롯한 모든 능력을 속속들이 비추는 것을, 정화의 불길을 통해 그의 모든 본성을 드러내는 것을 의미합니다. 이 단어는 우리 교회에서 빌려온 것인바, 우리 교회는 이미 천 년 동안이나 사방에서 자기를 에워싸고 있는 암흑과 무지의 어둠에도 불구하고 그 단어를 말해 왔으며 어째서 그 말을 하고 있는지도 알고 있습니다. 주교님께서 거룩한 성찬예배[5] 중에 한 손으로는 삼위일체를 상징하는 세 갈래 촛대를 높이 들고 다른 한 손으로는 두 가지 본성, 즉 신적인 본성과 인간적인 본성을 지니신 채 지상으로 내려오신 말씀을 상징하는

5) 정교회 전례는 가톨릭의 '미사'라는 용어 대신 성찬예배라는 용어를 사용한다.

두 갈래 촛대를 높이 들고서 모든 이를 밝게 비추이며 "그리스도의 빛이 모든 이를 비추도다!"라고 선포하시는 것은 다 이유가 있어서입니다. 또한 성찬예배의 다른 대목에서 마치 하늘에서 들려오는 우레와도 같이 딱 한마디 "계몽의 빛"이라는 소리가 울려 퍼지고 거기에 단 한마디도 덧붙여지지 않는 것도 다 이유가 있어서입니다.

1846년

XVIII
《죽은 혼》과 관련하여 여러 사람에게 보낸 네 통의 편지[1)]

1

《죽은 혼》에 가해진 몇몇 과도한 어조의 비난에 대해 당신은 분개하고 계십니다. 그러나 거기에도 긍정적 측면은 있습니다. 가끔은 적개심에 가득 찬 반대자가 있어야만 합니다. 아름다움에 매료된 사람은 결점을 보지 못하고 모든 것을 용서합니다. 그러나 적개심에 가득

1) 이 네 사람이 누구인지는 아직까지 밝혀지지 않고 있다. 처음 세 통의 편지는 1843년에 쓴 것이고 마지막 편지는 1846년에 쓴 것이다. 그러므로 이 편지들은 1842년에 《죽은 혼》을 출간한 뒤 상당 기간 동안 숙고하며 쓴 것으로 사료된다. 이 편지들은 《죽은 혼》을 둘러싼 비평가와 독자의 반응에 대한 응답의 형식을 띠고 있지만 내용에 있어서는 고골의 종교적, 철학적, 미학적 입장 전반을 보여주고 있다. 고골은 단테의 《신곡》처럼 《죽은 혼》도 3부작으로 쓸 계획이었다. 1842년에 발표한 《죽은 혼》은 3부작의 제 1부로 단테의 《지옥편》에 해당하는 것이었다. 고골은 이어서 연옥편과 천국편에 해당하는 제 2부와 제 3부를 쓸 작정이었으나 끝내 완성하지 못하고 사망했다. 《죽은 혼》 제 1부는 주인공 치치코프가 이미 죽었지만 서류상으로는 존재하는 농노를 매입하여 그것을 담보로 거액의 돈을 횡령하기 위해 러시아 전역을 순회하는 것을 골자로 한다. 치치코프가 만나는 지주들은 각기 다른 방식으로 지옥 같은 러시아 사회를 대변해 준다. 고골은 제 2부에서 협잡꾼 치치코프가 도덕적으로 정화되는 모습을 그리려고 했지만 딜레마에 빠져 스스로 원고를 소각했다.

찬 사람은 모든 쓰레기를 파내서 적나라하게 드러내려고 기를 쓰기 때문에 우리는 어쩔 수 없이 그걸 보게 됩니다. 진리를 들을 수 있는 기회란 매우 드물기 때문에 우리는 진리를 발설하는 목소리가 아무리 모욕적이라 해도 한 알갱이의 진리를 위해서 그걸 용서할 수 있습니다. 불가린,[2] 센코프스키,[3] 폴레보이의[4] 비평에는 절더러 우선 러시아어로 읽고 쓰기부터 배우고 나서 글을 쓰라고 한 충고를 비롯하여 많은 옳은 지적이 있습니다. 사실, 제가 그렇게 서둘러 원고를 출판하지 않고 한 일 년쯤 가지고 있었더라면 원고가 그렇게 허술한 상태로 세상에 나오는 일은 없었을 것입니다. 저를 향한 경구나 조롱이 처음에는 가슴 아프게 느껴졌지만 그것들은 제게 필요했습니다. 아, 저 끊임없는 쓴소리, 저 모욕적인 어조, 그리고 우리를 속속들이 꿰뚫는 저 신랄한 조롱은 얼마나 필요한 것일까요! 우리 영혼의 심연에는 온갖 치사하고 하찮은 자존심, 쩨쩨하고 추악한 허영심이 숨겨져 있기에 우리는 매 순간 모든 가능한 무기에 의해 찔리고, 두들겨 맞고 얻어 터져야 하며 또 매 순간 우리를 때리는 손에 감사해야만 하는 것입니다.

---

2) 불가린(F. V. Bulgarin, 1789~1859) : 저널리스트, 산문작가, 출판인. 데카브리스트들과 친교가 있었으나 다른 한편으로는 비밀경찰과 내통하기도 했다. 신문 〈북방의 꿀벌〉(*Severnaia pchela*), 잡지 〈북방 문서국〉(*Severnyi arkhiv*)을 창간했으며 깊이는 없으나 흥미진진한 일련의 소설을 발표하기도 했다.

3) 센코프스키(O. I. Senkovskii, 1800~1858) : 폴란드계 저널리스트, 동방학자, 산문작가. 동방 역사에 대한 지식과 체험을 바탕으로 한 중·단편소설을 집필했으며 당대 여러 문학잡지들에 소설, 비평, 논문 등을 기고했고 한때 검열관으로 활동하기도 했다. 《브람베우스 남작의 환상 여행》(*Fantasticheskie putishestvіia barona Brambeusa*)으로 대중적 성공을 거두었으며 한동안 '브람베우스 남작'이란 필명으로 작품을 쓰기도 했다.

4) 폴레보이(N. A. Polevoi, 1796~1846) : 비평가, 산문작가, 저널리스트, 극작가, 역사학자. 신문과 잡지에 문학, 역사 및 철학에 관한 단상, 번역, 시 등을 여러 편 발표했으며 평범한 민중의 삶을 소재로 한 산문과 희곡을 집필했다.

그렇지만 저는 문필가보다는 일상적인 일에 종사하는 사람들, 세상사에 밝은 사람들한테서 좀더 많은 비평이 있었으면 합니다. 문필가 말고는 아무도 반응을 보이지 않았으니 정말 유감입니다. 한편, 《죽은 혼》은 엄청난 소음과 엄청난 불평을 불러일으켰고, 조롱으로, 혹은 진실로, 혹은 캐리커처로 많은 이들의 아픈 곳을 찔렀습니다. 그 책은 우리가 날마다 마주하는 사물의 질서를 다루었습니다. 그 책을 가득 채우고 있는 것은 실책과 시대착오와 만상(萬象)에 대한 명백한 무지였습니다. 모욕적이고 자극적인 요소까지 의도적으로 군데군데 삽입되었습니다. 그러니 아마도 누군가는 정당하게 저를 비난하고 제가 성취한 진실을 욕설과 분노 속에서 말해줄 수 있었을 겁니다. 아, 단 한 사람이라도 목소리를 높였더라면 얼마나 좋을까요! 누구라도 그럴 수는 있었습니다. 그것도 현명하게! 현직에 있는 관리라면 실제로 일어난 두세 가지 건을 들이댐으로써 제가 묘사한 사건의 황당함을 공개적으로 저에게 분명히 증명해 보여주고 또 그럼으로써 그 어떤 말보다도 훌륭하게 저를 반박하거나, 혹 아니면 같은 방식으로 제가 묘사한 것의 정당함을 확인해 주고 저를 방어해 줄 수 있었을 것입니다. 실제로 일어난 사건은 낭설이나 문학적인 장광설보다 훨씬 훌륭한 증거가 됩니다. 상인이나 지주 또한 똑같은 일을 할 수 있을 것입니다. 한마디로 말해서, 두문불출하는 사람이건, 아니면 러시아 전국을 들쑤시고 돌아다니는 사람이건, 읽고 쓸 줄 아는 사람은 누구라도 할 수 있습니다. 누구라도 자기의 개인적 시각 외에, 지위, 신분, 교육 정도에 따른 사회 내에서의 그의 위치 혹은 계급이 무엇이건 간에 동일한 사물을 다른 사람은 결코 볼 수 없는 오로지 자기만의 입장에서 볼 수 있습니다. 《죽은 혼》과 관련하여, 그보다 훨씬 재미있는 책이 무수한 독자들의 손에 의해 씌어질 수 있으며 그 책은 저뿐 아니라 독자 자신들까지 가르칠 수 있는데, 이는 우리 모두가—사실 숨겨서 뭐 하겠습니까—러시아를 잘 모르고 있기 때문입니다.

그러니 단 한 사람이라도 떳떳하게 나서서 말을 해 주었더라면 얼마나 좋을까요! 마치 모든 것이 죽어버린 듯합니다, 마치 실제로 러시아에 살고 있는 것은 살아있는 인간이 아니라 '죽은 혼'인 것 같습니다. 그런데 제가 러시아를 잘 모른다고 저를 매도하다니요! 마치 제가 러시아 구석구석에서 일어나고 있는 모든 일을 성령의 힘으로 반드시 알고 있어야만 했다는 듯이, 가르침도 받지 않고 배워야만 했다는 듯이 말입니다! 그렇지만, 작가인 제가, 작가라는 직업 때문에 이미 책상에 달라붙은 은둔생활을 선고받은 제가, 게다가 병들고, 게다가 러시아에서 멀리 떨어져 살 수밖에 없는 제가, 무슨 수로 배울 수 있단 말입니까? 문필가나 저널리스트 또한 사무실에 틀어박혀 은둔생활을 하는 처지이고 보니 저에게 가르침을 줄 수 없습니다. 작가에게는 단 한 부류의 선생이 있으니 그는 바로 독자입니다. 그런데 독자들이 저를 가르치는 걸 거부했습니다. 저는 제 과업을 적절하게 완수하지 못했음에 대해 하느님 앞에 책임을 져야할 것임을 알고 있습니다. 하지만 다른 사람들도 저에 대해 책임을 져야 할 거라는 걸 알고 있습니다. 이런 말은 괜히 하는 게 아닙니다. 하느님께서 알고 계십니다, 괜히 하는 말이 아니라는 것을요!

2

제 포에마의[5] 모든 서정적 이탈이[6] 왜곡된 의미로 받아들여질 거라는 걸 예감하고 있었습니다. 그것들은 너무도 모호하고 독자들 눈앞에서 흘러가는 만상과 너무도 어긋버근하고, 작품 전체의 성격이나 방식과 너무도 무관하기 때문에 반대자와 지지자 모두를 헷갈리게 해놓았습니다. 제가 작가에 관해 횡설수설한 부분들은 모조리 제게 유리하게 해석되었습니다. 저에게 득이 되는 그 설명들로 인해 저는 낯이 뜨거워질 지경이었습니다. 저로서는 자업자득인 셈이죠! 형편없게 씌어진 것은 아니지만 그래도 가봉을 위해 재봉사가 얼기설기 지어놓은 옷 같은 작품은 그 어떤 경우라도 출판해서는 안 되었던 것입니다. 그 작품의 예술성이나 창작방식에 관해서는 별로 비난이 없었다는 게 놀랍습니다. 그건 아마도 비평가들을 압도한 분노, 혹은 작품의 구조는 제대로 살피지 않는 그들의 습관 때문이었겠지요. 그들은 어떤 부분들이 다른 부분들에 비해 지나치게 장황하지는 않은가, 즉 어떤 부분들에서는 작가가 기왕에 자기가 채택한 톤을 유지하지 못함으로써 자기 자신을 배신하지는 않았는가 하는 것을 보여주어야만 했는데도 말입니다. 심지어 아무도 그 책의 후반부는 전반부에 비해 덜 다듬어졌고, 여러 가지 심각한 비약이 발견되고, 핵심적이고 중요한 상황은 압축되거나 요약되고, 중요치 않고 부차적인 것들은 마냥 길게 늘어지며, 작품 전체의 내적인 정수가 드러나기는커녕 누덕누덕 기운 넝마조각이 눈앞에서 어른거릴 뿐이란 사실을 눈치 채지

---

5) 여기서 '포에마'란 《죽은 혼》을 가리킨다. 포에마는 원래 서사적 스케일의 장시를 일컫는데 고골은 자신의 장편소설 《죽은 혼》에 '포에마'라고 하는 부제를 달아 놓았다.

6) 소설의 스토리와 직접적 관계가 없는 대목. 작가는 서정적 이탈을 통해 비교적 자유롭게 자기의 사상이나 심정을 밝힐 수 있다.

못했습니다. 한마디로 말해서, 그들은 훨씬 효율적인 비난을 할 수도 있었으며 지금 저를 욕하는 것보다 훨씬 강력하게 욕할 수 있었고 그 욕은 또한 적절했을 거라는 말입니다. 그러나 문제는 그게 아닙니다. 문제는 저널리스트들이 무엇보다도 심하게 공격한 서정적 이탈인데 그들은 거기서 그 어떤 작가한테서도 이제껏 보지 못한 자기 과신과 자기 자랑과 교만의 징후를 발견했던 것입니다. 그러니까 그게 어디냐 하면, 마지막 장에서 작가가 치치코프의[7] 도시 출발을 묘사한 다음, 잠시 동안 주인공을 큰 길 가운데 내버려두고 자기가 대신 주인공의 자리에 서서 도연(徒然)한 풍광, 황량하고 척박한 우리의 대지, 러시아 방방곡곡에서 울려 퍼지는 구슬픈 노래에 사로잡힌 나머지 서정적인 호소의 형태로 러시아에게 말을 걸면서 자기를 에워싼 저 이해할 수 없는 감정을 설명해 달라고 청하는 대목입니다. 요컨대 왜, 어째서 러시아의 모든 것이, 생명이 있는 대상에서부터 생명이 없는 사물에 이르기까지 모든 것이 자기에게 시선을 고정시키고 자기한테서 무언가를 기대하는 듯이 보이는가 하고 묻는 대목 말입니다. 이 대목은 교만 혹은 전대미문의 허풍으로 받아들여졌지만 사실은 그 둘 다 아닙니다. 그것은 단순히 진정한 감정의 서투른 표현일 뿐입니다. 저는 지금까지도 우리의 노래가 갖는 저 구슬프고 가슴을 잡아 찢는 것 같은 선율, 러시아의 끝없는 대지에 울려 퍼지는 그 선율을 견딜 수가 없습니다. 저는 그 선율에 가슴이 미어지는 것 같은데 다른 사람은 어째서 똑같이 느끼지 않는지 그게 이상할 따름입니다. 이제껏 사람이 살아본 적 없는 저 황량한 허허벌판을 보면서 우수에 잠기지 않는 사람, 우리의 구슬픈 노래를 들으면서 자기 자신, 바로 자기 자신을 향한 뼈아픈 질타를 느끼지 않는 사람, 그 사람은 자기 의무를

7) 《죽은 혼》의 주인공.

마땅하게 완수한 사람이거나 아니면 정신적으로 러시아 사람이 아니거나, 둘 중의 하나일 겁니다. 상황을 있는 그대로 봅시다. 표트르 I세가 유럽식 계몽의 정화수로 우리의 눈을 씻어주고 우리 손에 모든 수단과 방법을 쥐어준 이래 150년의 세월이 흘러갔지만 아직도 우리의 대지는 황량하고 구슬프고 척박하며 주위의 모든 것은 여전히 살벌하고 불친절하여 우리는 마치 아직도 우리 집이 아닌, 우리 집 처마 밑이 아닌, 어딘가 차마로에 정처 없이 멈춰서 있는 것 같고 우리가 러시아한테 느끼는 것은 형제를 대하는 듯한 정성스러운 환대가 아니라 눈보라에 뒤덮인 차가운 역참이고 거기서 보이는 것은 모든 사람에게 한결같이 "말은 없습니다!"라는 무정한 대답만을 되풀이하는 역참지기인 듯합니다. 어째서 그럴까요? 누가 잘못한 걸까요? 우릴까요, 아니면 정부일까요? 그러나 정부는 불철주야 노력해왔습니다. 수십 권의 법령과 강령과 제도, 줄줄이 새로 지어진 건물들, 쏟아져 나오는 책들, 무슨 학술기관이니 박애기관이니 자선기관이니 하는 온갖 종류의 시설들, 한마디로 말해서 그 어떤 나라 정부도 창립한 적이 없는 그런 시설들이 이를 입증해 줄 것입니다. 위에서 요구가 내려오면 아래에서 응답을 해야 하는 법입니다. 위에서는 가끔 개인적 손해를 보면서까지 행동하는 많은 군주들의 영웅적이고 관대한 위업을 입증해 주는 그런 요구가 내려오곤 했습니다. 그런데 아래에서는 여기에 어떻게 응답했을까요? 문제는 어떤 생각이던 우리 안에 받아들여 정착시킬 수 있도록 적용하고 응용하는 능력에 있습니다. 어떤 법령이 아무리 세밀하게 잘 고안되었다 하더라도 아래에서 그것을 필요하고 합당한 방식으로, 즉 인간적인 공정함이 아닌 신적인 공정함을 완전히 파악하고 있는 사람만이 알아볼 수 있는 그런 방식으로 실천에 옮기려는 순수한 열망이 존재하지 않는다면 그것은 텅 빈 종잇장에 불과합니다. 그것 없이는 모든 것이 악으로 변합니다.

이를 입증해 주는 것은 모든 법령을 피해갈 줄 아는 우리의 저 모든 간교한 협잡꾼들과 수뇌자들이니, 그들에게는 새로운 법령은 새로운 이득이자, 모든 업무를 한층 복잡하게 마비시키고 사람들을 궁지에 몰아넣는 수단이 됩니다! 한마디로, 어디를 보건 죄가 있는 것은 법령의 집행자들, 즉 우리의 형제인 것입니다. 그들의 죄는 너무 빨리 유명해지고 훈장을 거머쥐고 싶어 서둘렀다는 데 있습니다. 혹은 러시아식으로 자기의 희생 정신을 보여주고 싶어 너무 열성적으로 달려들었다는 데 죄가 있기도 합니다. 즉 이성의 도움도 받지 않고 업무의 본질을 제대로 살피지도 않고 마치 전문가인 양 일을 처리하기 시작했다가 이것 역시 러시아식이지만 자신의 실책을 깨닫고는 순식간에 냉담해진다, 이말입니다. 혹은 하찮은 자존심이 모욕당하자 모든 것을 포기하고 그토록 고결하게 종사했던 자신의 지위를 아무 협잡꾼한테나 넘겨 그로 하여금 사람들을 사기 치게 만들었다는 데 죄가 있기도 합니다. 한마디로, 자존심, 허영심, 및 쉽사리 자극받는 이기주의의 모든 사소한 점들을 기꺼이 희생시키고, 자기가 그 자리에 오른 것은 자신의 행복이 아닌 타인의 행복을 위한 것임을 언제나 되새기고, 또 자신이 아닌 조국을 위해 봉사한다는 것을 부동의 법칙으로 삼을 수 있을 만큼 선에 대한 사랑을 간직한 사람은 우리 중 거의 찾아보기 어렵습니다. 반대로 최근에는 마치 일부러라도 그런 듯 모든 러시아 사람이 온갖 종류의 쩨쩨함, 그리고 각양각색의 흥분하기 쉬운 사소한 자존심을 보란 듯이 드러내기 시작했습니다. 모든 것을 합당하게 완수한 사람, 러시아는 자신을 그 어떤 점에 있어서도 비난할 게 없노라고, 황량한 허허벌판의 생명 없는 사물 그 어느 하나도 자기한테 질타의 눈길을 던지지 않는다고, 자기는 모든 사람을 만족시켰다고, 자기한테서는 아무것도 더 바랄 게 없다고 온 세상에 대고 떳떳하게 말할 수 있는 사람이 우리 가운데 얼마나 될지 저는 모릅니다. 다만 제가 알고 있는 것은 제 자신은 비난을 들었다는 사실입니다. 지금도 저는 비난의 소리를 듣고 있습니다. 작가로서의 제 위치가 아무리 보잘것없는 것이라 해도 저는 좀더 확고하고 유익한 일을 했어야만 했습니다. 제 가슴속에 선을 향한 열망을 항시 품고 있었다고 해서, 그리고 오로지 그것 하나 때문에 글쟁이가 되었다고 해서 그 결과가 대체 무어란 말입니까? 저는 어떻게 그 일을 수행했습니까? 《죽은 혼》이란 제목으로 최근에 출판된 저의 작품 하나만 해도, 그것은 제대로 씌어졌더라면 응당 주었을 감동을 주었던가요? 저의 개인적 생각, 단순하고 명쾌한 그 생각을 전달하는 방법을 저는 잘 몰랐으며 그래서 저 자신이 그것을 왜곡된, 유익하기보다는 해로운 쪽으로 해석할 빌미를 제공했던 것입니다. 누구의 잘못일까요? 과연 친구들의 간청이, 혹은 헛되고 무상한 가락에 매료된 우아함의 애호가들의 경박한 열망이 저를 부추겼다고 말할 수 있겠습니까? 과연 상황이 저를 몰아붙였다고, 생활에 꼭 필요한 돈을 마련하기 위해 채 준비도 안 된 책을 서둘러 출판할 수밖에 없었노라고 말할 수 있겠습니까? 아닙니다, 자기의 일을 성실하게 완성하기로 작정한 사람, 그 어떤 상황에도 흔들리지 않는 사람은 필요하다면 손을 내밀어 구걸을 할지언정 일시적 비난 같은 것은, 하물며 사교계의 헛된 예절 같은 것은 일체 거들떠보지도 않을 것입니다. 사교계의 헛된 예절 때문에 조국이 필요로 하는 일을 망쳐버리는 사람은 조국을 사랑하지 않는 것입니다. 저는 제 성격의 저 치욕스러운 유약함과 비굴한 소심함과 제 사랑의 무능함을 깨달았고 그래서 러시아의 그 모든 것에서 저 자신을 향한 가슴 아픈 비난을 읽어냈던 것입니다. 그러나 어떤 지고한 힘이 저를 들어올려 주었습니다. 저는 돌이킬 수 없는 실책이란 없다는 것을 깨달았으며, 제 영혼에 통한을 가져다주었던 저 황량한 벌판까지도 무한히 탁 트인 공간이 되어, 그리고 무엇이든 할 수 있는 광활한 가능성의 공간이 되어 저를 열광시켰습니다. 그래서 제 영혼으로부터 러시아를 향한 다음과 같은 말이 흘러나왔던 것입니다. "네 속에는 웅지(雄志)를 펼 공간이 있는데 그 누군들 어찌 영웅이 되지 않을쏘냐?" 그건 상황의 묘사나 호언장담을 위한 말이 아니었습니다. 저는 그렇게 느꼈고 지금도 그렇게 느끼고 있습니다. 지금 러시아에서는 매 단계에서 영웅이 될 수 있습니다. 모든 신분과 직위가 영웅을 요구하고 있습니다. 우리는 모두 자기의 성스러운 신분과 지위를 (모든 지위는 성스러운 것입니다) 모독했으므로 그것들을 적법한 고지로 높이기 위해서 영웅적 힘을 필요로 합니다. 저는 다른 민족의 그 어떤 누구에게도 불가능하지만 오로지 러시아 사람에게는 가능한—왜냐하면 러시아 사람 앞에만 그토록 광활한 공간이 펼쳐져 있고 오로지 러시아 사람의 영혼만이 영웅적인 성정을 알고 있으므로—위대한 소명을 깨달았고 그렇기 때문에 저한테서 그러한 감탄사가 쏟아져 나왔던 것인데 사람들은 그걸 허풍이라고, 자기 과신이라고 받아들였던 것입니다!

3

당신처럼 인간을 그토록 잘 아는 달인께서 남들도 다 던지는 그런 무의미한 질문을 저한테 하시다니요. 그 질문들의 반은 앞으로 일어날 일과 관련이 있습니다. 그런 식의 호기심이 무슨 소용이 있겠습니까? 한 가지만이 당신다운 현명한 질문이어서 다른 사람들도 그런 질문을 했으면 싶은데, 그 질문에 제가 현명하게 답할 수 있을지는 잘 모르겠습니다. 요컨대, 어찌하여 저의 최근 작품들, 특히 《죽은 혼》의 주인공들은 실제 인간의 초상화와는 동떨어져 있음에도 불구하고, 그리고 매력이라고는 조금도 없는 성격을 갖추고 있음에도 불구하고, 마치 창조되는 과정에 무슨 정신적인 사정이 끼어들기라도 한 듯 우리의 영혼에 가깝게 느껴지는가, 라는 게 질문이었습니다. 한 1년 전만 같아도 저는 이런 질문에 답한다는 것을 설령 당신 앞이라 하더라도 어색하게 느꼈을 겁니다. 그러나 이제 단도직입적으로 모든 걸 말씀드리겠습니다. 제 주인공들이 영혼에 가깝게 느껴지는 것은 그들이 영혼에서 나왔기 때문입니다. 근자에 제가 쓴 모든 작품은 제 개인적인 영혼의 역사입니다. 이 모든 걸 좀더 잘 설명하기 위해서 작가로서의 저 자신에 관해 정의 내려보겠습니다. 사람들은 저의 이런 저런 일면을 논의해가며 저에 관한 여러 가지 해석을 내놓았습니다. 그러나 저의 주된 특성은 아무도 정의 내리지 못했습니다. 오로지 푸쉬킨 선생 한 분만이 그걸 파악했습니다. 그분은 언제나 제게 말씀하셨습니다, 이 세상 그 어떤 작가도 저처럼 선명하게 삶의 범속성을 드러냄으로써, 또 범속한 인간의 범속함을 강력하게 묘사함으로써, 흔히 시야에서 벗어나는 저 '사소함'이 모든 이의 눈앞에 '거대하게' 빛나도록 만들 수 있는 능력을 갖지 못했다고 말입니다. 이게 바로 저의 특성, 오로지 저 한 사람한테만 속한, 다른 작가는 갖지 못한 특성입니다. 그것은 훗날 모종의 정신적 상황과 결합함으로써 제 안에 더욱 확고하게 자리 잡았습니다. 그러나 당시에는 푸쉬킨 님께조차 그걸 내보일 입장이 아니었습니다.

저의 그러한 특성은 《죽은 혼》에서 강력하게 표출되었습니다. 《죽은 혼》이 러시아를 그토록 경악케 하고 러시아 안에 그토록 큰 잡음을 불러일으킨 것은 러시아의 내적인 질병이나 무슨 치부 같은 걸 드러냈기 때문도 아니고, 죄 없는 사람들의 고통과 악인의 승리에 관한 소름끼치는 장면을 제시했기 때문도 아닙니다. 그런 게 전혀 아닙니다. 제 주인공들은 전혀 악당이 아닙니다. 그들 중 누구한테건 단 한 가지 선한 점이라도 부여한다면 독자는 그들 모두에게 만족할 것입니다. 전반적인 범속성이 독자들을 놀라게 했습니다. 범속한 주인공들이 줄을 이어, 범속성의 강도를 점점 더해가며 등장한다는 사실, 위안이 되는 장면은 단 한 번도 없다는 사실, 가엾은 독자가 잠시 쉬거나 한숨 돌릴 만한 곳은 아무 데도 없다는 사실, 그리고 책을 다 읽고 나면 마치 숨막히는 움막에서 광명천지로 나온 것 같은 기분이 든다는 사실 등이 독자를 놀라게 했던 것입니다. 제가 만일 인간 쓰레기들을 생생하게 묘사했더라면 좀더 쉽게 용서받았을 겁니다. 그러나 범속성은 용서받을 수 없었습니다. 러시아 사람을 무엇보다도 놀라게 하는 것은 자신의 그 모든 죄악이나 결점이 아니라 자신의 하찮음입니다. 놀라운 현상 아닙니까! 아름다운 경악 아닙니까! 하찮음에 대한 그토록 강렬한 혐오감을 가지고 있는 사람은 이미 하찮음에 반대되는 모든 것을 가지고 있는 거나 마찬가지입니다. 저의 주된 장점은 바로 거기 있습니다. 그러나 되풀이 말씀드립니다만, 제 개인적인 정신적 상황 및 정신적인 역사와 결합되지 않았더라면 저의 장점은 그토록 강력하게 발전하지 않았을 겁니다. 저의 독자 중 그 누구도 자기가 저의 주인공들을 비웃을 때 바로 저 자신을 비웃고 있다는 사실을 알아차리지 못했습니다.

저한테는 다른 모든 결점에 비해 눈에 띄게 두드러지는 아주 지독한 한 가지 결점이란 게 없습니다, 제 모습을 그림처럼 아름답게 해줄 만한 그림처럼 아름다운 미덕이 없듯이 말입니다. 그 대신, 저는 모든 추악함을 고루고루 조금씩 갖추고 있는바, 이제껏 제가 만난 그 어느 누구도 그토록 많은 추악함을 가진 적이 없습니다. 하느님께서는 저에게 다중적 성격을 주셨습니다. 그분은 또한 제가 태어날 때부터 제 영혼 속에 몇 가지 좋은 자질을 불어넣어 주셨습니다. 그 중에서도 가장 좋은 것은 '훌륭해지고 싶은 열망'인데 거기에 대해 무슨 말로 감사를 드려야 할지 모르겠습니다. 저는 제 추한 자질을 한 번도 좋아했던 적이 없으며, 만일 제가 아직 하느님의 헤아릴 수 없이 무한한 자비에 관해 아무것도 모르던 시절 그분의 거룩하신 사랑 덕분에 그것들이 한순간 모조리 제 눈앞에 드러나는 대신 하나씩 둘씩 조금씩 드러나게 되지 않았더라면 저는 아마 목매달아 자살했을 겁니다. 그것들이 드러남에 따라 그것들로부터 멀어지고 싶다는 열망이 제 안에서 점점 더 강해졌는데 그건 하느님의 신비한 인도 덕분이었습니다. 범상치 않은 어떤 정신적 사건이 저로 하여금 그것들을 제 주인공들에게 전이시키도록 몰아갔습니다. 그게 어떤 종류의 사건인지 당신이 알아야만 할 필요는 없습니다. 제가 거기에서 무언가 도움이 되는 것을 발견했다면 그것으로 저는 그 사건의 전모를 털어놓은 셈이니까요. 그때부터 저는 저의 주인공들에게 그들만의 추악함 외에 저 자신의 쓰레기까지 나눠주기 시작했습니다. 그런 식으로 일이 진행되었던 것입니다. 제 자신의 나쁜 점을 포착한 저는 그걸 다른 신분, 다른 직업 속에서 전개시켜 나가면서 그것이야말로 저에게 아주 간교한 모욕을 가한 불구대천지 원수라고 상상하려 애썼고 또 악의, 조롱 및 기타 가능한 모든 것을 동원하여 그걸 추적하였습니다. 누군가가 제 펜 끝에서 흘러나온, 저로서도 처음인 그 괴물들을 보았더라면 아마도 문자 그대로 몸서리를 쳤을 겁니다. 이와 관련하여 한 가지만 말씀드리면 아마 충분히 이해가 될 겁니다. 즉, 제가 《죽은 혼》의 처음 몇 장을 초고 상태에서 푸쉬킨 선생께 읽어 드리기 시작하자 제가 낭독할 때면 늘 미소 짓던 그분이(그분은 참으로 웃기를 잘 하셨습니다) 조금씩, 조금씩 우울해지더니 마침내 완전히 침통한 표정을 짓게 되었습니다. 낭송이 끝나자 그분은 우수에 가득 찬 어조로 외쳤습니다. "맙소사, 우리의 러시아는 정말 슬픈 나라로군요!"라고요. 그 말에 저는 놀랐습니다. 러시아를 그토록 잘 알고 있던 푸쉬킨 님께서 그 모든 것이 캐리커처이며 저 개인이 지어낸 허구라는 걸 알아차리지 못하다니요! 저는 그때 바로 알아차렸습니다, 영혼에서 흘러나온 어떤 것, 그리고 정신적인 진실 일반이 무엇을 의미하는지, 그리고 어둠, 혹은 저 무서운 '빛의 부재'가 얼마나 경악스러운 형태로 인간에게 제시될 수 있는가를 말입니다. 그때부터 저는 《죽은 혼》이 주었을 끔찍한 인상을 어떻게 하면 완화시킬 수 있을까만 생각하기 시작했습니다. 저는 추악함의 대부분에 대해 화낼 가치조차 없다는 것을 알았습니다. 그것들은 하찮다는 사실, 그리고 하찮음이야말로 그것들의 영원한 운명이란 사실을 보여주는 편이 나았던 것입니다. 게다가 저는 보통의 러시아 사람이 자신의 범속성을 깨달았을 때 무슨 말을 할 것인지 시험해보고 싶었습니다. 이미 오래전에 구상된 《죽은 혼》의 계획에 따르면 제 1부에서 필요한 것은 바로 하찮은 인간이었습니다. 그런데 이 하찮은 인간들은 결코 하찮은 인간들의 초상화가 아닙니다. 오히려 그들은 자기가 남들보다 낫다고 생각하는 사람들, 이를테면 사병으로 강등된 장교와 같다고 생각하는 사람들의 모든 속성을 갖추고 있습니다. 거기에는 저뿐 아니라 제 친구들의 속성, 그리고 당신의 속성까지도 포함되어 있습니다. 당신이 원하신다면 나중에 가르쳐드리겠습니다. 그러나 당분간은 저 혼자만의 비밀로 하겠습니다. 저는 제가 아는 모든 훌륭한 사람들한테서 그들이 부지불식간에 얻게 된 모든 범속하고 지저분한 점을 추려내 그것들이 응당 속해야 할 사람들에게 돌려주어야만 했습니다. 소설의 제 1부가 어째서 온통 '범속성' 그 자체여야만 했는지, 어찌하여 거기 등장하는 인간들이 하나같이 다 범속해야만 했는지, 저에게 묻지 마십시오. 그것에 대한 답은 후속편에서 주어질 것입니다. 이게 다입니다! 제 1부는 그 모든 불완전함에도 불구하고 자기의 주된 목적은 달성했습니다. 모든 사람들에게 저의 주인공들에 대한, 그리고 그들의 하찮음에 대한 혐오감을 불어넣어 주었으니까요. 그것은 또한 제가 필요로 하는, 저 자신에 대한 일종의 통한까지도 불어넣어 주었습니다. 지금으로서는 이걸로 족합니다. 제게 다른 욕심은 없습니다. 물론 제가 그렇게 출판하는 일을 서둘지 않고 좀더 잘 다듬었더라면 이 모든 것이 훨씬 매끄러웠겠지요. 제 주인공들은 아직 저로부터 완전히 분리되지 않았기 때문에 진정한 독자성을 획득하지 못하고 있습니다. 저는 그들이 존재해야만 하는 영역에 그들을 아직 확고하게 심어놓지 못했고, 그들은 그들대로 진정한 러시아적 삶의 면면을 겸비하지 못했기 때문에 우리의 관습에 완전히 합류하지 못했습니다. 소설 전체는 아직 팔삭둥이에 불과합니다. 그러나 소설의 정신만큼은 이미 눈에 보이지 않게 퍼져 나갔으며, 때 이른 출판까지도 독자로 하여금 러시아 내의 사회질서 및 개인질서와 관련하여 나의 모든 실책을 지적하게끔 내몰고 있으니 만큼 저에게는 유익이 됩니다. 당신이 헛된 질문들(당신 편지의 반을 채우고 있는, 하릴없는 호기심의 만족 외에는 아무짝에도 쓸모없는 그런 질문들 말입니다)을 저에게 제기하는 대신에, 제 책에 대한 의미 있는 논평을, 그러니까 당신의 논평이나 당신처럼 경험과 지혜를 위해 바삐 살고 있는 다른 현명한 사람들의 논평을 수합한 뒤, 당신의 주변에서 혹은 현 전체에서 일어난 사건이나 일화들, 즉 제 책의 각 대목을 지지하거나 반박해줄 만한, 그래서 열 개씩 스무 개 씩 제 책의 매 페이지에 올려놓아도 좋을 만한 그런 사건이나 일화들에 접목시켜주었더라면 당신은 정말 훌륭한 일을 한 셈이었을 터이고 저는 당신에게 깊은 감사를 드렸을 터이지요. 그랬더라면 제 시야가 얼마나 넓어졌겠습니까! 제 머리는 얼마나 맑아지고 제 작업은 얼마나 더 성공적으로 완수되었겠습니까! 그러나 제가 바라는 걸 해주는 사람은 아무도 없습니다. 아무도 제 질문은 중요하게 여기지 않고, 오로지 자기 질문만 중요시합니다. 어떤 사람은 심지어 자기가 요구하는 게 무언지도 모르면서 저한테 진실함과 솔직함을 요구하기까지 합니다. 미리 알고자 하는 저 헛된 호기심이 웬 말입니까, 그리고 제가 생각하기에 이미 당신까지 감염시키기 시작한 저 헛되고 아무짝에 쓸모없는 성급함이 웬 말입니까? 자연에서는 모든 것이 얼마나 현명하게, 순서대로, 조화로운 법칙에 따라 완결되고 있는지, 모든 것이 하나씩, 둘씩 얼마나 분별 있게 생겨나는지 보십시오. 무슨 까닭인지 오로지 우리들만이 허우적거리고 있습니다. 모든 사람이 서두르고 있습니다. 모든 사람이 일종의 열기에 빠져 있습니다. 당신의 지적, "소설의 제 2부가 지금 절대적으로 필요하다"라는 지적을 한 번 꼼꼼히 되새겨 보셨습니까? 그 말은 마치 모든 이들이 저에 대해 불만스러워 하므로 제가 제 1부를 출판할 때 그랬던 것처럼 어리석게 제 2부의 출간을 서둘러야 한다는 것처럼 들리는군요. 정말이지 제가 정신이 나가기라도 했단 말입니까? 물론 독자의 불만은 제게 필요합니다. 독자는 불만이 있을 때 저에게 무슨 말이건 솔직히 해줄 테니까요. 그렇지만 당신은 어째서 제 2부가 다른 때도 아니고 지금 당장 필요하다는 결론에 도달하셨습니까? 제 머릿속에라도 들어갔다 나오셨나요? 제 2부의 존재를 느끼기라도 하셨나요? 당신 생각에 그것은 지금 필요하고 제 생각에는 급변하는 시대와 상황을 고려해 보건대 빨라야 2~3년 뒤에 필요합니다. 우리 중 누가 옳습니까? 머릿속에 이미 제 2부가 들어앉아 있는 사람입니까, 아니면 제 2부가 무엇에 관한 건지도 모르는 사람입니까? 러시아에 퍼지기 시작한 유행이란 얼마나 기이한지요! 실질적인 일에 게을러터진 인간이 모로 누워서 마치 자기가 모로 누워있는걸 다른 사람은 반색을 하며 좋아해야만 한다는 듯 그를 재촉하고 있으니 말입니다. 누군가 진지하게 작업에 착수하기가 무섭게 사방에서 그에게 빨리하라는 독촉이 쏟아지고 만일 그가 제대로 일을 못 해내면 또 "어째서 그렇게 서둘렀냐?"는 비난이 쏟아집니다. 그렇지만 훈계는 이 정도로 끝내겠습니다. 당신의 현명한 질문에 대한 대답은 다 한 것 같고 더욱이 이제껏 그 누구에게 한 것보다 많은 말을 당신한테 주절거렸으니까요. 하지만 제 설교를 듣고 나서 저를 제 주인공들과 비슷한 무슨 괴물처럼 생각하진 말아 주세요. 아닙니다, 저는 그들과 비슷하지 않습니다. 저는 선을 사랑하고 선을 추구하고 선으로 불타고 있습니다. 저는 제 혐오스러운 점을 싫어하며 그렇기 때문에 제 주인공들과는 달리 거기 합세하지 않습니다. 저는 저로 하여금 선에서 멀어지게 하는 저의 야비함을 싫어합니다. 저는 그것들과 싸우고 있고 앞으로도 싸울 것이며 결국 그것들을 몰아낼 것인즉, 하느님께서 저를 도와주실 겁니다. 세상살이에 닳아빠진 어리석은 자들이 하는 말, 그러니까 인간은 학창시절에만 배울 수 있을 뿐 그 이후에는 자기의 성질을 변화시킬 수 없다는 그런 말은 헛소리입니다. 그런 어리석은 생각은 어리석은 세속의 머리통 속에서만 생겨날 수 있습니다. 저는 제 추악함을 주인공들에게 전이시키고 그것을 조롱하고 또 다른 사람들도 그것을 조롱하게 만듦으로써 이미 추악함의 대부분을 제거했습니다. 저는 또 그럴싸한 겉꾸림과 영웅적인 가면 아래서 거들먹거리는 우리의 비열함을 끄집어내어 모두의 눈에 보이는 추악함 옆에 나란히 놓음으로써 많은 것들을 떨쳐버렸습니다. 저를 이 세상에 있게 하시고 결점으로부터 자유로우라 하신 그분 앞에서 제 모든 것을 고백하게 될 때 저는 제 안에 있는 무수한 죄악을 보게 될 것입니다. 그러나 그것들은 작년과는 다를 겁니다. 거룩하신 힘이 저로 하여금 그것들을 떨쳐버리도록 도와주셨으니까요. 당신께 충고하건대 제 말씀을 흘려듣지 마시고, 이 편지를 다 읽은 뒤에는 모든 걸 접어두고 몇 분간 혼자만의 시간을 가지시고 자기 자신을 꼼꼼하게 살피고 지나간 삶을 조목조목 돌이켜 보시어서 제 말씀의 진리를 실제로 확인하십시오. 당신이 좀더 주의 깊게 살펴보신다면 제 답변 속에서 당신의 다른 질문들에 대한 답변도 발견하실 겁니다. 제가 어찌하여 이제껏 독자들에게 위안이 되는 장면을 제시하지 않았는지, 선량한 사람을 왜 주인공으로 삼지 않았는지, 하는 것들이 당신에게 설명될 겁니다. 그런 것들은 머릿속에서 지어낼 수 있는 게 아닙니다. 당신 자신이 어느 정도는 그들과 닮지 않는 한, 선량한 자질을 우직하게, 힘겹게 싸워서 쟁취하지 않는 한, 당신의 펜이 끼적거려대는 것은 시체나 마찬가지일 것이고 진리와는 천지차이일 것입니다. 악몽을 머릿속에서 지어내다니요, 저는 지어내지 않았습니다. 악몽은 제 영혼을 짓눌렀고 영혼 속에 있던 것이 그냥 흘러나온 것입니다.

1843년

4

《죽은 혼》의 제2부를 왜 태워버렸냐 하면, 그건 그럴 필요가 있어서 그런 겁니다. "죽어야 살리라"라고 어느 사도께서도 말씀하시지 않으셨던가요.[8] 부활하기 위해서는 우선 죽어야만 합니다. 5년 동안이나 심혈을 기울여 쓴 노작, 한 줄 한 줄이 경련 속에서 씌어진, 내 가장 훌륭한 사색의 결과이자 내 영혼의 지배자였던 작품을 불태운다는 것은 쉬운 일이 아니었습니다. 그러나 저는 모조리 불태웠습니다, 그것도 하필이면 임종을 눈앞에 두고 무언가 나에 관한 좋은 추억거리를 남기고 싶은 마음이 간절했던 그 순간에 말입니다. 그런 일을 할 수 있는 힘을 제게 주신 하느님께 감사드립니다. 불길이 책의 마

8) 〈고린토인들에게 보낸 첫째 편지〉 15: 36을 참조하라. "심은 씨는 죽지 않고서는 살아날 수 없습니다."

지막 한 장까지 삼켜버리자마자 그 내용은 찬란하게 정화된 형태로, 마치 불속에서 되살아 난 불사조처럼 순식간에 부활하였고 저는 제가 질서정연하고 조화롭다고 생각했었던 것들이 얼마나 무질서한가를 불현듯 깨달았습니다. 제 2부를 그 상태 그대로 출판했더라면 득보다는 실이 훨씬 컸을 겁니다. 무슨 예술 애호가 나부랭이나 문필가 따위의 만족이 아닌 모든 독자들 — 《죽은 혼》은 그들을 위해서 씌어진 것입니다 — 을 고려해야만 합니다. 우리 민족의 저 고원한 덕의심을 드러내 주는 몇 가지 아름다운 자질을 끌어내는 것은 아무 소용이 없습니다. 그건 헛된 교만과 허풍만을 불러일으킬 테니까요. 요즈음엔 많은 이들이, 특히 젊은이들이 러시아의 탁월함을 과도하게 자만하기 시작했으며 그걸 자기 안에서 양성하고 공고히 할 생각은 안 하고 유럽을 향해 자랑삼아 내보이며 "자, 봐라, 독일 친구들아, 우리가 너희보다 낫지!"라고 말할 궁리만 하고 있습니다. 이런 식의 자만은 모든 걸 망칩니다. 그건 다른 사람들을 짜증나게 하여 결국 허풍쟁이 자신에게 해를 입힐 따름입니다. 아무리 훌륭한 일도 일단 뽐내고 자만하기 시작하면 쓰레기로 돌변합니다. 우리 중 어떤 이들은 심지어 완수하지 않은 일까지 자랑합니다! 미래를 자랑하는 겁니다! 아닙니다, 제 생각에는 자기 과신보다는 일시적인 의기소침이나 자괴감이 차라리 낫습니다. 후자의 경우, 최소한 자신의 비열함과 굴종적인 소인(小人)근성을 깨닫고 모든 것을 하찮음의 심연에서 끄집어내어 높이 올려 주시는 하느님에 관해 자기도 모르게 생각할 수 있으니까요. 전자의 경우에는 스스로를 버리고 자만의 품으로, 즉 인간으로 하여금 자기 탁월함에 대한 어두운 교만에 사로잡히게 하는 악마의 품안으로 뛰어들게 되니까요. 아니, 인간의 진정한 저열함을 속속들이 드러내 주지 않고는 한 사회, 더 나아가, 한 세대 전체를 아름다움으로 인도할 수 없는 시기가 있는 법입니다. 모든 이를 아름답고 고상한 것으로 이끌어 줄 방법과 길을 명약관화하게 보여주지 않는 한, 그런 것들에 관해 입도 벙긋해서는 안 되는 시기가 있는 법입니다. 두 번째와 같은 상황은 《죽은 혼》 제2부의 주안점이 되었어야 함에도 불구하고 사뭇 졸렬하고 미약하게 전개되었습니다. 그래서 불태워 버렸던 것입니다. 저를 판단하지도 마시고 나름대로의 결론을 끄집어내지도 마십시오. 안 그러면 작가라는 것에 대한 자기네 생각을 좇아 자기들 나름의 이상적인 작가 상을 저에게 대입시키고 저에게 자기네가 구축한 이상에 부합할 것을 요구하기 시작한 제 친구들처럼 당신도 실수하게 될 것입니다. 하느님께서는 저를 창조해 주시고 또 저한테 제 소명을 감추거나 하지 않으셨습니다. 저는 문학이라는 영역에서 한 시대를 창조하라고 태어난 것이 전혀 아닙니다. 저의 과업은 좀더 단순하고 좀더 친숙한 것입니다. 저 하나뿐 아니라 모든 사람이 무엇보다 먼저 생각해야 하는 어떤 것, 그것이 바로 저의 과업입니다. 요컨대, 저의 과업은 '영혼과 견실한 삶'입니다. 그래서 저의 행동양식은 견실해야 하며 저는 견실하게 글을 써야 하는 것입니다. 저는 서두를 필요가 없습니다. 다른 사람들이나 서두르라 하십시오! 저는 태워야 할 필요가 있으면 태우고, 진정 제가 마땅히 해야 하는 방식으로 행동하는바, 기도가 없으면 아무 일도 시작하지 않기 때문입니다. 제 건강상태가 안 좋아서 어쩌면 제2부를 쓸 수 없을지도 모른다는 당신의 우려는 무의미합니다. 사실 제 건강은 무척 안 좋습니다. 때때로 너무나 힘이 들어 하느님이 안 계시다면 견뎌낼 수 없을 지경입니다. 심신쇠약 외에도, 너무도 추위를 심하게 타는 바람에 몸을 따뜻하게 하느라 늘 전전긍긍하고 있습니다. 일을 진척시켜야 하는데 진척시킬 힘이 없습니다. 집필을 위해 하루에 한 시간 내기도 힘든데 그 한 시간 동안이나마 언제나 맑은 정신을 유지하기가 어렵습니다. 그러나 제 희망만큼은 조금도 작아지지 않았습니다. 슬픔과 질병과 장애물로써 제 기력과 제 생각의 발전을 촉진시켜 주신 분— 그분이 아니었더라면 집필은 꿈도 꾸지 못했을 겁니다—, 제 머릿속에서 소설의 반 이상을 써주신 분, 바로 그분께서 나머지 반도 완성하여 종이에 옮길 수 있도록 힘을 주실 겁니다. 육신은 시들어 가지만 정신은 아닙니다. 정신 속에서는 오히려 모든 것이 견고하고 확고해져 갑니다. 그러니 육신도 견고해질 것입니다. 확신컨대, 때가 되면 병마와 싸우며 5년의 세월을 쏟아 부었던 그 일을 단 몇 주만에 완성할 것입니다.

1846년

XIX

러시아를 사랑해야만 한다[1)]

A. P. T.[2)]에게 보내는 편지 중에서

하느님에 대한 사랑 없이는 아무도 구원받을 수 없는데 당신에게는 바로 그 사랑이 부재합니다. 수도원에서 그걸 찾아낼 수는 없을 겁니다. 수도원에는 오로지 하느님의 부름을 받은 사람들만이 들어갑니다. 하느님의 의지 없이는 그분을 사랑할 수 없습니다. 사실, 아무도 본 적이 없는 존재를 어떻게 사랑하겠습니까? 그렇다면 어떤 기도와 노력을 통해서 그분께 그 사랑을 간구(懇求)할 수 있을까요? 이 세상의 얼마나 많은 선량하고 훌륭한 사람들이 그 사랑을 열렬히 추구하면서도 영혼 속에 차가운 공허와 무감각만을 느끼고 있는지 보십시오. 아무도 본 적이 없는 존재를 사랑하는 것은 어려운 일입니다. 오로지 그리스도 한 분만이 우리에게 이웃에 대한 사랑을 통해 하느님에 대한 사랑을 얻을 수 있다는 신비를 선포해 주셨습니다. 그리스도

---

1) 이 편지는 A. 톨스토이 백작이 유럽을 여행하던 중 고골과 만나 나누었던 여러 번의 대담을 토대로 한다. 여기서 고골은 러시아 내부의 타락과 부패와 부조리를 통렬히 비난하고 있는데 바로 그 이유 때문에 검열관의 제지를 받아 출판되지 못하다가 1867년에 처음으로 빛을 보았다.

2) A. P. 톨스토이.

께서 명하신 대로 이웃을 사랑하면 하느님에 대한 사랑은 저절로 생겨날 것입니다. 세상으로 나가 먼저 이웃에 대한 사랑을 성취하십시오.3)

그렇지만 어떻게 이웃을, 어떻게 인간들을 사랑할 수 있을까요? 영혼은 오직 아름다운 것만을 사랑하고 싶어하지만 가난한 사람들은 결점 투성이에 아름다운 구석이라고는 조금도 없는데 말입니다! 어떻게 해야 할까요? 무엇보다 먼저 당신이 러시아인임에 대해 하느님께 감사드리십시오. 지금 러시아 사람을 위해 길이 열리고 있는데 그 길이란 다름 아닌 러시아 그 자체입니다. 러시아 사람이 러시아를 사랑한다면 그는 러시아에 있는 건 무어든 사랑하는 겁니다. 지금 하느님께서 친히 우리를 그러한 사랑으로 인도해 주고 계십니다. 러시아 내부에 누적된 그 무수한 질병과 고통, 우리한테 책임이 있는 그 질병과 고통이 없다면 우리 중 그 누구도 러시아에 동정을 느끼지 않을 겁니다. 동정은 이미 사랑의 시작입니다. 방탕과 불의와 뇌물수수를 향한 비명소리는 단순히 망나니들을 향한 고상한 사람들의 분노의 함성이라기보다는 벌떼처럼 쳐들어 온 외국의 적들이 집집마다 들어가 모든 사람들에게 무거운 멍에를 씌웠다는 소식에 전 국토가 울부짖는 소리에 더 가깝습니다. 이 무서운 정신적 적들을 자발적으로 집안에 들여놓은 사람은 그들로부터 해방되기를 원하지만 어떻게 해야 할지 모르고 있으므로 모든 것이 하나의 소름끼치는 통곡으로 합쳐져 감정이 없는 사람들까지도 움찔할 정도입니다. 그러나 직접적인 사랑은 그 누구한테서도 아직 찾아볼 수 없으며 당신도 예외는 아닙니다. 당신은 아직 러시아를 사랑하는 게 아닙니다. 당신은 그저 러시아에서

---

3) 〈요한의 첫째 편지〉 4: 20을 참조하라. "하느님을 사랑한다고 하면서 자기의 형제를 미워하는 사람은 거짓말쟁이입니다. 눈에 보이는 형제를 사랑하지 않는 자가 어떻게 보이지 않는 하느님을 사랑할 수 있겠습니까?"

일어나는 모든 나쁜 일을 보고 슬퍼하거나 울화통을 터뜨릴 뿐이며 그 모든 것에 오로지 싸늘한 분노와 의기소침으로 반응할 뿐입니다. 아니, 그건 아직 사랑이 아니며, 그건 아직 너무도 소원한 사랑의 전조에 불과하며, 당신은 사랑으로부터 멀리 떨어져 있습니다. 당신이 정말로 러시아를 사랑하게 되는 건, 요즈음 많은 성실한 사람들, 심지어 매우 영리한 사람들까지도 품고 있는 생각, 그러니까 자기들은 오늘날 러시아를 위해 아무것도 할 수가 없다, 자기들은 러시아에 전혀 필요한 존재가 아니다, 라는 저 근시안적 생각이 당신한테서 사라질 때일 것입니다. 그때서야 비로소 당신은 사랑이란 전능한 것이며, 사랑은 무엇이든 할 수 있다는 사실을 전 존재로 느끼게 될 것입니다. 아니, 당신이 정말로 러시아를 사랑하게 된다면 당신은 러시아를 위해 봉사하고 싶어 안달을 할 겁니다. 무슨 현지사 같은 것이 아니라 군 경찰서장 같은 자리라도, 좌우간 아무리 낮은 지위라도 거기에 조금이라도 활동의 여지가 있다면 지금 당신이 영위하고 있는 저 게으르고 무위도식하는 생활보다는 그걸 택할 것입니다. 아니, 당신은 아직 러시아를 사랑하고 있는 게 아닙니다. 그리고 러시아를 사랑하지 않는다면 이웃을 사랑할 수 없을 것이며, 이웃을 사랑하지 않는다면 하느님에 대한 사랑으로 불탈 수 없을 것입니다. 또 하느님에 대한 사랑으로 불타지 않는다면 당신은 구원받지 못할 것입니다.

1844년

XX

러시아를 여행하는 것이 필요하다[1)]

A. P. T.[2)] 백작에게 보내는 편지 중에서

수도(修道) 생활보다 더 고상한 소명(召命)은 없다지만 우리가 언젠가 수도자의 소박한 수단을 입게 되는 것은 다 하느님의 뜻인바, 제 영혼은 그날을 그토록 희구하여 생각만 해도 기쁘기 한량없습니다. 그러나 하느님의 부르심이 없으면 그건 불가능합니다. 속세를 버릴 수 있는 권리를 획득하려면 세상과 이별하는 법을 알아야 합니다. "네 가진 모든 재산을 가난한 사람에게 나누어 준 다음에 수도원에 들어오라"—그리로 가는 사람 모두가 듣는 말입니다. 당신은 재산이 있으니 그걸 가난한 사람에게 나누어 줄 수 있습니다. 허지만 저는 무얼 나누어주어야 할까요? 제 재산은 돈이 아닙니다. 하느님께서는 저로 하여금 얼마간의 지적이고 정신적인 재산을 축적하게 해주셨으며 또한 다른 이들에게 필요하고 유용한 몇몇 능력을 제게 하사하셨습니다. 그러니 저는 이 재산을 그걸 갖지 못한 사람들에게

1) 이 편지는 고골이 1845년 초 파리에서 톨스토이 백작의 초대를 받아 그와 만난 자리에서 나누었던 대담을 토대로 한다. 이 편지 역시 앞의 편지와 같은 이유에서 검열을 통과하지 못했다.

2) A. P. 톨스토이.

나누어주기 전에는 수도원에 들어갈 수 없겠지요. 그렇지만 당신 또한 재물을 나누어주는 것만 가지고서는 입장권을 얻지 못할 겁니다. 만일 당신이 당신의 재산에 너무 집착한 나머지 그것과 헤어지는 것이 너무도 고통스럽다면 그거야 별개의 문제입니다. 반면, 당신이 재산에 대해 초연하시다면, 그리고 재산이란 게 이제 당신에게 아무런 의미도 없다면, 도대체 당신의 공적은, 당신의 희생은 어디 있는 겁니까? 필요 없는 물건을 창문 밖으로 던져 버리는 게 과연 이웃에게 고상한 그리스도교적 의미에서의 선을 행하는 거라 할 수 있을까요? 아닙니다, 당신에게도, 저에게도, 우리가 원하는 안식처의 문은 잠겨져 있습니다. 당신의 수도원은 러시아입니다! 정신적으로 수도자의 수단을 걸치고, 러시아를 위해서가 아니라 자기 자신을 위해서 스스로를 죽이고, 러시아 안에서 행동을 개시하십시오. 지금 러시아는 이전의 그 어느 때보다도 큰소리로 아들들을 부르고 있습니다. 러시아의 영혼은 이미 앓고 있으며 정신적 질병으로 인한 비명소리가 울려 퍼지고 있습니다. 친구여! 당신은 냉혹한 심장의 소유자이거나 아니면 러시아가 러시아인에게 무엇을 의미하는지 모르고 있거나 둘 중의 하나입니다. 러시아에 재난이 닥쳤을 때 수도자들이 수도원을 떠나 러시아를 구하기 위해 다른 사람들과 합류하였던 사실을 기억하십시오. 수도자 오슬랴뱌와 페레스베트는 수도원장의 축복 속에서 그리스도교인으로서는 잡아서는 안 되는 검을 쥔 채 유혈이 낭자한 전장에서 생을 마감했는데[3] 당신은 평화로운 시민의 직무까지도 행하기를 거부하고 계시되, 그것도 어디서 그러는지 아십니까? 바로 러시아의 심장부에서 그러고 계십니다. 능력이 없다는 핑계 따

3) 로만 오슬랴뱌(Roman Osliabia)와 알렉산드르 페레스베트(Aleksandr Peresvet)는 자고르스크의 삼위일체 성당 소속의 수도자들로 1380년 쿨리코보 벌판에서 벌어진 마마이 군대와의 전투에서 러시아 군을 승리로 이끈 주역들이다.

위는 대지 마십시오. 지금 러시아를 위해 필요하고 유용한 많은 것을 당신은 가지고 계십니다. 두 곳의 전혀 다른 현에서 현지사를 역임하면서[4] 당신은 그 모든 결점에도 불구하고 다른 많은 사람들보다 훨씬 훌륭하게 임무를 수행하는 가운데, 내부사정에 관한 직접적이고 유효한 정보를 수집하여 러시아의 진실한 모습을 간파할 수 있었습니다. 그렇지만 이게 중요한 게 아닙니다. 당신의 이 모든 지식에도 불구하고 만일 다른 모든 자질보다 더 의미심장하다고 여겨지는 당신의 어떤 한 가지 자질을 파악하지 못했더라면 당신에게 봉사하라고 그렇게 다그치지 않았을 터인 즉, 그 자질이란 뭐냐 하면, 수선 떨지 않고, 스스로는 아무 일도 하지 않고, 심지어 빈둥거리는 것처럼 보이면서도 다른 모든 사람들로 하여금 일하도록 할 수 있는 능력입니다. 당신은 모든 일을 재빨리 일사천리로 처리했으며, 누군가 당신한테 "어떻게 그렇게 할 수가 있습니까?"라고 물으면 "전부 관리들 덕분이죠, 좋은 관리들이 제 밑에 있게 되어 저는 할 일이 아무것도 없답니다"라고 대답했습니다. 그리고 포상을 해야 하는 경우에 당신은 뒤로 물러선 채 모든 걸 관리들의 공으로 돌리면서 그들을 앞으로 내세우곤 했습니다. 관리를 뽑는 능력은 차치하고, 이것이야말로 당신의 주된 자질인 것입니다. 당신의 관리들이 최선을 다해 노력한 것은, 그리고 어떤 관리가 당신이 아무리 일을 못하게 하려고 애써도 너무나 과로한 나머지 결핵에 걸려 사망한 것은 놀라운 일이 아닙니다. 상관이 그런 식으로 처신하는데 러시아 사람이 하지 못할 일이 어디 있겠습니까! 당신의 이런 자질이야말로 지금, 다름 아닌 지금, 모든 상관이 앞으로 나서서 모든 걸 자기 공으로 돌릴 궁리만 하고 있는 이 이기주의의 시대에, 절실히 필요한 것입

---

4) 톨스토이 백작은 노보시비르스크 현과 트베르 현의 지사를 역임한 바 있다.

니다. 그런 자질을 가지고 있기에 당신은 지금 러시아에 너무도 필요한 존재라는 걸 말씀드립니다… 그리고 당신이 그걸 알아차리지 못하셨다면 그건 죄악입니다! 그리고 제가 당신께 그런 자질을 지적해 주지 않는다면 그것 또한 죄악입니다. 그건 당신이 가진 최고의 재산입니다. 그걸 갖지 못한 사람들이 당신에게 좀 나눠달라고 청하는데 당신은 수전노처럼 자물쇠를 채워 감춰두고서는 귀머거린 척하고 있습니다. 모르긴 몰라도, 당신이 10년 전에 맡았던 자리를 지금도 맡는다는 것은 부적절한 일인데, 그 자리가 당신한테 너무 낮기 때문에 그런 게 아니라—다행히도 당신은 허영심이 없으며 그 어떤 지위도 당신 눈에는 낮아 보이지 않습니다—당신의 능력이 무르익을 대로 무르익어 이제는 다른, 보다 광활한 영역을 양식으로 요구하기 때문입니다. 그러니 어떻다는 겁니까? 러시아에 지위나 직분이 없기라도 하단 말입니까? 주위를 둘러보시고, 유심히 살펴보시면 찾아낼 수 있을 겁니다. 당신은 러시아를 여행할 필요가 있습니다. 당신은 10년 전에 러시아를 알고 있었습니다. 그것만으로는 지금 부족합니다. 지난 10년 동안 러시아에서는 다른 나라에서는 반세기 동안에 일어날 만한 사건들이 일어났습니다. 당신은 이 곳, 외국에서 살고 계시니까 최근 2, 3년 동안 완전히 다른 인간들이, 당신이 별로 오래되지 않은 과거에 알았던 사람들과는 생판 다른 그런 인간들이 생겨나기 시작했다는 것을 눈치 채셨을 겁니다. '현재의 러시아'가 어떤 것인지 알기 위해서는 반드시 러시아를 직접 여행해야만 합니다. 그 어떤 소문도 믿지 마십시오. 한 가지 확실한 것은 사람들이 이토록 다양한 의견과 믿음을 보여준 적은 이제까지 한번도 없었다는 사실, 교육과 교양의 차이가 사람들을 이토록 서로 소원하게 만들고 모든 것에 이토록 엄청난 불화를 초래했던 적은 한번도 없었다는 사실입니다. 이 모든 것을 통해 유언비어와 공허하고 피상적인 추론과 어리석기 짝이 없는 소문과 편파적이고 무의미한 결론이 돌풍처럼 일어났습니다. 이 모든 것은 러시아에 관한 모든 사람의 생각을 뒤죽박죽으로 교란시켜 이제는 그 누구의 말도 전적으로 믿지는 못하게 되어버렸습니다. 그러니까 직접 알아내야 합니다, 직접 러시아를 여행해야 합니다. 이는 특히 한동안 멀리 나가 있다가 아직 흐려지지 않은 신선한 생각과 함께 러시아에 돌아온 사람에게 유용합니다. 그는 순간의 당면한 이해관계에 민감하고 또 그것 때문에 흥분하기 쉬운 우물 안 인간들이 보지 못하는 많은 것을 볼 것입니다. 이런 식으로 여행을 하십시오. 무엇보다도 먼저 러시아에 관한 생각을 머릿속에서 다 털어버리시고, 기왕에 내린 그 어떤 결론도 다 거부하시고 아무것도 모르는 사람이 되어 새로운 미지의 땅을 여행하듯 하십시오. 유럽의 유명한 도시를 찾는 러시아 여행객들이 서둘러 유적지와 명승지를 둘러보듯이, 바로 그런 식으로, 심지어 더 큰 호기심을 갖고서 맨 처음 도착한 군청 소재지나 현청 소재지에서 그곳의 명승고적을 찾아보려고 애쓰십시오. 그것은 무슨 건축물이나 유적에 있는 게 아니라 사람들 속에 있습니다. 맹세컨대, 인간은 무슨 공장이나 폐허보다 더 큰 관심을 받을 가치가 있습니다. 단 한 방울이라도 진정한 형제애를 가지고 그들을 바라보려 애쓴다면 당신은 절대로 그들에게서 떨어지지 않을 것입니다. 그들은 그런 식으로 당신의 흥미를 끌 것입니다. 무엇보다 먼저 각 도시나 단체의 중견 인사들과 알음알이를 트십시오. 어떤 도시건 그런 사람은 두세 명 있게 마련입니다. 그들은 몇 가지 특징을 통해 도시 전체의 모습을 그려 보일 것이며 그리하여 당신은 현상에 대한 보다 구체적인 관찰을 하려면 어디로 가야 하는지 스스로 깨닫게 될 것입니다. 각 사회계층의 선도적 인물과 대화를 나누는 가운데(그들은 당신과 기꺼이 환담할 것이며 또 대체로 흉금을 털어놓을 것입니다) 당신은 각 사회계층이 지금 어떤 모습을 취하고 있는지 알게 될 것입니다. 민첩하고 기민한 상인은 졸지에 당신에게 자기 시에서 상인이란 무엇인지 설명해 줄 것입니다. 점잖고 착실한 소시민은 소시민의 의미를 제공해 줄 것입니다. 행정관료는 행정업무에 관해 가르쳐줄 것이며 그리하여 당신은 스스로 그 사회의 전반적인 색조와 분위기를 파악할 것입니다. 그렇지만 선도적인 인물한테만 너무 의존하지 마시고 각 사회계층의 두세 사람과 면담하도록 하십시오. 지금은 모든 사람이 서로 싸우고 서로에게 거짓말을 하고 가차없이 서로를 비방하고 있다는 사실을 잊지 마십시오. 성직자들과는 금방 친해질 것인데 일반적으로 그들은 사귀기 쉬운 사람들이기 때문입니다. 그들은 나머지 다른 사람들에 대해 알려줄 것입니다. 만일 당신이 이런 식으로 러시아의 주요 도시와 지방들을 여행하신다면 당신이 어떤 장소 어떤 지위에서 유용한 인물이 될 수 있는지, 그리고 어떤 관직을 요청해야 하는지 명약관화하게 알게 될 것입니다. 그리하여 당신은 그저 여행을 하는 것만으로도 당신이 원하기만 한다면 수많은 선행을 행할 수 있을 겁니다. 당신은 그 여행 자체에서 수도원에서보다 더 많은 그리스도교적 공적을 쌓게 될 것입니다. 우선, 유쾌한 대화를 통해 모든 사람을 즐겁게 함으로써 신선한 국외자인 당신은 제3의 조정자가 될 수 있습니다. 이게 얼마나 중요한 일인지, 지금 러시아에서 이게 얼마나 필요한 일인지, 얼마나 고상한 공적인지 당신도 아시겠지요! 구세주께서도 조정자를 다른 모든 역할보다 우위에 놓으셨습니다. 그분은 평화를 창조하는 사람들을 하느님의 아들이라고 단도직입적으로 부르셨습니다.[5] 그리고 평화 창조자들이 할 일은 우리나라에 얼마든지 있습니다. 모두들 싸우고 있습니다. 귀족들은

5) 〈마태오의 복음서〉 5: 9를 참조하라. "평화를 위하여 일하는 사람은 행복하다. 그들은 하느님의 아들이 될 것이다."

서로 개와 고양이처럼 싸웁니다. 상인들도 서로 개와 고양이처럼 싸웁니다. 소시민도 서로 개와 고양이처럼 싸웁니다. 농부들도 어떤 강제적 힘이 개입하여 협동하게끔 하지 않으면 개와 고양이처럼 싸웁니다. 심지어 성실하고 선량한 사람들까지도 불화를 일으킵니다. 오로지 사기꾼들 중 누군가가 심각하게 추적당하고 있을 때 우정이나 뭐 협력 비슷한 것이 그들 사이에서 눈에 띌 뿐입니다. 평화의 창조자들이 할 일은 도처에 널려 있습니다. 겁내지 마십시오, 화해시키는 건 어려운 일이 아닙니다. 사람들이 자기들끼리 화해하는 건 어렵지만 누군가 제3자가 끼어들면 순식간에 화해가 가능합니다. 이제껏 그 어느 재판소보다 성공적으로 기능해온 순회재판소(그거야말로 이 땅의 진정한 걸작입니다)가 우리나라에서 그토록 강력한 위력을 발휘하는 것도 다 그 때문입니다. 인간의, 특히 러시아인의 본성 속에는 놀라운 자질이 있습니다. 다른 사람이 자기한테 어떤 식으로든 고개를 숙이거나 관용을 베푸는 기색을 알아차리면 그는 기꺼이 용서를 청합니다. 누구든 먼저 굽히고 들어가긴 싫어하지만 한쪽에서 관대한 행동을 하려고 결심하면 다른 쪽에서는 그걸 능가하고 싶어 안달을 하는 법입니다. 바로 그렇기 때문에 우리나라에서는 모든 이의 존경을 받고, 또 무엇보다도 인간의 심리에 정통한 고매한 인물이 소송 당사자들 사이에 끼어들기만 하면 다른 어떤 나라에서보다 신속하게 고질적인 분쟁이나 소송도 종결되는 것입니다. 되풀이 말씀드립니다만, 지금 우리에겐 화해가 필요합니다. 몇 명의 성실한 사람들이 어떤 주제와 관련한 의견의 차이로 인해 상대방과 엇가는 행동을 하다가 화해하기로 마음을 먹는다면 그야말로 사기꾼들한테는 끔찍한 일이 되겠지요. 자, 이것이 당신이 러시아를 여행하면서 매 단계마다 성취할 수 있는 공적의 절반입니다. 공적의 다른 절반 역시 그 못지않게 중요합니다. 당신은 여행 중의 도시에서 성직자들에게 그들이 몸담고 있는 사회를 소개시켜 주고, 또 요즘 사람들이 고백성사 중에도 그리스도교적 삶에는 걸맞지 않는다는 생각에 도무지 털어놓지 않는 저 책략과 사정들을 알게 해줌으로써 성직자들에게 큰 도움을 줄 수 있습니다. 제가 아는 한, 많은 성직자들이 최근에 생겨난 온갖 방종 때문에 의기소침해 하고 있으며, 자기들 말은 아무도 듣지 않는다고, 자기들의 말과 설교는 공중분해 되었노라고, 악이 너무도 깊이 뿌리를 내려 그걸 박멸하는 건 생각조차 할 수 없다고 거의 확신하고 있기 때문에 꼭 그렇게 하셔야 합니다. 참으로 안타까운 현실이라 아니할 수 없습니다. 오늘의 인간은 과거 그 어느 때와는 비교도 할 수 없을 만큼 심하게 죄를 짓고 있는데 그의 죄는 과도한 방탕이나 무감각이나 죄를 짓고자 하는 마음에 있는 게 아니라 자신의 죄를 보지 못한다는 데 있습니다. 이 시대의 무서운 진실, 즉 한 사람도 예외 없이 모두가 죄를 짓고 있되 직접적으로가 아니라 간접적으로 짓고 있다는 그 진실이 아직도 완전히, 분명하게 드러나지 않았습니다. 설교사들조차도 이 점을 제대로 파악하지 못했습니다. 그래서 그들의 설교는 공중으로 사라지고 사람들은 그들의 말을 들은 척도 하지 않는 것입니다. "도둑질하지 마라, 사치 부리지 마라, 뇌물을 받지 마라, 기도하고 가난한 자들에게 자비를 베풀라"라고 말하는 것은 이제 아무런 의미도 없고 아무런 성과도 없습니다. 각 개인은 "다 알고 있다구요"라고 말할 뿐 아니라 스스로를 정당화시키고 자기가 거의 성인이라도 된 듯 생각합니다. 그는 이렇게 말할 것입니다.

> 도둑질로 말할 것 같으면, 나는 도둑질하지 않습니다. 제 눈앞에 시계건, 10루블 지폐건 좌우간 뭐든 놔둬 보시라구요, 건드리지도 않을 테니까요. 저는 심지어 손버릇 나쁜 하인 녀석을 내쫓기까지

> 했답니다. 저는 물론 사치스럽게 살고 있습니다만, 그거야, 저한테 자식도 없고, 친척도 없고, 돈을 모을 필요도 없기 때문에 그런 것이고, 또 한편으로 장인이나 직공이나 상인이나 제조업자들이 제 덕분에 돈벌이를 하니까 오히려 제 사치는 사람들한테 유익이 되는 거죠. 뇌물로 말할 것 같으면 오로지 부자들한테서만 받는데 그건 그자들이 자청한 것이고 또 뇌물이 그자들에게 해를 입히는 것도 아니지 않습니까. 기도라면, 저도 기도는 합니다, 보세요, 지금도 성당에 와서 성호를 긋고 장궤하고 있지 않습니까. 다른 사람을 돕는 일, 그거 저도 합니다. 저한테서 동전 한 닢 얻지 못한 거지는 한 명도 없으며 저한테 기부금을 요청한 자선기관 또한 단 한 번도 거절당한 적이 없습니다.

한마디로 말해서, 그는 그러한 설교를 듣고 나서 자기가 옳다고 생각할 뿐 아니라 자기의 죄 없음을 뿌듯하게 생각하기까지 하는 것입니다.

그러나 그의 눈에서 장막을 거두고 그가 직접적으로가 아니라 '간접적으로' 초래한 그 경악스러운 상황의 일부만이라도 보여 준다면 그런 소리는 쏙 들어갈 것입니다. 성실하지만 근시안적인 부자에게는, 너는 자기 집을 꾸미고 사뭇 영주처럼 사치스러운 생활을 영위함으로써 타인에게 해를 끼치는데, 그것은 너의 사치가 너보다 덜 부자인 사람으로 하여금 너에게 뒤지지 않으려고 자기의 재산뿐 아니라 타인의 재산까지도 탕진하도록, 즉 도둑질을 하고 다른 사람들을 몰락시키도록 유혹을 하기 때문이다, 라고 말해 주어야 합니다. 그런 다음에는 러시아에서 발생한 기근의 참상, 그의 머리털을 곤두서게 할 만큼 무시무시한 그 광경을 보여 주면서, 그가 앞장서서 설쳐대며 영주처럼 사치스러운 생활을 하지 않았더라면 그런 기근은 발생하지 않았을 거라는 점을 주지시켜야 합니다. 그와 똑같은 방식으로, 한

번 입었던 옷은 절대로 다시 안 입고 유행의 아주 사소한 변화까지 놓치지 않고 새 옷이 해지기도 전에 수십 벌씩 새로 맞추는 멋쟁이들에게는 그들의 죄라는 게 허영심에 사로잡혀 돈을 낭비하는 데 있는 게 아니라 그런 식의 삶이 다른 사람들에게 악영향을 끼쳐 그 때문에 다른 부인의 남편도 형제 관리한테서(이 관리가 부자라고 가정합시다. 그렇지만 그는 자기보다 덜 부자인 다른 사람을 압박했을 거고 이 다른 사람은 또한 무슨 위원이나 지방 경찰서장을 압박했을 거고 또 이 지방 경찰서장 또한 자기도 모르게 헐벗고 굶주린 사람들을 강탈했을 겁니다) 뇌물을 받도록 만들었다는 데 있다는 걸 주지시킨 다음,—기근의 참상을 보여주어야 합니다. 그러면은 그들의 머릿속에 무슨 모자니 첨단의 상이니 하는 건 떠오르지 않을 겁니다. 거지에게 던져준 동전도, 심지어 피해지역을 위해 그들이 도시에 세운 자선기관도 하느님 대전에서의 무서운 책임을 면해주지 않으리라는 걸 깨닫게 될 겁니다. 아니, 인간은 무감각한 존재가 아닙니다, 그에게 현실을 있는 그대로 보여주기만 하면 그는 노력할 겁니다. 인간은 과거 그 어느 때보다 열심히 노력하고 있는데 이는 그의 본성이 부드러워졌고 게다가 그의 죄의 절반은 방탕이 아니라 무지에 기인하기 때문입니다. 그는 자기 자신에게 눈을 돌리도록 해주는 사람에게 구세주라도 만난 듯 입맞춤을 할 것입니다. 그저 살짝 장막을 거두고, 그가 매순간 저지르는 죄 중의 하나만 보여주시면, 자기의 죄 없음에 대한 자랑스러운 마음은 그에게서 사라질 것입니다. 자기의 사치가 직공들에게 밥벌이를 시켜준다는 식의 비열하고 야비한 궤변으로 사치를 정당화하는 일도 없을 겁니다. 무슨 소목장이 함브수의[6] 돈벌이를 위해 마을의 반, 혹은 군의 반을 파괴한다는 것은 현명한 인간의 건전한 머릿속이 아닌

6) 함부스(E. Gambsu)는 페테르부르크 고급 가구점의 주인이다.

19세기 경제학자의 텅 빈 골통 속에서나 형성될 수 있는 결론임을 스스로 깨닫게 될 겁니다. 그렇다면 만약에 설교사가 인간이 부주의와 교만과 자기확신으로 인해 저지르는 저 무수한 간접적인 죄의 사슬을 저리 치우고, 모든 이가 일시에 자기 자신의 영혼뿐 아니라 몇몇 다른 이의 영혼까지 파괴하고, 심지어 불성실한 인간이 아니면서도 그저 부주의로 인해 다른 사람을 불성실하고 비열한 놈으로 만드는 이 시대의 모든 위험성을 보여준다면, 그러니까 한마디로 모든 상황이 위험하게 흘러가고 있다는 사실을 조금이나마 보여준다면 어떨까요? 아니, 사람들은 그의 말을 못들은 척 하지 않을 것이며 그의 설교는 단 한마디도 공중으로 사라지지 않을 것입니다. 당신은 여행 중에 얻어들은 현대인의 모든 책략에 관해 성직자들에게 알려줌으로써 많은 성직자들을 그러한 상황으로 유도할 수 있을 겁니다. 아니 그렇게 함으로써 당신은 성직자들뿐 아니라 다른 사람들에게도 공익을 가져다줄 겁니다. 요즘은 모두가 그러한 지식을 필요로 하니까요.

인간에게 삶을 보여주어야 합니다. 과거가 아닌 현재의 문제라는 측면에서 고찰되는 삶, 세속적 인간이 피상적 시각에서 바라보는 삶이 아닌, 그리스도교적인 고상한 입장에서 인생을 바라보는 평가자에 의해 헤아려지고 감정된 그런 삶 말입니다. 러시아 내에는 러시아에 대한 무지가 엄청나게 팽배해 있습니다. 모든 사람이 자기 땅이 아닌 외국의 잡지나 신문 속에서 살고 있습니다. 도시는 도시를 모르고 사람은 사람을 모릅니다. 담벼락 하나 사이에 두고 사는 사람이 바다 건너 사는 사람처럼 느껴집니다. 당신은 여행 중에 그들 모두를 서로에게 소개시켜 줄 수 있고 상호이익이 되는 정보교환을 가능하게 할 수 있습니다, 마치 기민한 상인이 어느 도시에서 손에 넣은 정보를 다른 도시에서 이윤을 남기고 팔아 모든 이를 부유하게 해주고 무엇보다도 자기 자신의 부를 늘리는 것처럼 말입니다. 당신이 한 걸음

옮길 때마다 공적이 줄을 이어 기다리고 있는데도 당신은 그걸 알지 못하다니요! 깨어나세요! 당신 눈은 야맹증(夜盲症)에 걸렸습니다! 자기애(自己愛)가 영혼에 스며들게 하지 마세요! 사람들에게 봉사하기 전에는 그들을 사랑할 수 없습니다. 그 어떤 하인이 멀리 떨어져 있는, 게다가 자기가 한 번도 개인적으로 섬겨본 적이 없는 주인에게 헌신하겠습니까? 어머니가 아기를 그토록 열렬히 사랑하는 이유는 오랫동안 자기 안에 품고 있었고, 아기를 위해 최선을 다했고 또 모든 걸 견뎌냈기 때문입니다. 깨어나세요! 당신의 수도원은 러시아입니다!

1845년

XXI

현지사 부인이란 무엇인가[1)]

A. O. C.[2)]에게 보내는 편지

건강이 좋아지셨다니 기쁩니다. 제 건강으로 말할 것 같으면 … 아니 건강 얘기는 접어둡시다. 우리는 자기 자신에 관해 잊어야 하듯이 건강에 관해서도 잊어야 하니까요. 어쨌든, 당신은 당신의 현청 소재지로 다시 돌아오셨군요. 당신은 새로운 힘을 동원하여 그 도시를 사랑해야 합니다 — 그 도시는 당신의 것이고 당신에게 맡겨졌으니 당신의 고향이 되어야 합니다. 당신은 헛되게도 또다시 사회활동과 관련하여 자신의 존재는 전적으로 무용지물이다, 그 도시의 사회는 속속들이 썩어빠졌다, 라고 생각하기 시작했습니다. 그렇지만 당신은 그냥 지쳤을 뿐입니다, 그게 다입니다. 현지사 부인이 해야 할 일은

1) 이 편지는 1846년 6월 6일자로 고골이 스미르노바 부인에게 보낸 편지 및 1845년 후반부터 1846년 전반까지 사이에 그녀와 주고받은 편지를 토대로 한다. 스미르노바 부인의 남편 스미르노프(N. M. Smirnov)는 1845년에 칼루가 현의 지사로 부임했다. 고골은 당시 그녀에게서 받은 편지 및 지인들을 통해 들은 이야기를 《죽은 혼》의 제2부를 집필하는 데 참고로 했다. 이 편지는 관료제도에 대한 공격이라는 이유에서 한동안 출간이 금지되었으며 진보진영으로부터는 농노제를 옹호하는 글이라는 비판을 받았다.

2) A. O. 스미르노바.

도처에, 매 발걸음마다 널려 있습니다. 현지사 부인은 심지어 아무 일도 안 할 때조차 타인에게 영향력을 발휘합니다. 당신 자신도 아시겠지만 문제는 야단법석을 떨거나 매사에 경솔하게 뛰어드는 데 있는 게 아닙니다. 당신 자신도 언급한 바 있는 두 사람은 생생한 예가 될 수 있습니다. 당신의 선임자인 Zh. 부인은[3] 무수한 자선기관을 세우고 그와 더불어 엄청난 양의 서류작업과 소란과 관리인 및 서기의 고용과 절도와 혼란을 야기했던바, 페테르부르크에서는 자선활동으로 유명해진 반면 K. 시에서는[4] 무질서를 초래했습니다. 그녀보다 앞서 같은 시의 현지사 부인으로 있었던 O. 공작부인은[5] 아무런 기관도 아무런 요양소도 설립하지 않았고 도시 밖에서는 아무런 소리도 내지 않았고 심지어 남편 일에 아무런 영향도 주지 않았으며 행정적인 일이나 관료적인 일 자체에는 뛰어들지 않았지만 지금까지 그 누구도 눈물 없이는 그녀를 기억하지 못하며 상인에서부터 찢어지게 가난한 농부에 이르기까지 모든 사람이 아직도 이렇게 되뇌고 있습니다. "아니야, 앞으로 O. 공작마님 같은 분은 절대로 없을 거야!" 이런 말을 되뇌는 게 누구냐고요? 당신이 아무것도 해줄 게 없다고 생각하시는 바로 그 도시, 영원히 썩어빠졌다고 생각하는 바로 그 사회입니다. 그런데도 아무것도 할 수 없다는 생각이 드신단 말입니까? 당신은 지쳤습니다, 그게 다입니다! 너무도 열성적이었기 때문에, 자기 능력을 과신했기 때문에, 여성적 기민함에 너무 사로잡혔기 때문에 진이 다 빠진 것입니다… 전에 말씀 드렸던 것을 다시 반복하자면, 당신의 영향력은 강력합니다. 당신은 도시의 제 1인자이며 사람들은 유행에 대한 맹목적 모방 덕분에, 그리고 러시아 사람들의 일반적인 모방심

---

3) 주코프스카야(E. N. Zhukovskaia) 부인을 가리킨다.

4) 이 편지에서 언급되는 K. 시는 칼루가 현을 가리킨다.

5) 오볼렌스카야(A. Iu. Obolenskaia) 공작부인을 가리킨다.

리 덕분에 당신의 모든 것을 자질구레한 장식품에 이르기까지 모조리 모방할 겁니다. 당신은 모든 것에 있어서 법을 창시하는 사람이 될 겁니다. 당신이 그저 자기 할 일을 제대로 처리하기만 해도 그것으로써 영향력을 행사하게 될 것인즉, 이는 다른 사람들도 당신을 따라 자기 할 일을 좀더 훌륭하게 처리할 것이기 때문입니다. 사치를 추방하십시오(지금으로서는 달리 할 일도 없으니까요), 그것만으로도 벌써 훌륭한 일을 하는 셈이고, 게다가 그건 무슨 노력이나 비용이 드는 일이 아니니까요. 그 어떤 모임이나 무도회도 거르지 마시고 오로지 한 가지, 똑같은 옷을 입고 있다는 걸 보여주기 위해 참가하십시오. 똑같은 옷을 세 번, 네 번, 다섯 번, 여섯 번 입으십시오. 값싸고 소박한 것만을 자랑하십시오. 한마디로, 우리가 가진 비열함과 부당함의 원천이자 뇌물의 원천이자 러시아의 암인 저 치사하고 더러운 사치를 몰아내십시오. 그것 하나만 실천해도 당신은 O. 공작부인보다 더 본질적인 공익을 가져다 줄 것입니다. 게다가 그건 당신도 아시다시피 무슨 희생을 요구하는 것도 아니고 시간을 잡아먹지도 않습니다. 친구여, 당신은 지쳤습니다. 지난번 편지에 미루어 보건대 당신은 시작부터 이미 여러 가지 훌륭한 일을 해놓으신지라(당신이 서두르지 않았더라면 결과가 더 좋았을 터이지만) K. 시 안에서는 벌써 당신에 관한 소문이 파다하게 퍼졌답니다. 어떤 소문들은 제 귀에까지 들려왔습니다. 그러나 당신은 아직도 너무 조급해하시고 너무 열중하시고 온갖 종류의 불쾌함이나 야비함에 너무도 우왕좌왕하시고 가슴 아파하십니다. 친구여, 제 말을 다시 한번 상기해 보십시오, 당신 스스로도 제 말의 정당함을 믿는다고 하셨지요. 마치 의사가 진료소를 바라보듯 시 전체를 바라보십시오. 그런 식으로 바라보시되, 거기다 무언가를 덧붙이십시오. 그게 무어냐 하면, 진료소의 모든 환자들은 당신의 가족, 당신과 진정 가까운 사람들이라고 믿으십시오, 그러면 모든 것이 변할 것입니다. 당신은 사람들과는 화해할 것이고 오로지 그들의 질병만을 적대시하게 될 겁니다. 그들의 질병이 불치의 것이라고 누가 당신한테 말했습니까? 당신은 자기 손에 치료수단이 쥐어져 있는 걸 몰랐기 때문에 스스로 그렇게 말한 것뿐입니다. 뭡니까, 당신이 뭐 전능한 의사라도 되는 줄 아십니까? 어째서 당신은 다른 사람들에게 도움을 청하지 않으셨습니까? 그쪽 사정을 모조리 알려달라고, 그쪽 형편을 다 알게 해달라고, 그래서 제가 모든 걸 파악할 수 있게 해달라고 당신한테 청한 것이 괜히 그런 줄 아십니까? 당신보다는 제가 많은 일에 더 큰 영향력을 행사할 수 있다는 걸 당신 자신도 잘 알면서 어찌하여 제가 요청한 대로 하지 않은 겁니까? 당신 자신이 저에게 인간에 대한 범상치 않은 통찰력이 있다는 걸 인정하시고도, 당신의 영적인 일에 있어 저야말로 그 누구보다도 많은 도움을 줄 수 있다고 당신 자신이 말해놓고서도, 어찌 그럴 수가 있단 말입니까? 정말이지 제가 당신의 저 불치 환자를 도울 수 없다고 생각하시는 겁니까? 저는 기도할 수 있고, 저의 기도는 하느님께 닿을 수 있고, 하느님은 제 이성에 이해력을 부여해 주셨고, 또 하느님으로부터 이해력을 부여받은 저는 이해력을 부여받지 못한 사람보다 무언가를 더 훌륭하게 할 수 있다는 사실을 까맣게 잊기라도 했단 말입니까?

이제까지 당신이 보내주신 편지는 그쪽에 관한 일반적인 생각을 모든 현청 소재지에 해당되는 일반적인 특성으로 묘사했을 뿐입니다. 그런데 그 '일반적인' 것들조차 완전치가 않습니다. 당신은 제가 러시아를 손바닥 들여다보듯 훤히 알게 되길 바라셨습니다. 그러나 저는 러시아 안의 그 무엇도 알지 못합니다. 제가 무언가 알았었다 하더라도 그것은 제가 러시아를 떠난 이후 변했습니다. 현청 조직 내에서만 해도 현저한 변화가 일어났습니다. 많은 관직과 관리들이 현지사의 관할에서 벗어나 다른 부서로 편입해 들어갔고 새로운 관직과 관리가 생겨났습니다. 한마디로 말해서, 현과 현청 소재지는 여러 가지 측면에서 전과는 다른 모습을 갖추게 되었고 그래서 저는 당신께 당신의 입장을, 그러니까 무슨 '이상적' 입장이 아닌 '현실적' 입장을 '완벽하게' 알려달라고, 그리하여 제가 당신을 둘러싼 모든 것을 하나에서부터 열까지 다 알 수 있도록 해달라고 청했던 것입니다.

당신은 말씀하셨습니다, K. 시에서 보내고 있는 이 얼마 안 되는 시간 동안에 당신은 한평생 알았던 것보다 더 많이 러시아를 알게 되었노라고요. 그럼 어째서 당신은 그 지식을 저와 나누지 않는 겁니까? 당신은 말씀하셨지요, 너무도 많은 정보가 머릿속에 두서없이 쌓여 있어서(이게 바로 실패의 원인임을 주지하시라) 어디서부터 말을 꺼내야 할지 모르겠노라고요. 그것들을 정리하는 일을 도와드릴 테니 금후 제 요청을 최대한 양심껏 실행하시되, 인류의 자매님들, 그러니까 열정적인 여성이 늘 그러하듯 열 마디 말 중 여덟 마디는 제쳐두고 왠지 자기 마음에 와 닿는 두 마디 말에만 대답하는 식으로 하지 마시고 인류의 형제님들, 그러니까 냉정하고 침착한 남성, 혹은 더 정확하게 말해서 사무적이고 명석한 관리들이 그러하듯 그 어떤 것도 특별취급하지 말고 모든 점에 똑같이 대답하는 식으로 하십시오.

당신은 저를 위해 현청 소재지 전체를 탐검하는 일을 다시 시작해야 합니다. 첫째, 시내 모든 주요 인사들, 모든 관리들 하나하나의 이름, 부칭, 성을 밝혀주십시오. 저한테 그게 필요합니다. 당신이 한 사람의 예외도 없이 그들 모두와 친구가 되어야만 하듯이 저 또한 그들의 친구가 되어야 합니다. 둘째, 그들 각각의 직무가 무엇인지 적어 보내 주십시오. 이 모든 것을 당신은 그들 하나하나한테서 개인적으로 알아내야 하며 누군가 다른 이를 통해서 해서는 안 됩니다. 그들 개개인과 담소를 나누는 가운데 상대방에게 직무가 무엇인지 물어보시고 그 상대방으로 하여금 그 직무의 '내용'과 한계가 무엇인지 말하게 하셔야 합니다. 이것이 첫 번째 질문이 될 겁니다. 그 다음에는 현재 상황에서 그 직무를 통해 구체적으로 어떻게 그리고 어느 정도 선을 행할 수 있는지 설명해달라고 요청하십시오. 이것이 두 번째 질문이 될 겁니다. 그 다음에는 동일한 직무의 어떤 점이 어느 정도 악을 저지를 수 있는지 물어보십시오. 이것이 세 번째 질문이 될 겁니다. 다 알아낸 뒤에는 집으로 가셔서 즉시 그 모든 것을 저를 위해 종이에 적으십시오. 그럼으로써 당신은 일석이조의 효과를 얻게 됩니다. 차후에 당신을 도울 수 있는 수단을 저에게 제공해 줄 뿐 아니라 해당 관리의 개인적인 대답을 통해 당신은 그가 자신의 직무를 어떻게 이해하고 있는지, 그에게 부족한 점이 무엇인지 알게 될 것인 즉, 한마디로 말해서 그는 자신의 대답으로써 자기 자신의 모습을 그려 보여준 셈이 될 것입니다. 그는 어쩌면 당신으로 하여금 즉시 무언가 하도록 자극하게 될지도 모릅니다… 그러나 문제는 그게 아닙니다. 당분간은 서두르지 마십시오. 무언가 할 수 있다고, 무언가를 도울 수 있다고 여겨질 때조차 아무 일도 하지 마십시오. 당분간은 그저 좀더 주의 깊게 관찰만 하는 것이 더 낫습니다. 아직은 저한테 적어 보내는 일로 만족하십시오. 그런 다음에 같은 종이의 반대편에, 아니면 다른 종잇장에 당신이 개인적으로 관찰한 점들, 요컨대 당신이 알아차린 신사 분들 개개인의 특성, 그들에 관한 다른 사람들의 의견, 한마디로 그들에 관해 간접적으로 덧붙일 수 있는 의견은 무엇이든 적어 보내십시오.

그런 다음에 시 전체의 모든 여성에 관한 정보를 저에게 주십시오. 당신은 매우 현명하게도 그들 모두를 방문했고 그들 대부분과 알음알이를 텄습니다. 그렇지만 그 알음알이는 완전한 것이 아니었다고 저는 확신합니다. 여성에 관한 한 당신은 첫인상에 좌우되곤 합니다.

자기 마음에 안 드는 여성은 본체만체하니까요. 당신은 선택받은 훌륭한 인물만을 찾고 계십니다. 친구여! 당신의 그런 점에 대해 저는 비난을 하지 않을 수 없습니다. 당신은 모든 사람을, 특히 결점이 더 많은 사람들을 사랑해야만 하며 최소한 그들을 더 잘 알아야만 하는데, 이는 많은 것이 거기 달려 있으며 또 그들은 자기네 남편에게 지대한 영향력을 행사할 수도 있기 때문입니다. 서두르지 마시고 그들을 교도하려고 안달하지 마시고 그저 그들에게 이것저것 캐물으세요. 당신은 캐묻는 데 있어 재능을 타고났으니까요. 각 여성의 일과 관심사뿐 아니라 사고방식, 취향, 그리고 누가 무엇을 좋아하는지, 그들 중 누구 마음에 무엇이 드는지, 각 여성의 장기(長技)는 무엇인지 알아내십시오. 이 모든 것이 저에게 필요합니다. 제 생각에 누군가에게 도움을 주려면 그 사람을 속속들이 알아야 하며 그렇지 않고서는 누군가에게 어떻게 무슨 충고 같은 걸 해줄 수 있을지 알 도리가 없습니다. 충고란 어떤 것이건 간에 나쁘게 받아들여지기 마련이며 주는 것도 쉽지 않고 그걸 실행에 옮기기도 어려운 법입니다. 좌우간, 모든 여성에 관해 속속들이 알려주십시오! 그래야 제가 그쪽 사정을 완전히 알 수 있으니까요.

남성과 여성 양측의 인물 및 성격에 관한 것 외에도 사람들의 성격, 그리고 현의 일반적 분위기를 규정해 줄 만한 모든 사건에 관해 적어 보내 주시되, 있는 그대로, 혹은 누군가 믿을 만한 사람들이 당신에게 알려준바 그대로 정직하게 적으십시오. 그리고 또한 당신이 얻어들은 소문 두세 가지를 아무거나 닥치는 대로 적어 보내 주시면 그쪽에서 어떤 종류의 소문이 떠도는지 제가 알 수 있을 겁니다. 이런 식의 기록이 당신의 정규업무가 되게 하시고 그렇게 하기 위해 하루 중 일정 시간을 따로 정해놓으십시오. 머릿속에서 그 도시의 전체적 윤곽을 완전하게, 체계적으로 그려봄으로써 저한테 무언가 빠뜨리고 적어 보낸 건 아닌지 즉각 파악하시어 제가 마침내 그 도시에 관한 완전한 정보를 얻을 수 있도록 하십시오.

당신이 그런 식으로 모든 인물과 그들의 직무에 관해, 그리고 그들이 자기 직무를 어떻게 이해하고 있는지에 관해, 그리고 마지막으로 그쪽에서 일어나고 있는 사건의 성격에 관해서까지 저에게 알려주신다면 저는 당신에게 무언가 말해줄 것이며 당신은 불가능한 많은 일들이 가능하다는 사실을, 고칠 수 없는 많은 일들이 고쳐질 수 있다는 사실을 깨닫게 될 것입니다. 그때까지는 제가 실수할 수도 있다는 바로 그 이유 때문에, 그리고 그건 제가 원하는 바가 아니기 때문에 아무 말도 하지 않겠습니다. 저는 목표가 된 정황에 딱 들어맞는, 더 높지도 더 낮지도 않게 정확하게 맞아떨어지는 그런 말을 해주고 싶고, 당신이 즉각적으로 "쉬운 일이야, 실행할 수 있겠군"이라고 말할 수 있는 그런 충고를 해드리고 싶습니다.

그렇지만 당신을 위해서가 아니라 부군을 위해서 우선 몇 마디 드리고 싶습니다. 현청의 문관들이 정직한 사람이 되도록 배려하시라고 부군께 청하십시오. 이 점이 가장 중요합니다. 정직한 문관들이 있으면 즉시 정직한 군 경찰서장, 정직한 의원들이 있게 되니 한마디로 모든 것이 정직하게 될 것입니다. 알아두셔야 할 것은(아직 모르고 계시다면) 그 어떤 추적도 따돌릴 수 있는 가장 안전한 뇌물은 상부의 명령에 따라 관리가 관리로부터 받는 뇌물입니다. 때로 뇌물의 사슬은 끝없이 계속됩니다. 군 경찰서장과 의원들은 종종 다른 사람들이 그들로부터 뇌물을 받아가기 때문에, 그리고 그들도 자리를 지키려면 돈이 필요하기 때문에 양심에 어긋나는 일을 하며 뇌물을 받을 수밖에 없습니다. 이런 식의 팔고 사는 일이 눈앞에서 일어나고 있지만 아무도 눈치 채지 못하고 있습니다. 하느님께서 보호하사 당신이 이런 일에 신경조차 쓰지 않아도 되기를 빕니다. 그저 상부에서 모든 걸 정직하게 하도록 노력하시면 아래에서는 모든 게 저절로 정직하게 될 겁니다. 악이 무르익기 전까지는 그 누구도 다그치지 마십시오. 그냥 관망하면서 도덕적으로 행동하시는 편이 낫습니다. 현지사는 선보다는 악에 더 노출되어 있고 선을 행하려고 해도 방해요소가 너무 많다, 라는 당신의 생각은 전혀 공정하지 않습니다. 현지사는 언제나 '도덕적인' 영향력을, 심지어 엄청난 영향력을 지니고 있는데 그건 당신이 법이 제정한 그 어떤 권력도 갖고 있지 않지만 엄청난 '도덕적' 영향력을 지니신 것과 마찬가지입니다. 만약 현지사가 어떤 사람을 방문하지 않는다면 그 이유가 무얼까, 왜 그랬을까 등 도시 전체가 그 일을 가지고 입방아를 찧어댈 것이며 그 어떤 사람은 그 일로 인한 불안 그 하나 때문에 권력과 법을 지닌 인물 앞에서라면 서슴없이 저질렀을 야비한 행위를 감히 저지르지 못하게 될 거라는 걸 믿으십시오. M군의 판사 모씨에[6] 대한 당신의 행동, 아니 당신과 부군의 행동, 그러니까 그 판사와 검사를 화해시켜주기 위해 일부러 그를 불러 정성껏 환대하고 그의 정직과 고결함과 성실함을 우호적으로 받아준 행위는 이미 효력을 발휘했다는 걸 믿으십시오. 그때 판사가(그는 매우 교양 있는 사람이라는 것이 판명되었습니다만) 이를테면 페테르부르크 살롱의 현관 같으면 문전박대 당했을 그런 옷차림이었다는 사실이 저는 마음에 듭니다. 저 같으면 그때 그의 닳아빠진 연미복의 앞깃에 입이라도 맞추었을 겁니다. 작금에 있어 가장 훌륭한 행동은 수뇌자들이나 더러운 인간들에 맞서서 준엄하고 비장하게 무장을 하고 그들을 추적하는 것이 아니라 성실한 점이 있으면 그 하나하나를 밖으로 드러나게 해주고 올곧고 정직한 사람들 하나하나와 모든 사람들이 보는 앞에서 우호적으로 악수를 나누는 일이라는 걸 믿

6) 스미르노바 부인이 고골에게 보낸 편지에서 언급한 바 있는 군 판사 클레멘테프를 가리키는 듯하다.

으십시오. 현지사가 진짜 그런 식으로 행동한다는 것이 모든 현에 알려지기가 무섭게 모든 귀족들이 그의 편에 서게 될 것임을 믿으십시오. 우리네 귀족들에게는 저를 언제나 놀라게 하는 경탄할 만한 특성, 즉 명예심이라는 것이 있는데 그것은 다른 나라 귀족들의 감염된 명예심, 요컨대 출생 및 혈통에서 오는 명예심이나 유럽식의 'point d'honneur'(명예의 문제)가 아니라 진정한, 도덕적인 명예심입니다. 귀족 하나하나를 따로따로 뜯어보면 그저 쓰레기만 나오는 그런 현이나 장소에서조차 진정 고상한 공적 같은 걸 내걸면 모든 것이 전기라도 맞은 듯 일시에 고양되고 더러운 일을 일삼던 인간들은 갑자기 가장 고상한 행위를 하게 될 것입니다. 그렇기 때문에 현지사의 지극히 고상한 행동 하나하나는 무엇보다도 먼저 귀족들에게 반향을 불러일으킬 것입니다. 이건 중요한 일입니다. 현지사는 귀족에게 반드시 도덕적 영향력을 행사하여야 하며 오로지 그럼으로써 그들이 보잘것없는 지위나 매력 없는 관직을 선양하도록 촉구할 수 있습니다. 그런 일이 필요한 이유는 만일 그 현 출신의 어느 귀족이 관직에 봉사하는 것이 얼마나 필요한 일인가를 보여주기 위해 아무 자리에나 오른다면 그가 어떤 사람이건 간에, 게으름뱅이이건 많은 점에서 형편없는 사람이건 간에, 그는 발령받은 관리가 사무실 안에서 어슬렁거리면서는 평생을 걸려도 도저히 완수할 수 없는 일을 완수할 수 있기 때문입니다. 그 어떤 경우라도 그들이 1812년에[7] 영혼을 위해 모든 것을, 전적으로 모든 것을 희생한 바로 그 귀족들이라는 사실을 간과해서는 안 됩니다.

아주 추악한 행위로 인해 어느 관리를 재판에 회부해야 할 경우에는 반드시 그를 '파직(罷職)'한 다음에 회부해야 합니다. 왜 그런고

7) 1812년의 조국 전쟁 당시 러시아 귀족들이 나폴레옹 군사에 대항하여 활약한 사실을 암시한다.

하니, 만일 '파직'도 하지 않고 그를 재판에 회부한다면, 모든 관리들이 오랫동안 그의 편을 들어줄 것이고 그는 오랫동안 좌충우돌하며 모든 걸 뒤죽박죽으로 만들 수단을 찾아내 진실은 결코 밝혀지지 않게 될 것이기 때문입니다. 그러나 그가 '파직'당한 채 재판에 회부된다면 그는 곧바로 기력을 잃어 그 누구에게도 위협이 되지 못할 것이며 사방에서 그의 죄를 입증해 줄 증거가 쏟아져 나올 것이며 모든 것이 명명백백 밝혀질 것이며 일시에 사태의 전모가 알려지게 될 것입니다. 그러나 친구여, 제발, 자리에서 쫓겨난 관리를 완전히 버리진 마십시오, 아무리 못된 인간이라 할지라도 그는 어쨌든 불행하니까요. 그는 부군의 손에서 당신 손으로 넘겨져야 합니다. 그는 당신의 것입니다. 그와 직접 이야기를 나누거나 그를 받아들이지는 마시고 그저 멀찌감치서 그를 주시하십시오. 불쌍한 수감자들에게 할당된 빵을 팔아먹으려고 했던 정신병원 관리인을 쫓아내신 건 잘한 일입니다. 정신병자들은 불평조차 할 수 없다는 사실을 고려해 볼 때 그건 이중으로 혐오스러운 범죄이니만큼, 관리인의 해고는 대중에게 공개되어야만 했습니다! 그렇지만 그 어떤 인간도 저버리지 마시고, 그 누구의 돌아오는 길도 차단하지 마시고 파직당한 사람들을 예의 주시하십시오. 때로는 슬픔 때문에, 절망 때문에, 수치 때문에 더 큰 범죄에 빠져드는 수가 있으니까요. 문제가 된 인물을 방문하되 그에 관한 정보를 당신에게 계속 알려줄 수 있는 당신의 고해 신부나 현명한 성직자 등을 통해 처신하시고, 또 아주 중요한 일인데, 그가 아무런 직업이나 일도 없이 방치되지 않도록 각별히 신경 쓰십시오. 이 경우 '죽은' 율법보다는 온갖 천벌의 채찍으로 인간을 내려치시면서도 생명이 끝날 때까지 그를 버리지 않으시는 '살아있는' 하느님을 닮도록 하십시오. 죄인이 어떤 인간이건 간에, 대지가 아직도 그를 품어주고 있다면, 그리고 하느님의 벼락이 아직 그를 내리치지 않았다면,

그건 곧 무슨 뜻이냐 하면 그의 운명에 마음이 동한 누군가로부터 도움과 구원을 받기 위해 그는 여전히 이 세상에서 목숨을 부지하고 있다는 뜻입니다. 만일 저를 위해 기록을 하시는 동안이라던가 아니면 각종 질병에 대해 당신이 개인적으로 조사를 하는 동안에 우리의 슬픈 현실이 당신에게 너무도 큰 충격을 주고 당신의 마음을 너무도 심란하게 들쑤셔놓는다면, 그것에 관해 주교님과[8] 더 자주 이야기 나눌 것을 충고 드립니다. 당신이 하신 말씀에 미루어 보건대 그분은 현명한 사람이고 또 훌륭한 성직자임에 틀림없습니다. 그분에게 당신의 진료소를 다 보여주시고 당신 환자들의 모든 질병을 그분 앞에 다 드러내 보이십시오. 비록 그분이 치료에 있어 대단한 전문가는 아니라 할지라도, 질병의 모든 발작과 징후와 현상을 그분께 반드시 가르쳐드려야 합니다. 모든 것을 하나하나 마치 그분의 눈앞에서 일어나는 일처럼 생생하게 그려보여 주시어 도시 전체가 당신의 마음속에 끊임없이 자리 잡고 있듯이 그분의 마음속에도 끊임없이 자리 잡고 있도록 하시고, 또 바로 그럼으로써 그분의 생각이 저절로 도시에 관한 끊임없는 기도로 변하게끔 힘쓰십시오. 당신이 그렇게 함으로써 매주 일요일 날 그분이 하시는 설교는 듣는 이의 심금을 점점 더 강하게 울릴 것이며, 그분은 결국 많은 진실을 숨김없이 드러내 줄 수 있을 것이며, 어느 한 사람을 꼭 집어 지목하지 않으면서도 모든 이가 자기의 추악한 행위에 직면하게끔 하여 재물의 주인마저도 자기의 재물에 침을 뱉도록 해 줄 수 있을 거라는 사실을 믿으십시오. 또한 현지 성직자들에게 주의를 기울이시어 반드시 모든 성직자들과 교분을 트도록 하십시오. 모든 것이 그들에게 달려 있으며 우리를 향상시키는 문제는 다른 그 누구도 아닌 바로 그들의 손에 달려 있습니다.

---

8) 당시 칼루가 현의 주교였던 니콜라이(Nikolai, Sokolov)를 가리킨다.

많은 성직자들이 무식하고 단순하지만 그렇다고 해서 그들 중 누구 한 사람도 무시해서는 안 됩니다. 우리보다는 그들을 제 궤도에 되돌려 놓는 것이 더 빠를 겁니다. 우리 속인들은 교만과 허영심과 자존심과 자기의 완전함에 대한 과신 때문에 형제의 말이나 충고, 심지어 위로의 말까지도… 그것이 아무리 정당하다고 해도 들은 척도 안 하지만… 성직자는 개개인의 인간성과는 상관없이 어쨌든 자기는 다른 모든 사람보다 겸손해야 한다는 것을, 그리고 다른 모든 사람들 앞에 자신을 낮추어야 한다는 것을 다소나마 자각하고 있습니다. 매일 봉송하는 성찬예배를 통해 그는 스스로에 대한 경각심을 일깨우는바, 한마디로 말해서 그는 자기 길로 되돌아가기에 우리 모두보다 더 가까운 지점에 있으며 스스로 되돌아가는 와중에 우리 모두를 더불어 되돌려 놓을 수 있는 것입니다. 그러므로 그들 중 아주 무능한 사람과 마주치게 되더라도 업신여기지 마시고 친절하게 그와 담소하십시오. 성직자 한 사람 한 사람에게 그의 교구가 어떤지 물어보시어 교구민이 어떤 사람들인지, 그가 어떤 식으로 그들을 이해하고 또 알고 있는지에 관해 완전한 정보를 얻으십시오. 당신의 도시에 사는 소시민과 상인들이 어떤지에 관해서는 제가 아직까지 아무것도 모르고 있다는 사실을 잊지 마십시오. 그들도 유행을 따라 여송연을 피우고 있다는 둥 하는 얘기는 너무도 일반적 얘기입니다. 저에게 필요한 것은 그들의 계층에서 누군가를 '그 모습 그대로' 선별하여 머리끝부터 발끝까지 꼼꼼하게 살펴보는 일입니다. 그러니 그들에 관해 모든 세밀한 점을 다 알아내 주십시오. 그들과 관련하여 한 가지 면모는 성직자들로부터 알아낼 수 있을 것이고 다른 한 면모는, 만일 당신이 그 문제에 관해 경시총감과 허심탄회하게 담소하려고 애를 쓰신다면 경시총감으로부터 알아낼 수 있을 것이고, 또 세 번째 면모는 만일 당신이 그들 중 누군가와, 이를테면 그저 일요일 날 성당문을 나설 때라도 좋으니 이야기를 나누는 걸 꺼리지 않는다면 그들 자신으로부터 알아낼 수 있을 것입니다. 이렇게 긁어모은 모든 정보는 당신 눈앞에 소시민과 상인의 '모범적 모습', 즉 그들이 실제로 되어야만 하는 그런 인간 형상을 그려보여 줄 것입니다. 당신은 현재의 괴물 속에서 괴물이라는 캐리커처가 되기 이전의 이상적 모습을 발견하게 될 것입니다. 당신이 그 점을 파악했다면 성직자를 청하시어 그들과 논의하십시오. 그들에게 그들이 필요로 하는 것을 꼭 집어 말씀해주십시오. 요컨대, 각 신분의 본질, 그러니까, 우리에게 있어서 신분이 본래 의미하는바, 그리고 신분에 대한 캐리커처, 그러니까 우리가 남용한 결과 현재 그것이 취하고 있는 모습 등을 말입니다. 더 이상은 아무 말도 덧붙이지 마십시오. 괴물은 자신의 개인적 삶을 바꾸기만 하면 제정신을 차리게 될 겁니다. 우리의 성직자들은 특히나 몇 가지 분명하고 적확한 특징을 통해 각 신분과 지위의 한계와 의무를 그려보여 줄 용의가 있는 그런 사람들과 대화를 해야 합니다. 바로 이 점 한 가지가 충족되지 못했기 때문에 일부 성직자는 종종 교구 신도들과 회중(會衆)을 어떻게 대해야 할지 모르게 되고 또 어떤 식으로든 정곡을 찌르지 못하는 두루뭉술한 말로 자신의 생각을 밝히게 되는 것입니다. 한편, 성직자의 교구가 가난할 경우에는 그의 입장에 서서 그의 아내와 자식을 도와주십시오. 만일 거칠고 사납게 구는 성직자가 있다면 주교님께 이른다고 을러대십시오. 그러나 대체로 그러는 것보다는 도덕적으로 행동하도록 노력하십시오. 당신들의 의무는 엄청난 것이다, 다른 어떤 신분의 그 누구보다도 당신들은 더 큰 책임을 져야 한다, 현재 종무원과 황제 폐하께서 친히 성직자의 삶을 예의 주시하고 계시다, 성직자 모두에 대한 감사가 임박해 있다, 왜냐하면 정부 고위층뿐 아니라 나라 안의 모든 사람이 하나도 빠짐없이 모든 악의 근원은 성직자들이 자기의 임무를 완수하는 데 소홀히 했기 때문이란 걸 간파했기 때문이다…등을 그들에게 상기시켜 주십시오. 이 무서운 진실을 그들에게 더욱 자주 주지시켜 주신다면 그들의 영혼은 어쩔 수 없이 부들부들 떨게 될 것입니다. 한마디로, 그 도시의 성직자들을 어떤 식으로든 무시하지 마십시오. 그들의 도움으로 현지사의 부인은 상인과 소시민과 도시에 거주하는 모든 평범한 시민에게 엄청난 도덕적 영향력을 행사할 수 있는바, 그 영향력의 위력은 심지어 당신 자신도 상상하기조차 어려울 겁니다. 현지사의 부인이 할 수 있는 일 몇 가지만 열거해 보이고 또 어떤 방법으로 그 일을 할 수 있는지 가르쳐 드리겠습니다. 첫째 … 그렇지만 당신의 도시에 사는 상인과 소시민이 어떤 유의 사람들인지 제가 전혀 알지 못하고 있다는 게 좀 걸리는군요. 제가 드릴 말씀은 어쩌면 전혀 요점과 동떨어진 게 될 수도 있을 것 같아 아예 입을 다무는 편이 나을 것 같습니다. 단 한 가지, 그 어떤 구호소나 박애기관보다 몇 배나 더 큰 도움을 가져다주고, 무슨 기부금이나 노동을 요구하지 않으면서도 영혼의 위로와 휴식과 만족을 가져다 줄 공적이 이런 일 속에서 얼마나 많이 당신을 기다리고 있는지 나중에 알게 되면 깜짝 놀라실 거란 말씀은 드리고 싶습니다.

도시에서 뽑힌 가장 훌륭한 사람들이 모두 사회활동을 하도록 촉구하십시오. 그들 각각은 거의 당신만큼이나 많은 일을 할 수 있습니다. 그들을 움직이게 하는 것은 가능합니다. 당신이 저에게 그들의 성격, 생활방식, 직업 등에 관해 소상히 알려주시기만 하면 어떻게 그들을 분기시킬 수 있는지 가르쳐드리겠습니다. 러시아인의 내부에는 그 자신도 모르는 현악기가 숨겨져 있는데 그 줄을 슬쩍 건드리기만 해도 그의 전 존재는 전율합니다. 당신은 이미 저에게 그 도시의 현명하고 고상한 인물 몇 명을 거론했습니다만 저는 그보다 더 많이 찾아낼 수 있다는 걸 확신합니다. 고약한 외모는 보지 마십시오, 조야함이나 무정함이나 서투른 대인관계, 심지어 호언장담이나 저급한 행동이나 각양각색의 지나치게 허물없는 태도 따위는 보지 마십시오. 최근 들어서 우리는 모두 무례하고 불쾌한 대인관계에 익숙해졌습니다만 그럼에도 불구하고 우리 영혼의 저 깊은 곳에는 그 어느 때보다도 강렬한 선한 감정이—비록 우리는 그것을 무슨 쓰레기 더미인 양 쌓아두고 스스로 거기에 그냥 침이나 뱉고 있지만—자리 잡고 있습니다. 특히 여성들을 무시하지 마십시오. 맹세컨대, 여성은 우리 남성보다 훨씬 훌륭합니다. 그들은 더 관대하고 모든 고상한 일에 대해 더 과감합니다. 그들이 유행과 허영의 소용돌이 속에서 허우적거린다는 사실은 잊으십시오. 그들과 영혼의 언어로 이야기할 수 있다면, 세상이 여성에게 기대하고 있는 고상한 소명이 무엇인지 그들에게 조금이라도 그려보여 줄 수 있다면—그들에게 맡겨진 천상의 소명은 우리를 모든 올곧고 고상하고 정직한 것들로 고양시켜주고, 인간에게 고상한 열망을 가지라고 호소하는 일입니다—, 당신이 경솔하다고 생각했던 바로 그 여성들이 갑자기 고상한 열정으로 불타오르고, 자기 자신과 자신의 잊혀진 의무를 돌아보고, 순결한 모든 것을 향해 스스로를 고무하고, 남편이 의무를 정직하게 수행하도록 고무하고, 넝마 같은 의상은 저 멀리 던져버리고 모든 사람을 제 할 일로 돌려주게 될 것입니다. 맹세컨대, 여성은 남성보다 먼저 정신을 차려 우리를 고상하게 질책하고, 우리, 어리석은 양떼를 수치와 양심의 채찍으로 고상하게 때리며 몰아갈 것인즉, 우리는 그 뒤에야 정신을 차리고 채찍으로 얻어맞기 전에 알아서 뛰어갔어야 했다는 걸 깨닫게 될 겁니다. 그들은 당신을 사랑할 겁니다, 무척이나 사랑할 겁니다, 당신의 영혼을 알게 되면 사랑하지 않을 수가 없게 될 것입니다. 그러나 그렇게 될 때까지 당신은 그들을 한 사람도 빼놓지 않고 모두 사랑해야 합니다, 그들 중 누군가가 당신을 사랑하지 않는다 해도 절대

개의치 마시고…

그런데 제 편지가 길어지고 있군요. 어쩌면 제가 주절거리는 말이 당신의 도시나 당신이 현재 처한 상황과 동떨어진 것일지도 모른다는 생각이 퍼뜩 드는군요. 그러나 그건 당신이 그 무엇에 관해서도 상세한 정보를 저에게 제공해주지 않았기 때문에 그런 것이니 당신 잘못입니다. 아직까지 저는 숲 속을 헤매는 기분입니다. 무슨 불치의 병에 관한 소리가 들려오긴 하지만 누가 어떻게 아픈지 알 수가 없습니다. 그리고 저는 풍문으로 들려오는 무슨 불치병 같은 것은 믿지 않는 습관이 있고 또 제 손으로 직접 만져보기 전에는 그 어떤 병도 불치의 병이라고 부르지 않습니다. 그러니, 저를 위해서 도시 전체를 다시 검토해 주십시오. 모든 것, 모든 사람을 묘사하시고 그 누구도 저 피할 수 없는 세 가지 질문에서 벗어나게 하지 마십시오. 요컨대, 그의 지위가 무엇인가, 그 지위에서 그가 행할 수 있는 선은 얼마나 되는가, 그가 행할 수 있는 악은 얼마나 되는가, 라는 이 세 가지 질문 말입니다. 부지런한 학생처럼 행동하십시오. 그렇게 하기 위해 공책에 기록을 하시고, 저에게 설명을 하실 때는 최대한 세밀하게 하는 걸 잊지 마시고, 가장 상세한 정보를 얻기 전까지는 저는 바보, 완벽한 바보라는 사실을 명심하십시오. 당신 앞에 서 있는 것은 아주 사소한 것까지 시시콜콜 설명을 해 주어야만 하는 어린아이, 혹은 무식쟁이라고 상상하시는 편이 좋을 겁니다. 그럴 때에야 비로소 당신의 편지는 합당한 것이 될 겁니다. 어째서 당신이 저를 전능한 인간 취급하시는지 모르겠습니다. 만일 제가 당신에게 무언가를 예언했는데 그 예언이 적중하게 된다면, 그건 오로지 당신이 저에게 그 순간의 당신 영혼의 상태를 가르쳐 주었기 때문일 겁니다. 그런 식의 예측은 매우 중요합니다! 현재를 좀더 유심히 살펴보기만 하면 미래는 저절로 드러날 것입니다. 현재는 덮어두고 오로지 미래만 생각하는 인간은 멍청이입니다. 그는 거짓말을 하고 있거나 아니면 수수께끼 놀이를 하고 있거나 둘 중의 하나입니다. 그런데 참, 당신이 쓰신 편지 중 몇 줄에 관해 싫은 소리를 좀 해야겠는데, 우선 그 내용을 그대로 적어보겠습니다.

> 러시아의 상황을 가까이서 보는 것은 슬프고 또 애통하기까지 하지만 그건 더 이상 말하지 않기로 하겠습니다. 우리는 자비로우신 하느님의 손 안에 있는 미래를 희망과 포부를 가지고 바라보아야 합니다.

물론 자비로우신 하느님의 손 안에는 모든 것이 있습니다. 현재도, 과거도, 미래도, 말입니다. 그러나 우리의 모든 불행은 우리가 현재는 보지 않고 미래만 보고 있다는 데서 비롯됩니다. 우리의 모든 불행은 우리가 현재에 눈을 돌렸을 때 그 속에서 슬프고 애통한 것, 혹은 그냥 추악한 것, 혹은 우리가 원치 않는 어떤 것을 발견하면 곧 모든 것에 손사래를 치며 미래로 시선을 돌린다는 데서 비롯됩니다. 그래서 하느님께서는 우리에게 지혜를 주시지 않는 것입니다. 그래서 우리에겐 미래가 공중누각처럼 여겨지는 것입니다. 일부에서는 몇몇 선구적 인물들 덕분에 미래는 좋을 것이라고 생각하지만 그 선구적 인물들은 미래를 본능적으로 느끼긴 하지만 아직 적법한 산술적 결론을 통해 그것을 검증하진 못했습니다. 그 미래에 어떤 식으로 도달해야 할지는 아무도 모릅니다. 그것은 마치 신 포도와도 같습니다. 그런데 모두들 한 가지 사소한 사실을 잊어버렸습니다! 그 '찬란한' 미래로 향하는 길은 다름 아닌 이 현재 속에, 그러니까 아무도 인정하고 싶어하지 않는 이 '어둡고' '혼란스러운' 현재 속에 숨겨져 있다는 사실을 모두들 잊어버린 것입니다. 사람들은 하나같이 현재란 저급하고 관심을 받을 가치조차 없는 것이라 치부하고 있으며 현재가 모든 이들 앞에 그 모습을 드러내게 되면 심지어 화를 내기까지 합니다. 저 하나만이라도 현재를 알게 해 주십시오. 추악함에 당황스러워하지 마시고, 저에게 모든 추악함을 내놓으십시오! 저에게 추악함이란 이상한 게 아닙니다. 저 자신이 상당히 추악한 편이니까요. 제가 아직 덜 추악하던 시절, 저는 모든 추악함에 당혹해 했고, 추악함의 종류와 규모에 우울해졌고, 그리하여 저는 러시아를 생각하면 두려움에 떨곤 했습니다. 그러나 추악함을 좀더 열심히 살펴본 이래로 제 정신은 맑게 개였습니다. 제 눈앞에 출구와 방법과 길이 펼쳐지기 시작했으며 저는 하느님의 섭리에 점점 더 경외심을 느끼게 되었습니다. 지금 저는 하느님께서 저에게 비록 부분적일망정 저 자신의 추악함 및 제 가엾은 동포들의 추악함을 알아볼 수 있는 능력을 주신 데 대해 그 무엇보다도 감사드립니다. 만일 저에게 남다른 지혜가 요만큼이라도 있다면 그건 제가 그 추악함을 더욱 유심히 살펴본 덕분입니다. 그리고 제가 몇몇 진정한 친구들, 그러니까 이 경우에는 당신에게 해당되는 일인데, 그 친구들에게 무슨 정신적 도움 같은 걸 줄 수 있다면 그건 제가 그 추악함을 더욱 유심히 살펴본 덕분입니다. 그리고 마지막으로, 제가 인간을 향한 사랑, 그러니까 무슨 몽상적 사랑이 아니라 실체적인 그런 사랑을 획득했다면 그것 또한 결국은 전적으로 제가 모든 추악함을 좀더 유심히 살펴본 덕분입니다. 추악함 때문에 놀라지 마시고, 또 특히 어딘지 모르게 추악하게 느껴지는 사람들이 있더라도 외면하지 마십시오. 확신하건대, 우리 러시아의 이른바 '정결한 사람들' 중 많은 이들이 스스로를 너무나 깨끗하다고 여겼고, 자기의 깨끗함과 무언가를 향한 온갖 종류의 고상한 열정을 자랑했고, 또 그 때문에 자기가 남들보다 더 낫다고 여겼다는 바로 그 이유 때문에 두 손으로 얼굴을 가린 채 비통하게 울게 될 날이 올 것입니다. 이 모든 것을 기억하시고 기도하는 마음으로 이전의 그 어느 때보다도 더 용감하고 생기발랄하게 당신의 일에 착수하십시오. 저의 편지를 다섯 번, 여섯 번, 되풀이 읽으셔야만 하는데, 그건 편지의 모든 것이 뒤죽박죽이고 두서가 없기 때문에 그래야 하는바, 사실 그것 또한 당신의 잘못이지요. 편지의 본질이 전적으로 당신 안에 남아있게 하시고, 저의 질문들이 당신의 질문이 되게 하시고, 저의 염원이 당신의 염원이 되게 하시고, 당신이 저의 요청을 제가 원하는 바 그대로 수행할 때까지 말 한 마디, 글자 한 자까지 당신을 뒤쫓으며 당신을 괴롭히도록 하십시오.

1846년

XXII

러시아의 지주[1)]

B. N. B.[2)]에게 보내는 편지

중요한 것은 당신이 이미 시골에 도착했고 자기 스스로를 확실히 지주로 인식했다는 점입니다. 그 밖의 것은 모두 저절로 될 것입니다. 지주와 농노를 엮어주던 이전의 쇠사슬은 영원히 사라졌다는 생각으로 당황해하지 마십시오. 그것이 사라졌다는 것은 사실입니다. 그게 지주의 잘못이라는 것 또한 사실입니다. 그렇지만 그것이 영원히, 완전히 사라졌다는 것, 그런 말에는 침이라도 뱉으십시오. 앞일을 내다보지 못하는 인간만이 그런 소리를 할 수 있습니다. 선한 일을 가르치면 그게 무어든 감사할 줄 아는 러시아인을 우리에게 붙들어 매어두는 게 어려운 일일까요? 나중에는 어떡하면 저 녀석을 떼어버릴까 하고 궁리하게 될 정도로 찰싹 붙여 놓을 수가 있습니다. 만

---

1) 이 편지는 A. 톨스토이 백작의 조카인 V. 아프라크신(V. V. Apraksin)과의 대화를 토대로 한다. 아프라크신은 자신의 영지를 모범적으로 관리하고 농노들의 복지향상을 위해 노력한 지주로 알려져 있다. 고골은 그를 이상적 지주로 간주하였던 것 같다. 농노제를 긍정하고 가부장적 삶을 이상화하는 고골의 입장은 많은 독자와 비평가들로부터 시대착오적이고 반인륜적이라는 비난을 받았다.

2) 수신인이 누구인지는 아직까지 밝혀지지 않고 있다.

일 당신이 지금부터 제가 드리는 말씀을 모두 정확하게 수행한다면 올해가 끝날 무렵 당신은 제가 옳았음을 알게 될 것입니다. 적법하고 진정한 의미에서의 지주의 과업에 착수하십시오. 우선 농부들을 소집한 뒤 그들에게 당신은 누구이고 그들은 누구인가에 관해 설명해 주십시오. 즉, 당신이 그들을 다스리는 지주인 것은 당신이 명령을 내리고 싶어했기 때문도 아니고, 지주가 되고 싶어했기 때문도 아니며, 당신은 이미 지주이기 때문에, 지주로 태어났기 때문이라는 것, 모든 이는 다른 사람의 위치에서가 아니라 자기 위치에서 하느님을 섬겨야 하므로 당신이 만일 다른 걸로 이 소명을 바꾼다면 하느님께서 당신에게 책임을 물을 것이기 때문이라는 것 등을 말해 주시고, 또 그건 이 세상에서 하느님으로부터 오지 않은 권력이란 없으므로 사람은 태어날 때부터 자신을 지배하는 권력에 복종해야 하는 것과 같은 이치라는 것을 말해 주십시오.[3] 그들이 이 모든 것을 빠짐없이 깨닫도록 즉석에서 복음서를 인용해 그 점을 보여주십시오. 그런 다음, 당신이 그들에게 힘들여 일하라고 종용하는 것은 쾌락을 위해 돈이 필요해서가 전혀 아니라는 점을 보여 주시되, 그 증거로 즉석에서 지폐를 불에 태움으로써 당신에게 돈이란 정말로 아무것도 아니란 것을 그들로 하여금 깨닫게 하시고, 또 당신이 그들에게 일하라고 종용하는 것은 하느님께서 인간에게 땀 흘려 빵을 얻으라고 명하셨기 때문이라는 걸 보여주시되, 그들이 이 점을 깨닫도록 즉석에서 성서를 읽어주십시오. 그들에게 모든 진실을 말해주십시오. 마을에 있는 건달 한 사람 한 사람에 대해 하느님은 나에게 책임을 물으실 것이다, 바로 그 점 때문에 나는 너희들이 나를 위해서 뿐 아니라 너희들 자

3) 이 대목은 〈로마인들에게 보낸 편지〉 13: 1을 참조하라. "누구나 자기를 지배하는 권위에 복종해야 합니다. 하느님께서 주시지 않은 권위는 하나도 없고 세상의 모든 권위는 다 하느님께서 세워주신 것이기 때문입니다."

신을 위해서 정직하게 일하도록 만전을 기해야 한다, 농부가 게으름을 피우기 시작하면 못할 일이 없어 도둑도 되고 주정꾼도 되고 패륜아가 되기도 한다는 걸 나도 알고 너희들도 알지만 하느님 대전에서 거기에 대한 책임을 져야 하는 것은 바로 나다, 라고 말해주십시오. 그들에게 무슨 말을 하건 즉석에서 성서를 인용해 그 점을 공고히 하십시오. 그런 말이 씌어 있는 대목의 글자 한 자 한 자를 손가락으로 짚어 주십시오. 그들 한 사람 한 사람으로 하여금 그 글자 앞에서 성호를 긋고 그런 말이 씌어진 성서 자체에 머리를 조아려 입맞춤하도록 하십시오. 한마디로 말해서, 그들과 관련된 일에 관한 한, 당신은 무슨 유럽식의 혹은 다른 식의 계획이 아닌 하느님의 의지를 따르고 있다는 사실을 그들이 분명히 깨닫도록 하십시오. 농부가 이 점을 이해하도록 하는 데 많은 말은 필요치 않습니다. 그에게 모든 진실을 선포하십시오. 인간의 영혼은 이 세상에서 그 무엇보다 소중하다, 그래서 나는 무엇보다도 먼저 너희들 중 그 어느 누구도 자기의 영혼을 망치지 않도록, 영원한 고통 속으로 영혼을 던져버리지 않도록 만전을 기할 것이다, 라고 말하십시오. 절도, 나태, 과음 등을 저질러 붙잡힌 사람에게 불호령을 내릴 때는 그자를 당신 앞에 세우지 말고 하느님 앞에 세우십시오. 그가 당신이 아닌, 하느님을 거슬러 어떤 죄를 지었는가를 보여주십시오. 그리고 그 한 사람만을 질책하지 마시고, 그자의 아내와 가족을 부르고 이웃을 소집하십시오. 아내에게는 어찌하여 남편을 악에서 거두어주지 않았는가, 어째서 남편에게 하느님의 분노를 일깨워 주지 않았는가를 문책하십시오. 이웃들에게는 어찌하여 자기들과 더불어 사는 형제가 개 같은 삶을 영위하고 자기 영혼을 헛되이 망치도록 내버려두었는가를 문책하십시오. 그들은 그 점에 대해 하느님 대전에 책임을 지게 될 거라는 것을 증명해 보이십시오. 모든 사람에게 책임이 지워지도록, 그리고 잘못을 저지른 사람

주변의 모든 사람이 질책을 받도록, 그리고 그 한 사람만이 지나치게 처벌당하는 일이 없도록 배려하십시오. 모범 관리인과 모범 농부들에게 영향력과 책임감을 부여하십시오. 너희들 자신이 잘 살아야 할 뿐 아니라 다른 사람들에게도 잘 사는 법을 가르쳐야 한다, 주정뱅이가 주정뱅이를 가르칠 순 없다, 이게 너희들의 의무다, 라는 것을 그들에게 분명히 주지시키십시오. 건달과 주정뱅이들에게 명하시어, 그들이 촌장이나 집사나 신부님, 심지어 당신에 대한 존경에 버금가는 존경심을 모범 농부와 모범 관리인에게 보이게 하십시오. 그래서 모범 농부나 모범 관리인이 멀리서 오는 걸 보게 되면 모든 다른 농부들은 모자가 벗겨지도록 뛰어가 길을 양보하도록 하십시오. 누군가 감히 모범 농부에게 불손하게 대하거나 그의 현명한 말을 귀담아 듣지 않거든 모든 사람 앞에서 즉시 녀석에게 따끔한 맛을 보이십시오. 녀석에게 이렇게 호통을 치십시오.

> 정말 더러운 녀석이군! 돼지우리에서 살다보니 눈까지 삐었느냐, 성실한 분도 못 알아보게! 어서 저분 앞에 무릎 꿇고 분별이 생기게 해달라고 빌어라. 분별이 없는 녀석은 개처럼 죽을 것이로다.

모범적인 농부들을 초대하되, 혹 그들이 노인이라면 당신 앞에 앉히신 다음, 다른 사람들을 어떻게 가르치고 선도할 것인지 그들과 논의함으로써 하느님께서 명하신 바를 수행하십시오. 그런 식으로 한 일 년만 행동하시면 모든 게 조화롭게 이루어졌음을 당신 스스로 알게 될 것입니다. 당신의 가정 경제까지도 그로 인해 향상될 것입니다. 중요한 것 하나만 신경을 쓰시면 나머지는 저절로 이루어질 것입니다. 그리스도께서 "이 모든 것도 곁들여 받게 될 것이다"라고[4] 말

4) 이 대목은 〈마태오의 복음서〉 6: 33을 참조하라. "너희는 먼저 하느님의 나라

씀하신 것은 다 이유가 있어서입니다. 농부들의 일상에서는 그러한 진리가 우리의 일상에서보다 더 분명하게 드러납니다. 그들에게 부(富)와 선(善)은 동의어입니다. 그리스도교적 삶이 지배하는 마을에서는 농부들이 삽으로 은을 그러모으는 법이지요.[5)]

자, 그럼 농지경영에 관해 충고해 드리지요. 농경을 속속들이 파악하면 손해를 보는 일은 없을 겁니다. 두 사람이 벌써 저에게 감사의 뜻을 표명했습니다. 그중 한 사람은 당신도 잘 아시는 K. 씨 입니다. 구체적으로 농경의 어떤 부문에 매달려야 할지, 그리고 어떻게 매달려야 할지에 관해서는 말씀드리지 않겠습니다. 당신이 저보다 더 잘 아실 테니까요. 게다가 당신의 영지는 제가 손바닥 들여다보듯 잘 아는 그런 곳이 아닙니다. 당신은 온갖 종류의 새 제도를 잘 알고 계시며, 또 모든 낡은 제도와 관련하여서는 그것들을 유지해야만 할 뿐 아니라 속속들이 잘 살펴서 그 안에서 향상을 도출해내야 한다는 사실을 당신 스스로 터득하셨습니다. 그렇지만 농지경영 및 농사일에 있어서 지주와 농부들이 어떻게 접촉해야 하는지에 관해서는 한 말씀 드리고자 하는데, 그건 작금에 있어 그것이 다른 어떤 것보다 필요하기 때문입니다. 이전의 지주-관리인과 농부들의 관계를 기억하십시오. 가장이 되십시오, 모든 것의 창시자가 되십시오, 모든 일에 있어서 선구자가 되십시오. 공동과업, 그러니까 파종, 풀베기, 수확 등의 일이 시작될 때는 온 마을에 잔치를 벌이시고, 부활절 때처럼 당신 집 정원에 상을 차려 모든 농부들을 초대하시고, 그들과 같이 식사하시고, 그들과 같이 일터로 나가시고, 일터에서는 선도자

와 하느님께서 의롭게 여기시는 것을 구하여라. 그러면 이 모든 것도 곁들여 받게 될 것이다."

5) 푸쉬킨의 《예브게니 오네긴》 제5장 8연에서 인용한 것이다. "그 고장의 농부들은 모두 부자라네/삽으로 은을 그러모으네."

가 되시어 모든 사람들이 신명나게 일하도록 부추기고, 척척 잘하는 사람은 즉석에서 칭찬하고 게으른 사람은 즉석에서 나무라십시오. 가을이 되어 들판 일이 끝나거든 그런 식의, 그러나 더 성대한 잔치를 열어 작업의 완수를 축하하시되 장엄한 감사 기도를 더불어 올리십시오. 농부들을 때리지 마십시오. 그들의 면상을 후려치는 일은 그다지 큰 기술을 요하는 일이 아닙니다. 경찰서장도, 위원도, 심지어 촌장도 그런 일은 할 수 있습니다. 농부들은 그런 일에 이미 익숙해져서 뒤통수를 한두 번 긁적거리면 그만입니다. 그러니 말로써 우아하게 그들에게 심적 부담을 주도록 하십시오. 당신은 콕 집어 말하는 데 타고난 명수 아닙니까. 모든 사람 앞에서 그에게 욕을 해주시되 모인 사람 모두가 그를 조롱하도록 하십시오. 그러는 것이 무슨 뒤통수를 한방 갈겨주거나 면상을 후려쳐서 이빨을 부러뜨리는 것보다 그에게 더 도움이 될 것입니다. 건실한 농부의 동의어를 잘 알아두었다가 그들을 격려할 때 사용하시고, 아낙네의 동의어는 꾸짖는 데 사용하게 잘 알아두시어 게으름뱅이와 술주정꾼은 아낙네, 쓰레기라는 걸 온 마을이 다 알게 하십시오. 그보다 더 심한 말, 예컨대 러시아인이 혐오하는 그런 존재를 지칭하는 표현을 찾아내십시오. 방안에 틀어 박혀 있지 마시고 농부들의 일터에 더 자주 나타나십시오. 나타나실 때는 작업의 난국을 멋지게 척척 헤쳐 나가시어 당신의 등장으로 인해 모든 것이 더 활기차고 유쾌하게 보일 수 있도록, 그렇게 나타나십시오. 다음과 같은 말로써 원기를 북돋으십시오. "이보게들, 다같이 힘껏 해보자구, 으라차!" 도끼와 낫을 손수 잡으십시오. 그렇게 하는 것이 당신을 위해 좋으며 무슨 마리엔바트니[6] 걷기 운동이니, 생기 없는 산책이니 하는 것보다 당신의 건강에 더 도움이 될 겁

6) 당시 러시아인들이 즐겨 찾던 독일 온천장 중의 하나.

니다.

학교에 관한 당신의 지적은 전적으로 옳습니다. 유럽의 박애주의자들이 민중을 위해 출판했다는 저 무가치한 책 나부랭이를 농부가 읽을 수 있도록 하기 위해 그에게 읽고 쓰기를 가르쳐야 한다는 생각은 정말이지 말도 안 됩니다. 중요한 것은 우선 농부한테 그런 일을 할 시간이 없다는 사실입니다. 농사일을 마친 그의 머릿속에 무슨 책 나부랭이가 기어들어 올 리 만무하며 집에 돌아온 그는 죽은 사람처럼 깊은 잠에 빠지게 마련입니다. 당신도 작업장에 좀더 자주 들러보게 된다면 마찬가지일 겁니다. 마을 신부가 그런 모든 책 나부랭이보다 농부에게 진정 필요한 것을 훨씬 많이 얘기해 줄 수 있습니다. 그런데 만일 누군가가 진정으로 읽고 쓰기를 배우고자 열망한다면, 그리고 그것도 무슨 사기꾼 같은 서기 따위가 되고 싶어서가 아니라 인간에 대한 하느님의 율법이 적힌 책을 읽고 싶어서 그러는 거라면, 그렇다면 또 문제가 달라집니다. 친아들처럼 그를 교육하시고 그 한 사람을 위해 학교 전체를 위해 사용할 법한 수단을 모두 다 사용하십시오. 우리의 민중은 바보가 아니어서 무슨 서류 같은 걸 보면 악마라도 만난 듯 도망칩니다. 그 안에는 인간의 모든 분규와 속임수와 음모가 줄줄이 엮어져 있다는 걸 그는 알고 있습니다. 지금으로서는 성서 외에 다른 책이 있다는 사실조차 알아서는 안 됩니다.

말이 난 김에 사제에 관해 말해봅시다. 당신은 사제의 교체에 관해 호들갑을 떨고 주교님께 좀더 유식하고 역량 있는 사제를 보내달라고 요청할 궁리를 하고 있지만 그건 다 쓸데없는 일입니다. 그런 사제는 사방에서 필요로 하고 있기 때문에 주교님은 그런 사제를 당신께 파견할 여력이 없을 것입니다. 당신의 이상에 전적으로 부합하는 사제를 찾아낼 수 있다는 생각 자체를 머릿속에서 몰아내십시오. 그 어떤 신학교나 학교도 그런 사제를 양성하지 못합니다. 신학교에서 그는 그저 기본적 소양만을 터득할 뿐 진정한 교육은 전적으로 일상의 삶 속에서 얻습니다. 당신은 시골 사제의 의무란 것을 그토록 잘 알고 계시니까 그의 안내자가 되셔도 됩니다. 사제가 어리숙하다면 그건 거의 언제나 지주의 잘못입니다. 그들은 사제를 친척처럼 자기 집에 청해 보살피고, 수준 높은 담화에 대한 열망을 그에게 심어주어 한 수 배우게 해주는 대신, 아직 농부가 무엇인지 알지도 못하는 그 새파란 애송이 사제를 농부들 사이에 집어 처넣고, 처음부터 농부들을 휘어잡기는 커녕, 그들의 잘못을 눈감아 주고 비위나 맞추어 주어야 하는 입장에 처하게 한 다음, 나중에 가서 자기네 사제가 어수룩하다느니, 농부처럼 군다느니, 한낱 농부와 다를 바가 없다느니 하며 비통해합니다. 한번 물어봅시다. 이런 상황에서 제아무리 교양 있고 성숙하다 할지라도 난폭해지지 않을 사람이 어디 있겠습니까? 그러니 이렇게 하십시오. 사제로 하여금 날마다 당신과 식사를 하도록 만드십시오. 그와 더불어 종교 서적을 읽으십시오. 그런 식의 독서가 그 무엇보다도 더 당신을 사로잡고 당신에게 자양분을 제공하도록 하십시오. 그런데 가장 중요한 것은, 당신이 일터에 갈 때는 어디고 사제를 대동함으로써 그가 우선 당신의 조수 역할을 하면서 당신이 농부들을 어떻게 다루는지 제 눈으로 똑똑히 볼 수 있게 하는 것입니다. 그러면 그는 지주란 무엇이고, 농부란 무엇이며, 양자의 관계가 어떠해야 하는지 분명히 깨닫게 될 겁니다. 그러는 사이에 농부들은 그가 당신과 손에 손을 잡고 다니는 것을 보고는 그에 대해 더 큰 존경심을 품게 될 것입니다. 그가 자기 집에서는 부족한 게 없도록, 개인적인 살림살이와 관련하여 아쉬운 게 없도록, 또 그 덕분에 언제나 당신과 함께 있을 수 있도록 배려하십시오. 장담하건대, 그는 마침내 당신에게 익숙해져, 당신이 없으면 따분해 할 것입니다. 그리고 당신에게 익숙해지고 나면, 그는 자기도 모르는 사이에 당신한테서 사물과 인간에 대한 통찰력, 그리고 온갖 좋은 자질들을 배우게 될 것인바, 이는 하느님 덕분에 당신은 이 모든 것을 갖추고 있고, 또 명쾌하고 훌륭하게 표현하는 능력도 겸비하고 있으므로 모든 사람이 본능적으로 당신의 생각뿐 아니라 심지어 당신의 표현방식, 그리고 당신의 말 그 자체까지 받아들이게 되기 때문입니다.

당신이 필요하다고 생각하시는 설교로 말할 것 같으면, 저는 이런 말씀을 드리고 싶습니다. 아직 자기 일에 완전히 자리를 못 잡고 주변 사람들과도 사귀지 못한 사제라면 아예 설교 같은 건 안 하는 편이 낫다는 생각이 듭니다. 현명한 설교를, 그것도 특히 농부들을 대상으로 한다는 것이 얼마나 어려운 일인지 생각해 본 적이 있으십니까? 아닙니다, 최소한 사제가, 그리고 당신 자신이 주위 환경에 익숙해질 때까지 차라리 좀 참는 편이 나을 것입니다. 그때가 올 때까지 당신이 하셔야 할 일에 관해 충고 한 말씀 드리려고 하는데, 저한테서 동일한 충고를 받았던 어떤 사람도 그 덕을 본 것 같습디다. 교부들, 특히 요한 금구를 인용하실 것을 권하는바, 제가 요한 금구를 언급하는 이유는 요한 금구께서는 그리스도교인의 외양만 받아들였지 속은 아직도 야만적인 이교도인 무식한 민중을 상대하면서 단순하고 조야한 인간의 이해력에 다가가려고 노력하셨고 또 필요한 주제, 심지어 매우 고상한 주제에 관해서도 대단히 생생한 언어로 말씀하셨으므로 그분의 설교에서 따온 대목을 우리의 농부들에게 전달한다면 우리의 농부들은 그걸 충분히 이해하리라고 생각하기 때문입니다. 요한 금구를 집어 드셔서 사제와 함께 읽으시되, 연필로 그런 대목에—그런 대목은 요한 금구의 매 설교마다 수십 개나 있습니다—줄을 쳐가며 읽으십시오. 그리고 사제에게 그런 대목을 민중에게 읽어주라 하십시오. 길게 말할 필요는 없습니다. 한 페이지 정도, 아니면 반 페이지라도 충분합니다. 짧으면 짧을수록 좋습니다. 그렇지만 민중에게 읽어주기 전에 사제는 당신과 함께 그 대목을 여러 번 숙독하여 민중에게 열의에 차서 읽어 줄 수 있어야 할 뿐 아니라 그가 자기의 행복이 달려 있는 무슨 개인적인 이득에 신경을 쓰고 있다는 인상을 줄 정도로 확신에 찬 목소리를 전달할 수 있어야 합니다. 이것이 본래의 설교보다 훨씬 현실적이라는 걸 당신은 깨닫게 될 겁니다. 민중에게 말할 때는 적게, 그러나 적확하게 말해야 하는바, 안 그러면 오페라나 연극을 보러가듯 유럽의 유명한 설교사를 청취하러 다니는 상류층 사람들이 설교에 만성이 되듯 민중도 설교에 만성이 되기 때문입니다. K씨네 사제는 그 어떤 설교도 하지 않지만 모든 농부들을 속속들이 알고 있으므로 그저 그들의 고백성사만을 기다리곤 한답니다. 그리고 고백성사시에 그들 하나하나에게 너무도 큰 감동을 주므로 그들은 목욕탕 문을 나서듯 교회문을 나선답니다. Z씨는 일부러 자기네 공장에서 최악의 난봉꾼과 주정꾼으로 알려진 일꾼 30명을 뽑아 그의 고백성사에 보내놓고 그들이 성당문을 나설 때 어떤 표정인지 보려고 성당 입구에서 기다리고 있었답니다. 그랬더니 그들은 하나같이 새우처럼 시뻘게져가지고 나오더랍니다. 게다가 한 번에 고작 몇 명 정도만, 그러니까 한 너덧 명 정도씩만 고백성사를 받게 하는 것 같더랍니다. 그러고 나서, Z씨의 말에 의하면, 두어 달 동안 그들 중 아무도 술집에 나타나지 않아 동네 술집 주인들은 이게 도대체 어떻게 된 영문일까 하고 고개를 갸우뚱거렸다는 겁니다.

이만하면 충분합니다. 한 일 년만 열심히 일하시면, 나머지는 저절로 굴러갈 것이고 당신은 손끝 하나 까딱할 필요조차 없을 것입니다. 당신은 지주의 이익은 농부들의 이익과 별개라고 생각하는 근시안적인 사람들의 생각과는 반대로 크리수스처럼[7] 부자가 될 것입니다.

---

7) 기원전 6세기경 리디아의 마지막 왕. 큰 부자로 널리 알려졌다.

당신은 그들에게 말이 아닌 실천으로써 보여줄 것입니다, 그들의 말은 거짓이라는 것을, 지주가 그리스도교인의 눈으로 자신의 의무를 살펴본다면 그는 영원히 사라졌다고 사람들이 입방아를 찧어대는 저 오랜 연분을 공고히 할 수 있을 뿐 아니라 그것을 새로운 쇠사슬, 즉 그 어떤 것보다 강력한 그리스도 안의 쇠사슬로 꽁꽁 묶어줄 수 있다는 것을 말입니다. 그리고 당신으로 말할 것 같으면, 이제까지는 그 어떤 부서에서도 열성적으로 봉직한 적이 없지만 이제 지주의 신분으로서 그 어떤 고관대작도 이룰 수 없는 업적을 황제폐하께 봉헌하게 될 것입니다. 누가 뭐라고 하든, 800명의 백성이 일치단결하여 모범적인 삶으로써 주변의 모든 사람에게 귀감이 되도록 만드는 것 — 이거야말로 놀라운 과업이며 진정 합당하고 위대한 봉사인 것입니다.

1846년

XXIII

역사화가 이바노프[1)]

M. Iu. V.[2)] 백작에게 보내는 편지

이바노프에 관해 몇 자 적으려 합니다. 이 인물의 운명은 얼마나 기묘한가요! 그의 사정에 관해 모든 이에게 알려야 할 때가 마침내 왔습니다. 모두들 그가 현재 그리고 있는 그림은 전대미문의 현상이라는 것을 확신했고 그의 과업에 동참했고, 또 화가가 그림을 그리는 동안 굶어 죽지 않고—'문자 그대로' 굶어 죽지 않고—그림을 끝낼 수 있도록 그에게 호구지책을 마련해 주려고 사방에서들 애를 쓰고 있지만 아직까지 페테르부르크에서는 아무런 소식도 들려오고 있지

1) 이바노프(A. A. Ivanov, 1806~1858): 당대의 유명한 화가. 주로 종교와 역사를 주제로 한 그림을 그렸다. 고골은 1838년 말경 로마에서 그와 알게 되었고 궁핍 속에서 작업을 하고 있는 그에게 금전적 도움을 주기 위해 여러모로 애를 썼다. 그를 위한 여러 가지 청원이 실패로 돌아가자 고골은 이 편지를 출간하여 독자층의 관심을 촉구하였다. 마침내 정부는 여론을 의식하여 이바노프에게 원조를 제공하기로 결정했다. 이 편지는 1846년 2월부터 3월 사이에 씌어진 것으로 검열관의 지적에 따라 관료제도를 비판하는 대목들은 삭제된 채로 출간되었다.

2) 이 편지의 수신인은 비엘고르스키(Matv. Iu. Viel'gorskii)라는 설이 유력하다. 고골은 1843년 겨울 니스에서 비엘고르스키 가족과 알게 되었고 막내딸인 안나에게 청혼했으나 거절당한 것으로 알려져 있다.

않습니다. 이 모든 게 무슨 뜻인지 제발 속 시원히 말씀해 주십시오. 이곳으로까지 황당한 소문이 들려오는데, 그 소문에 의하면 우리 예술 아카데미의 모든 교수님들과 화가들께서 이바노프의 그림이 이제까지 우리 예술이 창조해낸 모든 것을 무로 돌릴까봐 두려워, 질투심에서, 그에게 그림을 끝낼 수 있는 호구지책이 마련되지 않도록 애를 쓰고 있다는 겁니다. 확신컨대, 그건 낭설입니다. 우리의 예술가들은 관대하며 만일 그들이 불쌍한 이바노프가 저 선례 없는 헌신과 작업에의 열정으로 인해 실제로 굶어 죽는 것까지 무릅쓰며 얼마나 많은 것을 참아내야 했는지, 그 전모를 알았더라면 다른 사람에게 그렇게 잔인한 일을 사주하기는커녕 아마 자기 돈까지 그와 사이좋게 나누어 가졌을 것입니다. 그리고 이바노프한테서 겁낼 것이 무엇이겠습니까? 그는 아무도 방해하지 않으면서 제 갈 길을 가고 있습니다. 그는 무슨 교수 자리나 실질적 이득을 노리고 있지 않을 뿐 아니라 아예 아무것도 노리고 있지 않는바, 이는 그가 자기의 작업 이외에는 이 세상 그 어떤 것에도 이미 죽은 목숨이나 마찬가지이기 때문입니다. 그가 청하는 것은 형편없는 급료인데, 그 급료란 것도 갓 입문한 초심자나 받을 만한 것이지 이제까지 그 누구도 시도하지 못한 어마어마한 작업에 임하고 있는 거장이 받을 만한 급료는 아닙니다. 그리고 그 형편없는 급료나마 모든 사람이 그토록 받게 해주고 싶어서 안달을 하고 있는데도 불구하고 그는 아직 못 받고 있습니다. 당신의 생각처럼 저 역시 이 모든 상황에서는 이바노프로 하여금 모든 걸 참아내고 온갖 괴로움을 다 겪고 모든 걸 이겨내도록 하시려는 하느님의 섭리밖에 다른 어떤 이유도 발견할 수가 없습니다.

작업속도가 느리다는 이유로 그를 비난하는 소리가 한동안 울려 퍼지고 있었습니다. 모두들 이렇게 말했습니다. "뭐라구! 8년 동안이나 그림 한 장[3] 가지고 끙끙댔는데 아직도 완성이 안됐다니!" 그러나 화가의 시간은 단 일 분도 헛되이 낭비되지 않았으며 그 그림을 위한 습작만도 방 하나를 가득 메워 별도의 전시회를 열 정도라는 것, 이때까지 선례가 없는 엄청난 스케일의 그림(브률로프와[4] 브루니의[5] 그림보다도 더 큰)은 너무도 오랜 작업 시간을 요구하는데 특히 그토록 적은 수입으로는 그가 원하는 모델은 고사하고 모델 몇 명을 동시에 세울 여유조차 없어서 시간이 더 걸린다는 것을 모든 사람이 알게 되자 그러한 비난은 수그러들었습니다. 한마디로 말해서, 마치 노동자처럼 평생을 작업에 바치고 이 세상에 그림 말고 다른 즐거움이 있다는 사실조차 망각한 그런 화가에게 느리다는 둥 게으르다는 둥 비난하는 것은 어불성설이라는 걸 지금은 모든 사람들이 자각하고 있습니다. 그가 느리다고 비난한 사람들이 그 느림의 또 다른 숨겨진 이유를 알게 되면 더더욱 민망스러워 할 것입니다. 그 그림의 창조는 화가 개인의 정신적 상황과 연결되어 있었습니다. 그건 세계사를 통해 찾아보기 어려운 매우 드문 현상으로, 거기 개재하는 것은 인간의 변덕이 아니라 인간보다 높은 곳에 계시는 분의 의지입니다. 요컨대 이 그림을 통해 화가 자신의 품격이 예술적 기교뿐 아니라 예술을 합당하고 거룩한 소명으로 인도하는 사상이란 측면에서 완성되도록 결정되어 있었던 것입니다. 그림의 소재는 당신도 이미 아시겠지만 대단히 의미심장합니다. 복음서 중에서도 재현하기 가장 어려운 대목, 과

---

3) 여기서 말하는 그림이란 이바노프의 대표작 〈그리스도께서 민중 앞에 나타나심〉(*Iavlenie Khrista narodu*)을 가리킨다.

4) 브률로프(K. P. Briulov, 1799~1852): 낭만주의적 화풍으로 알려진 당대의 유명한 화가. 예술 아카데미 교수. 고골이 여기서 염두에 두고 있는 그림은 그의 〈폼페이 최후의 날〉(*Poslednii den' Pompei*)이다.

5) 브루니(F. A. Bruni, 1799~1875): 이탈리아 태생의 화가로 예술 아카데미에서 수학한 후 예술사 교수 및 아카데미 학장을 역임했음. 대표작으로 장대한 스케일의 〈청동 괴룡〉(*Mednyi zmii*)이 있다.

거의 종교예술 시대에도 그 어떤 화가도 재현하지 못한 대목, 즉 그리스도께서 처음으로 민중 앞에 나타나신 대목을 취했던 것입니다. 그 그림은 요르단 강 기슭의 광야를 묘사하고 있습니다. 모든 사람의 눈에 세례자 요한이 보이고 있는데 그는 설교를 하면서 그때까지 아무도 본 적이 없는 분의 이름으로 세례를 베풀고 있습니다. 그를 에워싸고 있는 사람들은 더러는 벌거벗은 채이고 더러는 옷을 벗고 있는 중이고 더러는 옷을 입고 있는 중이고 더러는 옷을 입은 채입니다. 그들 사이에는 구세주의 제자가 될 사람들도 섞여 있습니다. 모든 사람들이 각기 다른 행동을 취하고 있으면서도 예언자의 입에서 나오는 한 마디 한 마디를 거머쥐려는 듯 그의 설교에 내면의 귀를 기울이고 있으며 각기 다른 얼굴에 각기 다른 표정을 보이고 있습니다. 어떤 사람들의 얼굴에는 이미 완전한 믿음이 엿보이고 어떤 사람들 얼굴에는 아직 의심이 엿보입니다. 또 어떤 사람들은 흔들리고 있고 어떤 사람들은 비탄과 회한에 잠겨 고개를 떨구고 있습니다. 또 아직도 돌처럼 굳은 마음을 보이는 얼굴도 있습니다. 바로 이때, 모든 이가 다양한 행동을 취하고 있는 때, 바로 그분, 세례를 베푸신 권세의 주인이신 그분의 모습이 멀리서 보입니다 — 이게 바로 그림의 진정한 순간입니다. 선지자께서 구세주를 손가락으로 가리키며 "이 세상의 죄를 없애시는 하느님의 어린 양이 저기 오신다!"라고 선포하는 바로 그 순간이 포착되고 있는 것입니다. 그리고 모든 사람들은 자기 얼굴에 나타나는 표정을 그대로 유지하면서 혹은 눈으로 혹은 생각으로 선지자가 가리키는 사람에게 주의를 돌립니다. 모든 이의 얼굴에서는 방금 전에 떠올랐다가 아직 채 사라지지 않은 인상 위에 새로운 인상이 중첩됩니다. 선택받은 선구자들은 놀라운 빛으로 환해져 있고 다른 사람들은 어떻게 한 사람이 이 세상의 죄를 없앨 수 있을까, 하고 의심하며 저 이해할 수 없는 말의 의미를 이해하려고 애쓰고 있고, 또 어떤 사람들은 “나사렛에서 예언자가 나온다는 소린 못 들었는데”라고 말하며 의혹에 차서 고개를 흔들고 있습니다. 그런데 그분은 천상의 평화와 놀라운 초연함 속에서 이미 고요하고 확고한 걸음으로 사람들에게 다가가고 계십니다.

‘그리스도에의 지향’, 그 전 과정을 인물들의 얼굴에 표현한다는 것이 그냥 그렇고 그런 일이란 말입니까! 위대한 화가는 무엇이든 다 할 수 있다고 믿는 사람들이 있습니다. 아카데미에서 수학한 재능 있는 화가라면 대지, 바다, 인간, 개구리, 주먹다짐, 술자리, 카드게임, 하느님께 바치는 기도, 등등, 한마디로 모든 것을 다 소화해 낼 수 있다는 것입니다. 화가는 자기가 ‘느낀’ 것, 그리고 자기 머릿속에 이미 완벽하게 자리 잡은 심상(心象)만을 묘사할 수 있습니다. 그렇지 않다면 그 그림은 죽어버린, 아카데미식의 그림이 될 것입니다. 이바노프는 다른 화가들이 그림의 마무리를 위해 충분하다고 여긴 모든 일을 해냈습니다. 그림의 물질적인 부분 전체, 그러니까 인물 군을 화폭 위에 엄격하고 치밀하게 배치하는 것과 관련된 모든 것이 완벽하게 실행되었습니다. 인물들은 복음서에 등장하는 인물들의 전형적인 인상과 더불어 유태인의 인상을 지니게 되었습니다. 그들의 얼굴만 보아도 묘사되는 사건이 어느 지역에서 일어나고 있는지 알 수 있습니다. 그것은 이바노프가 유태인의 얼굴을 공부하기 위해 작심을 하고서 온갖 데를 다 돌아다닌 덕분이었습니다. 모든 것이, 그러니까 색채의 조율, 인물의 의상, 신체와 의상을 어울리게 하려는 세심한 배려에 이르기까지 모든 것이 철저하게 연구되어 거기에 그려진 주름 하나까지도 전문가의 눈길을 끌 정도입니다. 마지막으로, 역사화가들이 대체로 별반 주의를 기울이지 않는 풍경에 관해 말하자면, 인물 군상을 둘러싸고 있는 그림 같은 광야는 너무도 완벽하게 재현되어 로마에 거주하는 풍경화가들까지도 놀랄 정도입니다. 이바노프는 그렇게 하기 위해서 건강에도 해로운 폰티우스 늪지대와 이탈리아의 다른 황량한 지대에서 몇 달씩이나 지냈고, 로마 근교의 모든 황폐한 벽지를 습작해 보았고 돌멩이 하나 나뭇잎 하나까지도 공부했던 바, 한마디로 말해서 자기가 할 수 있는 일은 다 했고, 모델만 있다면 모든 것을 다 묘사했습니다. 그렇지만 화가가 아직 모델을 찾아내지 못한 것은 어떻게 묘사해야 할까요? 그림 전체의 주된 과제, 즉 인물들의 얼굴에 그리스도에의 지향, 그 과정 전체를 제시하는 일을 위해 그는 어디서 모델을 찾아낼 수 있었을까요? 어디서 그런 모델을 구할 수 있었을까요? 머릿속에서요? 상상력으로 만들어낼까요? 아니면 생각으로 포착할까요? 아니, 그건 말도 안됩니다! 생각은 차갑고 상상력은 무용지물입니다. 이바노프는 할 수 있는 한 최대로 상상력을 짜내 보았고 또 자기가 만나는 모든 사람들의 얼굴에서 고상한 정신적 움직임을 포착하기 위해 무진 애를 써보았고 또 성당에 남아 기도하는 인간의 모습을 지켜보기도 했습니다만, 모든 것이 무력하고 불충분하다는 걸, 그리고 그 어떤 것도 자신이 필요로 하는 것에 대한 완벽한 심상을 영혼 속에 고착시켜주지 못함을 깨달았을 뿐입니다. 그의 극심한 정신적 고통은 바로 여기에 기인하며 그림의 완성이 그토록 오랫동안 지연된 것도 여기에 기인합니다. 아니, 화가 자신이 진실로 그리스도에의 지향을 체험하지 못하면 그는 그것을 화폭에 옮길 수가 없습니다. 이바노프는 그러한 완전한 지향을 내려주십사고 하느님께 기도했고, 하느님께서 불어넣어 주신 생각을 수행할 수 있는 힘을 달라고 청하며 정적 속에서 눈물을 흘렸습니다. 그러는 동안 사람들은 그가 느려터지다고 매도하며 그를 재촉하고 있었던 것입니다! 이바노프는 하느님께 은총의 불길로 자신의 내부에 있는, 그리고 가장 훌륭하고 가장 선한 사람들도 앓고 있는 저 냉혹한 무감각을 재로 만들어 달라고, 그리고 자기에게 영감을 주시어 그리스도교인이 아닌 사람까지도 그림을 보면 감동할 수 있도록 그 지향을 묘사할 수 있게 해달라고 청했습니다. 그러는 동안 심지어 그를 잘 아는 사람들과 그의 친구들까지도 그가 순전히 게으름을 피운다고 생각하며 그를 비난했으며 굶주림과 생활고로 인해 그는 오히려 더 빨리 그림을 완성하게 될지도 모른다고 진지하게 생각했습니다. 그들 중 가장 동정적인 사람들은 이렇게 말했습니다. "그건 모두 이바노프 잘못이지. 큰 그림은 그냥 순리대로 굴러가게 하고 사이사이에 작은 그림을 그려서 돈을 벌면 굶어 죽지 않을 수도 있잖아"라고요. 하느님의 섭리에 따라 자신의 직업을 일종의 정신적인 사업으로 변형시킨 화가는 다른 어떤 작업에도 종사할 수 없고, 그에게는 그 어떤 사이사이의 시간이란 것도 있을 수가 없고, 그가 아무리 강요하고 밀어붙여도 그의 생각은 다른 어떤 것으로도 결코 쏠릴 수 없다는 사실을 모르기에 그들은 그런 말을 했습니다. 자기 남편을 진정으로 사랑하는 진실한 아내는 다른 누구도 사랑할 수 없고, 비록 자신과 남편을 빈곤에서 구해줄 수 있는 돈이 생긴다 해도 애정을 팔지는 못하는 것과 같은 이치입니다. 이것이 바로 이바노프의 정신적 상황이었습니다. 당신은 이렇게 말할지도 모릅니다.

> 그럼 그자는 어째서 이 모든 것을 종이에 적지 않았을까? 자기의 진짜 상황을 어째서 분명하게 기술하지 않은 것일까? 그랬더라면 즉시 그에게 돈을 보내주었을 텐데.

천만의 말씀입니다. 아직 자기능력을 입증해 보이지 못하고 아직 스스로도 생각을 정리하지 못한 누군가로 하여금 다른 분야에서 일하는 사람들과, 그러니까 전적으로 당연한 일이겠지만 유행만을 쫓는 오늘날의 예술이 도달한 단계보다 더 높은 최고의 경지라는 게 존재한다는 사실을 이해조차 하지 못하는 사람들과 얘기를 나눠보라고 해보십시오! 그가 정말 이렇게 말할 수 있겠습니까?

> 나중에 당신을 놀라게 할 작품을 그리려고 하는데 아직은 저 자신도 많은 점을 이해할 수 없기 때문에 당신에게 설명할 수는 없으니까, 당신은 제가 작업하는 동안 내내 끈기 있게 기다리면서 저에게 생활비를 대주셔야 합니다.

그럴 경우 아마도 그런 식으로 말하는 아마추어들이 줄지어 등장할 것이고 어느 정신 나간 인간이 그런 자들에게 돈을 주겠지요. 이바노프가 이 어정쩡한 기간 동안 자기의사를 분명히 밝히고 이렇게 말했다고 가정해 봅시다.

> 높은 데 계신 분의 섭리에 따라, 그리스도에의 지향을 붓으로 표현해야 한다는 생각이 저를 끊임없이 쫓아다닙니다. 제 스스로가 진실로 변화하기 전에는 그 일을 할 수 없다고 느낍니다. 그러니 제 안에서 그러한 변화가 일어날 때까지 기다려 주시고 그때까지 제 생활비와 작업에 드는 비용을 보태주십시오.

그럴 경우 모두들 입을 모아 소리칠 것입니다.

> 이 친구야, 무슨 그런 헛소릴 주절거리는 거야? 우리가 바보인줄 알아? 영혼이랑 그림이 무슨 상관이 있어? 영혼은 영혼이고 그림은 그림이지. 자네가 변할 때까지 기다려 달라니! 자네는 변하지 않고도 그리스도교인이 되어야 하네. 우리 모두가 진정한 그리스도교인이듯 말이야.

우리 모두는 이바노프에게 이런 말을 하게 될 것이고 또 우리가 하는 말은 거의 맞는 말일 겁니다. 만일 저 혹독한 상황과 정신적 고뇌가 그로 하여금 다른 사람보다 더 열렬하게 하느님께 향하도록 내몰지 않았더라면, 또 그에게 하느님께 의탁하고 하느님 안에서 살 수 있는 능력을(오늘날의 세속적인 화가는 누구도 그렇게 못합니다), 그리고 예전에는 오로지 사색만으로 얻으려 했던 감정들을 눈물로써 토해낼 수 있는 능력을 부여해 주지 않았더라면, 그는 자기가 지금 캔버스 위에 묘사하기 시작한 그것을 결코 묘사하지 못했을 것이며 정직한 인간이 되려는 소망에도 불구하고 자신과 타인을 기만했을 것입니다. 하느님의 섭리에 의해 인간의 본질 자체 내에 변화가 일어나기 시작하는 정신적 과도기에 다른 사람들에게 자신을 설명하는 게 쉬운 일이라고 생각하지 마십시오. 저는 그걸 알고 있으며 저 자신이 어느 정도 체험하기까지 했습니다. 저의 작품 또한 제 영혼과 그리고 저의 내적인 성숙과 기묘하게 연결되어 있었습니다. 6년이 넘는 세월 동안 저는 세상을 위해서는 아무것도 쓸 수 없었습니다. 제 모든 집필은 제 안에서 그리고 오로지 저만을 위해서 진행되었습니다. 그리고 저는 그때까지 — 이점을 잊어서는 안 됩니다 — 오로지 저작에서 나오는 수입만으로 살아가고 있었습니다. 모두들 제가 궁핍하다는 걸 짐작하고 있었습니다만, 그건 저의 아집 때문에 그런 것이니 제가 그저 웅크리고 앉아 잡문이나 끼적거리면 큰 돈을 벌 수 있으리라고 믿었습니다. 그렇지만 저는 단 한 줄도 쓸 수 있는 여력이 없었습니다. 어떤 어리석은 친구의 충고를 받아들여 잡지에 낼 무슨 평론 나부랭이를 억지로 쓰려고 했을 때는, 쓴다는 것 자체가 너무도 힘이 들어 골치가 지끈거리고 모든 감각기관이 쑤시는 바람에 원고를 지우고 찢어버리기 일쑤였습니다. 그런 식의 고문을 두세 달가량 당하고 나자 저는 그렇지 않아도 나빴던 건강을 해쳐 몸져눕게 되어버렸으며 거기에다 신경쇠약, 그리고 마지막으로, 이 세상 누구에게도 제가 처한 상황을 설명할 수 없다는 데서 오는 고통마저 더해져 거의 죽음의 문턱까지 갈 정도로 쇠약해져 버렸습니다. 게다가 거의 똑같은 일이 두 번이나 일어났습니다. 한번은 이 모든 것에 덧붙여, 아는 사람도 없고 아무런 호구지책도 없이 어느 도시에 뚝 떨어져 버린 적이 있는데 그때 저는 지병과 정신적인 고통은 물론이거니와 심지어 굶주림으로 인해 하마터면 죽을 뻔했습니다. 이미 오래전 일입니다. 저를 구해주신 분은 바로 황제 폐하였습니다. 폐하로부터 뜻밖의 은전(恩典)이 제게 전해졌습니다. 폐하께서 이 쓸모없고 변변찮은 분야에 종사하는 당신의 가엾은 종복이 유용하고 탁월한 분야에 종사하는 다른 종복 못지않게 성심으로 당신께 봉사하고자 한다는 사실을 마음으로 헤아리셨는지, 아니면 그저 폐하의 성은이 늘 그런 식으로 내려지는지, 그건 모르겠습니다. 그러나 어쨌든 폐하의 은전은 저를 일시에 되살려 주셨습니다.[6] 그 순간 다른 누구도 아닌 폐하께만 은혜를 입고 있다는 사실에 저는 기뻤습니다. 그리하여 만일 하느님께서 저에게 많은 지인들을 주시고 저로 하여금 제가 사랑하는 모든 이들의 사랑을 받을 가치가 있는 인간이 되도록 해주신다면, 그들에게 "황제폐하가 아니셨더라면 나는 이 세상 사람이 아니었을지도 모른다는 걸 잊지 마세요"라고 말해주어야만 한다는 생각이 다른 몇 가지 동인들과 합쳐져 저를 새로운 활력으로 작업에 임하게 해주었습니다. 이것이 제가 처한 상황이었습니다. 말이 난 김에 덧붙여 말씀드리자면, 당시 저는 이기주의자라는 비난까지도 받아야 했습니다. 사람들은 자기네가 공동선을 위해 기획했다고 생각하는 여러 가지 일에 제가 가담하지 않는 걸 용서할 수 없었습니다. 나는 글을 쓸 수가 없다, 무슨 잡

6) 1845년 고골이 주코프스키와 스미르노바 부인의 청원 덕분에 정부로부터 재정적 지원을 받은 사실을 가리킨다.

지나 연감 따위를 위해 일을 할 수가 없다, 라고 말했지만, 제 말은 꾸며낸 얘기라고 받아들여졌습니다. 타향에서 보내고 있는 저의 삶 자체도 이탈리아의 아름다운 풍광을 만끽하려는 게으른 소망에서 연유한 것이라고 사람들은 믿었습니다. 저는 가장 가까운 친구들한테조차 말할 수 없었습니다, 심신의 쇠약 때문만이 아니라, 그들과의 거짓된 관계를 중단하기 위해서, 그리고 그들에게 불쾌한 꼴을 당하지 않게 하기 위해서 나에겐 당분간 그들로부터 떨어져 있는 게 필요하다는 사실을 말입니다. 심지어 그런 말조차 그들에게 할 수가 없었습니다. 저의 정신상태는 너무도 이상하게 되어버렸기 때문에 저는 이 세상 누구 한 사람에게도 알아듣기 쉽게 그런 말을 할 수 없다는 걸 저 자신도 깨달았습니다. 제 상태의 일부만이라도 보여주려고 무진 애를 썼을 때 저는 사람들이 제 말을 듣고는 인상을 찌푸리며 고개를 내젓는 것을 똑똑히 보았고 솔직하고자 했던 저의 소망 자체를 쓰라리게 후회했습니다. 맹세코 말씀드리는데, 이 세상에는 가사상태, 그러니까 사람들이 자기를 산 채로 매장하려는 걸 알면서도 손가락 하나 까딱할 수 없고 자기가 살아있다는 그 어떤 표시도 할 수 없는 그런 상태에나 비할 수 있는 끔찍한 상황이 있는 법입니다. 아니, 이러한 정신적 과도기에 다른 사람에게 스스로를 해명하려는 시도를 하지 않게 해주시기를 하느님께 빕니다. 다른 그 누구도 안 되고, 오직 한 분 하느님께만 의탁해야 합니다. 많은 사람들이, 심지어 저와 가까운 지인들까지도 저에게 부당하게 반기를 들었습니다만 어떻게 보면 그 사람들 잘못은 전혀 아닙니다. 저 역시 그 사람들 입장이었다면 똑같이 했을 테니까요.

이바노프의 경우도 마찬가지입니다. 만일 그가 궁핍과 자금난으로 죽는 일이 발생한다면 그런 일이 생기도록 방치한 자들을 향한 분노의 목소리가 일파만파 퍼져나갈 것이고 그에게 냉담하게 대하고 그를 질투한 다른 화가들에 대해 비난이 쏟아질 것입니다. 어느 극시 작가는 이 사건을 가지고 감상적인 드라마를 써서 독자를 감동시키고 그의 적들에 대한 분노를 고취시킬 것입니다. 그러나 그의 죽음에 진실로 죄가 있는 사람은 아무도 없으므로 이 모든 것은 거짓일 것입니다. 오로지 한 사람만이 그 일에 대해 죄가 있고 잘못을 저질렀다고 볼 수 있는데, 그 사람은 다름 아닌 저 고골일 것입니다. 저는 거의 같은 상태를 체험했습니다, 다름 아닌 제 몸으로 그걸 체험했습니다, 그런데도 다른 사람에게 아무 얘기도 안 했단 말입니다! 그래서 저는 지금 당신께 편지를 쓰는 것입니다. 이 일을 처리해 주세요, 안 그러면 당신 영혼은 죄를 짓게 될 겁니다. 저는 이 편지로써 제 영혼에서 죄를 덜어냈습니다. 이제 죄는 당신에게 걸려 있습니다. 이바노프에게 그가 청한 저 보잘것없는 급료뿐 아니라, 그 위에 덧붙여서, 그가 오랜 세월을 두고 작품에 매달려 있으면서 그동안에 다른 사람이 아무리 강요해도, 그리고 개인적인 궁핍이 아무리 극심해져도 다른 과외작업은 하지 않았다는 데 대한 일회성 포상금이 전해지도록 일을 처리하십시오. 인색하게 굴지 마십시오! 돈을 들인 만큼 보람이 있을 겁니다. 그림의 가치는 이미 모든 이들에게 드러나기 시작했습니다. 그림의 현재상태는 화가의 심상 전체를 보여주기에는 아직 부족하지만 그것만 가지고도 로마 전체가 라파엘로와 레오나르도 다 빈치 이래로 그런 현상은 나타난 적이 없다며 공공연하게 떠들어대기 시작했습니다. 그림이 완성되면, 유럽에서 가장 빈곤한 왕실이라도 요즘 새로 발견되고 있는 과거 거장들의 그림에 지불하는 액수만큼은 기꺼이 지불할 것인바, 그런 그림들은 통상 아무리 못해도 십만 내지 이십만은 나갑니다. 특정 그림에 대해서가 아니라 예술에 대한 전례 없는 사랑과 헌신에 대해서 포상금이 주어지도록, 그리하여 그것이 화가들에게 교훈을 주도록 일을 처리하십시오. 그런 교훈은 다른 사람들로 하여금 예술을 사랑하는 것이 얼마나 필요한 것인가를 알게 하기 위해 필요합니다. 이바노프처럼 삶의 모든 유혹을 거부하는 것이 필요합니다. 이바노프처럼 공부하고 스스로를 영원한 학생이라 여기는 것이 필요합니다. 이바노프처럼 모든 것을, 심지어 잔칫날 음식 한 접시 더 먹는 것까지도 자제하는 것이 필요합니다. 이바노프처럼 모든 수입이 중단되었을 때 소박한 비로드 재킷을 입고 허례허식 따위는 무시하는 것이 필요합니다. 이바노프처럼 고상하고 섬세한 성정에도 불구하고 모든 것을 참아내는 것이, 삼라만상에 대한 예리한 감각에도 불구하고 뼈아픈 실패를 견뎌내는 것이 필요합니다. 게다가 몇몇 사람들이 제멋대로 이바노프를 미친놈이라고 부르면서 여기저기 그런 소문을 퍼뜨리는 바람에 그가 어딜 가던 그의 귀에 그런 소문이 똑똑히 들려왔던바, 이바노프처럼 심지어 그런 일조차 참아내는 것이 필요합니다. 이 모든 공적에 대해 그는 보상을 받아야 합니다. 이것은 특히 화단에 막 입문하는 청년 화가들이 넥타이에 프록코트를 장만하고 사회에서 일정한 위치를 유지한답시고 빚더미에 올라앉는 것을 막기 위해서 필요합니다. 정부에서 나오는 보조금이나 지원금은 프록코트니 친구들과의 술잔치니 하는 것은 생각지도 않고 수도자가 수도원에 헌신하듯 자기 일에 헌신하는 사람들만을 위한 것이라는 걸 미리 알게 하기 위해서 필요합니다. 이바노프에게 주어질 돈의 액수가 너무 어마어마해서 다른 사람들이 모두 자기도 모르게 뒤통수를 긁적이게 된다면 더욱 잘된 일입니다. 그는 분명 그 돈을 받지 않을 겁니다. 아마도 자기 자신을 위해서는 동전 한 닢 쓰지 않을 겁니다. 그 돈은 모두 진정한 예술의 일꾼들을 돕는 데 쓰여질 것인바, 그들에 관해서는 화가 자신이 그 어떤 관리보다 더 잘 알 것이고 따라서 그런 일은 그 어떤 관청의 사무보다 더 잘 처리될 것입니다. 관리에게는 여러 가지 사정이 있을 수 있습니다. 그에게는 어쩌면 유행을 밝히는 마누라가 있을지도 모르고 식사를 대접해야 할 먹성 좋은 친구들이 있을지도 모릅니다. 관리는 하인을 부려야 하고 품위를 유지해야 합니다. 그는 심지어 러시아가 품위를 유지하려면 외국인의 눈에 먼지를 뿌려야 한다고 억지를 부리며 그러기 위한 돈을 요구할지도 모릅니다. 그러나 해당 분야에 실제로 종사해 오는 동안 도움이 필요하게 된 사람, 꾸며댄 궁핍이 아닌 진정한 궁핍과 필요에서 오는 통곡을 들은 사람, 스스로 시련을 견뎌냈기에 다른 사람이 시련을 견뎌내는 것을 보고는 동정을 느끼는 사람, 이바노프가 그랬던 것처럼 자기도 먹을 것, 입을 것이 없는데 가난한 일꾼과 단벌 셔츠를 나누어 입는 사람, 그런 사람은 별개의 문제입니다. 그런 사람에게는 백만금을 맡기고도 마음 편히 잘 수 있습니다. 백만금에서 단 한 푼도 헛되이 낭비되지 않을 테니까요. 공정하게 행동하시고 저의 이 편지를 당신의 무수한 친구들, 저의 무수한 친구들에게 보여 주시되, 특히 관직에 있는 사람들에게 보여주셔야 하는데, 이는 이바노프 같은 사람은 어떤 분야에도 있게 마련이고 또 그런 사람들이 굶어 죽도록 놔두어서는 절대로 안 되기 때문입니다. 다른 사람들과는 변별되는 어떤 한 사람이 그 누구보다도 열성적으로 자기 일에 — 설령 그 일이란 것이 개인적인 일이라 할지라도 — 종사하면서 외관상 개인적으로 보이는 그 일이 공익을 위해 꼭 필요한 것이라고 말한다면, 그가 공무에 헌신하고 있다고 간주하시고 그에게 필요한 보조금을 건네주십시오. 그리고 아무것도 하지 않는 게으름뱅이가 짐짓 그런 식의 가면을 쓰고 숨어들 수도 있으니 만큼, 아무런 사기행각도 개재되어 있지 않다는 것을 꼭 확인하셔야 한다면, 그의 사생활을 추적해 보십시오. 사생활이 모든 것을 말해줄 것입니다. 그가 만일 이바노프처럼 속세의 모든 예절이나 조건에 침을 뱉고, 소박한 재킷을 입고, 쾌락이니 술자리니 하는 것은 물론이거니와 언젠가 결혼을 해서 가정을 일구고 살림을 꾸려나가야겠다는 생각마저 뿌리친 채, 진정 수도자 같은 삶을 영위하고 매 순간 기도를 올리며 자신의 일에 전념하고 있다면 더 이상 길게 얘기할 것도 없으니까 작업에 필요한 자금을 그에게 주시고, 그 무엇으로도 그를 재촉하거나 독촉하지 말고 그냥 조용히 내버려두십시오. 당신이 안 그래도 하느님께서 그를 독촉할 것입니다. 당신이 할 일은 그저 그가 굶어죽지 않도록 지켜보는 일입니다. 그에게 너무 많은 돈을 주지는 마십시오. 아주 적은 푼돈만 주시고, 속세의 매력으로 그를 유혹하지 마십시오. 세상에는 영원히 거지처럼 살아야 하는 사람들이 있습니다. 비렁뱅이 생활은 축복이지만 이 세상은 아직 그걸 터득하지 못했습니다. 그러나 하느님이 보우하사 거지생활의 달콤함을 맛보게 된 사람, 그리고 이미 자신의 동냥주머니를 진정으로 사랑하게 된 사람, 그런 사람은 이 세상의 금은보화를 다 준다 해도 그걸 팔지 않을 겁니다.

1846년

XXIV

러시아의 현 상황에 미루어 볼 때, 평범한 가정사에서 아내는 남편을 위해 어떤 존재가 되어야 하는가[1)]

당신들 두 사람 중 누구를 공격해야 할까 하고 오랫동안 생각했습니다. 당신을 공격해야 할까요, 아니면 당신의 남편을 공격해야 할까요? 마침내 저는 당신을 공격하기로 결정했습니다. 여성이 더 빨리 제정신을 차리고 행동에 착수할 능력이 있기 때문입니다. 당신 부부는 자기들이 행복의 절정에 있다고 생각하지만 당신 두 사람의 상황은 제 생각에 행복하지 않을 뿐 아니라 스스로 슬픔과 불행 속에 살고 있다고 생각하는 사람들의 상황보다 더 나쁩니다. 당신네 두 사람은 많은 훌륭한 자질들, 정신적이고 감성적이고 지적인 자질들을 갖고 있습니다만 딱 한 가지 자질만은 결여하고 있는데 그것이 없다면 그 모든 훌륭한 자질들이 아무 소용도 없게 됩니다. 그게 무어냐 하면 내면에서 자기 자신을 다스리는 능력입니다. 당신들 중 어느 누구도

---

1) 이 편지는 특정 수신인에 대한 지적 없이 출판되었으나 1844년 말엽에 스미르노바 부인에게 보낸 몇 통의 편지를 토대로 한다고 여겨진다. 고골은 의도적으로 수신인에 대한 지적을 삭제함으로써 이 편지가 부인들 일반에 대한 설교임을 강조한 듯하다.

자기의 주인이 아닙니다. 당신들에게는 성격이라는 게 없는데 여기서 제가 말하는 성격이란 '의지의 힘'을 의미합니다. 당신의 남편은 자신의 이러한 결점을 깨달았기에 아내에게서 모든 일, 모든 업적에 대한 자극제를 얻을 심산으로 결혼했습니다. 당신은 또 남편이 모든 인생살이에서 당신의 자극제가 되어주길 바라면서 결혼했습니다. 두 사람은 상대방이 갖지 않은 것을 상대방에게서 기대하고 있습니다. 다시 말씀드립니다만, 당신 부부의 상황은 행복하지 않을 뿐 아니라 위험하기까지 합니다. 두 사람 다 마치 물속에 빠진 비누처럼 삶 속에서 둥둥 떠다니며 녹아 없어지고 있습니다. 당신들의 모든 장점과 훌륭한 자질들은 무질서한 행동 속에서 사라지고 있고, 그것만이 당신들의 성격이 되어 가고 있으니, 당신들 두 사람은 무기력의 화신이 될 것입니다. 하느님께 힘을 달라고 기도하십시오. 하느님께는 무엇이든 청할 수 있으니, 누구나 다 아는 사실이지만, 힘없고 나약한 인간이 그 어떤 수단으로도 얻을 수 없는 힘까지도 청할 수 있습니다. 그저 현명하게 처신하시면 됩니다. 속담에도 있듯이, "지성이면 감천"입니다. 아침에도 낮에도 저녁에도 매 시간마다 속으로 "하느님, 저를 온전케 하시고 저에게 힘을 주소서!"라고 외치고, 제가 지금부터 하는 말 그대로 꼬박 일 년 동안 행동하시되, 왜, 어째서, 무슨 목적으로, 같은 것은 따지지 마십시오. 집안살림은 전적으로 당신이 도맡아 하십시오. 수입과 지출을 당신 손으로 처리하십시오. 일반적인 지출대장은 덮어놓으시고, 한 해가 시작될 때 모든 경비를 포함한 예산을 미리 세우시고, 당신의 소득을 고려하여 한 해 동안 얼마나 지출할 수 있는지, 얼마나 지출해야만 하는지 헤아린 다음, 모든 것을 총액으로 환산하십시오. 소득을 일곱 개의 거의 동일한 액수의 뭉치로 나누십시오. 첫 번째 뭉치는 난방, 용수, 장작, 및 담벼락과 정원 청소에 이르기까지, 가옥유지와 관련된 모든 비용을 충당합니다. 두 번째 뭉치는 식료품비로, 요리사 급료 및 저택 안에 거주하는 모든 이의 급양비가 여기 해당됩니다. 세 번째 뭉치는 운송비로, 마차, 마부, 말, 건초, 귀리, 한마디로, 운송과 관련된 모든 것이 여기 포함됩니다. 네 번째 뭉치는 의상비용, 즉 당신네 두 부부가 외출복과 평상복을 구입할 때 사용될 돈입니다. 다섯 번째 뭉치는 당신의 용돈입니다. 여섯 번째 뭉치는 만약의 사태, 즉 가구를 교체하거나, 새 마차를 구입하거나, 혹은 갑작스러운 불상사를 당한 어느 친척을 도와주어야만 할 때, 사용해야 할 비상금입니다. 일곱 번째 뭉치는 하느님께 바치는 돈, 즉 교회와 불쌍한 사람들에게 줄 돈입니다. 이 일곱 개의 뭉치가 정부의 독립적인 일곱 개 부서처럼 서로 뒤섞이지 않게 유지하십시오. 각 뭉치의 돈을 따로따로 지출하시고, 그 어떤 구실로라도 한 뭉치의 돈을 다른 뭉치의 용도로 쓰지 마십시오. 이 기간 동안에는 좋은 조건으로 물건을 살 기회가 오더라도, 물건의 헐값이 아무리 당신을 현혹하더라도, 사지 마십시오. 그런 행동은 나중에 당신이 좀더 굳건하게 된 다음에 행할 수 있을 겁니다. 지금은 우선 이 모든 행동은 굳건한 성격을 사기 위한 것임을, 그리고 당분간은 그것이야말로 다른 어떤 구매보다 당신에게 필요한 일임을 명심하시고 마음을 독하게 잡수십시오. 심지어 가난한 사람을 도와주어야만 하는 일이 생길 경우에도 당신은 해당 뭉치에 포함된 돈 이상을 써서는 안 됩니다. 가슴을 찢어놓는 처참한 광경을 목격했다 하더라도, 금전적 원조가 도움이 된다는 사실을 알았다하더라도, 다른 뭉치의 돈을 건드릴 생각일랑 절대 하지 마시고 시내를 샅샅이 훑으며 지인들을 찾아다녀 그들에게 동정심을 불러일으키도록 노력하십시오. 부탁하고, 애걸복걸하고, 또 모욕을 당할 것까지 각오하시되, 그 일을 교훈삼아 당신이 불쌍한 사람을 내칠 정도로 잔인할 수밖에 없었다는 것, 그 때문에 모욕을 당하고 심지어 공공연하게 조롱까지 당할 수밖에 없었다는 것을 영원히 기억하십시오. 그 일을 당신 가슴에 깊이 새겨두어, 그 일을 통해 각 뭉치의 지출을 줄일 수 있는 법을 배우고, 한 해가 끝날 때쯤에는 그저 수입과 지출이 맞아떨어지는 정도가 아니라, 각 뭉치에 가난한 사람들을 위한 돈이 남게 되도록 미리 헤아리는 법을 배우십시오. 당신이 이 점을 항상 머릿속에 간직하고 있다면 꼭 필요한 경우 외에는 상점에 가지 않을 것이며, 우리나라의 부인들뿐 아니라 남자들까지도(이런 남자들은 여성스럽다 못해 차라리 아줌마스러울 정도입니다) 쉽게 마음을 빼앗기는 일, 즉 난로 장식품이니 테이블 장식품 따위를 충동적으로 구매하는 일은 하지 않을 것입니다. 당신의 변덕은 자기도 모르는 사이에 서서히 줄어들고, 당신은 한 대의 마차와 한 쌍의 말 이외에는 필요가 없다는 것을, 한 끼에 네 가지 이상의 요리를 먹을 필요는 없다는 것을, 손님을 초대해도 한두 가지 요리를 더하거나 유난떨지 않고 포도주 한 병 정도 평범한 술잔에 따라서 내놓는 것 같은 소박한 대접이면 충분하다는 것을, 스스로 깨닫게 될 것입니다. 당신의 집에는 '사교계의 예의'(*comme il faut*)가 없다는 소문이 저잣거리에 파다하게 퍼져도 당신은 수치심에 얼굴을 붉히지 않는 것은 물론, 현금의 '사교계의 예의'를 인간에게 요구하는 것은 그것을 만들어 낸 사람일 뿐, 정찬의 법도를 정하는 사람도 아니고, 날마다 변하는 에티켓을 지어내는 사람도 아니고, 심지어 마담 시흘러도[2] 아니라는 사실을 진정으로 깨닫고는 오히려 그걸 비웃게 될 것입니다. 각 뭉치에 대해 별도의 장부를 기입하시고, 매달 각 뭉치에 대해 결산하시고, 매달 마지막 날 모든 걸 다시 검토하시고, 모든 항목을 서로 비교해 봄으로써 어떤 것이 다른 어떤 것보다 얼마다 더 필요한가, 불가피한 경우 무엇부터 포기해야 하는가를 헤아리고, 필요한

2) 당시 페테르부르크에 있던 고급 상점의 주인.

것 중에서도 무엇이 가장 필요한가를 판단할 수 있는 지혜를 터득하십시오.

일 년 동안 이 규칙을 엄수하십시오. 강해지시고, 완고해지시고, 그리고 그러는 동안 내내 하느님께 강하게 해달라고 기도하십시오. 당신은 반드시 강해질 것입니다. 인간에게는 어떤 점이든 한 가지라도 강해지고 확고하게 된다는 것이 중요합니다. 그렇게 되면 다른 모든 점에서도 부지불식간에 질서가 확립될 것입니다. 물질적 질서에서 강해지면 정신적 질서에서도 서서히 강해질 것입니다. 당신의 시간을 분배하십시오. 모든 일을 반드시 계획된 시간에 하십시오. 오전 시간은 남편과 함께 지내지 마십시오. 남편을 관청의 자기 부서로 내몰고 매순간 상기시켜 주십시오, 그의 전 존재는 공공의 업무와 국가의 살림에 속해 있다는 것을(사적인 살림살이는 그가 신경 쓸 일이 아니라 당신이 신경 쓸 일이니까요), 그가 결혼한 것은 사소한 집안일에서 해방되어 전적으로 조국에 헌신하기 위해서라는 것을, 그리고 그에게 아내란 공무를 방해하기 위한 존재가 아니라 공무를 뒷바라지해주기 위한 존재라는 걸 말입니다. 오전 내내 따로따로 각기 제 할 일을 하시고 식사 전에 즐겁게 다시 만난다면 몇 년 동안 떨어져 있다가 만난 듯이 반가울 것이며 하품이나 하며 서로를 지겨워하는 대신 그날 있었던 일을 주고받을 수 있을 겁니다. 가사를 돌보며 당신이 하신 모든 일을 낱낱이 남편에게 말씀하시고 남편으로 하여금 자기 부서에서 공공의 살림을 위해 한 일을 모조리 털어놓게 하십시오. 당신은 남편 직무의 본질을, 그러니까 그의 역할은 무엇이고 그날 그가 처리해야 했던 일은 무엇이며 그 일의 내용은 정확하게 무엇인지 등을 반드시 파악하고 있어야 합니다. 이 점을 가벼이 보지 마시고 아내는 남편의 조력자가 되어야 함을 명심하십시오. 일 년 동안 그의 말을 주의 깊게 경청하면 다음 해에는 그에게 충고를 해줄 수 있게 될 것이고, 직장에서 불쾌한 일을 당할 경우 그의 원기를 북돋아 주고, 힘에 부치는 일을 견뎌낼 수 있게 밀어줄 수 있을 것이며, 그에게 모든 아름다운 일을 향한 진정한 자극제가 되어줄 수 있을 것입니다. 이제까지 제가 말씀드린 것을 오늘부터 당장 실행하십시오. 강해지시고, 기도하시고, 하느님께 자신을 온전케 해주십사, 지탱해 주십사, 청하십시오. 오늘날 우리의 모든 것은 해이해지고 산만해졌습니다. 모든 사람은 쓰레기요 건달이 되어버렸습니다. 모두가 스스로를 모든 일의 비굴한 발판으로, 헛되고 보잘것없는 상황의 노예로 만들어 버려 진정한 의미에서의 자유는 어디에서도 찾아볼 수 없게 되었습니다. 이 자유에 관해 저의 지인 한 사람이 — 당신은 그 사람과 개인적 친분이 없겠지만 그의 명성은 전 러시아에 알려져 있습니다 — 이렇게 말한 바 있습니다.[3] "자유란 자기의 욕망에 따라 마음 내키는 대로 '네'라고 말하는 것이 아니라 '아니오'라고 말할 수 있는 능력이다"라고요. 그의 말은 진리처럼 지당한 말입니다. 오늘날 러시아의 그 누구도 자기 자신에게 이 강력한 '아니오'란 말을 할 줄 모릅니다. 진짜 남자는 아무 데서도 볼 수가 없습니다. 그러니 연약한 여성으로 하여금 남성에게 이 점을 상기시키도록 하십시오! 이제 여성은 남편을 자신의 상관이자 통치자로 만들기 위해 남편에게 명령을 내려야 할 판이니 정말로 요지경 세상 아닙니까.

1846년

---

3) 여기서 지인이란 주코프스키를 가리킨다. 주코프스키는 "자유란 무엇인가" (*Chto est' svoboda*)라는 에세이에서 비슷한 취지의 말을 한 바 있다.

XXV

지방 재판과 징계[1)]

M.[2)]에게 보내는 편지 중에서

재판과 징계를 절대로 가볍게 여기지 마십시오. 이 일을 관리인 혹은 마을의 다른 그 누구에게도 위임하지 마십시오. 그건 영지(領地) 관리 그 자체보다 더 중요합니다. 당신 스스로 심판하십시오. 그 하나만으로 당신은 지주와 농부들 간의 깨어져버린 유대를 강화할 수 있을 겁니다. 심판은 하느님의 일이니 만큼 그보다 더 높은 일이 어디 있겠습니까. 공정한 심판을 할 수 있는 사람이 그토록 민중의 존경을 받는 건 다 이유가 있어서입니다. 당신이 제대로 징계할 수 있다는 것을 알게 되면 당신 마을사람들뿐 아니라 이웃마을 농부들까지도 모조리 당신한테 몰려올 것입니다. 몰려온 사람들 중 그 누구도 업신여기지 마시고, 아무리 사소한 말다툼이나 주먹다짐이라 하더라도 관련된 모든 사람에게 판결을 내리십시오. 판결과 관련하여 당신

---

1) 이 편지는 내용에 있어 앞에 수록된 "러시아의 지주"와 매우 유사하다. 고골은 '지주와 농노 간의 끊어진 관계'를 회복하기 위하여 이 편지를 썼다고 말했지만 이 편지 역시 엄청난 분노와 조롱만을 유발시켰을 뿐이다.

2) 수신인은 아직까지 정확하게 밝혀지지 않았지만 일각에서는 지주이자 비평가인 마르코프(K. I. Markov)일 가능성이 높다고 보고 있다.

은 농부의 영혼을 선(善)으로 인도하는 많은 이야기를 해 줄 수 있는데, 다른 경우라면 말의 실마리를 찾지 못해 도저히 그런 얘기는 할 수 없을 것입니다.

모든 사람을 이중의 재판으로 심판하시고 모든 심판에는 이중의 징계를 부과하십시오. 첫 번째 재판은 인간의 재판입니다. 그것을 통해 옳은 사람의 무죄를 밝혀내고 죄지은 사람에게 벌을 내리십시오. 이 일은 목격자가 있는 데서, 그러니까 다른 농부들이 보는 앞에서 처리하시어 모든 이가 한쪽은 어째서 무죄이고 다른 한쪽은 어째서 죄인인지 명약관화하게 알 수 있도록 하십시오. 두 번째 재판은 하느님의 재판이 되게 하십시오. 그것을 통해서는 옳은 사람과 죄 지은 사람 모두를 심판하십시오. 옳은 사람에게는 어째서 상대방이 그를 모욕한 데 대해 그 역시 죄가 있는지 분명하게 주지시키고, 죄 지은 사람에게는 어째서 그가 이중의 죄인인지, 그러니까 하느님 앞에서, 또 인간 앞에서 죄인인지 가르쳐 주십시오. 옳은 사람에게는 어찌하여 그리스도께서 명하신 대로 형제를 용서하지 않았는지 힐문하시고, 죄인에게는 어째서 형제를 모욕함으로써 그리스도를 모욕하였는지 질책하십시오. 두 사람 다 화해를 하지 않은 것, 그리고 사태를 재판까지 끌고 온 것을 질책하시고, 두 사람 모두로부터 반드시 고백성사를 통해 신부님께 모든 것을 고백하겠다는 약속을 받아내십시오. 그러한 판결을 내리게 되면 당신은 전능하신 하느님의 대변자가 될 것인바, 이는 곧 하느님께서 당신에게 전권을 부여했기 때문입니다. 당신은 이 일을 통해 당신 자신을 위한 많은 선과 많은 공정하고 진실한 지식을 얻게 될 것입니다. 만일 관직에 있는 사람들이 자신의 직무를 종잇장에 씌어진 업무를 통해서가 아니라 소박한 사람들간의 구두재판을 통해서 시작한다면, 조국의 정신, 민중의 본질, 그리고 인간 일반의 영혼을 조금 더 잘 알 수 있을 것이고 외국에서 무슨 불쾌한 새 제도 따위를 빌려오지 않아도 될 것입니다. 공정한 재판은 다른 어느 나라에서보다도 우리나라에서 더 잘 수행될 수 있는데 이는 완벽하게 옳은 사람이란 있을 수 없고 오로지 하느님 한 분만이 옳으시다는 저 진실한 생각이 전 세계 민족 중 오로지 우리 민족의 가슴속에만 깊숙이 뿌리내리고 있기 때문입니다. 이런 생각은 확고한 신앙처럼 우리나라 민중 사이에 폭넓게 확산되어 있습니다. 그런 생각으로 무장했기 때문에 아무리 단순하고 무식한 사람이라도 민중 사이에서 권력을 획득하여 분쟁을 종식시킬 수 있는 것입니다. 우리, 고상한 사람들만이 그 사실을 깨닫지 못하고 있는데 이는 우리가 기사도 정신에 입각한 유럽식의 공허한 정의 개념을 누적시켜왔기 때문입니다. 우리는 그저 누가 옳고 누가 그른지만 가지고 왈가왈부합니다. 그렇지만 각각의 사건을 잘 분석해 보면 결국 같은 결론, 즉 양쪽 다 죄가 있다는 결론에 도달할 것입니다. 아시겠지만, 푸쉬킨의 《대위의 딸》에서 대위의 부인은 정말로 현명하게 처신한 셈인데, 그녀는 목욕탕에서 나무바가지를 놓고 싸운 병사와 아낙네의 시비를 가리라고 중위를 보내면서 이런 훈시를 내렸습니다.

> 누가 옳고 누가 그른지 잘잘못을 가리고 두 사람 다 따끔히 혼 좀 내주시게.[3)]

1845년

3) 《대위의 딸》 제3장의 한 대목. 이 대목은 변방 요새의 목가적 삶의 모습을 보여 주는 대목일 뿐, 고골이 여기서 주장하는 '공정한 심판'과는 거리가 멀다. 소설에서는 '병사'가 아닌 하사와 아낙네가 '나무바가지'가 아닌 더운 물 한 바가지를 놓고 싸운 걸로 되어 있으며 대위 부인의 대사 또한 이 텍스트의 대사와 약간 다르다.

XXVI

러시아의 위험과 공포[1)]

… 백작부인에게[2)] 보내는 편지

당신은 제게 긴 편지를 보내시면서 너무도 공포에 질린 나머지 편지를 읽자마자 폐기해 달라고 청하셨고 답장은 우편을 통하지 말고 믿을 만한 사람의 인편에 보내달라고 청하셨지만 저는 비밀리에 답장을 보내지 않을 뿐만 아니라 보시다시피 이렇게 출판된 책을 통해, 교육받은 러시아의 독자들 중 절반은 읽을 수 있도록 답장을 보냅니다. 제가 이렇게 하게 된 것은 제 답장이 당신과 비슷한 공포에 사로잡힌 다른 사람들에게 도움이 될 것 같기 때문입니다. 당신이 제게 비밀리에 털어놓은 것은 사실상 문제의 일부에 지나지 않습니다. 만일 제가 아는 것을 당신께 말씀드린다면(제가 아는 것도 전부와는 거리가 멀다는 건 의심의 여지가 없습니다) 당신은 너무도 당황한 나머지

1) 이 편지는 당대 러시아의 정치적 상황에 대한 우려로 가득 차 있다. 고골은 러시아 사회의 토대를 뒤흔드는 불안과 소요를 대체로 정확하게 꿰뚫어 보았지만 그가 해결책으로 제시한 열렬한 신앙은 진보와 보수 양 진영으로부터 빈축을 샀다. 이 편지는 검열관의 제지로 출간이 금지되었다가 1867년 고골 전집에 처음으로 수록되었다.

2) 수신인이 누구인지는 아직까지 밝혀지지 않았다. 일각에서는 비엘고르스카야(L. K. Viel'gorskaia)라고 하기도 한다.

어떡하면 러시아를 떠날 수 있을까만 궁리할 것입니다. 그렇지만 어디로 가겠습니까? 이게 바로 문제입니다. 유럽의 상황은 러시아보다 더 어렵습니다. 차이가 있다면, 그쪽에서는 아직 아무도 이 점을 제대로 파악하지 못하고 있다는 것뿐입니다. 정부각료를 포함하여 모든 사람이 아직도 피상적인 정보의 표피 속에 머무르고 있습니다. 다시 말해서, 잡지들이 전달하는 정보란 것은 온갖 붕당(朋黨)들의 거짓된 프리즘을 통하는 바람에 전혀 진실을 제시하지 못하는 경솔한 증언이나 성급한 결론의 형태를 취하고 있으므로 모든 이들이 그러한 정보의 악순환 속에 머무르고 있는 것입니다. 두고 보십시오, 얼마 안 있으면 저 겉보기에 잘 정돈된 나라들, 외관의 광채로써 우리를 그토록 매혹시키고 우리로 하여금 모든 걸 흉내내고 본받고 싶게 만드는 그런 나라들에서 비명소리가 솟구쳐 올라와서 의회니 왕실이니 하는 데서 그토록 숭배하는 저 유명한 각료들의 머리통이 뺑뺑 돌 것입니다. 현재 유럽의 도처에서는 인간의 수단으로는 어찌해 볼 도리가 없는 너무도 큰 혼란의 가마솥이 부글부글 끓고 있으며 그것이 폭발할 경우 당신이 지금 러시아에서 보고 있는 위험과는 비교도 할 수 없는 엄청난 재난이 닥칠 것입니다. 러시아에는 아직 빛이 반짝이고 있으며 아직 구원을 향한 길과 방법이 가능하니, 이 무서운 위험이 더 늦게가 아니라 지금 닥친 것이 그나마 다행이라 할 수 있습니다. "모든 사람이 마치 불가항력적인 어떤 것을 기다리고 있는 듯 절망하고 있습니다"라는 당신의 말, 그리고 또한 "모든 이가 오로지 자기 개인의 이익을 구하고 사사로운 자산을 보전할 궁리만 하고 있으니 이는 마치 참패한 군대가 '제가 알아서 살아남기'(*sauve qui peut*) 식으로 제 목숨 건질 궁리만 하는 것과 같습니다"라는 말은 모두 정말로 옳습니다. 현재 상황이 실제로 그렇습니다. 또 그래야만 합니다. 왜냐하면 하느님께서 그렇게 되라 하셨으니까요. 모든 사람이 지금은 자기 자신에 관해, 요컨대 자기 자신의 구원에 관해 생각해야만 합니다. 그렇지만 우리에게 닥친 것은 다른 식의 구원입니다. 우리 모두가 해야 할 일은 저 수치스러운 지상의 재물을 구하기 위해 배를 타고 제 나라를 등지는 것이 아니라, 영혼을 구원하기 위해 조국에서 한 발자국도 나가지 않고 그 심장부에서 스스로를 살리는 일입니다. 우리 한 사람 한 사람은 임무와 봉직이라는 이름의 배를 타고 천상의 조타수에게 눈을 고정한 채 이 소용돌이에서 빠져나가야 합니다. 관직에 근무하지 않는 사람도 이제는 관직에 들어가 마치 물에 빠진 사람이 널빤지를 거머쥐듯 자신의 직무를 거머쥐어야 하니 그렇게 안 하면 그 누구도 구원될 수 없을 것입니다. 우리 한 사람 한 사람은 이전의 러시아가 아닌, 그리스도 바로 그분을 우두머리로 모시는 새로운 천상의 제국에서 근무해야 하며, 그렇기 때문에 우리보다 위에 있는 권력을 대할 때건, 우리를 둘러싼, 우리와 동등한 사람을 대할 때건, 아니면 우리보다 낮은 사람을 대할 때건 우리는 다른 누구도 아닌 그리스도가 명하신 바 그대로 직무를 완수해야 합니다. 지금은 무슨 허영심이니 자존심이니 하는 것이 누구누구 땜에 손상당했다는 둥 구시렁거릴 때가 아니라 우리의 임무는 그리스도를 위한 것이며 그렇기 때문에 다른 누구도 아닌 그리스도의 명에 따라 임무를 완수해야 한다는 사실만을 기억해야 합니다. 오로지 이렇게 함으로써만 우리 모두는 구원받을 수 있습니다. 이 점을 생각하지 않는 사람에게는 재난이 닥칠 것입니다. 그의 정신은 흐려질 것이고 그의 생각은 마비될 것이며 그는 위험을 가려줄 방패막이를 어디에서도 찾지 못할 것입니다. 솔로몬 왕이 그토록 설득력 있게 전해주는 '이집트의 어둠'을 기억하시면 알겠지만, 하느님께서는 어떤 인간들을 벌하고자 불가사의한 공포를 그들에게 내리셨습니다.[3] 백주 대낮에 갑자기 칠흑 같은 어둠이 그들을 둘러쌌습니다. 사방에 그들을 위협하는 형상이 나타났고 청승맞은 얼굴을 한 늙어빠진 허깨비들이 그들의 시야에 지울 길 없이 아로새겨졌습니다. 쇠사슬이 없는데도 그들은 모두 두려움에 꽁꽁 묶였으며 그들의 모든 감각과 충동은 얼어붙었고 기력은 완전히 사라졌으며 오로지 공포만이 남았습니다. 이 모든 일은 오로지 하느님께서 벌하시는 인간들한테만 일어났습니다. 다른 사람들은 그동안 아무런 위협도 보지 못했습니다. 그들에겐 여전히 환한 대낮이었던 것입니다.

이와 비슷한 일이 당신한테 생기지 않도록 조심하십시오. 기도하시고, 하느님께 청하십시오, 어떻게 하면 당신의 위치를 지킬 수 있는지, 어떻게 하면 그 위치에서 그리스도의 율법에 따라 모든 일을 실행할 수 있을지 가르쳐 주십사고 말입니다. 이건 정말 심각한 문제입니다. 주변의 무질서로 인해 당혹스러워 하기 전에, 우리 모두가 자기 자신의 영혼을 들여다본다면 얼마나 좋겠습니까. 당신도 자기의 영혼을 들여다보십시오. 누가 알겠습니까, 어쩌면 당신의 영혼 속에도 당신이 다른 사람들한테 있다고 비난하는 그 무질서가 있을지 말입니다. 어쩌면 거기에도 기회만 닿으면 당신의 영혼을 휘어잡을 수 있는, 그래서 그리스도의 적들에게 기쁨을 줄 수 있는 더럽고 추잡한 분노가 도사리고 있을지 모릅니다. 거기에도 한 발자국 내디딜 때마다 절망으로 떨어질 수 있는 소심함, 즉 불신의 가엾은 딸이 살고 있을지 모릅니다. 거기에도 어쩌면 세속적인 명성을 과시하고 남용하고자 안달을 하는 허영에 찬 욕망이 숨어있을지 모릅니다. 거기에도 우리가 가지고 있는 일말의 선마저 무로 돌리는 교만, 자기의 영혼이 최고라고 뻐기는 교만이 살고 있는지도 모릅니다. 우리의 영혼에 무엇이 있는지 하느님께서는 아십니다. 우리의 밖에, 혹은 우리

3) 〈지혜서〉 제 17장을 참조하라. 주코프스키는 〈지혜서〉 제 17장을 〈이집트의 어둠〉(*Egipetskaia t'ma*)이란 제목의 시로 개작하였다.

의 주변에 있는 것에 당혹스러워하는 것보다는 우리 자신 안에 있는 것에 당혹스러워하는 것이 몇 배나 낫습니다. 러시아의 위험과 공포에 관해 말하자면 그것 역시 쓸모가 없는 것은 아닙니다. 위험과 공포 때문에 많은 사람들이 그 어떤 학교에서도 얻을 수 없는 가르침을 얻었으니까요. 난국은 인간의 이성에 새로운 기략을 제공함으로써 많은 사람들의 잠자는 역량을 일깨워 주었고, 그리하여 러시아의 한편에서는 아직도 폴카나 추고 카드놀이나 하고 있는 동안 다른 한편에서는 중차대한 일을 해결할 진정한 현자들이 각계에서 이미 은미(隱微)하게 생겨나고 있습니다. 한 십 년만 있으면 당신도 보게 될 겁니다, 대마나 수지를 구매하기 위해서가 아니라 유럽시장에서는 더 이상 팔지 않는 지혜를 구매하기 위해 유럽이 우리에게 다가오는 것을요. 언젠가 러시아의 아름다움을 형성할 사람들, 러시아에 영원한 선을 가져다 줄 사람들, 그런 사람들을 여러 명 당신에게 거명해 줄 수도 있습니다. 그러나 당신과 같은 여성들에게 경의를 표하는 의미에서 여성의 수가 더 많다는 것을 말씀드리고자 합니다. 그분들은 진주 목걸이처럼 제 기억 속에 남아 있습니다. 정신의 유대는 혈연보다 몇 배나 고결한 것임을 제게 그토록 강렬하게 상기시켜주신 당신의 따님들(하느님께서 굽어 살피사, 그분들이 저의 아주 사소한 청원까지도 기꺼이 들어주셨듯이 자매들은 형제들의 청을 기꺼이 들어주시기를)을 비롯하여 당신은 거의 들어본 적도 없는 여성들, 그리고 당신은 전혀 들어본 적이 없지만 당신이 들어본 적이 있는 모든 여성들보다 더 완벽한 그런 여성들이 거기 포함됩니다. 그분들은 서로 닮은 점이 전혀 없지만 한 분 한 분이 나름대로 하나의 비범한 현상입니다. 오로지 러시아만이 그토록 다양한 성격을 배출할 수 있습니다. 그리고 요즘처럼 상황이 어려운 시절에만, 보편적 쇠락과 타락이 팽배한 시절에만, 사회 전역에 속악이 만연한 시절에만 그런 분들은 생겨날 수 있습니다. 그러나 그분들 중에서도 어느 한 분이 유독 뛰어난데 저는 그분의 얼굴도 본 적이 없고 그저 간접적으로 이야기만 들었을 뿐입니다. 이 세상에 그토록 완벽한 존재가 있을 수 있다고는 생각해 본 적이 없습니다. 그토록 지혜롭고 관대한 업적을 그토록 훌륭하게 완수하시다니요. 그분은 자기가 그 일에 가담했다는 모든 의혹을 불식시키셨고 모든 공적을 철저하게 다른 사람들에게로 돌리셨으며 그렇기 때문에 그 다른 사람들은 자기가 그 일을 했다고 믿어 의심치 않으면서 그분이 한 일을 자기가 한 일인 양 자랑까지 할 정도였습니다. 업적 자체가 스스로를 드러내고 주인공을 노출시킬 수밖에 없는 그런 때에도 그분은 그토록 현명하게도 미리 명성을 회피할 생각을 해 두셨던 것입니다! 그리고 자신의 의도대로 익명으로 남으셨던 것입니다! 그런 정도의 지혜는 저의 형제인 남자들한테서도 이제껏 본 적이 없습니다. 이제 저에게는 시인들이 창조한 이상적 여성들이 모조리 하찮게만 보입니다. 이 진정한 여성 앞에서 그들은 마치 완전한 지성 앞에 놓인 상상력의 잠꼬대처럼 보입니다. 이제는 찬란한 명성을 좇는 모든 여성들이 불쌍하게만 보입니다! 게다가 그런 기적이 일어난 곳이 어디인지 아십니까? 사람들이 난국을 모면하기 더욱 어려웠던 시절, 모든 상황이 뒤죽박죽 뒤엉켜 있던 시절, 지금 당신을 위협하는 러시아의 위험과 공포가 실제로 들이닥쳤던 그 시절에 러시아의 어느 이름 없는 산간벽촌에서 일어났던 것입니다.

1846년

XXVII

근시안적 친구에게[1)]

당신은 요즘 유행하는 근시안적 시각으로 무장하고 있으면서도 스스로는 사건을 정확하게 판단했다고 생각하시는군요! 당신의 결론은 무용지물입니다. 그것은 하느님을 배제한 채 내려진 것이니까요. 어째서 역사는 인용하셨는지요? 당신에게 역사는 죽은 몸, 닫힌 책에 불과합니다. 하느님을 배제하고서는 아무런 위대한 결론도 도출해 낼 수 없습니다. 오로지 하찮고 시시한 결론만을 도출해 낼 수 있습니다. 러시아는 프랑스가 아닙니다. 프랑스를 구성하는 요소들은 러시아의 요소들이 아닙니다. 당신은 심지어 각 민족의 개성마저 망각한 채 동일한 사건이 각기 다른 민족에게 동일한 방식으로 작용한다고 생각하고 있습니다. 같은 망치라도 유리에 대고 내리칠 때는 유리를 박살내지만 철에 대고 내리칠 때는 철을 벼르는 법입니다.[2)] 제정

---

1) 수신인이 누구인지는 아직까지 밝혀지지 않았다. 이 편지는 출간 당시 검열관의 지시에 따라 여러 대목이 수정되었다. 고골은 여기서 미지의 '근시안적인 친구'뿐 아니라 러시아 관료 일반을 향해 하느님께 의탁하여 직무에 임할 것을 촉구하고 있다.

2) 푸쉬킨의 장시 〈폴타바〉(*Poltava*)의 다음과 같은 구절을 참조하라. "운명의 타

문제에 대한 당신의 생각은 외국서적과 영국잡지에 기초한 것이기 때문에 생명이 없습니다. 당신은 현명한 사람인데도 얼마든지 독창적으로 발전될 수 있는 자신의 지능을 아직까지 제대로 사용하지 않고 외국의 오물로 더럽혀 놓았으니 참으로 수치스러운 일입니다. 당신의 기획안에서도 하느님의 역사하심은 찾아볼 수가 없습니다. 당신의 편지는 지혜와 기지로 빛남에도 불구하고 당신이 그것을 쓸 때 하느님이 당신 생각 속에 역사하셨다는 생각이 안 듭니다. 당신의 생각에서 저는 천상의 성화(聖化)를 엿볼 수 없습니다. 아니, 당신이 아무리 원한다 해도 당신이 지금 처한 위치에서는 선을 행할 수 없을 겁니다. 당신의 행위는 당신이 원하는 열매를 가져오지 못할 것입니다. 이미 많은 이들이 그러했듯이 아름다운 의도를 가지고서도 악을 행할 수 있습니다. 최근에 들어와서는 어리석은 사람들보다 영리한 사람들이 더 많은 무질서를 초래했는데 이는 전적으로 그들이 자기의 능력과 자기의 지능을 과신했기 때문입니다. 당신은 오만한데, 어째서 오만한 것일까요? 머리가 좋다고 생각하기 때문이라고 칩시다. 그렇지만 당신은 진정 훌륭하고 위대한 자신의 두뇌에 오물을 쌓아 올려 스스로도 알지 못하는 낯선 물체로 만들어 버렸습니다. 당신은 죽어버린 타인의 두뇌를 자랑하면서 그것이 자기 것인 척하고 있습니다. 조심하십시오. 당신은 위험한 길을 가고 있습니다. 당신은 고위관직을 노리고 있고 또 당신에게는 그럴 능력이 있기 때문에 당신은 결국 고위관료가 될 것입니다. 그러니 만큼 더욱더 조심하십시오. 임무를 시작하기도 전에 이미 당신 머릿속을 꽉 메우고 있는 저 승진계획일랑 접어두시고, 아무리 사소한 경거망동도 지금은 엄청난 재난을 초래할 수 있다는 사실을 명심하십시오. 당신이 현재 계획하고

격 견디어 내면서/러시아는 강해졌다, 마치 무거운 돌망치가/유리를 깨부수며 강철검을 벼리듯이."

있는 일에서는 이미 선견지명보다는 두려움이 엿보입니다. 당신의 모든 생각은 미래에 있을 모종의 위험을 피하는 데 쏠려 있습니다. 미래가 아닌 현재를 두려워하십시오. 하느님께서는 우리더러 현재를 보살피라고 명하십니다. 미래에 대한 두려움으로 우울해 하는 사람은 이미 성스러운 힘의 버림을 받은 사람입니다. 하느님과 함께 하는 사람은 앞날의 광명을 보는 사람이고 그런 사람은 지금 이미 빛나는 미래를 창조하는 사람입니다. 그런데 당신은 오만합니다. 지금도 아무것도 보고자 하지 않으니까요. 당신은 자기과신에 가득 차 있습니다. 자기가 모든 걸 알고 있다고 생각하니까요. 당신은 러시아의 모든 상황이 자기에게 열려 있다고 생각합니다. 당신은 이미 그 누구도 당신에게 그 어떤 것도 가르쳐 줄 수 없다고 생각합니다. 당신은 한 순간 반짝했다가 금방 사라져 버린 고위관리들을 닮고 싶어 무진 애를 쓰지만, 그들은 엄청난 선을 행할 수 있는 모든 여건을 갖추고서도, 심지어 선(善)을 실행하고자 하는 열망으로 불타면서도, 심지어 한평생 개미처럼 일하고서도, 사라진 뒤에는 아무런 흔적도 못 남겼고, 아무도 그들을 기억조차 못합니다. 수면 위의 잔물결이 사라지듯이 그들의 삶은 러시아 속에서 사라져 버린 것입니다. 우리로서는 부끄러운 일이지만, 유럽인들은 지금까지도 자기네 위인들을 자랑하고 있는데 우리나라에서는 때때로 위인이 아닌 사람들도 그네들의 위인들보다 더 현명합니다. 그러나 그들이 무언가 '항구한' 것을 남겼다 하더라도, 그리고 앞으로 우리가 엄청난 업적을 남긴다 하더라도, 우리도 그들도 모두 먼지처럼 지상에서 사라질 것입니다. 당신은 오만하다는 것을 말씀드리고 또 말씀드립니다. 당신은 오만합니다. 스스로를 단속하시고 더 늦기 전에 오만으로부터 스스로를 구하십시오. 우선, 자기가 러시아에서 가장 어리석은 사람이라는 사실을, 그리고 이제는 정말로 현명해져야만 한다는 사실을 스스로에게 확신시킨 다음, 모든 지혜로운 사람들의 말을 마치 아무것도 모르는 바보인 양, 그들에게서 모든 것을 배우고 싶어 애쓰는 학생인 양 주의깊게 경청하십시오. 하지만 제 말은 당신에게 아직도 수수께끼처럼 들리겠지요. 당신에게 제 말은 별 효과가 없겠지요. 당신에게 필요한 것은 무슨 재난이나 충격 같은 것입니다. 충격적인 일이 일어나게 해달라고, 직장에서 견딜 수 없이 불쾌한 일이 일어나게 해달라고, 누군가가 당신에게 공개적으로 지독한 모욕과 창피를 주는 바람에 너무도 수치스러워 쥐구멍에라도 숨고 싶은 심정이 되게 해달라고, 그 누군가가 당신의 저 예민한 자존심을 일시에 갈기갈기 찢어놓게 해달라고, 하느님께 기도하십시오. 그 사람이야말로 당신의 진정한 형제이자 구원자가 될 것입니다. 아, 모든 사람 앞에서 대놓고 따귀를 얻어맞는 것이 우리에겐 얼마나 필요한 일일까요!

1844년

XXVIII
높은 지위에 계신 분에게[1)]

당신한테 어떤 지위가 제공되건 간에 하느님의 이름으로 그걸 받아들이시고 그 어떤 일에도 당혹해 하지 마십시오. 당신은 카프카즈의 체르케스인들한테 가야 될지도 모르고 전처럼 총독의 자리에 올라야 할지도 모릅니다. 좌우간 지금은 도처에서 당신을 필요로 합니다. 당신이 언급하신 어려움에 관해 말씀드리자면, 사실 지금은 모든 것이 어렵다고 말하고 싶습니다. 모든 것이 복잡해졌습니다. 어디고 해야 할 일이 많습니다. 현 상황의 본질을 자세히 들여다보면 볼수록 어떤 지위가 더 힘들고 어떤 지위가 더 수월한지 가려내는 게 점점 더 어려워집니다. 그리스도교인이 아닌 사람에게는 모든 것이 어렵기만 합니다. 그러나 살아가는 동안 모든 일과 모든 행위에 있어서 그리스

---

1) 고골은 수신인을 밝히지 않고 있지만 이 편지의 근간을 이루는 것이 고골과 A. 톨스토이가 파리에서 나누었던 이야기라는 점에 미루어 볼 때 수신인은 A. 톨스토이인 것으로 사료된다. 고골은 이 편지에서 관직의 서열을 자세하게 검토하면서 위계질서의 부동성을 유난히 강조하고 있다. 이 편지는 관료제도의 치부를 드러내고 있다는 이유에서 출간이 금지되었다가 1867년에 처음으로 빛을 보았다.

도를 모시는 사람에게는 모든 것이 수월합니다. 당신을 가리켜 그리스도교인에 가까운 사람이라고는 할 수 있겠지만 완전한 그리스도교인이라고는 할 수가 없습니다. 야심이 당신을 꼬드기지도 않고 지위나 포상 따위가 당신을 유혹하지도 않으며, 유럽에 대고 잘난 척을 한다거나 무슨 역사적 인물이 된다거나 하는 생각은 당신한테 찾아볼 수 없습니다. 한마디로 말해서, 당신은 드디어 러시아에 봉사하고자 염원하는 사람이 도달해야만 하는 그런 정신적인 경지에 도달한 것입니다. 그런데 무얼 두려워하십니까? 언제 어디서나 그리스도교인으로서 행동해야 한다는 것을 깨달은 사람이 어떻게 무언가를 두려워할 수 있는지 도저히 이해가 안갑니다. 어떤 위치에서건 그는 현자이며 어떤 장소에서건 그는 전문가입니다. 카프카즈에 가시게 되거든 무엇보다도 먼저 그곳 사정에 친숙해지도록 신경 쓰십시오. 그리스도교적 겸양은 당신에게 그 어떤 성마른 행동도 허락하지 않을 겁니다. 마치 학생처럼 처음부터 배우십시오. '전체'에 대한 지식은 세부적인 것에 관한 지식에서만 나올 수 있다는 걸 명심하시어, 그 어떤 늙은 장교도 지나치지 마시고 적과의 교전에 그가 어떻게 개인적으로 참전했는지를 물으십시오. 모든 사람들로 하여금 전장에서 그리고 야전생활에서 어떤 공적을 세웠는지 남김없이 털어놓게 하십시오. 치치아노프[2] 휘하에 있었던 장병들과 예르몰로프[3] 휘하에 있었던 장병들, 그리고 현재의 장교들 모두에게 질문을 하시고, 필요한 모든 것을 긁어모은 다음, 모든 세부사항을 종합하시고 모든 개별적 자료를 결합시켜서 결론을 도출하십시오. 그 결론 속에서 장군에게 필요한

2) 치치아노프(P. D. Tsitsianov, 1754~1806): 1802년부터 1806년까지 카프카즈 주둔군의 사령관을 지냈다.

3) 예르몰로프(A. P. Ermolov, 1764~1830): 1816년부터 약 10년간 카프카즈 주둔군의 사령관을 지냈다.

계획은 저절로 드러날 것입니다. 당신은 골머리를 앓는 일 없이 당신이 해야 할 일을 명약관화하게 알게 될 것입니다. 당신의 머릿속에 모든 계획이 들어앉게 되어도 서둘지 마십시오. 그리스도교적 겸양이 당신에게 그런 일은 허락하지 않을 것입니다. 당신의 계획을 아무에게도 떠벌리지 마시고, 탁월한 장교 한 사람 한 사람에게 만일 그가 당신의 위치에 있다면 어떻게 하겠냐고 물어보십시오. 하느님께서는 간혹 단순한 인간에게 지혜를 불어넣어 주신다는 사실을 명심하시어 그 어떤 의견도, 심지어 당신보다 낮은 지위에 있는 사람한테서 나온 충고까지도 못들은 척 무시하지 마십시오. 이게 싸우거나 토론할 문제가 아니라는 것쯤은 당신도 아실 테니까 그렇게 한답시고 무슨 군사회의 같은 걸 소집할 필요는 없으니 그저 당신과 이야기하고 싶어하는 사람이 누구건 간에 한 사람씩 개별적으로 그들의 말을 들어주십시오. 요컨대, 모든 이의 말을 들어보시되, 당신의 머리가 명령하는 대로 따르십시오. 당신의 머리는 모든 이의 말을 들을 터이니까 당신에게 현명한 명령을 내릴 겁니다. 분별없는 행동은 교만과 자기과신에서 나오는 것이므로 당신은 분별없는 행동 같은 것은 엄두도 못 낼 것입니다. 그리스도교의 겸양은 어디에서고 당신을 구원할 것이며, 심지어 아주 현명하다는 사람들, 그러니까 사태의 절반밖에 모르면서 모든 걸 다 안다고 생각하고 성마르게 행동에 뛰어드는 그런 사람들한테서도 종종 발견되는 자기기만을 쫓아내 줄 것입니다. 안타까운 일이지만 인간이란 겉보기에 속속들이 다 알고 있다고 생각하는 일도 한쪽 절반은 전혀 모르고 있을 수도 있는 법입니다. 아니, 하느님께서는 그런 식의 조잡한 미망(迷妄)을 당신으로부터 거두어 주실 겁니다. 그러니 카프카즈에서 두려워 할 게 어디 있습니까?

당신이 만일 이전처럼 러시아의 어딘가에 총독으로 부임한다면 똑같은 그리스도교적 지혜가 당신에게서 샘솟을 것입니다. 저도 잘 알고 있습니다만, 오늘날 러시아에서 우두머리가 된다는 것은 어려운 일로, 과거 그 어느 때보다도 어려울 뿐 아니라 어쩌면 카프카즈에서보다 더 어려운 일일 겁니다. 직권남용이 너무도 자주 행해지고 있습니다. 독직(瀆職)이 너무도 많아 그 어떤 인간적 수단으로도 그것을 근절할 수가 없습니다. 국가의 법망을 피해 편법이 생겨나 이미 그것은 거의 법처럼 되었고 진짜 법은 오로지 전시용으로만 남아있다는 것 또한 저는 잘 알고 있습니다. 보통사람들은 아무런 의심도 없이 그냥 피상적으로 보는 것을 주의 깊게 파고들어가 보면 아무리 현명한 사람이라도 머리가 지끈거릴 겁니다. 그렇지만 당신은 여기서도 현명하게 행동해야 합니다. 그리스도교인의 겸양은 여기서도 당신으로 하여금 교만한 지성이 내린 결론에 굴복하지 않고 끈기 있게 사태를 주시하도록 도와 줄 것입니다. 오늘날 인간은 무수한 외부의 영향력 아래 놓여 있으며 그 모든 것이 그의 직무수행과 관련을 맺고 있다는 사실을 아신다면, 우선, 호기심을 발동시켜 중요한 자리에 있는 사람들을 모조리 추려내고 그들의 가정사, 가족관계, 사고방식, 취향과 습관 등 모든 면면을 파악하도록 하십시오. 그렇게 하기 위해서 염탐꾼을 풀어놓을 필요는 없습니다. 아니, 당신이 직접 그들에게 캐물으십시오. 당신의 얼굴에는 이미 만사에 신뢰감을 불어넣어 주는 어떤 표정이 새겨져 있기 때문에 그들은 당신에게 흉금을 털어놓을 것입니다. 덕분에 당신은 그 어떤 뻔뻔스러운 요설가나 이른바 책망가 나부랭이도 절대로 알아낼 수 없는 것을 알아낼 것입니다. 당신이 예의 주시하고 있는 어떤 관리가 중요한 고리역할을 하고 있는 부정의 사슬 전모가 밝혀질 때까지는 어느 한 사람의 부정을 개별적으로 추적하지 마십시오. 당신도 아시다시피 요즈음엔 죄가 모든 사람에게 걸려 있어 처음에는 누가 누구보다 더 죄가 많은지 도저히 가려낼 수가 없습니다. 죄 없이 죄지은 사람이 있는가 하면 죄짓고 무죄인

사람도 있습니다. 그렇기 때문에 당신은 과거 그 어느 때보다 훨씬 더 신중하고 용의주도해야 합니다. 인간의 영혼 속에 모든 것의 열쇠가 있다는 사실을 명심하시고 인간의 영혼을 좀더 철저하게 조사하십시오. 이제는 영혼, 영혼을 알아야만 하며 그걸 모르고서는 아무것도 할 수 없습니다. 그런데 영혼을 알아내는 일을 할 수 있는 사람은 현재 당신이 그러기 시작한 것처럼 자기 자신의 영혼을 탐색하기 시작한 사람뿐입니다. 당신이 어느 협잡꾼을 협잡꾼으로서뿐 아니라 한 인간으로서 파악한다면, 다시 말해서 그의 정신적인 힘, 즉 선을 위해 그에게 주어졌으나 그가 악을 위해 변질시켰거나 아니면 아예 사용하지 않은 그의 모든 정신적인 힘을 파악한다면, 당신은 그의 자아를 통해 그를 질책할 수 있을 것이며 그는 자기 자신을 피해 달아날 곳은 없다는 걸 알게될 것입니다. 누군가에게 그가 다른 사람에게가 아니라 다름 아닌 자기 자신에게 무슨 죄를 지었는지 보여준다면 사정은 급변할 것입니다. 그의 전 존재는 뒤흔들리고 그에게서는 개선의 용기가 갑자기 샘솟을 것이며 그때서야 당신은 비로소 우리 러시아 민족은 심지어 협잡꾼까지도 얼마나 고결한가를 실감하게 될 것입니다. 당신이 지금 맡게 될 총독직은 과거와는 전혀 다를 것입니다. 당신이 과거에 행하신 통치는 비록 당신은 그걸 실패작이라고 자책하지만 어쨌든 기여한 바가 적지 않은데, 제 생각에 당신이 범하신 가장 큰 실수는 그 직위의 본질을 당신 스스로 정확하게 정의 내리지 못했다는 데 있습니다. 당신은 총독을 항구한 우두머리이자 현의 재정 관리인이라 파악했고, 총독이란 그저 한 자리에 오래오래 상주함으로써 현에 고상한 영향력을 행사할 수 있다고 여겼습니다. 그러나 어느 관료는 이 직위를 다음과 같이 정의 내렸습니다.

총독은 가는 길에 잠시 들렀다 가는 내무성 장관이다.

이러한 정의는 한결 더 정확한 것이고 또 정부에서 그 직위와 관련하여 요구하는 것에 더욱 부합합니다. 총독직은 항구한 것이라기보다는 임시적인 것입니다. 총독이 파견되는 이유는 현 내에서 국가의 박동을 촉진시키고, 현 내 모든 관직들—서로 연결되어 있는 관직이건, 아니면 각기 다른 성의 관할 아래서 독자적으로 존재하는 관직이건 간에—의 행정업무를 더욱 원활하게 돌아가게 하고, 모든 일에 박차를 가하고, 다양한 관직과 소원한 성(省)들간의 관계에서 발생하는 난국을 전권을 통해 해결하고, 또 새로운 요소는 아무것도 도입하지 않고 그 무엇도 제자리에서 벗어나지 않게 하는 가운데 모든 것을 이미 제정되고 확정된 법칙과 한도 내에서 가속화하기 위해서입니다. 당신은 이미 존재하고 있고 이미 제정되어 있는 제도를 높은 곳에서 관장하는 이 권력을 관리인의 의무로, 즉 경영의 난국을 스스로 헤쳐 나가고 모든 사소한 지출까지도 떠맡아야 하는 관리인의 성가신 의무로 받아들였습니다. 요컨대 당신은 총독이 아닌 현지사 관할의 일까지 떠맡았고 바로 그럼으로써 총독직의 고상한 의미를 축소시켰습니다. 당신은 총독직이 종신직이라고 생각했습니다. 당신은 새로운 설비를 도입함으로써 자신의 임기에 대한 기념비를 세우고자 했습니다. 아름다운 소망이긴 하지만 만일 당신이 그 당시에도 지금 같은 사람, 그러니까 더욱 독실한 그리스도교인이었더라면 당신은 그와는 다른 기념비에 신경을 썼을 겁니다. 도로를 건설하고 다리를 놓고 기타 여러 가지 통신망을 설치하는 것은, 그리고 당신이 그러했듯이 아주 지혜롭게 그런 일을 완수하는 것은 진정 필요한 일입니다. 그러나 지금까지도 러시아인이 자기 능력을 완벽하게 개발하는 것을 저지하고, 또 우리가 그토록 열심히 돌보고 있는 도로 및 온갖 외적인 설비의 이용을 방해하는 저 내면의 도로를 정비하는 것이 더더욱 필요한 일입니다. 푸쉬킨 선생은 사람들이 주된 일이 아닌 주된 일에서 파생

되어 나온 지엽적인 일에 안달하는 것을 보고는 언제나 속담을 인용하셨습니다. "여물통 있는 곳에 돼지가 꼬이게 마련"이라고요. 다리니 도로니 온갖 종류의 교통망이니 하는 것은 모두 돼지에 불과하며 그 이상의 어떤 것도 아닙니다. 도시가 있으면 그런 것들은 저절로 나타날 것입니다. 유럽에서는 그런 것들에 별로 신경도 안 썼지만 도시가 생기자 도로는 저절로 생겨났습니다. 민간인들이 아무런 정부의 보조 없이 그것들을 건설했는데 이제는 그 수가 하도 늘어나 사람들은 서로서로에게 진지하게 의문을 던지고 있습니다. "이렇게 빠른 교통망이 어째서 필요한가? 이 모든 철도니 도로니 하는 것으로 인류가 얻은 게 무엇인가, 인류 발전의 제반 영역에서 무슨 득을 보았는가, 한 도시는 거지처럼 되고 다른 도시는 고물시장이 되는 판에 전 세계를 빈둥대며 돌아다니는 작자들이 늘어났다는 게 무슨 소용이 있는가?"라고요. 우리 대부분이 우선 내면의 일에 제대로 신경을 썼더라면 러시아에서는 이 모든 무용지물들이 유럽에서는 볼 수 없는 편리한 시설과 함께 저절로 완성되었을 것입니다. "우선 이 점에 마음을 써라, 그러면 모든 것을 얻으리라"라고 구세주께서 말씀하셨습니다. 당신의 업적은 도덕적인 면에서 훨씬 더 중요했습니다. 누구한테 물어도 당신의 업무에 대해 존경심을 표했습니다. 모두들 입을 모아 당신이 여러 가지 부정을 뿌리 뽑았다고, 정말로 성실하고 훌륭한 관리들을 많이 등용했다고 말했습니다. 당신은 겸손한 나머지 그런 얘길 안 하셨지만 저는 다 알고 있었습니다. 그렇지만 만일 당신이 그 당시에 총독직이란 임시적인 것임을, 당신이 신경써야 할 것은 재임 기간 중에 모든 일이 순조롭도록 하는 것이 아니라 임기가 끝난 뒤에 모든 일이 순조롭도록 해야 하는 것임을 기억하셨더라면 그보다 더 잘 하실 수 있었을 겁니다. 당신은 임기가 끝나면 당신이 이루어 놓은 질서를 유지할 수 없을 뿐 아니라 아예 망쳐버리고 말 허약하고 무능한 후임자가 그 직에 오를 거라는 것을 항상 염두에 두고 있어야만 했으며, 그래서 당신의 임기가 끝난 뒤에 아무도 일단 정해놓은 방향을 틀지 못하도록 단호하게 행동하고 또 이미 행해진 일은 단단하게 굳혀놓는 데 생각을 집중했어야만 했습니다. 당신은 악의 잔가지가 아닌 그 뿌리를 잘라냈어야만 했고, 또 당신의 임기가 끝난 뒤에도 기계가 저절로 돌아가도록, 그리하여 그 어떤 감독관도 필요 없도록 모든 업무를 활성화시켰어야만 했으며, 오로지 그럼으로써만 당신의 총독직에 대한 영원한 기념비를 세울 수 있었습니다. 이제는 당신이 다른 식으로 행동한다는 것을 제가 알고 있으니 만큼, 또다시 총독직이 당신에게 제공된다면 그 직무를 어떤 식으로든 가벼이 여기지 마십시오. 요즘처럼 총독직이 필요하고 중요한 적은 과거에 한 번도 없었습니다. 그럼 이제부터 오늘날 총독 외에 그 누구도 달성할 수 없는 몇 가지 업적을 일러드리겠습니다.

첫째, 모든 지위에 합법적 한계선을 설정하고 현 내 모든 관리로 하여금 자신의 지위를 확실하게 인식하도록 하십시오. 이건 절대로 가벼이 볼 일이 아닙니다. 최근에 들어서면서 현 내 거의 모든 직위가 은근슬쩍 합법적인 한계와 경계선을 넘어버렸습니다. 어떤 직위는 지나치게 경직되거나 축소되었고 또 어떤 직위는 다른 직위에 손실을 입힐 정도로 그 행동반경이 넓어져 버렸습니다. 엄청난 임시직과 보조직의 도입으로 인해 정규직은 추진력을 상실해 버렸습니다. 최근에 특히나 눈에 띄는 현상인데, 업무를 '저지'해야 할 때에는 전권과 방만이 개재하고 업무를 '촉진'시켜야 할 때는 오히려 복지부동이 개재하는 형국입니다. 각각의 직위를 그 합법적 범주에 되돌려 놓는 일은 이제 무척이나 어려운 일이 되어 관리들 자신마저도 그것에 대한 이해에 혼선을 빚고 있습니다. 관리들이 선임자로부터 임무를 승계할 때는 그 선임자가 거기 부여한 모습 그대로 승계하기 때문에 그들은 그 임무의 원형이 아닌 선임자가 부여한 모습에 어느 정도 익숙해지며 그렇기 때문에 원래의 모습은 거의 모든 이들의 머릿속에서 빠져 나가버립니다. 그런 사정으로 인해 선량한, 그리고 심지어 현명하기까지 한 부서장들이 그냥 원상태로 복구하기만 하면 되는 관직들을 파기하거나 변질시키기를 원했던 것입니다. 이런 상황은 오로지 전권을 갖는 최고 우두머리가 조정할 수 있지만, 그것도 그가 각 직위의 본질을 직접 규명하는 일에 빈틈이 없다는 전제 하에서입니다. 우리의 모든 직위는 그 원형에 있어 아름다운 것이며 우리의 조국을 위해 합당하게 창조된 것입니다. 그러면 이제 현의 구조를 하나하나 짚어 봅시다. 제 1인자는 현지사입니다. 그의 권력은 몇 가지 형태로 나타납니다.

그는 현 전체의 경제 및 치안과 관련된 모든 일에서 전권을 갖는 통치권자로, 도시행정과 지방행정이 모두 그의 통치권 하에 놓이는데 전자는 도시들 내부의 조직 및 도시들간의 질서유지와 관련된 모든 것을 포함하며 후자는 도시 밖에서 실시되는 모든 것, 즉 조세(租稅) 부과라든가 부역의 할당, 도로건설, 각종 건설과 보수를 포함합니다. 전자의 경우 그의 직접적이고 절대적인 재량 하에 있는 사람은 현의 경시총감과 각 시(市)의 시장입니다. 후자의 경우, 그의 직속 관할에 놓이는 사람은 군 경찰서장과 지방의원들로, 그들은 서기가 상주하는 무슨 사무실의 형태가 아니라 고문관들의 합의기관 형태로 조직된 현청을 통해서 현지사와 연결됩니다. 그렇기 때문에 중요한 독직사건에 대한 책임은— 설령 현지사가 그 일을 저질렀다 하더라도—이 고문관들과 현청 관리들에게 떨어지며 따라서 그 모든 전권에도 불구하고 현지사의 권력은 이미 제한될 수밖에 없습니다.

현지사는 상임 각료 이상의 존재로, 그와는 별도로 해당 성의 관할 하에 있는 다른 상임직의 업무실행을 감시합니다. 이들 지위에 있는 관리들이 무슨 거래나 약정을 체결할 때면 그것이 임대차이건 국유지나 호수의 독점판매건, 아니면 각종 매매, 매점 및 그 계약이건 간에 반드시 그가 배석해야 합니다. 그가 실제로 배석하지 않으면 그 어떤 국영계약이나 거래도 실행될 수 없습니다. 그런 식으로 해서 현지사의 배석은 내부의 업무와 관련해서는 전적으로 그에게서 독립해 있는 직위를 독직으로 가는 모든 길목에서 차단시킵니다.

모든 사법기관, 즉 모든 지방재판소 및 그 상급법원인 민사재판소까지도 전적으로 해당 성 관할에 놓여 있으므로 현지사로부터 독립된 것처럼 보이지만 그것들은 부정부패로 가는 길에서 매 단계마다 현지사에 의해 저지당하는바, 현지사는 일 년에 최소한 두 번 하는 현 내 시찰 중에 법정을 둘러보고 기결된 소송 두세 건에 대한 계류를 요구한 뒤 서기와 함께 집에 가서 기록을 검토할 수 있는 권리를 가지며 그런 식으로 그들 모두를 장악할 수 있습니다. 한마디로 말해서 그는 다른 상관에 속해 있는 직위에 대해서는 어떠한 통수권도 갖지 못하지만 독직이 어디서 발생하건 그것을 저지할 권리를 갖는 것입니다.

귀족들에 대해서 현지사는 오로지 도덕적 영향력을 행사할 수 있을 뿐입니다. 그가 직분과 관련하여 귀족들과 접촉해야 할 때에는 그들의 대표인 귀족단장과 업무를 처리하는 것이 관례인데, 그런 식으로 해서 그는 한 사람의 대표를 통해 계급 전체와 친목을 도모할 수 있습니다. 여기서 입법자의 지혜는 유난히 돋보이는바, 다양한 교육과 습관과 사고방식, 그리고 유럽 어느 나라의 귀족들도 보여주지 못하는, 오로지 우리나라 귀족들만이 갖추고 있는 성격의 다양함을 고려해 볼 때 그렇게 하지 않고서는 그들 모두와 유대를 돈독히 할 수 있는 방법이 전무합니다. 귀족 단장의 지위는 관등에 있어 현지사의 지위와 거의 동등하며 현 내에서 그의 권한은 현지사 다음 가는 것이므로 이 사실 하나만 가지고도 현지사는 귀족과 현지사가 반드시 친목을 유지해야 하며 안 그러면 양쪽 다 사적 관계에서도 거북할 것이고 공적 관계에서도 부자유스러울 거라는 걸 주지시킬 수 있습니다. 군 경찰서장과 의원은 귀족에 의해 선출되지만 그 다음부터는 현지사에게 전적으로 종속되므로 그들은 쌍방 모두에게 상대방을 지지해 주는 것이 얼마나 필요한지 보여줄 수 있습니다. 귀족단장은 자신의 권한이 부족하다고 생각되는 상황에서 현지사의 이름을 들먹임으로써 성과를 올릴 수 있고 마찬가지로 현지사는 귀족단장의 도움으로 귀족들에게 더 강력하고 더 성공적으로 실력을 행사할 수 있습니다.

실책은 어디서나 발생할 수 있고 부정은 어디에고 파고들 수 있습니다. 현지사 자신이 죄를 지을 수도 있습니다. 이건 예견된 일입니다. 그래서 독자적 인물, 그 누구로부터도 자유로운 인물, 모든 사람으로부터 심지어 현지사로부터도 떨어져 나와 열외에 서 있어야만 할 의무가 있는 인물이 존재하는 것입니다. 지방검사가 바로 그런 인물인데, 그는 법의 눈이기 때문에 그를 통하지 않으면 그 어떤 서류도 현을 빠져나갈 수 없습니다. 현 내 모든 직위에서 실행되는 업무는 그 어떤 것도 그를 피해갈 수 없습니다. 그가 서류에다 검토를 끝냈다는 표시를 기입하지 않으면 그 어떤 일도 결정된 것으로 볼 수 없습니다. 그는 현 내의 그 누구에게도 종속되어 있지 않습니다. 그는 자신과 직접적으로 접촉하는 유일한 인물인 법무성 장관을 제외하고는 그 누구에게도 보고할 의무가 없으며 현 내에서 진행되는 모든 일에 언제라도 이의를 제기할 수 있습니다.

한마디로 말해서, 모든 것이 완벽하며 어디서건, 요컨대 권력의 확립방식에서건 아니면 권력들 상호간의 관계에서건 입법자의 지혜를 느낄 수 있습니다. 정부의 선견지명이 더더욱 뚜렷하게 드러나는 몇몇 기관은 일단 접어두고 다른 나라에서는 결코 찾아볼 수 없는 우리의 양심법정(良心法廷)에 관해서 한 말씀드리고자 합니다. 제 생각에 그것은 인류애와 지혜와 예지의 결정판입니다. 법률의 적용이 가혹하고 냉엄하게 느껴지는 모든 사례들, 이를테면, 연소자와 정신질환자가 개입된 모든 사례, 오로지 인간의 양심만이 판단할 수 있고, 아무리 공정한 법률도 부당할 수 있는 모든 사례, 상급법원에 항소하는 등 질질 끌 것이 아니라 고상한 그리스도교 정신에 입각하여 우호적이고 평화적으로 해결되어야만 하는 모든 사례, ― 이런 것들이 바로 양심법정에서 다루어져야 하는 사례들인 것입니다. 양심법정 판사의 선출은 귀족에게 달려 있으며 통상 인류를 사랑하고 청렴결백한 사람이 만장일치로 그 자리에 선임된다는 것은 얼마나 현명한 일일까요. 그에게 어떤 급료나 포상도 지급되지 않으며 인간을 유혹하는 그 어떤 세속적인 매력도 끼어들 여지가 없다는 것 또한 얼마나 잘된 일일까요. 한때 저도 그 자리에 선임되기를 무척 원했습니다. 그 자리에 있었더라면 얼마나 많은 복잡하고 시끄러운 일들을 해결할 수 있었을까요. 판사가 오로지 양심에 입각해서 판결을 내린다는 소문, 그리고 그는 이미 공정한 재판의 지혜로 알려진 사람이라는 소문이 퍼지기만 하면 소송 당사자들은 자기의 개인적 이득은 일단 제쳐두고 득달같이 양심법정에 송사를 가져올 것입니다. 우리 중 그 누가 화해를 마다하겠습니까?

한마디로 말해서, 현의 행정체계를 들여다보면 볼수록 당신은 그것을 창시한 분의 지혜에 더욱 놀라게 될 것입니다. 하느님 바로 그분께서 황제폐하의 손을 빌어 보이지 않게 그것을 제정해 놓으셨다는 걸 느낄 수 있기 때문입니다. 모든 것이 완벽하고, 모든 것이 충분하고, 모든 것이 인간들로 하여금 서로 화목한 가운데 선행을 도모하고 모든 부정을 근절시킬 수 있도록 조직되어 있습니다. 여기서 관리가 더 필요하다는 생각은 도저히 할 수가 없습니다. 새로운 사람을 위한 자리도 없고 그 어떤 혁신적 제도도 불필요합니다. 그런데 당신도 아시다시피, 일부 현 행정관들은 이 모든 일에 특별한 임무를 부여받은 여러 관리들, 온갖 종류의 임시 심리위원회 따위를 덧붙여 놓아 모든 직위의 업무를 분할시켜 박살을 내놓고 관리들을 혼란시켜 자기 업무의 정확한 한계가 무엇인지 도통 알 수 없게 해버렸습니다. 당신은 그 당시에 이미 이 점을 다른 사람보다 잘 이해하고 있었기에 그렇게 하지 않았으니 정말 다행입니다. 어느 관리의 횡령(橫領) 행위를 단속하기 위해 새로운 관리를 투입시킨다는 것은 한 사람의 도둑 대신 두 사람의 도둑을 만드는 일임을 당신은 잘 알고 있습니다. 단속 시스템이란 것 자체는 사실 별로 소용이 없습니다. 인간이 인간을 단속할 수는 없습니다. 단속을 위해 투입된 사람을 일 년 뒤에는 또 단속해야만 할 것이고 그런 식으로 해서 단속은 끝없이 이어질 것입니다. 모든 부정적 시스템이 그렇듯이 이건 헛되고 비참한 시스템으로 이런 것은 근본도 뼈대도 모르는 어중이떠중이로 이루어진 식민지 국가, 자기희생이니 고결함이니 하는 것은 모르고 오로지 사리사욕만을 아는 그런 국가에서만 조직될 수 있습니다. 인간의 고결함에 대한 믿음을 보여주지 않으면 고결함이란 절대로 존재할 수 없습니다. 자기를 마치 사기꾼 보듯 의심의 눈초리로 보고 있다는 것을, 그리고 사방에서 자기에게 감시자의 눈길이 꽂혀지고 있다는 것을 아는 사람은 자기도 모르게 얼어붙습니다. 누구든 녹여주어야지 얼어붙게 해서는 안 됩니다. 모든 사람이 자기 스스로를 단속하도록 해야지 다른 사람이 그렇게 하도록 해서는 안 됩니다. 관리가 법보다 몇 배나 엄격하게 자기를 다스리고 자기가 어째서 비열한 관리인지를 깨닫게 하려면, 요컨대 자기가 맡은 고상한 임무의 의의를 깨닫게 하려면 그런 식으로 해야만 합니다. 이는 오로지 총독만이 할 수 있는데 그러기 위해서는 당신 스스로가 모든 직위의 진정한 본질을 파악하는 일에 만전을 기해야 하며 또 해당 관리, 즉 당신이 직위의 완전한 의의를 깨닫게 해 주고자 하는 그 관리의 자리에 머릿속으로 복무해 보아야만 합니다. 그 결과 당신과 관리들과의 모든 관계는 온갖 서기니 종잇장 위에 씌어진 죽은 교신 따위는 필요 없는 개인적 성격을 띠게 될 것이며 그로 인해 당신의 사무실은 점차 작아져 다른 우두머리들이 확보한 저 괴물처럼 거대한 사무실과는 천양지차를 보이게 될 것입니다. 당신도 이미 아시겠지만 이 거대한 사무실들은 엄청난 해악을 초래하는바, 모든 관리들의 업무를 방해하고, 새로운 상급 심의절차와 그로 인한 새로운 골칫거리를 만들어 내고, 은근슬쩍 새로운 권력자, 요컨대 간혹 그 누구의 눈에도 뜨이지 않는 단순한 서기 같은 인물이지만 모든 업무는 그의 손을 거쳐야 하는 그런 권력자를 양성하는 곳이 바로 이들 사무실이기 때문입니다. 서기에게는 무슨 정부(情婦) 같은 여자가 생길 것이고 그 여자로부터 음모와 분쟁이 불거져 나올 것이고, 그리고 그 모든 것과 더불어 그런 곳에는 언제나 나타나는 악마 같은 혼돈이 생겨날 것입니다. 결국 사태는 새로운 무질서와 복잡함이 덧붙여지는 것 외에 엄청난 액수의 국가 공금이 탕진되는 식으로 종결될 것입니다. 하느님께서 보호하사 당신은 사무실 정비에 급급하지 않기를 바랍니다. 그 누구와도 반드시 개인적으로 상대하십시오. 사람과의 대화를, 특히 그것이 자기 자신에게 소중한 것이고, 자기 의무와 책임의 완수에 소중한 것이고, 그리고 따라서 자기 영혼에 소중한 것이라면, 어떻게 가벼이 여길 수 있겠습니까? 어떻게 그런 대화를 신문에 난 헛된 풍문이나, 기만적인 유럽 잡지에서 주어온 온갖 낭설에 대한 쓸모없는 담론과 바꿀 수 있겠습니까? 인간의 의무에 관한 대화는 대담자 쌍방 모두가 다름 아닌 하느님이 보시는 가운데 천사와 담소하고 있는 것처럼 느끼도록 이루어져야 합니다. 당신의 부하들과도 그런 식으로, 즉 그들의 영혼에 양식과 교훈을 줄 수 있는 그런 식으로 대담하십시오! 러시아어로—제가 말하는 러시아어란 현재 일상적 용법 속에서 몸부림치는 언어,[4] 책에서나 쓰는 언어, 온갖 독직(瀆職)의 시대에 형성된 그 언어가 아니라, 비록 우리가 제 나라 제 땅에서 이방인처럼 되었음에도 불구하고 러시아 땅 전역에 보이지 않게 퍼져나가는 언어, 아직은 삶과 유리되어 있지만 그래도 모두에게 진정한 러시아어란 느낌을 주는 그 언어입니다—우두머리는 아버지라 불린다는 사실을 잊지 마십시오. 아버지란 자식을 대할 때 무슨 종잇장 교신을 통하지 않고 자식 하나하나와 직접 얘기하는 법이니 만큼 당신도 아버지가 자식들을 대하듯 그들을 대하십시오. 그런 식으로 행동함으로써 당신은 모든 관리에게 자신의 직무를 이해시킬 수 있으며 진정 위대한 업적을 달성할 수 있습니다.

이제 당신에게 또 다른 공적에 관해 말씀드리고자 하는데 그건 오로지 총독만이 할 수 있는 일로 오늘날 그것은 그냥 단순히 필요한 정도가 아니라 필수불가결한 일입니다. 요컨대 귀족들로 하여금 자신의 신분을 완전히 이해하도록 만들어야 합니다. 귀족이란 계급은 일시적으로 늘어붙은 외국 껍데기에도 불구하고 그 러시아적 본질에서는 아름다운 존재입니다. 그러나 귀족들은 아직도 이 점을 깨닫지 못하고 있습니다. 어떤 이들은 아직 긴가민가 고개를 갸우뚱거리고 있으며, 또 어떤 이들은 이 점을 전혀 모르고 있으며, 또 어떤 이들은 외국 귀족을 이상으로 삼고 있으며, 또 어떤 이들은 아예 자문해 보지조차 않습니다. 도대체 귀족이란 게 이 세상에 필요한 존재인가? 라는 걸 말입니다. 그들 중에 누군가가 이 점에 관한 명쾌한 생각을

4) 당시 귀족 및 지식인들이 일상적으로 불어를 사용함으로써 러시아어를 등한시하고 있는 상황을 빗대어 하는 말이다.

가지고 있다 해도 그 생각은 아직 공론화되지 못했습니다. 최근에 들어서는, 다른 것은 모두 제쳐놓고라도, 사직당국에 대한 불신풍조가 귀족들 사이에 다시 생겨났습니다. 얼마 전, 유럽식의 소요와 각종 동란이 무성하던 시절에 일부 악당들은 우리 귀족들 사이에 정부가 그들의 의의를 무력하게 하고 그들을 하찮은 존재로 전락시키려고 한다는 풍문을 퍼뜨리는 데 특히 애를 썼습니다. 도망자들, 망명객들 그리고 온갖 종류의 반(反)러시아파들이 귀족과 정부 간에 불화를 불러일으키려는 속셈으로 논문을 써서 외국신문의 칼럼을 가득 메워놓았습니다. 즉, 한편으로는 러시아 황제께 그분의 권력을 논박하는 허황된 보야르[5] 일당을 보여주고 다른 한편으로는 귀족들에게 황제께서 그들에게 호의를 갖고 계시지 않다, 일반적으로 귀족계급은 좋아하시지 않는다, 라는 것을 보여 주겠다는 생각이었습니다. 그러니까 그들은 러시아에 모종의 소동과 분란을 일으키고 그 사이에서 자기네는 무언가 잇속을 챙겨보고 싶었던 것입니다. 상호간의 우려와 의심은 무서운 것인 만큼 조만간에 황제와 귀족 간의 가장 신성한 유대도 끊어지게 되겠거니 하는 생각에서였습니다. 그러나 하느님께서 보호하사 몇몇 파락호 같은 인간들이 나라 전체를 들쑤셔 놓을 수도 있는 그런 시대는[6] 지나갔습니다. 덕분에 그자들의 획책은 그냥 황당한 계획으로 남게 되었지만 어쨌든 상호 불신과 오해의 골은 깊이 파이고 제가 아는 많은 귀족들은 황제께서 자기들의 계급을 싫어하신다고 믿고 있으며 그로 인해 심지어 속앓이까지 하고 있습니다. 그들에게

---

5) 대귀족.

6) 1825년 12월 일군의 근위대 장교들이 전제정치와 농노제 폐지를 주장하며 차르 니콜라이에 대항해서 일으킨 봉기를 가리킨다. 그들은 12월 당원, 즉 데카브리스트라 불린다. 봉기는 실패로 돌아갔고 수많은 청년 장교들이 처형당하거나 유배당했다.

이 문제를 속 시원히 해결해 주시고 아무것도 감추지 마시고 모든 진실을 툭툭 털어 보이십시오. 황제 폐하께서는 그들 계급을 그 어떤 다른 계급보다 사랑하신다고, 그러나 그들이 갖는 진정 러시아적 의미를, 우리 조국의 정신에 부합하여 그들이 마땅히 가져야만 하는 아름다운 모습을 사랑하신다고 말해주십시오. 어떻게 그렇지 않을 수가 있겠습니까. 폐하께서 어찌 자기 백성의 꽃을 사랑하지 않으실 수 있겠습니까? 우리의 귀족은 우리 민족의 꽃이지, 타지에서 온 무슨 잡초가 아닙니다. 그러나 귀족들 스스로가 자기들 계급의 의무를 보여주고 정의 내려야 하는바, 그 이유가 무엇인고 하니, 그들은 현재 그들이 취하는 추한 모습과 삼지 사방 흩어지려는 성향 때문에, 사상과 교육과 삶과 습관의 다양성 때문에, 자기 자신들에 대한 요령부득의 이해방식 때문에 그 누구에게도 우리나라에서 귀족이란 무엇인가에 관한 실질적이고 완전한 생각을 전달 수 없기 때문입니다. 그렇기 때문에 지금은 그 어떤 현자도 그들을 어떻게 대해야 할지 모르고 있습니다. 그러므로 귀족 자신들이 자기들의 진정하고 완전한 의미를 이해해야 합니다. 그리고 여기서도 당신은 그들 모두에게 진실로 도움을 줄 수 있는데 왜냐하면 당신 자신이 러시아 귀족이고 또 우리나라 귀족의 고상한 의의를 이미 이해하고 계시므로 당신은 그 누구보다도 이점을 잘 설명할 수 있기 때문입니다. 당신이 그들에게 말해주려 하는 모든 것의 씨앗은 이미 그들의 가슴속에 들어 있기 때문에 그렇게 하기 위해서 많은 말이 필요한 것은 아닙니다. 우리나라 귀족은 정말로 비범한 현상이라 할 만합니다. 그들은 다른 나라에서와는 전혀 다른 방식으로 탄생했습니다. 그들은 군대를 거느린 가신(家臣)이나 최고 권력에 대한 도전자, 혹은 낮은 계급에 대한 항구한 박해자의 강압적 모습으로 등장하지 않았습니다. 우리나라에서 그들은 차르와 민중과 국가를 위한 개인적 종복(從僕)으로, 힘이 아닌 도덕적 가치에 입각한 종복으로 등장했습니다. 다른 나라 귀족들과는 달리, 우리 귀족들한테는 자기들 계급이 갖는 무슨 특권 나부랭이에 대한 자만심이 없습니다. 독일 귀족들이 갖고 있는 불손함도 없습니다. 우리 귀족들은 그 어떤 다른 나라 귀족들보다 유서 깊은 가문을 가지고 있지만 그 누구도 혈통이니 오랜 가문 같은 것을 자랑하지 않습니다. 오로지 영국을 여행하면서 그런 병에 감염된 영국광(英國狂) 따위들이나 그런 걸 자랑할 것입니다. 어쩌면 아주 간혹 누군가 자기 선조를 자랑할지 모르지만 그것도 차르와 조국에 진정으로 성실하게 봉사한 선조에 한해서입니다. 만일 그가 나쁜 선조를 자랑한다면 그의 동료귀족들이 그에게 즉시 풍자시를 쏟아 부을 것입니다. 그들 모두가 스스로에게 자랑을 허용하는 유일한 대상은 하느님께서 이미 그들 가슴에 넣어주신 덕의심(德義心)입니다. 그리고 만일 어떤 행동을 통해 그 내적인 최고의 고결함을 보여주어야만 하는 상황이 닥치면 그들 중 가장 형편없는 개망나니까지도 남에게 뒤질세라 앞을 다투어 나설 것입니다. 우리의 귀족은 이러한 덕의심을 담고 있는 그릇과도 같은바, 그들의 덕의심은 러시아 방방곡곡에 전달되어 모든 다른 계급에게 어찌하여 최고의 계급이 민중의 꽃이라 불리는가를 이해시켜야 합니다. 만일 당신이 진리나 다름없는 저의 진술을 그대로 전달하신다면, 모든 귀족이 후대에 영원히 이름을 남겨야 하는 분야가 어떤 것인가를 보여주신다면, 러시아 전체가 도와달라고 외치고 있는데 도움은 오로지 덕의심의 공적으로만 제공될 수 있고 덕의심의 공적은 오로지 덕의심을 타고 난 사람만이 이룩할 수 있다는 사실을 그들에게 알려주신다면, 당신은 그들의 가슴과 당신의 가슴이 주연 자리에서 술잔과 술잔이 마주치듯 그렇게 서로 마주치는 모습을 보게 될 것입니다. 그들에게 아무것도 숨기지 마시고 모든 진실을 설명해 주십시오. 어째서 그들에게 외국의 거짓된 잡지에서 뽑아낸 것과 똑같은 내용을 주입시킬 필요가 있습니까, 어째서 깡패들로 하여금 그들의 머리를 돌게 만들 필요가 있습니까? 그들에게 모든 진실을 그대로 다 드러내 보이십시오. 러시아는 참으로 불행한데, 불행한 이유는 극도로 뻔뻔하게 자행되는 약탈과 불의 때문이라는 것을 그들에게 말해주십시오. 폐하께서는 아무도 모르게, 아무한테도 안 들리게, 아무도 알 수 없게, 가슴을 앓고 계시다는 걸 말해주십시오. 그들 모두를 서로서로에게서 멀어지게 하고 그들 모두에게서 조국에 진정한 기여와 봉사를 할 수 있는 여지를 박탈한 저 혼돈의 소용돌이 앞에서, 모든 사람이 조국의 정신에서 이탈하고 있는 보편적 현상과 도처에 널린 어둠 앞에서, 아직은 살아있는 우리의 몸통을 쪼아먹고 진흙탕 속에서 창피스러운 이득을 낚아 올리려고 사방에서 날아오르는 저 철면피한 협잡꾼들과 공정한 재판을 팔아먹는 장사치들과 강도들 앞에서, 어찌 가슴이 아프지 않을 수 있겠습니까. 그들에게 이런 것을 말해주시고, 또 그런 다음, 그들 모두가 이제 차르께 진정으로 고상하고 고결한 봉사를 해야 한다는 것을, 즉 언젠가 적들에 대항해 그토록 너그러이 대오를 이루었듯이[7] 이제는 저급한 잡계급에[8] 의해 품위를 훼손당한 매력 없는 지위와 임무에 너그러이 임해야 한다는 것을 깨닫게 해주신다면, 당신은 우리의 귀족이 깨어나는 모습을 보게 될 것입니다. 관직에 들어가고자 하는 사람들, 지극히 보잘것없는 직위에 오르고자 하는 사람들이 너무 많아 처리할 수도 없게 될 것입니다. 게다가 그들은 봉직을 마친 뒤에도 보상이니 명예니 심지어 무슨 특권이나 특전 같은 건 요구하지 않을 것이며 자신들의 내적인 고상한 특권을 보여준 사실 자체만으로 만족할 것입니다. 한마디로 말해서

7) 1812년의 조국전쟁을 가리킨다.

8) 중·하위 계급출신으로 귀족에 속하지는 않지만 상당히 높은 수준의 교육을 받아 지적 분야에서 활동하는 일군의 사람들을 가리킨다.

일단 그들의 신분이 갖는 고결함을 보여주기만 하면 그들의 본성이 얼마나 고상한지가 드러날 것입니다. 당신은 또한 그들이 할 수 있는 두 번째 위대한 일을 가르쳐 줄 수 있는데, 그것은 농부라는 계급이 전 유럽에 귀감이 되도록 그들에게 맡겨진 농부들을 교육하는 일입니다. 왜 그런고 하니, 현재 유럽의 많은 사람들은 러시아를 제외한 다른 모든 곳에서 이제는 사라져버린 예스럽고 가부장적 생활방식에 대해 진지하게 숙고하고 있으며 또 작금의 모든 제도와 기관이 무기력함을 체험하고는 우리나라 농부들의 삶이 농촌계급의 생활수준 향상을 위해서 더 낫다고 공공연히 떠들어대기 시작하고 있기 때문입니다. 그렇기 때문에 당신은 귀족들을 설득하여 그들이 부끄럽게도 자기 자신의 영지를 돌보지 않고 영지 고용인이나 관리인에게 맡겨버린 시절에 형성된 지주와 농부 간의 저 거짓되고 날조된 관계 대신 진정 러시아적 관계에 좀더 큰 관심을 기울이도록 해야 합니다. 농부들을 생판 모르는 사람이 아닌 자기의 피를 나눈 친척처럼 진실하게 돌보고, 아버지가 아이들을 대하듯 그렇게 대하도록 귀족들을 설득해야 합니다. 오로지 그렇게 함으로써만 귀족들은 농민계급을 그 합당한 위치에 올려놓을 수 있는데, 우리나라에서는 마치 일부러라도 그런 듯 농부를 자유인이라고도, 노예라고도 부르지 않고 그리스도 바로 그분의 이름에서 따온 크레스티야닌이라[9] 부르는 것은 그 계급의 합당한 의미를 보여주는 예라 할 수 있습니다. 총독은 사전에 미리 이 모든 것을 숙고하고 우리나라 귀족의 완전한 의미를 스스로 파악함으로써 귀족들에게 이 모든 것을 완벽하게 설명해 줄 수 있습니다. 이것이 당신이 할 수 있는 두 번째 위대한 업적입니다.

---

9) 러시아어로 농부는 '크레스티야닌'(*krest'ianin*)이라 불리는데 그것은 그리스도를 의미하는 '흐리스토스'(*Khristos*), 그리스도교인을 의미하는 '흐리스티아닌'(*khristianin*)과 어원을 같이한다.

자, 이제 당신에게 세 번째 업적에 대해 말씀드리고자 하는데 그것 역시 총독 말고는 아무도 할 수 없는 일입니다. 오늘날 모든 유럽 국가는 모든 법과 규정이 지나치게 복잡해지는 바람에 끙끙 앓고 있습니다. 도처에서 한 가지 놀랄만한 현상이 발견되는데 그것이 뭐냐 하면 본래 민법(民法)에 속한 법률들이 한계를 넘어 다른 법의 영역으로 침투해 들어가 버린 현상입니다. 그것들은 한편으로 오랜 기간 동안 민중 관습의 지배 하에 놓여있던 영역으로 침투해 들어갔고 다른 한편으로는 영원히 교회의 지배 하에 남아 있어야만 하는 영역으로 침투해 들어갔습니다. 이런 현상은 억지로 발생한 것이 아닙니다. 사방에 스스로를 방어하지 못하는 텅 빈 자리들이 널려 있었기 때문에 민법의 범람은 그냥 저절로 발생했습니다. 유행은 관습을 찢어놓았고 그리스도 안에서의 올곧은 삶에서 이탈한 성직자들은 인간의 사생활에 개재하는 모든 개인적 관계들을 제멋대로 흩트려 놓았습니다. 민법은 이런 저런 허점들을 내버려진 고아처럼 거두어들여 자신의 후견 하에 놓았고 그랬기 때문에 복잡해질 수밖에 없었습니다. 민법 자체는 결코 광범위한 것이 아니기 때문에, 만일 관습에 속해야만 하는 것과 영원히 교회 소유이어야만 하는 것이 적법한 방식으로 제자리를 찾는다면 사회질서의 심각한 문란과 국가 고유의 문제들을 모두 다루는 오직 한 권의 책만으로 민법을 포괄할 수 있을 것입니다. 지금은 너나 할 것 없이 누구나 다 알고 있습니다, 무수한 소송, 직권남용, 온갖 비방들은 모두 유럽의 철학자-입법자들이 모든 가능한 위법의 사례들을 가장 세부적 사항에 이르기까지 미리 규정해 놓기 시작했고 또 그럼으로써 모든 사람들에게, 심지어 고상하고 선량한 사람들한테까지 끝없는 그리고 부당하기 짝이 없는 소송에의 길을 열어주었기 때문에(이전 같으면 그들은 그런 소송을 제기한다는 것 자체를 매우 야비한 일로 생각했지만 지금은 규정의 어느 조항에서 언젠가 잃어버린 재산을 되찾을 수 있다는 가능성과 희망을, 혹은 다른 사람의 소유권에 대해 이의를 제기할 수 있다는 가능성을 발견했기 때문에 거리낌없이 소송을 제기합니다) 발생했다는 것을 말입니다. 그들은 이미 진격하는 영웅처럼 걸어 다니며 자신의 적수에게 눈길도 주지 않지만, 그 적수는 어쩌면 이 일로 인해 마지막 남은 셔츠까지 빼앗기고 식솔과 더불어 길바닥에 나앉아야 할지도 모릅니다. 박애주의자라는 인간들은 현재 가장 철면피한 방식으로 공공연하게 잔인무도한 일을 획책하고 그걸 자랑하기까지 하지만, 만일 교회의 봉사자가 치사한 사리사욕 대신 그리스도 앞에 소송 당사자 쌍방을 대질시킨다면, 만일 모든 복잡하고 얽히고설키고 굴속같이 캄캄한 소송들, 그러니까 항소니 상고니 하며 질질 끌게 될 것 같은 모든 소송들이 마땅하고 옳은 방식으로 처리된다면, 요컨대 민법이 아닌 교회가 인간과 인간을 화해시킨다면, 그 박애주의자는 그런 생각을 한 것만도 수치스럽게 느낄 것입니다. 그럼 이제 묻겠습니다. 그럼 어떻게 해야 할까요? 어떻게 하면 민법은 오로지 민법에만 속해야 하는 것을 실제로 회복하고, 어떻게 관습법은 오로지 관습법의 권한에 남아있어야만 하는 것을 회복하고, 어떻게 교회는 항구하게 교회에 속한 것들을 다시 한번 확인할 수 있을까요? 한마디로, 어떻게 모든 것이 제 위치로 돌아가게 할 수 있을까요? 유럽에서 이런 일은 불가능합니다. 유럽은 유혈이 낭자한 무의미한 투쟁으로 기진맥진해져 결국 그 어떤 것도 이루어 낼 여력이 없을 것입니다. 그러나 러시아에는 가능성이 있습니다. 러시아에서는 무슨 새 제도나 봉기나 개혁을 통하지도 않고, 심지어 회합이나 위원회나 논쟁이나 잡지의 풍설이나 잡담을 통하지도 않고, 그냥 소리 없이 슬그머니 그 일을 이룩할 수 있습니다. 러시아에서는 자기에게 맡겨진 지역을 관리하는 총독이라면 누구나 아주 쉽게 그 일을 시작할 수 있습니다. 다른 어떤 것을 통해서도 아니고 자기 자신의 삶을 통해서 말입니다. 자신의 가부장적 삶과 소박한 대인관계를 통해 그는 공허한 에티켓 나부랭이나 들먹이는 유행을 뿌리 채 뽑고 그 자체로서 훌륭할 뿐 아니라 현재의 생활방식에 유익하게 적용될 수 있는 러시아의 관습을 강화시킬 수 있습니다. 그는 도시 주민들간의 관계 및 지주들간의 관계를 단순화시키는 데 강력한 영향력을 미칠 것입니다. 그리고 지금처럼 복잡한 세인들의 관계를 단순화시킴으로써 도시 주민 사이에서 회오리바람처럼 발생하는 분쟁과 불만을 현저하게 약화시켜 줄 것입니다. 총독은 관습의 확립에 영향을 미치는 것과 똑같은 정도로 오늘날 러시아인의 삶 속에 교회를 적법하게 고착시키는 일에 영향을 미칠 수 있습니다. 우선 자기 삶의 모범을 통해서, 그리고 또 강압적이고 강제적이지 않지만 강압적인 조치보다 몇 배나 더 강력한 일련의 조치를 통해서 그렇게 할 수 있습니다. 이에 관해서는 나중에 당신이 실제로 그 직에 취임하고 나서 얘기하도록 하고 지금은 우선 한 가지만 말씀드리겠습니다. 요컨대, 만일 단순한 관습(慣習)이 그 어떤 성문법보다 더 강력하다면 관습이란 걸 좀더 엄격하게 살펴볼 필요가 있겠는데, 그럼 어디 한번 물어봅시다. 도대체 관습이란 게 뭡니까? 관습이란 게 어째서 생겨났는지, 어디에서 생겨났는지는 불분명하므로 오늘날 거기다 무슨 의미 같은 걸 부여하긴 어렵습니다. 그걸 뒷받침해 줄 권위 같은 것도 찾기 어렵습니다. 그것은 간혹 이교도 시대로까지 거슬러 올라가기 때문에 그리스도교가 추구하는 새로운 정신에 위배되기도 합니다. 그렇지만 이 모든 것에도 불구하고 관습이란 게 너무 강력해 몇 년이 걸려도 근절시키기가 어렵다면 어떡하시겠습니까? 이성에 기초하는 관습, 모든 이가 한 목소리 한 마음으로 인정하는 관습, 저 높은 곳에서 그리스도 그분과 그분의 교회가 축성해 주신 관습이 도입된다면 어떻게 되겠습니까? 그러한 관습은 영원히 지속될 것이며, 설령 세계적 대격변이 발생한다 해도 그걸 뿌리 뽑을 세력은 아무 데도 없을 것입니다. 하지만 이것은 너무도 어마어마한 테마입니다. 그것에 관해서는 지혜로운 말로 설명해야 하는데 저는 그러기에는 너무 어리석습니다. 나중에 하느님께서 저에게 도움과 계시를 주신다면 혹 무언가 말할 수 있게 될지 모릅니다. 당신은 할 일이 많을 것입니다. 총독의 자리가 당신에게 주어진다면 단호한 마음으로 그 임무를 강화시켜야 합니다. 당신은 이제 정부가 요구하는 바에 따라 합당하고 마땅하게 그 직을 완수하실 것인바, 요컨대 굳세고 참신한 힘으로 전 지역을 질주하고, 모든 이를 분기시키고, 모든 이에게 활기를 불어넣고, 모든 이를 부추기고, 모든 이를 자극한 다음 다른 현으로 옮겨가 똑같은 일을 반복할 것입니다. 총독직은 반드시 일시적인 것이어야 한다는 것을, 현의 내적 조직은 완전하고 충분하여 민간인 현지사 외에 그 어떤 통치자도 필요로 하지 않기 때문에 안 그러면 총독직은 아무런 의미도 없다는 것을 당신 스스로 깨닫게 될 것입니다. 하느님과 함께 하시고 그 무엇도 겁내지 마십시오! 그렇지만 만일 당신이 다른 직에 부임하게 되더라도 같은 원칙을 따르십시오. 어디에서고 당신은 일시적으로 거기 있다는 것을 잊지 마십시오. 당신이 부임해 있는 동안뿐 아니라 당신이 떠난 뒤에도 만사가 순조롭도록 일을 처리하십시오. 당신의 후임자가 아무것도 움직이지 못하도록, 당신이 제시한 합법적 방향을 취하도록, 당신이 정해놓은 한계 안에 제 발로 들어가지 않을 수 없도록 일을 처리하십시오. 그리스도께서 만사를 굳건하고 영원하게 담금질하는 법을 당신에게 가르쳐주실 것입니다. 당신보다 밑에 있는 모든 관리에게 진정한 아버지가 되어 각 관리가 자신의 임무를 거룩하고 성실하게 완수할 수 있도록 도와주십시오. 모든 이에게 형제와도 같은 손을 내밀어 개인적 죄악과 결점에서 해방되도록 이끌어 주십시오. 모든 이에게 영향력을 행사하시되, 오로지 각자가 스스로에게 영향력을 행사하도록 하기 위해 그렇게 하십시오. 하지만 그 누구도 당신이 마치 자기 전용 지팡이인 양 당신한테 전적으로 의존하게 되는 것은 막아야 하는데 안 그러면 로마 가톨릭을 믿는 부인네들이 신부들한테 너무 의존한 나머지 매사에 신부의 허락을 얻고 매사에 고백성사를 받는 것과 비슷한 꼴이 될 것입니다. 유모는 영원히 주어지는 것이 아니라 일시적으로 주어진다는 것, 스승이 떠나고 나면 이제 자기를 보살펴 줄 사람은 아무도 없다는 것, 스승의 말씀 한마디 한마디를 명심하여 과거 그 어느 때보다 신중하게 스스로를 지켜야 한다는 것을 모든 이가 기억하게 하십시오. 당신이 그 직을 떠나야 할 때가 닥쳤을 때는 이별의 눈물 같은 것이 흐르지 않도록, 오히려 당신이 각자에게 교훈으로 남기고 싶었던 모든 말이 이별의 날에 한꺼번에 터져나와 모두가 더 신선하고 더 활기차게 앞날을 바라볼 수 있도록 처신하십시오. 이별의 날에 당신이 하는 말은 그들에게 신성하게 들릴 것이며 그들이 이제까지 착수하지도 완수하지도 못한 일이 있다면 그것이 무어든 그들은 이제 착수하여 당신이 떠난 뒤 완수할 것입니다. 저에게 가장 좋은 순간은 친구들과 헤어지는 순간입니다. 저의 친구들은 누구든지 저와 헤어질 때 명랑한 마음으로 즐거워합니다. 최근에 저와 헤어진 모든 사람들이 이 점을 당신에게 확신시켜 줄 것입니다. 저는 심지어 제가 죽을 경우 저를 사랑했던 모든 이들이 즐겁게 저와 헤어지리라는 것까지 믿어 의심치 않습니다. 아무도 울지 않을 것이며 제가 살았을 때보다 죽은 뒤에 그들의 마음은 훨씬 더 밝아질 것입니다. 모든 이들이 그토록 추구하는 사랑 및 호감(好感) 일반에 관해 몇 마디만 더 말씀드리겠습니다. 사랑을 얻으려고 아양을 떠는 것은 부당한 행위로 인간은 절대 거기 사로잡히면 안 됩니다. 당신이 다른 이를 사랑하는가, 아닌가를 살펴야지 다른 사람이 당신을 사랑하는가, 아닌가를 살펴서는 안 되는 것입니다. 자신의 사랑에 대해

대가를 요구하는 사람은 비열한 인간입니다. 이교도(異教徒)입니다. 저로 말할 것 같으면, 하느님께서는 제가 어렸을 때 이미 저 자신도 이해할 수 없는 어떤 느낌, 그러니까 모든 과도한 감정의 유출, 심지어 친척간의 애정이나 우정까지도 어딘지 느끼하고 불쾌하게 여겨져 피하고 싶어지는 그런 느낌을 제게 불어넣어 주셨는데, 이 얼마나 고마운 일입니까. 완전한 사랑은 지상의 그 누구에게도 속할 수 없다는 것은 얼마나 옳은 말일까요. 사랑은 위계에 따라 전달되어야 하는바, 모든 우두머리는 자기에게 향한 사랑을 간파하면 즉시 그것을 자기보다 높은 데 앉은 또 다른 우두머리에게로 돌려야 하며 그런 식으로 해서 사랑이 자신의 합법적 원천에 다다를 수 있게 하고, 우리 모두가 사랑하는 차르께서 모든 이가 보는 앞에서 경건하게 그 사랑을 하느님 바로 그분께 전달할 수 있도록 해야 하는 것입니다.

1845년

XXIX

누구의 숙명이 지상에서 가장 고결한가[1)]

U.[2)]에게 보내는 편지 중에서

누구의 숙명이 지상에서 가장 고결한지, 그리고 누구에게 가장 훌륭한 운명이 주어졌는지 당신에게 도저히 말해줄 수가 없습니다. 제가 지금보다 더 어리석었던 과거에는 어떤 소명을 다른 소명보다 더 선호하곤 했지만 지금은 모든 이의 숙명이 똑같이 부럽습니다. 모든 이가 똑같은 보상을 받을 것이니, 한 가지 재능을 받은 사람은 한 가지를 더 벌어야 하고 다섯 가지 재능을 받은 사람은 다섯 가지를 더 벌어야 하는 법입니다.[3)] 저는 심지어 전자의 운명이 더 낫다고 생각하는데, 왜냐하면 그는 후자처럼 지상에서 명성을 누리지도 않고 지상의 영광이라고 하는 매혹적인 음료를 맛보지도 않았기 때문입니다. 자기의 의무를 성실하게 다한 사람에게는 그게 차르이건 가장 미천한

---

1) 인생의 덧없음과 하느님의 은총을 강조하는 이 편지는 고골의 관조적이고 신비주의적 세계관을 잘 보여준다.

2) 수신자가 누구인지는 아직까지 밝혀지지 않았다.

3) 이 부분은 〈마태오의 복음서〉 25: 14~30, 즉 "다섯 달란트를 받은 사람은 다섯 달란트를 더 벌고 두 달란트를 받은 사람은 두 달란트를 더 벌었다"는 대목을 토대로 한다. 히브리의 화폐단위인 달란트는 '재능'을 의미하기도 한다. 이 비유는 앞에 나온 "카람진"에서도 사용되었다.

자이건 누구에게나 똑같이 보상해주시는 하느님의 은총이 그저 놀랍기만 합니다. 천국에서 그들은 모두 동등할 것이니 모두가 자기 주님의 기쁨 속으로 들어가 하느님 안에서 '공평하게' 살게 될 것이기 때문입니다. 물론 그리스도께서는 다른 대목에서 이렇게 말씀하셨습니다. "내 아버지의 집에는 많은 방이 있을 것이다."[4] 그렇지만 그 방들에 대해, 그리고 하느님의 방들이 어떤 것일지에 대해 생각하면 눈물을 거둘 수가 없습니다. 만일 제가 진정 천국의 영광을 얻어 "그중 어느 것을 원하느냐?"는 질문을 받으면 저는 결코 선택을 할 수 없을 것입니다. 다만 이렇게 말할 것이라는 것만 알 뿐입니다. "주님, 당신의 집에 있는 것이라면 제일 나중 것이라도 좋습니다!" 주님의 장엄한 영광을 관조할 수 있는 은총이 이미 내려진 저 선택받은 분들을 섬기는 것보다 더 바람직한 일은 없을 겁니다. 그분들의 발치에 엎드려 그 성스러운 발에 입맞춤할 수만 있다면 얼마나 좋을까요!

1845년

4) 〈요한의 복음서〉 14: 2를 참조하라. "내 아버지의 집에는 있을 곳이 많다."

XXX

출정 기도[1)]

당신의 편지에 대한 답장은 지금 쓰지 않겠습니다. 답장은 나중에 드리도록 하죠. 당신의 고통이 얼마나 큰지 저는 다 알고 있습니다. 그토록 섬세한 영혼이 그토록 조악한 비난을 감수해야 하다니요. 당신이 정착한 범속한 도시의 주민들, 그들과의 무정하고 조잡한 접촉은 그 자체만 가지고도 — 그들도 알지 못하는 사이에 — 가장 소중한 가슴속의 보물도 박살을 낼 수 있고 천상의 멜로디를 노래하라고 주어진 영혼의 현악기를 곰의 발로 건드리듯 온통 부수고 찢어 놓을 수 있을 정도입니다. 그런데 당신처럼 고상한 감정을 지닌 사람이 그토록 조잡하고 꼴사나운 사람들 사이에서 살아야 하다니요, 그리고 이 모든 것에 덧붙여, 날마다 발생하는 추잡한 일들을 보아야 하다니요, 가장 경멸할 만한 인간들로부터의 경멸을 참아내야 하다니요! 이 모든 게 얼마나 괴로운지 압니다. 당신의 육체적 고통 또한 그 못지않게 괴로울 겁니다. 당신의 신경증, 우울증, 현재 당신을 사로잡고 있

1) 수신자가 누구인지는 아직까지 밝혀지지 않았다. 여기서 고골은 모든 그리스도교인이 악과 싸우는 신앙의 무사가 되어줄 것을 촉구하고 있다.

는 저 무서운 발작적 통증—이 모든 것이 괴롭고 또 괴로우리라는 것을 짐작하기에 저는 더 이상 드릴 말씀이 없습니다, 괴롭다는 말밖에는요! 그러나 당신께 위안이 될 만한 사실이 있습니다. 요컨대 이런 것들은 아직 시작에 불과하다는 것입니다. 당신에 대한 모욕은 더욱 심해질 것입니다. 당신이 적어 보낸 그런 추악한 짓들, 즉 타인의 서명을 위조하는 일, 무고한 영혼에게 무서운 죄를 뒤집어씌우는 일, 그 비방당한 사람에게 닥친 징벌을 제 눈으로 보면서도 꿈쩍도 하지 않는 일 등의 추악한 짓거리뿐 아니라 그보다 몇 배 더 추악한 짓들, 얘기만 들어도 마음이 여린 사람은 영원히 잠 못 이루는 그런 짓들을 저지를 수 있는 불경하고 파렴치한 인간들, 온갖 종류의 패륜아들, 수뇌자들 등이 당신과 더욱 심각한 전쟁을 벌일 거란 얘깁니다. (아, 그런 인간들은 차라리 태어나지 않는 편이 좋았을 텐데요. 그들이 받게 될 무서운 징벌, 그 누구의 도움으로도 피할 수 없을 저 무시무시한 사후의 징벌에 천사들도 부르르 떨게 될 겁니다.) 당신은 전혀 예기치 못한 새로운 실패를 무수히 겪게 될 것입니다. 거의 무방비 상태라 할 수 있는 당신의 활동무대와 당신의 보잘것없는 지위에서는 온갖 일이 다 일어나게 마련입니다. 당신의 신경증과 발작은 더욱 심해질 것이고 우울증은 더욱 살인적으로 될 것이고 슬픔은 더욱 파괴적으로 될 것입니다. 그러나 기억하십시오, 우리가 이 세상에 부름을 받은 것은 무슨 축제나 향연을 위해서가 아니라는 걸 말입니다. 우리는 전투를 위해 부름을 받았습니다. 승리의 축하는 '그곳'에서 할 것입니다. 그러므로 한순간도 잊으면 안 됩니다, 우리는 전투에 임했다는 것을, 그리고 위험이 적으면 취할 것이 그만큼 없다는 것을 말입니다. 훌륭한 무사처럼 우리 모두는 더 치열한 전투가 벌어지는 곳으로 돌격해야 합니다. 저 높은 곳에 계신 천국의 사령관께서 우리 모두를 지켜보고 계시니, 우리가 저지르는 아주 사소한 일도 그분의 시선에서 벗어나지 못합니다. 전장을 피해가지 마시고, 일단 전투에 임하게 되면 무력한 적이 아닌 강력한 적을 찾으십시오. 고통과 재난이 적은 전투에서는 미미한 영광만을 얻을 것입니다. 러시아인이 평화를 사랑하는 독일인과 싸운다면, 러시아인이 이길 것은 자명하므로 그가 얻을 영광은 별로 대단치 않을 것입니다. 아니, 체르케스인, 즉 모든 이가 무적이라 여겨 벌벌 떠는 체르케스인과 싸워 이길 때, 그거야말로 자랑할 만한 영광인 것입니다! 나의 훌륭한 무사여, 전진하라! 하느님과 함께, 나의 선한 동지여! 하느님과 함께, 나의 아름다운 친구여!

1846년

XXXI

결국 러시아 시의 본질은 무엇이며 그 독창성은 어디에 기인하는가[1)]

외적 모방의 징후에도 불구하고 우리 시는 상당히 독창적입니다. 우리 시의 천연수는 누가 그 이름을 입에 올리기도 전에 이미 민중의 가슴에서 용솟음 쳤습니다. 그 물결은 우리의 노래에서, 즉 인생이 어쩌니 하는 것에는 무관심하지만 무슨 무제한의 방탕 같은 것, 그리고 소리와 더불어 어디론가 마냥 가고 싶다는 열망 같은 것에 집착하는 우리의 노래에서 요동치고 있습니다. 그 물결은 또한 우리의 속담에서 요동치고 있는바, 속담은 모든 것을 활용할 수 있는 민중의 지

1) 이 글은 편지의 형태를 취한 문학평론으로 고골은 1843년부터 이러한 형태의 평론을 구상해오다가 1845년에 원고를 완성했다. 그러나 주코프스키의 충고를 받아들여 원고를 파기했다. 1846년에 고골은 동일한 취지의 새로운 원고를 탈고하여 플레트뇨프에게 보냈다. 플레트뇨프는 《친구와의 서신 교환선》에 이 글을 수록함에 있어 검열관의 눈길을 끌 만한 대목들은 삭제하거나 수정했다. 고골은 여기서 18세기부터 19세기까지의 러시아 문학을 통시적으로 검토하면서 문체론, 의미론, 장르론상의 특성들을 파헤치고 있는데 로모노소프, 데르자빈, 주코프스키, 푸쉬킨을 비롯한 러시아 작가들에 대한 그의 분석과 평가는 통찰력으로 가득 차 있어 평론가로서의 고골의 위상을 확고하게 해 주었다. 고골의 평가는 특히 자국 문학과 언어에 대한 열광적 애정과 어우러져 오늘날까지도 많은 독자의 공감을 불러일으키고 있다.

혜, 그 놀라운 완벽성을 드러내 줍니다. 민중의 지혜는 러시아인의 전존재를 뒤흔들면서 그의 본성으로 흠뻑 스며드는 생명력이 충만한 말을 지어내기 위해 아이러니, 해학, 명징, 적절하고 생생한 상상력 등을 다 활용합니다. 그 물결은 마지막으로 성직자들의 말씀에서 자라나는데, 그 말씀은 단순하고 어눌하지만 그리스도교인이 도달해야만 하는 거룩한 자기 비움의 절정을 지향한다는 점에서, 인간을 심장의 열광이 아닌 고상하고 지혜로운 영적 평화로 인도하려 노력한다는 점에서 가히 놀랄 만합니다. 이 모든 것은 우리의 시에 다른 나라 시와 변별되는 독창적이고 독자적인 모종의 발전을 예고해 주었습니다. 그러나 현재 우리를 매료시키고 있는 우리의 저 달콤한 시가 이전부터 우리 안에 존재해온 이 세 가지 원천에서 흘러나왔다고 할 수는 없습니다. 그건 현재 우리나라에 자리잡고 있는 시민질서가 우리 땅에 원래부터 있던 원천에서 흘러나온 것은 아닌 것과 마찬가지입니다. 우리의 국가형태는 정상적이고 점진적인 사건의 추이를 통하거나 유럽식 관습의 신중하고도 원만한 도입을 통해서 생겨나는 대신, —그런 점진적 도입은 이미 불가능했는데, 그 이유인 즉은, 유럽의 계몽은 이미 무르익을 대로 무르익어 너무도 강력하게 터져나오고 있었으므로 조만간 사방에서 러시아로 밀려들어오지 않을 수 없었고, 표트르 대제와도 같은 지도자가 아니었더라면 실제로 훗날 닥친 무질서보다 훨씬 더 큰 무질서를 야기하지 않을 수 없었기 때문입니다— 하느님의 섭리에 따라 개혁자 차르께서 아직 청소(靑少)한 당신의 백성을 유럽열강의 반열에 올려놓고 유럽이 오랜 세월 동안 유혈이 낭자한 투쟁과 수난을 통해 얻은 것을 모조리 단번에 도입하려는 생각을 품고 일으키신 저 충격, 국가 전체를 뒤흔든 저 영웅적인 충격을 통해 생겨났던 것입니다. 러시아 국민은 대 격변을 필요로 했고, 유럽의 계몽은 꾸벅꾸벅 졸고 있는 우리의 전 민중에게 그어대야만 하는 부싯깃 같은 거였습니다. 부싯깃이 부싯돌에 불길을 제공할 수는 없습니다만, 좌우간 그걸 그어대지 않으면 부싯돌은 불을 생산하지 않는 법입니다. 불길은 갑자기 민중으로부터 터져 나왔습니다. 그 불길은 각성에서 오는 광희(狂喜)였으며 사람들은 처음에는 영문도 모르고 기뻐했습니다. 그들이 잠에서 깨어난 것은 유럽을 그대로 베끼기 위해서가 아니라 유럽 문명의 도움으로 자기 자신을 좀더 깊숙이 들여다보기 위해서라는 사실을 당시에는 아무도 깨닫지 못했습니다. 한 사람에 의해, 그것도 다름 아닌 차르 ― 한동안 차르의 소명까지도 관대하게 거부하시고, 아무리 사소한 것이던 간에 국가 형태의 변화에 따르기 마련인 그 어떤 무질서도 발생하지 않도록 한 손에는 도끼를 든 채 선봉에 서서 모든 기술을 몸소 체득하기로 작정하신[2] ― 바로 그분에 의해 야기된 범국가적 대격변은 과연 열광할 만한 일이었습니다. 격변이 내부 당파간의 투쟁으로 인해 야기될 경우 통상 수년에 걸쳐 국가를 뒤흔들고 피바다를 만들어 놓지만 우리의 격변은 전 유럽의 눈에 잘 훈련받은 군대가 벌이는 멋진 기동훈련처럼 질서 있게 행해졌습니다. 러시아는 졸지에 대국의 위용을 갖추고서 천둥처럼 우르릉거리기 시작했고 유럽 학문의 반사광으로 빛났습니다. 이 청소한 국가의 모든 이는 금은보화가 실려 오는 것을 보고 환호성을 올리는 야만인처럼 탄성을 질러대며 희열(喜悅)에 가득 찼습니다. 이 희열은 우리의 시에 반영되었습니다, 아니 더 정확하게 말해서 희열이 우리의 시를 창조했습니다. 바로 그 이유 때문에 우리나라 시는 인쇄된 첫 마디부터 러시아를 비추는 광휘(光輝)에 대한 찬미(讚美), 러시아의 미래에 펼쳐진 광활한 무대에 대한 놀라움, 그

---

2) 표트르 대제가 1697년부터 1698년까지 약 15개월 동안 친히 사절단과 함께 독일, 영국, 네덜란드를 방문하여 서구의 앞선 기술을 학습했던 사실을 가리킨다.

리고 그 일의 주인공인 차르들께 대한 감사의 마음을 한꺼번에 표현하려 애쓰는 가운데 숭엄한 톤을 띄게 된 것입니다. 그때부터 빛에의 지향은 우리의 근본적 성향, 즉 러시아인의 제 육감(第六感)이 되었고 그것은 또한 제가 앞에서 언급했던 세 가지 원천 중 그 어느 것에서도 찾아볼 수 없는 새롭고 찬란한 원칙을 도입함으로써 작금의 우리 시가 나아가야 할 행로를 결정해 주었습니다.

엄밀히 말해서 로모노소프란 누구입니까? 학문의 빛과 미래의 출세에 매료당한 열광적인 청년입니다. 그는 우연히 시인이 되었습니다. 우리가 얻은 새로운 승리에 대한 희열이 그로 하여금 맨 처음 송시의 초안을 잡게 했습니다. 그는 이웃 나라 독일 시에서 당시 사용되던 운율과 형식을 그것들이 러시아어에 어울리는지의 여부는 생각지도 않고 황급히 빌려 왔습니다.[3] 그의 수사적 송시들에서는 창조의 흔적이 안 보입니다만 그가 학문에 대한 관심을 가지고서 다루는 소재에서는 여지없이 희열이 감지됩니다. 그는 학문적으로 탐구했던 북극광을 소재로 다루었고 그에 대한 결실로서 로모노소프 외에는 그 누구도 쓸 수 없는, 시종일관 위풍당당한 송시 〈하느님의 위대함에 관한 저녁 명상〉을 선보였습니다. 유사한 동기가 저 유명한 쉬발로프에게 보내는 서한 〈유리 사용에 관하여〉를 창출했습니다. 자신이 진정으로 사랑하는 러시아, 찬란한 미래의 시각에서 포착된 러시아를 다룰 때면 그는 기적을 빚어내는 힘으로 가득 찹니다. 차가운 연들 사이로 독자를 무아지경으로 인도하는 연들이 갑자기 끼어듭니다. 다음은 그 좋은 예라 할 수 있습니다.

천상의 예언자 다윗은

---

3) 로모노소프는 독일 시의 운율과 형식을 토대로 러시아 작시법의 초석을 마련했다.

성스러운 현을 타고
하느님의 음성으로 가득 찬
이사야는 광희로 포효하노라.[4]

그는 찬란한 고지에 우뚝 서서 러시아의 광대무변한 대지와 순결한 자연을 싫증도 안 내고 감상하며 러시아 땅 전체를 이 끝에서 저 끝까지 조망합니다. 그의 묘사에서는 시인이라기보다는 자연과학자의 시각이 느껴집니다만, 희열의 그 솔직한 힘은 자연과학자를 시인으로 변모시켰습니다. 무엇보다도 놀라운 것은, 그가 시어를 독일 시 약강격의 비좁은 연 속으로 끼워 넣으면서도 언어를 절대로 답답하게 하지 않았다는 점입니다. 그의 언어는 비좁은 연 속에서도 마치 깊은 강물이 널따란 강변 사이를 흘러가듯 위풍당당하고 자유롭게 움직입니다. 그의 언어는 산문보다 시에서 더욱 자유롭고 유려하게 구사되는데, 로모노소프를 가리켜 러시아 시어의 아버지라 부르는 것도 다 이유가 있어서 그런 것입니다. 놀랍게도 초심자가 댓바람에 언어의 창시자이자 거장이 되었던 것입니다. 로모노소프는 마치 책의 서문처럼 우리 시인들 앞에 서 있습니다. 그의 시는 밝아오는 여명입니다. 그의 시에서는 몇몇 연들만이 갑자기 하늘을 때리는 마른번개처럼 선별적으로 빛을 발합니다. 러시아 자체가 일반적인 지리학적 개요 속에서만 등장합니다. 그는 이를테면 거대한 국가를 스케치하는 일, 선과 점으로 경계선을 긋는 일에만 관심을 기울이고 색칠하는 것은 다른 사람에게 맡깁니다. 시인 자신마저도 마치 앞으로 있게 될 장면에 대한 최초의 예언적 스케치처럼 보입니다.

로모노소프의 손을 통해서 송시는 이제 관습의 영역으로 진입했습

---

4) 로모노소프의 시 〈옐리사베타 여제께 바치는 시〉(*Ee imperatorskomu velichestvu … imperatritse Elisavete Petrovne*)의 한 구절이다.

니다. 축연(祝宴), 승리, 영명축일, 심지어 조명이나 불꽃놀이 같은 것들까지 송시의 소재가 되었습니다. 그리하여 송시 작가들은 환희 대신 졸렬한 신속함만을 드러내기에 이르렀습니다. 오직 페트로프[5] 한 사람만이 예외라 할 수 있는데 그는 시적 열정과 재능을 그런 대로 갖추고 있었습니다. 비록 차갑고 무미건조한 시를 썼을망정 그래도 그는 진정한 시인이었습니다. 그 밖의 다른 모든 작가들은 로모노소프 송시의 차가운 수사적 골격만을 상기시켰을 뿐이며, 로모노소프식 언어의 화성(和聲) 대신, 귀청을 찢는 무질서한 낱말과 폭음을 쏟아냈습니다. 그러나 부싯깃은 이미 부싯돌에 그어졌습니다. 시는 이미 터져 나왔습니다. 로모노소프가 채 리라에서 손을 떼기도 전에 데르자빈의 시들이 나오기 시작했습니다.

러시아가 창조한 첫 작품들의 전시회라 부를 수 있는 예카테리나 여제(女帝)의 시절, 모든 분야에서 러시아의 재능이 나타나기 시작하던 시절 — 전투를 통해서는 사령관이 등장하고, 국내 행정기관을 통해서는 정치가들이 등장하고, 협상을 통해서는 외교관들이 등장하고, 아카데미를 통해서는 문학교사와 학자들이 등장하던 시절 — 에 시인 데르자빈 역시 등장했는데, 그는 아직 야만적 자유 속에서 성장하던 예카테리나 시절의 모든 인물들이 그러하듯 그림같이 위풍당당한 풍모를 지녔으되 겉꾸림으로 서둘러 전시된 그림들에서 으레 나타나기 마련인 결점들, 즉 부분적으로 채 완결되지 않은 점들을 상당수 가지고 있었습니다. 처음 보았을 때 느껴지는 로모노소프와 데르자빈 간의 유사점은 데르자빈을 좀더 자세히 살펴볼 경우 즉시 사라집

---

5) 페트로프(V. P. Petrov, 1736~1799) : 시인. 예카테리나 여제의 총신으로 약간의 시적 재능과 엄청난 아부의 재능을 갖추고서 주로 고관대작을 찬양하는 장엄 송시를 썼다. 베르길리우스의 《아이네이스》(*Aeneis*)를 러시아어로 번역하기도 했다. 18세기를 통틀어서 가장 많은 조롱과 미움을 받은 시인 중의 하나이다.

니다. 모든 점에서, 심지어 교육에서까지 후자는 전자와 정반대입니다. 전자가 시 쓰기를 무슨 취미나 오락으로 간주하면서 학문에 투신했다면, 후자는 다양한 학문의 섭렵이 쓸모없고 불필요한 일이라 생각하면서 시 쓰기에 전적으로 투신했습니다. 그의 시에서도 러시아의 전제적, 국가적 위용이 느껴지지만 이제 국가의 지리학적 개요만 보이는 것이 아닙니다. 사람과 삶이 등장합니다. 그의 관심을 끄는 것은 추상적 학문이 아니라 삶의 학문입니다. 그의 송시들은 모든 신분, 모든 계급의 사람들을 향해 말하고 있으며 거기에서는 이미 매사에, 심지어 인간의 향락에까지 올바른 행동의 규범을 제시하려는 열망이 느껴집니다. 그는 이미 창조의 힘을 발동하기 시작했습니다. 그에게는 로모노소프보다 더 크고 더 높은 무언가가 있습니다. 그의 언어가 갖는 저 과장된 스케일이 도대체 어디에서 기인하는 것인지는 도무지 헤아릴 길이 없습니다. 그것이 앞날에 나타날 무언가 지고한 현상을 어두운 예언의 형태로 예시하며 지금까지 이 땅에 전해 내려오는 우리 러시아의 영웅시대에 관한 민담(民譚)의 잔여물인지, 아니면 천 년 동안 이 땅에 살고 있는 육척장신 거인들의 이야기로 상상력을 불태우며 대초원을 방황하는 가엾은 한국(汗國)의 패잔병들이 타타르의 먼 후예인 그에게 불어넣어 준 어떤 영감인지는 알 수 없지만 여하튼 간에 데르자빈의 그러한 자질은 놀랍기만 합니다. 간혹 자신의 소재에 다가서기 위해 데르자빈이 시어와 표현을 어느 정도 멀리 몰아갈지 도무지 예측하기 어려울 때도 있습니다. 모든 것이 거칠고 거대합니다. 그렇지만 영감의 위력이 그를 도와주는 곳에서는 이 모든 거대함이 기묘한 힘으로 소재를 소생시켜 시인이 천 개의 눈으로 세상을 바라보고 있다는 느낌을 유발시키기까지 합니다. 이 점은 장편 서사시 전체가 한 편의 열정적인 송시로 압축된 듯한 느낌을 주는 저 〈폭포〉를 한 번 훑어보는 것만으로도 쉽게 알 수 있습니다.

〈폭포〉를 읽다보면, 데르자빈 앞에 선 다른 시인들이 피그미족처럼 느껴집니다. 그 시의 자연은 우리가 바라보는 자연보다 더 고상한 것 같고 인간은 우리가 아는 사람들보다 더 강력한 것 같으며, 그 시 속에서 묘사되는 위대한 삶 앞에서 우리의 일상적 삶은 마치 저 아래 어디선가 오글거리는 개미떼처럼 느껴집니다. 데르자빈에 관해 말하자면, 우리는 그를 위풍당당함의 가수라 부를 수 있습니다. 그의 시에서는 모든 것이 위풍당당합니다. 예카테리나 여제의 이미지도 위풍당당하고 여덟 바다에 스스로의 모습을 투사하는 러시아도 위풍당당하고 그의 사령관들도 독수리처럼 위풍당당합니다. 한마디로 그의 모든 것이 위풍당당합니다. 그럼에도, 한 가지 간과할 수 없는 것은, 그를 무엇보다도 사로잡으면서 그의 머릿속에 줄기차게 달라붙어 있던 소재는 만고풍상을 다 겪은 강력한 남성, 어느 특정 시대의 전투가 아니라 시간을 초월한 모든 전투에 나갈 태세를 갖춘 그런 남성의 이미지였다는 사실입니다. 강력한 남성은 우리 러시아 민족의 강력한 근본에서 태어나 교회의 흔들리지 않는 반석 위에서 자라나야만 한다고 생각했던 그는 바로 그런 모습의 남성을 그려보고자 했던 것입니다. 그는 종종 송시의 헌정 대상인 인물은 한 옆으로 제쳐두고 그 자리에 자기가 창조한 강직하고 올곧은 인물을 끼워둡니다. 그리하여 그의 시에서는 심오한 진리가 보통 사람의 음성보다 훨씬 고상한 음성으로 울려 퍼집니다. 우리가 습관적으로 평범한 것이라 불러온 것에 성스럽고 고상한 의미가 되돌려지고 마치 교회 자체의 입에서 흘러나오는 것과도 같은 영원한 말씀이 들려옵니다. 다른 시인들과 비교해 볼 때 그의 모든 것은 거인처럼 보입니다. 그의 시적 이미지들은 마치 모종의 정신적 윤곽 속에서 희미해져 버린 듯 조형적 완결성은 가지고 있지 않지만 그럼에도 오히려 가일층의 장엄함을 획득합니다. 시인이 카스피 노인을 묘사하는 대목을 예로 들어봅시다. 풍

랑에 격노한 그는,

파도에 맞서
창공을 향해 뛰어오르고 지옥을 향하듯
삼지창으로 배를 때린다.
그의 백발은 기둥처럼 용솟음치고
그의 음성은 산야에 포효한다.[6)]

여기서 시인은 카스피 노인의 이미지를 '가시적으로' 창조하고 싶었던 것 같지만 사실 그것은 모종의 정신적이고 '은미한' 윤곽 속에서 사라져 버렸습니다. 귀에 들려오는 것은 오로지 울부짖는 바다의 노호(怒號)뿐이며 이 장면이 보여주는 엄숙함과 장엄함이 너무도 놀라워 독자의 머리털은 노인의 백발과 함께 곤두섭니다. 그의 모든 것은 거대합니다. 그의 문체(文體)는 우리 시인들 중 그 누구도 갖지 못한 그런 거대함을 가지고 있습니다. 그의 문체를 해부학적으로 파헤쳐 보면, 그것은 데르자빈 외에 그 누구도 엄두를 내지 못한 저 비범한 결합, 즉 가장 고상한 어휘와 가장 저급하고 단순한 어휘의 결합에서 발생한 것이라는 사실을 알게 될 것입니다. 그 강력한 남성이 지상에서 해야 할 일을 모두 완수했을 때를 묘사한 대목을 보면 과연 데르자빈 외에 누가 감히 그런 식으로 표현할 수 있겠는가 라는 생각이 듭니다.

그리고 마치 손님을 기다리듯 죽음을 기다리며
그는 생각에 잠겨 콧수염을 비비 꼰다.[7)]

---

6) 데르자빈의 시 〈주보프 백작이 페르시아에서 귀환함에 부치는 시〉(*Na vozvrashchenie grafa Zubova iz Persii*)의 한 구절이다.

과연 데르자빈을 제외하고 그 누가 감히 죽음을 기다리는 일과 콧수염 비틀기 같은 저급한 행동을 결합할 수 있겠습니까? 그러나 그 덕분에 그 남성의 모습은 더 선명해지고 우리의 영혼에는 그토록 심오하고 우울한 감정이 남아있게 되는 것입니다! 그러나 여기서 간과할 수 없는 사실은, 이러한 자질 및 그를 다른 시인들보다 우월하게 만들어주는 그의 다른 모든 자질들은 그가 열정을 상실하기 무섭게 방종과 추악함으로 변질된다는 것입니다. 그리하여 모든 것이 엉망진창이 됩니다. 시어, 어휘, 문체, 이 모든 것이 마치 바퀴에 기름칠이 안 된 마차처럼 삐걱거리고 시는 영혼의 버림을 받은 시체처럼 식어버립니다. 지적이고 도덕적인 의미에서의 불완전한 독학의 흔적이 그의 작품에서 선명하게 드러납니다. 다른 사람에게 수신(修身)의 방법을 설교했던 사람 스스로가 수신하는 법을 모르게 되었고, 자기 본래의 모습을 저버렸고, 시인이라면 누구나 자유롭게 토로하는 것을 말하기 위해서 영감의 절박한 힘을 빌려 스스로를 추슬러야 했습니다. 그런 데르자빈에게 완전한 교육을 더해 준다면 그보다 더 고상한 시인은 없게 될 것입니다. 이제 그는 다듬어지지 않은 거대한 바위덩어리처럼 남아있어, 그 앞에서는 누구나 놀라움에 가득 차 일단 걸음을 멈추기는 하지만, 모두들 더 편안한 다른 장소를 향해 서둘러 가기 때문에 거기 오랫동안 머물고자 하는 사람은 아무도 없습니다.

데르자빈이 여전히 자기 리라의 현을 타고 있는 동안 주변의 모든 것은 변했습니다. 예카테리나 여제 시대의 독수리 같은 사령관들과 귀족적 사치와 귀족적 삶은 환영처럼 사라졌습니다. 바야흐로 알렉산드르 황제의[8] 시대, 말쑥하고 예의바르고 깔끔한 시대가 도래했습

7) 데르자빈의 시 〈아리스티푸스의 목욕탕〉(*Aristippova bania*)의 한 구절이다.

8) 알렉산드르 I 세(Aleksandr I, 재위, 1801~1825): 선왕인 파벨 I 세가 근위대 장교들에게 암살당한 후 제위에 올랐다. 1825년 11월 열차여행 도중 급사했다.

니다. 모두들 마치 너무 오랫동안 단추를 풀어헤친 채 널브러져 있었다고 느낀 것처럼 단추를 꼭꼭 채우고 앞을 다투어 단정한 외모와 절도 있는 행동을 취하기 시작했습니다. 프랑스인들이 모든 것의 절대적인 모델이 되기 시작했고 약삭빠른 프랑스 시인들은 파리의 멋쟁이들이 한동안 우리 사회를 사로잡았듯이 우리 시인들을 사로잡았습니다. 그러나 우리의 진정한 시적 감각 덕분에 오로지 자연에 가장 가까웠던 라퐁텐[9] 한 사람만이 본보기가 되었습니다. 드미트리예프,[10] 헤민체르,[11] 보그다노비치[12] 같은 사람들이 동일한 소재를 다루면서 라퐁텐의 시에 버금가는 소박한 작품들을 양산하기 시작했습니다. 러시아어는 갑자기 한 소재에서 다른 소재로 날아갈 수 있는 자유와 가벼움을 획득했는데 그건 데르자빈한테는 낯선 것이었습니다. 시인들은 송시 대신 시의 모든 종류와 형태를 시험해 보기 시작했습니다. 드미트리예프는 모든 면에서 절도와 소박함과 안목과 상당한 재능을 보여주었고 그로써 데르자빈과 로모노소프의 치졸한 모방자들이 쌓아올린 과장과 허풍을 허물어 버렸습니다. 그렇지만 겉만 번지레한 시대는 우리 시에 풍요로운 내용을 선사할 수 없었습니

9) 라퐁텐(J. de La Fontain, 1621~1695): 프랑스의 우화시인. 우화뿐 아니라 서정시, 소설, 희곡 및 오페라 대본에 이르기까지 다양한 장르를 섭렵했다. 그의 우화는 다양한 소재와 기지, 해학, 음악적이고 완벽한 언어로 높이 평가받는다. 12권으로 이루어진 《우화집》(*Fables*)에는 약 240편의 우화가 실려 있다.

10) 드미트리예프(I. I. Dmitriev, 1760~1837): 시인, 우화작가. 가볍고 우아한 작품을 주로 썼다. 한때는 크릴로프에 버금가는 우화작가로 많은 사랑을 받았다.

11) 헤민체르(I. I. Khemintser, 1745~1784): 우화작가. 러시아 문학의 이른바 '풍자적 계열'을 이끈 선두주자. 터키에서 사망했다. 대표작으로 《우화와 동화》(*Basni I skazki*)가 있다.

12) 보그다노비치(I. F. Bogdanovich, 1743~1802): 우크라이나 태생의 시인. 익명으로 잡지에 시를 기고하면서 문단에 데뷔했다. 라퐁텐의 영향을 많이 받았으며 큐피드와 푸쉬케의 신화에 러시아적 정서를 결합시킨 포에마 〈두셴카〉(*Dushenka*)로 널리 알려졌다.

다. 통속적인 사교계의 잡담만이 시의 소재였고 시는 자신의 영혼을 허심탄회하게 토로하거나 아니면 다른 사람들을 중요한 문제에 관한 대화로 끌어들이기 위해서가 아니라 그저 지껄이기 위해서, 자기가 모든 소재에 관해 담소할 능력이 있다는 걸 과시하기 위해서 살롱에 앉아 주절대는 영리하고 약삭빠른 사교가처럼 되어버렸습니다. 교회 오르간의 마지막 소리가 자지러들 듯 데르자빈의 마지막 소리도 자지러들자 우리의 시는 교회문을 나서는가 싶더니 돌연 무도회에 등장했습니다. 오로지 카프니스트[13] 한 사람한테서만 진정한 정신적 감정의 향기, 그리고 그때까지는 알려지지 않았던 시 선집풍의 어떤 독특한 매력이 감지되었습니다. 〈오부호프카의 작은 나무 집〉을 예로 들겠습니다.

나의 아늑한 초가집은
나에게 작지도 크지도 않아
우정을 나눌 작은 구석도 있고
거지들에게 낯익은 대문에는
게으름이 빗장 채우는 걸 잊어버렸네.[14]

그러나 우리의 시는 이러한 피상적이고 세속적인 정상에 오래 안주할 수 없었습니다. 우리 시의 민감함은 표트르 대제가 그어댄 유럽의 부싯깃에서 힘차게 깨어났습니다. 우리 시는 자기의 향상을 위해 프랑스인들로부터 취할 거라곤 약삭빠름 외에 아무것도 없다는 것을 불현듯 깨달았고, 독일인들에게로 관심을 돌렸습니다. 당시 독일문학

---

13) 카프니스트(V. V. Kapnist, 1757~1824): 시인, 극작가. 극적 완성도가 높은 풍속 희극 《트집》(*Iabeda*) 덕분에 극작가로 알려지게 되었지만 감미롭고 애수에 찬 그의 서정시들은 데르자빈에게 버금가는 탁월한 시적 재능을 보여준다.

14) 카프니스트의 시 〈오부호프카〉(*Obukhovka*) 중의 한 구절이다.

에서는 이상한 현상이 생겨나고 있었습니다. 인간의 어린 시절에 따라다니는 저 꿈과 공포, 보이지 않는 세계의 어두운 환영(幻影), 설명할 수 없이 기이한 사건, 비밀스러운 전설, 불분명한 몽상 같은 것들이 독일 시인들의 소재가 되었습니다. 만일 생명의 양식을 요구하는 불변의 인간정신을 드러내주는 저 순진한 옹알이 소리가 그 속에서 감지되지 않았더라면 우리는 그것을 학생의 장난쯤으로 여겼을 겁니다. 그러나 우리의 민감한 시는 어린아이의 호기심을 가지고 그 현상 앞에 멈추어 섰습니다. 우리 시 본연의 슬라브적 기원은 무언가 그와 비슷한 것을 상기시켰습니다. 그러나 어쨌든 만일 우리 가운데 어느 시인이 등장하여 이 모든 새롭고 비범한 세상을 자기 나름의 성정이라는 투명한 유리를 통해 친숙하게 바꾸어 우리에게 보여주지 않았더라면 우리 스스로는 결코 독일인들과 교류하지 않았을 겁니다. 그 시인이 누구냐 하면 우리의 가장 탁월하고 가장 독창적 시인, 바로 주코프스키입니다! 거룩하고 신비한 섭리에 따라 그는 어린 시절부터 눈에 보이지 않는 신비에 대해 자기 자신도 이해할 수 없는 열망을 품게 되었습니다. 그의 영혼 속에서는 그가 쓴 발라드의 주인공인 바딤의[15] 경우처럼 멀리서 그를 부르는 천상의 종소리가 울려 퍼졌습니다. 이 부름 소리에 대답이라도 하듯 그는 설명할 길 없는 신비와 마주치게 되면 언제나 달려들어 우리의 영혼과 친숙한 소리의 옷을 입혔습니다. 그가 창조한 이런 유형의 작품들은 모두 외국 사람들, 특히 독일 사람들에게서 빌려 온 것으로, 거의 모든 것이 번역에 가까웠습니다. 그러나 그의 번역에는 내적 열망이 그토록 강렬하게 각인되어 있었고 번역문은 그의 활력으로 그토록 생생하게 타올랐기에, 러시아어를 습득한 독일사람들 자신까지도 원본은 번역문으로

---

15) 주코프스키의 2부작 발라드 《열두 명의 잠자는 미녀》(*Dvenadtsat' spiashchikh dev*) 중 제2부 '바딤'(*Vadim*)의 주인공.

보이고 번역문이 진정한 원문처럼 보인다는 사실을 인정했습니다. 그러니 그를 무어라 불러야 할지, 번역가라 불러야 할지 독창적 시인이라 불러야 할지 갈피를 잡을 수 없는 것입니다. 번역가는 자신의 개성을 상실하게 마련이지만 주코프스키는 우리나라 다른 모든 시인보다 더 강렬한 개성을 보여주었습니다. 그의 시의 제목을 죽 훑어보면 알게 되겠지만 어떤 것은 실러에게서 빌려온 것이고 어떤 것은 울란트에게서,[16] 또 어떤 것은 월터 스콧에게서,[17] 또 어떤 것은 바이런에게서[18] 빌려 왔으며 모두 글자 한 자 한 자에 이르기까지 정확하게 원전을 베낀 것으로 각 저자의 개성이 그대로 유지되고 있으므로 그 어느 곳에서도 번역자가 고개를 들이밀 여지가 없습니다. 그러나 몇 편의 시를 읽어보고 나면 불현듯 자문하게 됩니다. 내가 읽은 게 과연 누구의 시일까? 라고요. 우리의 눈앞에 나타나는 것은 실러도 아니고 울란트도 아니고 월터 스콧도 아니고 바로 우리의 시인, 그들

---

16) 울란트(L. Uhland, 1787~1862): 독일 후기 낭만주의를 대표하는 시인. 아름다운 자연을 노래한 민요풍의 서정시와 발라드로 유명하다. 독일 문학사상 실러 이후 최고의 발라드 시인으로 손꼽힌다. 대표작으로 《가인의 저주》(*Dea Sängers Fluch*), 《슈바벤 이야기》(*Schwäbische Kunde*) 등이 있다.

17) 월터 스콧(W. Scott, 1771~1832): 영국의 시인, 소설가. 영국과 스코틀랜드 역사에서 소재를 취하여 수많은 역사소설을 집필했다. 《호반의 여인》(*The Lady of the Lake*), 《마미온》(*Marmion*) 등의 서사시와 《아이반호》(*Ivanhoe*)를 비롯한 무수한 장편소설을 썼다. 그의 소설들은 역사적 사실과 당대의 현실이 절묘하게 결합된 흥미진진한 플롯 덕분에 19세기 러시아에서 폭발적 인기를 누렸다.

18) 바이런(G. G. Byron, 1788~1824): 영국 낭만주의를 대표하는 시인. 반항정신과 파괴정신, 우울과 환멸로 가득 찬 강렬한 시를 써서 전 유럽에 지대한 영향력을 행사했다. 남유럽을 여행하면서 느낀 감상을 토대로 한 《차일드 해럴드의 순유》(*Child Harold's Pilgrimage*)로 일약 대가의 반열에 올라섰다. 대표작으로 《시용성의 포로》(*The Prisoner of Chillon*), 《만프레드》(*Manfred*), 《돈 주앙》(*Don Juan*) 등이 있다. 그리스 해방운동에 참가하려고 떠났으나 출정 직전 열병에 걸려 사망했다.

모두와 다른, 그러나 그들 발 밑이 아닌, 그들과 대등한 자격으로 나란히 앉을 만한 시인인 것입니다. 그가 모든 시인들의 각기 다른 개성을 통해 어떻게 자기만의 개성을 부각시킬 수 있었는지는 수수께끼이지만 어쨌든 모든 사람이 그 사실을 알고 있습니다. 주코프스키의 작품을 읽고 그의 영혼에 대한 정확한 초상화를 그려내지 못할 사람은 러시아에 아무도 없습니다. 또한 언급해 두어야만 하는 것은, 그가 번역한 시인들 중 그 누구도 현실과 무관한 천상계로 가고자 하는 열망을 그토록 강력하게 표현한 적이 없으며, 그들 중 그 누구도 인간을 도처에서 지켜주는 보이지 않는 힘을 그토록 강력하게 인정한 적이 없기 때문에 그의 작품을 읽다보면 구구절절 데르자빈이 시를 통해 표현한 것을 느끼게 된다는 사실입니다.

보이지 않는 불사의 힘이
그대를 언제나 지켜보고
천사의 군단은 명을 받아
그대를 온전히 지켜 준다네.[19]

그는 번역을 통해 제 색깔을 지닌 독자적인 시인이 창출할 수 있는 효과를 창출했습니다. 그는 우리 시가 그때까지는 알지 못했던 새로운 열망, 보이지 않는 신비한 세계에 대한 열망을 소개함으로써 우리 시 자체를 사상 및 그것을 표현하는 이미지에 있어서 뿐 아니라 환영처럼 가볍고 영적 시구에서도 물질주의로부터 해방시켰습니다. 그는 번역을 통해 모든 독창적인 것에 단초를 제공했고 훗날 모든 다른 시인이 사용하게 될 새로운 형식과 율격을 소개해 주었습니다. 게으른 지성은 그로 하여금 발군의 시인-창조자가 되는 것을 방해했지만 그

19) 데르자빈의 시 〈승리자에게〉(*Pobediteliu*) 중의 한 구절.

건 고안하는 일에 대한 게으름이었지 창의성의 부족은 아니었습니다. 그는 이미 시인으로 데뷔한 순간부터 자기 내부에 있는 창의성의 징표들을 보여 준 바 있습니다. 〈스베틀라나〉와 〈류드밀라〉는[20] 우리 슬라브족의 성정이 갖는 따사로운 소리들, 다른 시인들의 소리보다 우리의 영혼에 더 친숙한 그런 소리들을 널리 퍼뜨려 주었습니다. 이 점은 그것들이 우리나라에서는 아직 시적 감각이 제대로 발전되지 않던 시절에 모든 사람들에게 강력한 영향을 미쳤다는 사실로 입증됩니다. 우리 시의 엘레지 풍은 그가 창조한 것입니다. 그런데 저 게으른 지성의 보다 근본적 원인이 있는데, 그것은 다름 아닌 '감정가적' 자질로서, 그의 지성 안에 견고하게 자리 잡은 그 자질은 그로 하여금 모든 기존하는 작품 안에 사랑하는 마음으로 머물게 하였습니다. 푸쉬킨을 그토록 놀라게 했던 그의 예민한 비평적 감각은 여기에서 기인합니다. 푸쉬킨은 그가 평론을 쓰지 않는다고 무척이나 화를 냈습니다. 그의 생각에 모든 예술 작품을 그렇게 잘 분석하고 해석할 수 있는 사람은 주코프스키 외에 아무도 없었습니다. 이러한 분석과 감정의 자질은 그의 모든 고유하고 독자적 작품과 동의어라 할 수 있는 생생한 자연묘사에 반영되어 있습니다. 그는 일단 매혹적 장면을 선택하면 마치 해부용 칼로 해부하듯 아주 사소한 디테일까지 파헤쳐 완벽하게 그 본질을 파악할 때까지 그 장면을 떠나지 않습니다. 〈태양에 관한 보고〉[21]에서 다채로운 햇살이 시시각각 빚어내는 마술 같은 정경을 묘사한 사람, 그리고 〈달에 관한 보고〉[22]에서는 그 못지

---

20) 주코프스키의 대표적 발라드 〈스베틀라나〉(*Svetlana*)와 〈류드밀라〉(*Liudmila*)는 모두 독일 시인 뷔르거(G. A. Bürger)의 〈레노레〉(*Lenore*)를 러시아식으로 번안한 작품이다.

21) 주코프스키의 시 〈여름 저녁〉(*Letnii vecher*)을 가리킨다.

22) 원제는 〈달에 관한 자세한 보고〉(*Podrobnyi otchet o Lune*)이다.

않게 생생한 세부묘사를 통해 월광의 마술과 그것이 만들어내는 갖가지 야경을 그려낸 사람, 그 사람은 분명 발군의 '감정가적' 자질을 지니고 있어야만 할 것입니다. 파블로프스크의 정경을 묘사한 그의 시 〈슬라뱐카 강〉은[23] 정확한 그림입니다. 경건한 사색조의 장면들은 독자에게 놀라운 평화를 안겨주는 정겹고 따사로운 빛으로 충만해 있습니다. 우리의 모든 격정은 잠잠해지고 우리의 입술은 모종의 신비로 봉인됩니다.

최근에 들어서 주코프스키의 시풍에 현저한 변화가 나타나기 시작했습니다. 그가 이제까지 모호한 시적 거리를 두고 관조해온 저 보이지 않는 찬란한 피안이 그의 앞에 선명하게 드러나기 시작함에 따라 독일 발라드의 환영과 몽상에 대한 취향이나 열정은 사라졌습니다. 사색적인 기조 자체도 맑은 영혼에 자리를 내주었습니다. 이러한 경향의 결실은 《물의 요정》으로 그것은 전적으로 주코프스키에게 속한 창작입니다. 동일한 전설을 산문으로 쓴 독일 작가는[24] 그의 모델이 될 수 없었습니다. 이 시 작품의 명징성(明澄性)을 창조한 사람은 주코프스키입니다. 그때부터 그는 일종의 투명한 언어를 획득했는데 그것을 통해 그는 동일한 소재를 원저자보다 더 선명하게 표현합니다. 심지어 과거에 보이던 공기처럼 가볍고 애매한 시구도 사라졌습니다. 그의 시구는 강하고 견고해 졌습니다. 그는 자기처럼 고전의 향기에 취한 작가가 인생을 지극히 투명하고 고상한 시각에서 관조하는 가운데 써내려가는 그런 작품, 옛 세계의 원초적이고 가부장적인 일상성을 전 인류에게 친숙하고 낯익은 시각에서 보여줄 수 있는 가장 완벽한 작품을 창출하기 위해 전력을 다했는데, 이것이야말로 모든 개인

---

23) 파블로프스크에 있는 강으로 그 기슭에 황실 가족의 여름별장이 있다.

24) 사람이 되고 싶어하는 요정의 이야기 《물의 요정》(*Undine*)을 쓴 독일 작가 푸케(Baron de la Motte Fouqué)를 가리킨다.

적 창조보다 훨씬 높은 업적으로 주코프스키에게 전 세계적 의미를 부여해 줄 것입니다.[25] 우리의 다른 시인들과 비교해 볼 때 주코프스키는 다른 거장들 앞에 선 보석 세공의 거장, 즉 작업의 맨 마지막 단계를 책임진 거장과도 같습니다. 그가 할 일은 산에서 다이아몬드를 캐내는 일이 아니라 다이아몬드를 잘 다듬어서 광채를 발하게 하고 모든 사람이 그 가치를 알 수 있도록 해 주는 일입니다. 그런 시인은 오로지 천재적인 감수성으로 똘똘 뭉친 러시아 민중 사이에서만 나타날 수 있는바, 그것은 아마도 다른 민족들이 제대로 평가도 개발도 하지 않고 무시하기만 했던 모든 것을 최고로 아름답게 다듬으라고 주어졌을 겁니다.

주코프스키가 우리의 시를 지상과 현실로부터 떼어내어 영적인 환영의 영역으로 몰아가면서 아직 시적 성장의 초창기에 머무르고 있을 때, 다른 시인 바튜쉬코프는[26] 마치 일부러 그에게 반기라도 들 듯 만질 수 있는 현실의 모든 황홀한 매력을 내보이면서 우리 시를 지상과 육체에 단단히 고착시키기 시작했습니다. 전자가 자기도 잘 모르는 이상에 완전히 사로잡혀 있을 때 후자는 자기가 그토록 분명하게 감지하고 그토록 강력하게 느낀 가시적인 것의 화려한 매력 속으로 완전히 침잠해 들어갔습니다. 그는 모든 이미지들 속에 있는, 심지어 보이지 않는 이미지 속에 있는 아름다움 전부를 감각적 쾌락의 무아지경으로 변모시키려 안간힘을 쓰는 것 같았습니다. 그 자신의 표현을 빌려 말하자면, 그는 "시와 사상의 쾌락"을 느꼈습니다. 마치 우리 시의 품 안에 존재하는 어떤 내적 균형의 힘이 우리 시가 어떤 식

25) 주코프스키의 《오디세이》 번역을 가리킨다.

26) 바튜쉬코프(K. N. Batiushkov, 1787~1855): 러시아 시인. 경쾌하고 우아한 시어로 삶의 환희와 비애를 섬세하게 노래했다. 푸쉬킨에게 많은 영향을 미쳤다.

으로든 한 가지에 과도하게 몰두하는 것을 막아주면서, 한 시인이 북유럽 가수들의 소리를 가져올 때 다른 시인은 아리오스토,[27] 타소,[28] 페트라르카,[29] 파르니,[30] 및 고대 그리스의 부드러운 메아리를 소개함으로써 우리 시에 남방의 향기로운 소리를 불어 넣어주도록 하기 위해서 이 시인을 창조해 낸 것 같았습니다. 공기 같은 애매함을 수용하기 시작한 시구 자체에서 옛 시인들이 보여주었던 거의 조형적인 명료함과 새로운 남유럽 시인들이 발하는 나른한 음향이 흘러넘치도록 하기 위해서 이 시인은 태어난 것 같았습니다.

두 사람의 각기 다른 시인은 우리 시에 갑자기 두 가지 다른 원칙을 들여놓았습니다. 이 두 가지 원칙으로부터 순식간에 제 3의 시인이 태어났습니다. 푸쉬킨이 등장한 것입니다. 그는 중용의 길을 갔습니다. 그가 따른 것은 전자의 추상적 이상주의도 아니고 후자의 과도하게 화려한 쾌락주의도 아닙니다. 그의 모든 것은 균형과 압축과 간결함으로 점철되어 있는데 이는 자기의 느낌을 전달하기 위해 많은 말을 하지는 않지만 그것을 외부로 표출해야만 할 때가 오면 마음속에 오랫동안 차곡차곡 쌓아두었던 것을 한꺼번에 폭발시킬 수 있는

---

27) 아리오스토(L. Ariosto, 1474~1533): 이탈리아 르네상스기를 대표하는 시인. 기사도 문학의 걸작 《광란의 오를란도》(*Orlando furioso*)로 유명하다.

28) 타소(T. Tasso, 1544~1595): 이탈리아 시인. 제 1차 십자군 원정에 관한 영웅서사시 《해방된 예루살렘》(*Jerusalemme liberata*)으로 유명하다. 그것은 후기 르네상스 정신을 종합한 대작으로 평가받으며 이후 유럽문학에 커다란 영향을 미쳤다.

29) 페트라르카(F. Petrarca, 1304~1374): 이탈리아 시인. 라우라에 대한 열렬한 사랑을 노래한 서정시로 유명하다. 대표작 《칸초니에레》(*Canzoniere*)는 많은 시인들에게 전범이 되었다.

30) 파르니(E. de F. Parny, 1753~1814): 프랑스 후기 고전주의 시대의 시인. 엘레지와 우아한 연애시를 주로 썼다. 러시아 시인들 사이에서 큰 인기를 누렸다.

러시아인의 성정과도 비슷합니다. 예를 들어봅시다. 카프카즈에서 가장 높은 산 중의 하나인 카즈베크산의 정경에 매혹당한 시인은 산 정상에 올라 하늘을 유유히 비상하는 방주처럼 보이는 수도원을 바라보았습니다. 다른 시인 같으면 몇 페이지에 걸쳐 격렬한 시를 쏟아놓았을 것입니다. 그러나 푸쉬킨은 단 열 개의 행만을 썼으며 다음과 같은 갑작스러운 말로 시를 마무리 지었습니다.

나 열망하던 저 먼 바닷가 기슭이여!
좁다란 골짜기에 안녕을 고하고 그리로 가
산봉우리에 올라갈 수 있다면!
거기 천상의 작은 방에서
하느님을 벗삼아 내 한몸 가리울 수 있다면![31]

프랑스인이나 영국인이나 독일인이라면 자기 느낌을 구구절절 늘어놓았으련만, 러시아인이기에 이렇게 말할 수 있었던 것입니다. 우리 시인들 중 푸쉬킨처럼 그렇게 말과 표현을 아낀 사람은 아무도 없으며, 이런 저런 사람들의 지나치게 기름진 표현에 놀란 나머지 과도하고 불필요한 말은 절대로 하지 않기 위해 그토록 조심한 사람 또한 아무도 없습니다.

그의 시의 소재는 무엇이었을까요? 그 어떤 특정한 것이 아닌, 모든 것이 그의 소재였습니다. 그의 무궁무진한 소재 앞에서 생각은 말을 잃었습니다. 그를 감동시키지 않은 것이 어디 있겠으며 그를 멈춰서게 하지 않은 것이 어디 있겠습니까? 구름 저편의 카프카즈와 그림 같은 체르케스인에서부터 발랄라이카를 손에 든 초라한 북방 촌민과 선술집의 트레파크[32] 춤에 이르기까지 모든 것이, 그리고 최신 유행

---

31) 푸쉬킨의 시 〈카즈베크산의 수도원〉(*Monastyr' na Kazbeke*) 중의 한 구절.

의 무도회에서 농부의 통나무집과 대초원과 포장마차에 이르기까지 모든 곳이 그의 소재가 되었습니다. 그는 인간의 고상하고 위대한 자질에서부터 가느다란 탄식을 흘러나오게 하는 약점과 당혹스러운 비열함에 이르기까지 인간 내부에 있는 모든 것에 반향했으며 가시적이고 외적인 자연에 있는 모든 것에도 또 그렇게 반향했습니다. 그에게서는 모든 것이 독자적인 한 폭의 그림으로 우뚝 섰습니다. 모든 것이 그의 소재였습니다. 그는 저열한 것 고상한 것 모두로부터 하느님의 모든 창조물에 내재하는 저 시적인 불길의 섬광(閃光) ― 그것은 창조물의 가장 고상한 일면으로 오로지 시인만이 감지할 수 있습니다 ― 을 끄집어내지만 인간의 요구에 부응해 그것을 실생활에 적용하지도 않고, 그 섬광이 어째서 터져 나왔는지 아무에게도 설명하지 않고, 시에 귀머거리인 그 누구에게도 그 불꽃으로 향한 계단을 제공해 주지 않습니다. 그 어떤 사람도 그의 안중에 없었습니다. 그의 안중에 있는 것은 오로지 타고난 시적 감각을 발휘하여 "자, 봐라, 하느님의 창조물은 얼마나 아름다우냐!"라고 외친 다음, 더 이상 한마디 말도 없이 다른 소재로 옮아가 또다시 "자, 봐라, 하느님의 창조물은 얼마나 아름다우냐!"라고 외치는 것이었습니다. 그렇기 때문에 그의 작품은 독자들에게 놀라우리만큼 상반되는 인상을 불러일으키는 것입니다. 영리하긴 하지만 시적 감각을 지니지 못한 독자의 눈에 그의 작품은 말하다 만 것 같은, 가볍고 순간적인 단편에 불과하게 여겨집니다. 그러나 시적 감각을 타고난 독자에게 그것들은 공들여 완성시킨, 필요한 것은 모두 갖춘 완전한 장편 서사시처럼 여겨집니다.

푸쉬킨에게는 이제껏 우리 시인들 중 그 누구에게도 제기된 바 없는 온갖 질문들이 쏟아졌는데 그것들은 막 잠에서 깨어나고 있는 시

32) 트레파크 춤: 러시아 민속 춤. 그 무곡은 루빈슈타인, 차이코프스키, 무소르그스키 등에 의해 클래식으로 편곡되기도 했다.

대의 정신을 반영합니다. 그의 시는 어째서, 무슨 목적으로 씌어졌는가? 푸쉬킨은 지성계에 어떤 새로운 방향을 제시했는가? 그는 과연 시대가 필요로 하는 어떤 것을 말했는가? 그는 자기 시대에 상서로운 영향을 미쳤는가, 아니면 파괴적 영향을 미쳤는가? 바이런이나 다른 많은 이류급의 보잘것없는 시인들이 천재적인 방랑을 통해서 그러했듯이, 그도 개인적 성향, 예컨대 무슨 천재의 방종 같은 것을 통해서나마 다른 사람들에게 영향력을 행사했는가? 어째서 그는 이 세상에 태어났으며 스스로를 통해 무엇을 증명해 주었는가? 등. 푸쉬킨은 오로지 스스로를 통해 시인이란 무엇인가를 증거하기 위해, 그 무슨 시대나 상황의 영향을 받는 존재로서의, 혹은 개성의 영향을 받는 한 인간으로서의 시인이 아닌, 모든 것으로부터 독립된 존재로서의 시인이란 무엇인가를 증거하기 위해 이 세상에 태어났습니다. 훗날 어떤 고결한 영혼의 해부학자가 이 세상의 모든 것에 반향하면서도 오로지 자기 자신에게만은 아무런 반향도 하지 않는 저 민감한 피조물인 시인이 그 본질에 있어 무엇인가를 분석하고 이해하고자 할 때, 푸쉬킨에게서 해답을 발견하고는 흡족해 하도록 하기 위해 태어난 것입니다. 오로지 푸쉬킨만이 이 독립적 존재, 공중에 떠도는 온갖 소리에 반향하는 낭랑한 메아리와도 같은 시인의 존재를 스스로를 통해 보여주도록 운명지어졌던 것입니다. 우리는 어떤 시인이건 간에 그를 생각하면 머릿속에 다소나마 그의 개성을 떠올리게 마련입니다. 실러를 생각하는 사람 치고 저 어린아이처럼 순수한 영혼, 요컨대 지고한 이상을 꿈꾸면서 거기에서 나름의 세계를 창조하고 그 시적 세계에서 살 수 있다는 사실에 만족하는 영혼을 즉시 떠올리지 않을 사람이 어디 있겠습니까? 바이런을 읽는 사람 치고, 천상의 모든 은혜를 다 입고서도 육체적인 아주 사소한 결함[33] 때문에 하늘을 용서할 수 없어 시를 통해 불만을 토로하는 저 교만한 인간 바이런을 떠올리지 않을 사람이 어디 있겠습니까? 자연계와 학문계의 모든 것을 섭렵하려고 애썼던 시인 중의 프로테우스[34] 괴테도 의사(擬似) 학문적 열망을 통해 독일적 품위로 가득 찬, 그리고 모든 시대의 호응을 얻을 수 있다는 이론적이고 독일적 자긍심으로 가득 찬 개성을 이미 보여주었습니다. 우리의 모든 시인들, 데르자빈, 주코프스키, 바튜쉬코프는 모두 자신의 개성을 유지했습니다. 오로지 푸쉬킨만 개성이란 게 없습니다. 그의 작품을 통해 그 자신에 관한 어떤 점을 포착할 수 있을까요? 어디 한번, 인간으로서의 그의 성격을 잡아내 봅시다! 성격 대신 모든 것에 반향하면서도 오로지 자기 자신한테만은 반향하지 않는 저 놀라운 이미지가 나타날 것입니다. 그의 전 작품은 시인의 무기로 가득 찬 완벽한 병기고입니다. 거기 들어가 아무거나 원하는 무기를 손에 잡고 전투에 나가도 됩니다. 그러나 시인 자신은 그 무기를 들고 전투에 나가지 않았습니다. 어째서 안 나갔을까요? 그건 다른 문제입니다. 그는 시를 통해 거기 대답했습니다.

번잡한 세상사 위해서가 아니라
탐욕과 다툼을 위해서가 아니라
영감과 달콤한 음향과 기도를 위해서
우리는 태어났도다.

푸쉬킨은 그에게 질문을 제기한 사람들보다 자신의 의의를 더 잘 알고 있었고 사랑으로써 그것을 실현시켰습니다. 심지어 그가 방탕의 도가니 속에서 허우적거리고 있을 때조차 시는 그에게 무슨 사원

33) 바이런은 오른쪽 다리의 장애로 인해 우울한 유년기를 보냈다.

34) 프로테우스(Proteus) : 그리스 신화에 나오는 바다의 신. 변장술이 뛰어나서 그의 이름은 다른 형체로 쉽게 변하거나 변장을 잘 하는 대상에 대한 은유로 사용된다.

처럼 성스러운 것이었습니다. 그는 더럽고 꾀죄죄한 몰골로는 사원 안에 들어가지 않았습니다. 진중하게 오래오래 생각하지 않고서는 개인생활의 그 어떤 것도 그 안으로 가지고 가지 않았습니다. 너덜너덜하게 해어진 현실이 그 모습 그대로 거기 들어갈 수는 없었습니다. 그렇지만 사원에 있는 것 하나하나는 모두가 그 자신의 이야기였습니다. 그러나 그 누구의 눈에도 그것은 보이지 않았습니다. 독자는 오로지 향기만을 느낄 수 있었습니다. 그렇지만 아무도 보지 못하는 저 향기를 내뿜기 위해서 시인은 얼마나 많은 소재를 자기 가슴속에서 연소시켜야만 했을까요. 얼마나 오랫동안 가슴속에 그것들을 간직하고 있어야만 했을까요! 어떻게 그것들을 키워냈을까요! 그 어떤 이탈리아 시인도 푸쉬킨이 저 외관상 가볍고 무상해 보이는 작품을 절차탁마하듯 그렇게 자신의 소네트를 다듬지는 않았습니다. 말 한마디 한마디가 얼마나 정확한가요! 표현 하나하나가 얼마나 의미심장한가요! 이 모든 것이 얼마나 매끄럽고 완벽하게 다듬어졌던가요! 그의 모든 것이 진주와도 같아 어떤 것이 더 훌륭한지 결정하기 어렵습니다. 그것들은 모두 한결같이 아름다워서 마치 솔로몬이 막 성수반에서 나온 어린 암양에 비유한 아름다운 여인의 반짝이는 치아와도 같습니다.

삼라만상에 똑같이 반향하고 똑같이 흥미를 느끼는 시인이 어떻게 당대 사회가 즉석에서 요구하는 특정 소재에 관해 말할 수 있었겠습니까? 그는 《오네긴》에서 현대인을 묘사하고 싶었고 또 현대인의 과제를 해결하고 싶었지만 그러지 못했습니다. 그는 주인공들을 내몰고는 그 자리를 차지했으며 그들의 얼굴을 하고서 시인의 감흥을 불태웠습니다. 그 장편 서사시는 개별적 느낌들과 부드러운 엘레지와 따끔한 경구와 생생한 목가의 모음집이 되었고, 그리하여 그것을 읽으면 그 각각의 것 대신, 삼라만상에 반향하는 저 놀라운 시인의 이미지가 나타나게 됩니다. 그의 가장 완벽한 작품은 《보리스 고두노프》와 《폴타바》로 둘 다 과거에 대한 정확한 반향입니다. 그러나 푸쉬킨이 그것들을 통해 자신의 시대에 무언가 말을 하려고 했던 것은 아닙니다. 그 두 가지 테마를 취함으로써 동포들에게 어떤 이익을 주려는 생각 따위는 하지 않았습니다. 또한 자기가 소개하는 인물들 중 누군가에게 특별한 공감을 느꼈기 때문에 예술적으로 탁월하게 절차된 저 두 편의 서사시를 시작했다는 기미는 어디에도 안 보입니다. 그는 단지 두 가지 역사적 사건이 갖는 특별함에 놀랐고 자기처럼 다른 사람들도 놀라기를 바랐을 따름입니다.

다른 민족, 다른 시대 시인들의 작품을 읽을 때도 그는 똑같이 반향 했습니다. 무수한 극시의 고갈되지 않는 소재인 스페인의 주인공 돈 후안은 그에게 불현듯 모든 것을 소규모의 독자적인 극적 장면에 응축시켜야겠다는 생각을 제공했고 그렇게 해서 탄생된 극시를 통해 방탕자의 거부할 수 없는 유혹이 인간 영혼에 대한 더욱 심오한 통찰과 더불어 제시되었고, 여성의 유약함이 더욱 선명하게 드러났고, 스페인이란 나라 자체가 더욱더 분명하게 느껴지게 되었습니다.[35] 괴테의 《파우스트》를 읽으며 그는 문득 저 독일 시인의 주된 관념을 두 세 페이지에 압축시켜야겠다는 생각이 들었고 그 결과 놀랍게도 그는 괴테의 관념이 갖는 온갖 불명료한 난삽함에도 불구하고 그걸 정확하게 이해하여 단단한 핵으로 응축시켜 놓았습니다.[36] 단테의[37] 엄격한 테르차 리마는[38] 그에게 동일한 테르차 리마를 사용하고 단테의

---

35) 푸쉬킨의 작은 비극 《석상 손님》(*Kamennyi gost'*)에 대한 설명이다.

36) 푸쉬킨의 《파우스트의 장면》(*Stsena iz Fausta*)에 대한 설명이다.

37) 단테(A. Dante, 1265~1321): 이탈리아 최고의 시인. 대작 《신곡》(*La Divina Commedia*)을 집필하여 유럽 중세의 문학, 철학, 신학, 수사학, 과학을 종합했다.

38) 이탈리아시의 한 형식으로 단테의 《신곡》에 사용된 이래 영시와 프랑스시에 도

정신을 그대로 지키면서 차르스코예 셀로에서[39] 보낸 시적인 유년기를 묘사하겠다는 생각을—즉, 아이들을 학교로 불러모으는 엄격한 여선생의 모습으로 학문을 의인화시키고, 또 손에 리라와 컴퍼스를 든 채 학문보다 더 생생한 가르침을 주는 고대의 조각상을 바라보기 위해 교실을 박차고 나와 정원으로 달려가는 어린 학생으로 스스로를 묘사하겠다는 생각을—불어넣어 주었고, 그 결과 우리는 모든 것에 반향하는 그의 민감함이 얼마나 어린 시절부터 일깨워졌는가를 알게 되었습니다.[40] 게다가 그의 반향은 얼마나 정확하고 그의 귀는 얼마나 민감한가요! 우리는 시대와 민족과 국가의 색채와 향기를 느낄 수 있습니다. 스페인에서 그는 스페인 사람이고, 그리스 사람과 함께 할 때는 그리스인이 되고, 카프카즈에서는 문자 그대로 자유로운 산사람이 되고, 한물간 인간과 있을 때는 가버린 옛 시절을 숨쉬고, 오두막의 농부를 바라볼 때는 머리끝에서 발끝까지 러시아인이 됩니다. 우리 자연의 모든 특성들이 그에게서 반향했으며 모든 것이 때로는 한 개의 낱말에 의해, 적재적소에 배치된 한 개의 형용사에 의해 포착되었습니다.

이러한 자질은 그에게서 점진적으로 발전해 나갔으며 결국 그는 러시아적 삶의 모든 개별적 특성에 반향했던 것과 마찬가지로 이제 러시아 삶 전체에 반향하겠다는 소망을 품게 되었습니다. 소설로써 러시아 삶에 대한 소박하고 자연스러운 이야기를 직접 하고 싶다는 생각이 만년의 그를 집요하게 사로잡았습니다. 그는 지엽적인 것에 매

입되었고 나중에는 러시아시에 알려지게 되었다. 일련의 약강 5보격 3행시가 연속되는 형식이다.

39) 페테르부르크 남쪽의 지역. 현재의 푸쉬킨 시(市). 웅장한 궁궐과 정원, 산책로, 공원 등이 들어서 있다.

40) 이 대목은 모두 푸쉬킨의 시 〈나 어린 시절 학교 일을 기억하니〉(*V nachale zhizni shkolu pomniu ia*)에 대한 설명이다.

달리지 않고 좀더 단순하게 묘사를 하겠다는 일념에서 시 쓰기를 중단했으며 초기 소설의 장점까지도 모조리 배제할 정도로 산문을 단순화시켰습니다. 푸쉬킨은 이에 기쁨을 느끼며 서사 장르에 있어 단연 러시아 최고의 작품인 《대위의 딸》을 썼습니다. 《대위의 딸》에 비하면 우리의 모든 장편 및 중편소설들은 들척지근한 곤죽처럼 여겨집니다. 이 소설에서 순수함과 자연스러움은 너무도 높은 수준으로 고양되어 오히려 현실 자체가 작위적인 캐리커처처럼 보일 지경입니다. 소박한 요새 사령관, 대위의 부인, 육군 중위 등, 진정 러시아적 인물들이 처음으로 등장했습니다. 단 한 대의 대포만을 보유한 요새, 어수선한 시대, 소박한 사람들의 소박한 위엄 — 이 모든 것이 진실일 뿐 아니라 오히려 진실보다 더 훌륭합니다. 그건 그럴 수밖에 없습니다. 시인의 소명은 우리한테서 우리 자신을 끄집어낸 다음 갈고 닦아 우리에게 되돌려 주는 것이었기 때문입니다. 푸쉬킨의 모든 것이 그는 그렇게 하기 위해 태어났음을, 그리고 그렇게 하고자 노력했음을 보여줍니다. 《대위의 딸》과 거의 동시에 그는 소설에 대한 탁월한 시도라 할 수 있는 《고로히노 마을의 원고》와[41] 《차르의 흑인 노예》를[42] 남겼고 또 연필로 흘려 쓴 장편소설의 초안 《두브로프스키》를 남겼습니다. 만년의 그는 러시아의 삶에 관한 축적된 지혜를 통해 모든 것에 관해 너무도 적확하고 너무도 현명하게 말할 수 있게 되었는데 그의 말 한마디 한마디를 받아 적으면 훌륭한 시가 될 정도였습니다. 그러나 그보다 더욱 놀라운 것은 좀더 위대한 미래의 생명력을 예고하며 그의 영혼 내부에 구축되어 있던 어떤 힘입니다. 그것은 유고집에 실린 시에 반영되어 있는데 그 시는 파멸의 운명에 놓인 도시에서 탈주하는 주인공을 통해 시인 자신의 영적 상태 일면을 거

41) 정확한 제목은 《고류히노 마을의 역사》(*Istoriia sela Goriukhina*)이다.

42) 정확한 제목은 《표트르 대제의 흑인 노예》(*Arap Petra Velikogo*)이다.

의 종말론적 톤으로 그리고 있습니다.[43] 이 사람 속에는 러시아에 공익이 되는 많은 것이 잠재되어 있었습니다만… 그러나 성숙한 어른이 되자, 그는 중차대한 일을 처리할 수 있는 힘을 사방에서 긁어모으느라 하찮고 사소한 일을 처리하는 방식에 대해서는 신경을 쓰지 않았습니다. 예기치 않은 죽음은 우리에게서 그를 순식간에 앗아갔고 제국의 모든 사람들은 위대한 한 인간을 여의었다는 사실을 불현듯 깨달았습니다.

시인으로서의 푸쉬킨이 사회에 미친 영향은 대단치 않았습니다. 사회는 그가 시인으로 등단한 초기에만, 그러니까 그가 초창기의 유소한 시들로써 바이런의 리라를 상기시켰을 때에만 그에게 눈길을 주었습니다. 그가 스스로를 되찾아 마침내 바이런이 아닌 푸쉬킨이 되었을 때 사회는 그에게서 등을 돌렸습니다. 그러나 시인들에게 그가 미친 영향은 실로 대단했습니다. 그가 시에서 이룩한 일은 카람진이 산문에서 이룩한 것에 비할 바가 못 됩니다. 카람진의 모방자들은 카람진 자신에 대한 비참한 캐리커처로 전락하여 문체며 사상에 너무 들척지근한 설탕을 발라놓았습니다. 그러나 푸쉬킨으로 말할 것 같으면, 그는 자기와 동시대의 모든 시인들에게 천상에서 내려온 시의 섬광과도 같은 역할을 하였으며 다른 독창적인 시인들은 마치 작은 촛불처럼 그로부터 불씨를 얻어 타올랐습니다. 순식간에 그를 중심으로 완전한 성좌(星座)가 형성되었습니다. 자신이 타는 고대 그리스 리라의 음향에 푹 빠졌던 향락의 시인 델비그[44]—그는 시의 음료를 단숨에 삼키지 않고, 포도주 감정가처럼 색깔을 살피고 냄새를

---

43) 고골이 앞에서도 언급한 바 있는 푸쉬킨의 시 〈순례자〉를 가리킨다.

44) 델비그(A. A. Del'vig, 1798~1831): 시인. 푸쉬킨의 동창이자 절친한 벗. 목가풍의 시와 민속적 색채가 짙은 로망스로 알려져 있다. 유명한 〈문학신문〉(*Literaturnaia gazeta*)의 편집장이기도 했다.

맡으며 한 방울씩 홀짝거렸습니다. 화성의 시인 코즐로프[45] — 그에게서는 이제껏 들어본 적이 없는 음악적이고 정감어린 소리가 울려퍼졌습니다. 엄격하고 음울한 시인 바라틴스키[46] — 그는 그토록 일찍이 내면의 세계를 향한 사상의 독자적인 열망을 내보였고 자신의 내부에서 아직 그 사상이 무르익기도 전에 그것을 가시적으로 재현하는 데 골몰하기 시작했습니다. 그리하여 음울하고 미숙한 모습으로 사람들에게 자기를 과시하기 시작했고 그럼으로써 모든 이로부터 영영 멀어졌습니다. 이 모든 시인들이 푸쉬킨에 의해 고무되었다면 다른 일군의 시인들은 아예 푸쉬킨에 의해 창조되었다고 할 수 있습니다. 제가 여기서 염두에 두는 것은 우리의 이른바 선집 시인들인데, 그들이 쓴 시는 얼마 되지 않습니다. 그러나 이 얼마 안 되는 향기로운 꽃들 가운데 일부를 뽑아내면 가장 탁월한 시인의 이름으로 출판된 책이 될 것입니다. 투만스키 형제,[47] 크릴로프, 튜체프,[48] 플레트뇨프, 그리고 몇몇 다른 시인들이 여기 속하는데, 그들은 푸쉬킨 시의 섬광으로 점화되지 않았더라면 자기 나름의 시적인 불꽃과 향기로운 영혼의 운동을 보여주지 못했을 것입니다. 심지어 이전의 시인들까지 리라의 현을 재조율하기 시작했습니다. 《일리아드》의 저 유명

---

45) 코즐로프(I. I. Kozlov, 1779~1840) : 시인, 번역가. 젊은 나이에 지병으로 인해 시력을 잃자 개인적 고통을 소재로 한 시를 썼다. 바이런의 영향을 많이 받았으며 바이런의 시를 러시아어로 번역했다.

46) 바라틴스키(E. A. Baratynskii, 1800~1844) : 시인. 푸쉬킨의 절친한 벗. 그의 시들은 이성으로써 감정을 절제하려는 시도를 보여준다.

47) 투만스키(V. I. Tumanskii, 1800~1860) : 귀족 출신의 시인. 서정성이 강한 시들을 썼다. 그의 사촌형제들도 시인으로 알려져 있어 투만스키 가는 흔히 문인가문이라 칭해진다.

48) 튜체프(F. I. Tiutchev, 1803~1873) : 시인. 한때 외교관으로 활동하기도 했다. 독일 낭만주의의 영향을 받았으며 자연과 사랑을 주제로 한 명상적인 시들을 썼다.

한 번역가 그네디치,[49] 시편의 번안자 글린카,[50] 빨치산 시인 다비도프,[51] 그리고 마지막으로 시작법에 있어 푸쉬킨의 스승이자 지도자였던 주코프스키 자신까지도 나중에는 자신의 제자에게서 배우기 시작했습니다. 심지어 시인으로 태어나지 않은 사람들도 시인이 되었는데 그들이 연습 삼아 쓴 시에서조차 감지되는 정신력으로 판단해 보건대 그들에게 마련된 무대 또한 만만한 것이 아니었습니다. 예컨대, 그토록 일찍이 우리에게서 떠나간 베네비티노프,[52] 그리고 그 자신도 아직은 모르는 어떤 밝은 미래를 위해 다행히 아직도 살아있는 호먀코프가[53] 그들입니다. 한편, 푸쉬킨의 고무적인 영향력은 많은 이들에게, 특히 바라틴스키와 나중에 언급하게 될 또다른 시인에게는[54] 심지어 해가 되기까지 했는데 이유인즉, 그들은 너무 일찍,

---

49) 그네디치(N. I. Gnedich, 1784~1833): 시인, 번역가. 러시아 문학사에서 무엇보다도 《일리아드》의 번역가로 알려져 있다.

50) 글린카(F. M. Glinka 1786~1880): 시인. 유명한 작곡가 글린카와는 사촌간이다. 전형적인 낭만주의자. 성서의 주제를 빌려와 당대 러시아 상황을 묘사했다.

51) 다비도프(D. V. Davydov, 1784~1839): 시인. 1812년 조국전쟁 당시 유격대를 이끌고 나폴레옹의 군대와 싸웠다. '빨치산 시인'이란 칭호는 여기서 유래한다.

52) 베네비티노프(D. V. Venevitinov, 1805~1827): 시인, 철학자. 독일 관념론의 영향을 많이 받았다. 데카브리스트 봉기에 연루되었다는 의심을 받아 체포되었다가 얼마 후 독감으로 사망했다.

53) 호먀코프(A. S. Khomyakov, 1804~1860): 시인, 평론가. 데카브리스트 봉기 이후 러시아 시단에서 꽃핀 새로운 철학적 경향을 반영한다. 독실한 정교회 신자이자 슬라브주의자로서 당대 사회에 대한 많은 저술을 남겼다.

54) 나중에 언급하게 될 시인 레르몬토프(M. Iu. Lermontov, 1814~1841)를 가리킨다. 레르몬토프는 19세기 러시아의 대표적 낭만주의 시인이자 소설가로 푸쉬킨이 결투로 죽자 〈시인의 죽음〉(*Smert' poeta*)이란 시를 써서 유명해졌다. 러시아 소설 문학사의 한 획을 긋는 《우리 시대의 영웅》(*Geroi nashego vremeni*)으로도 유명하다. 친구와의 결투로 사망했다.

그러니까 친숙하게 읽힐 수 있는 시를 아직 영혼 속에 쌓아두지 못한 시점에서, 무엇보다도 먼저 자신의 영성수련을 달성하기 위해 당분간은 침묵해야만 하는 시점에서 영혼의 설익은 움직임을 전달하기 시작했기 때문입니다. 푸쉬킨이 보여준 저 비범하고 예술적인 시 창조의 작업이 모든 이를 유혹했습니다. 모든 이가 사회도 잊고, 인간과 사회 간의 모든 현실적 관계도 잊고, 조국의 모든 요구도 다 잊고 푸쉬킨의 시를 되뇌며 일종의 시적 천국에서 살았습니다.

번잡한 세상사 위해서가 아니라
탐욕과 다툼을 위해서가 아니라
영감과 달콤한 음향과 기도를 위해서
우리는 태어났도다.

푸쉬킨 시대의 시인들 중 다른 사람들과 가장 구별되는 시인은 야지코프입니다. 그의 최초의 시가 등장했을 때 모든 이가 새로운 리라, 방탕과 사나운 힘, 온갖 표현의 용기, 젊은 환희의 빛, 이제껏 그 누구도 보여준 적이 없는 강력하고 완전한 언어, 그리고 그 언어에 대한 시인의 엄정한 지배력을 감지할 수 있었습니다. 야지코프라는 이름은[55] 괜히 그에게 붙여진 것이 아닙니다. 마치 흑인 노예가 야생마를 휘어잡듯 그는 언어를 휘어잡고 자신의 힘을 자랑합니다. 구절이 어디서 시작되건, 머리에서 시작되건 아니면 꼬리에서 시작되건, 그는 그것을 너무도 생생하게 몰아가고 완결하고 마무리 짓기 때문에 독자는 놀라서 걸음을 멈추게 됩니다. 청춘의 힘 — 허약한 청춘이 아니라 미래로 충만된 강력한 청춘의 힘을 표현하는 모든 것들이 순식간에 그의 소재가 되기 시작했습니다. 어디고 그가 손을 대기

55) 야지코프는 러시아어의 '언어'(야지크)라는 단어에서 유래한다.

만 하면 청춘의 신선함이 튕겨 나옵니다. 강에서의 수영을 그는 이렇게 표현합니다.

옷을 벗어라! 이마 앞으로
용감한 팔을 쭉쭉 뻗자
— 첨벙!
찬란한 빗방울처럼
물보라가 날아간다.
얼마나 강력한 파도인가!
얼마나 청량하고 시원한가!
얼마나 음탕하고 얼마나 감미로운가
나를 포옹하는 나이아스는![56]

그가 진짜 러시아 게임이라 부르는 스바이카 놀이는[57] 이렇게 묘사됩니다. 씩씩한 청년들이 빙 둘러 서 있습니다.

무거운 못을 곧추 세워 힘차게
고리에 던진다 — 고리는 절그렁거린다.
봄날의 저녁이 무심하게
보이지 않게 날아간다.[58]

젊은이를 호용(豪勇)으로 초대하는 모든 것들 — 바다, 파도, 폭풍, 향연, 축배의 술잔, 형제애로 뭉쳐진 동아리, 부싯돌처럼 단단

---

56) 야지코프의 시 〈트리고르스코예〉(*Trigorskoe*) 중의 한 구절이다. 나이아스는 그리스 신화에 나오는, 아름다운 소녀의 모습을 한 물의 요정이다.

57) 러시아의 민속놀이. 대가리가 크고 굵은 못을 땅바닥에 세워 놓은 고리 속에 던져 꽂는 놀이이다.

58) 야지코프의 시 〈불프에게〉(*K. A. N. Vul'fu*) 중 한 구절이다.

한 미래에의 믿음, 조국수호에 대한 결의 — 이 비범한 위력으로 묘사되고 있습니다. 그의 시가 단행본으로 출간되었을 때 푸쉬킨은 울화를 터뜨리며 말했습니다.

> 어째서 그 친구는 자기 시집에 '야지코프의 시'라는 제목을 붙였나! 간단히 '도취'라고 하면 되는걸! 웬만한 힘을 가진 사람은 절대로 그런 걸 쓰지 못해. 그렇게 하려면 광포한 힘이 필요하니까.

잡지에 실린 야지코프의 시 중 다비도프에게 헌정한 시를 읽고 푸쉬킨의 얼굴에 떠올랐던 환희를 저는 생생하게 기억합니다. 저는 그때 처음으로 푸쉬킨의 얼굴에 흐르는 눈물을 보았습니다(푸쉬킨은 결코 울어본 적이 없습니다. 그는 오비디우스에게 바치는 시에서 자기 자신을 가리켜 이렇게 말한 바 있습니다. "나는 엄격한 슬라브인, 눈물을 흘린 적 없지만 그래도 이해한다"[59] 라고요). 저는 그에게서 눈물을 자아낸 연(聯)들을 기억합니다. 첫 번째 연에서 시인은 당시 이미 무력하고 병약하다고 여겨지던 러시아를 향해 이렇게 촉구합니다.

> 자! 나팔소리 우렁차게 울려 퍼졌다!
> 러시아! 너를 부르는 당당한 소리!
> 저 숱한 적들의 침략에
> 너 어떻게 대응했는지 기억하라!
> 먼 나라에서 불러 모아라
> 너의 용사들을

---

59) 푸쉬킨의 시 〈오비디우스에게〉(*Ovidii*) 중의 한 구절이다. 원문은 다음과 같다. "나는 엄격한 슬라브인, 눈물은 흘리지 않았지만/그대의 시 이해하여/세상과 삶과 나 자신에 등돌린 거침없는 추방객/숙연한 마음으로 찾아왔다/언젠가 그대가 슬픈 세월 보내던 이 나라에."

대초원과 드넓은 광야와
위대한 강과 높은 산과
너의 여덟 바다로부터![60]

그런 다음 이어지는 연에서는 전대미문의 자기희생—즉 조국의 성스러운 모든 것을 품고 있는 수도에 스스로 불을 지르는 행위가 묘사됩니다.

불길이 하늘로 용솟음친다,
모스크바의 잔악한 화염이 포효한다.
황금 지붕의 성스러운 모스크바,
너는 파멸할 것인가? 러시아여 전진하라!
절멸의 풍랑은 더욱 거세졌구나!
더욱 용감하게 풍랑과 싸우자!
이는 구원의 제단,
이는 정화의 불길,
이는 불새의 화염!

이런 시를 읽고 그 누가 눈물을 흘리지 않을 수 있겠습니까? 그의 시는 지독한 도취와도 같습니다. 그러나 그 도취 속에서는 그를 높이 올려주는 고상한 힘이 감지됩니다. 그가 묘사하는 학생들의 주연은 만취와 방탕이 아닌 환희로 인한 것인데 그 환희는 힘을 지니고 있다는데서, 창창한 미래가 펼쳐 있다는 데서, 그리고 그 학생들이,

고상한 봉사를 위해

---

60) 이 구절과 다음에 이어서 인용되는 구절은 모두 야지코프의 시 〈다비도프에게〉(*D. V. Davydovu*) 중에서 인용한 것이다.

명예와 선의 영광을 위해[61]

질주한다는 데서 오는 것입니다.

그런데 불행하게도 이 도취는 도를 넘어섰고 시인 자신은 러시아의 많은 이가 그러하듯 자신의 미래에 대한 환희에 과도하게 축배를 들었고 그리하여 모든 것은 하나의 강렬한 충동에 그치고 말았습니다.

모든 이가 야지코프에게 시선을 모았습니다. 자신의 시를 통해 무언가 엄청난 일을 완수하겠다고 호언장담하는 이 새로운 시인한테서 사람들은 무언가 범상치 않은 것을 기대했습니다. 그러나 기대는 무산되었습니다. 몇 편의 시가 더 나왔습니다만 그것들은 동일한 내용을 좀더 미온적으로 반복한 것에 불과했습니다. 그런 다음 심한 질병이 시인을 덮쳤고 이는 그의 영혼에 반영되었습니다. 그의 마지막 시들에서는 이미 러시아의 영혼을 뒤흔들 만한 것은 아무것도 찾아 볼 수 없습니다. 독일의 도시들을 오가면서 느끼는 무료함, 여행에 관한 냉담한 단상, 끝없이 이어지는 한결같이 고통스러운 나날들 등만이 거기에서 발견됩니다. 러시아의 정신이란 측면에서 볼 때, 이 모든 것은 죽은 것입니다. 독자는 심지어 그의 마지막 시들이 갖는 비범한 세련미까지도 간과했습니다. 더욱 강력하게 변모한 언어가 그의 잘못을 입증하는 증거로 작용했습니다. 초라한 사상과 빈약한 내용 위에 덧씌워진 그의 언어는 마치 난쟁이의 허약한 신체에 입혀놓은 용사의 갑옷 같았습니다. 사람들은 심지어 야지코프에게는 사상이란 게 없다, 있는 것은 그저 공허하게 울리는 시구뿐이다, 그 작자는 아예 시인도 아니다, 등등의 말을 하기 시작했습니다. 모두들 그를 매도하며 투덜거렸습니다. 이러한 불만은 몇몇 잡지를 통해 아주 흉측

61) 이 구절과 똑같은 구절은 야지코프의 시 중에서 발견되지 않고 있다.

하게 울려퍼졌는데 그것의 근거만큼은 옳았습니다. 야지코프는 시인에 관해 말할 때 푸쉬킨처럼 말하지 않았습니다.

> 번잡한 세상사 위해서가 아니라
> 탐욕과 다툼을 위해서가 아니라
> 영감과 달콤한 음향과 기도를 위해서
> 우리는 태어났도다.

그의 시는 반대로 이렇게 말합니다.

> 지상에 주어진 천상의 선물
> 강렬한 사상의 빛과 열기
> 불을 뿜는 말—
> 이 공적을 위한 각오가 되어 있을 때
> 너는 세상으로 나가라, 세상은 시인의 말을 들을지니.[62]

이것이 이상적 시인에 관한 말이라 칩시다. 그렇지만 이 이상이란 것도 자기 본성에서 끄집어낸 게 아니겠습니까. 자신의 내면에 그런 원칙이 없었더라면 그런 식으로 시인의 모습을 제시하진 못했을 겁니다. 아니, 힘이 그를 버린 것도 아니고, 비평가들이 자신만만하게 선언했듯이 재능과 사상의 빈곤이 그의 마지막 시들을 공허하게 만든 것도 아니고, 질병도 원인이 아닌바(인간이 질병의 의미를 간파한다면 질병은 오히려 작업을 촉진시켜줍니다)—그를 제압한 것은 다른 것입니다. 사랑의 빛이 그의 영혼에서 꺼져버렸고 바로 그 때문에 시의 빛도 꺼져버린 것입니다. 그가 만일 영혼이 요구하고 영혼에 필요한

62) 야지코프의 시 〈시인에게〉(*Poetu*) 중의 한 구절이다.

것을 과거에 청춘의 도취를 사랑했던 것과 같은 정도로 사랑했더라면 그의 사상과 시는 순식간에 고양되어 불을 뿜는 말이 터져나왔을 것입니다. 지리멸렬한 투병생활을 묘사할 때도 독자로 하여금 자신의 강철 같은 힘이 잠에서 깨어나는 것을 느끼고 전율(戰慄)하게끔, 그리고 그걸 느끼게 해주는 질병에 대해 하느님께 감사하게끔 묘사했을 겁니다. 야지코프가 푸쉬킨 시의 전례를 따라 자신의 시를 다듬고 마무리 지은 것은 적절치 않았습니다. 그는 엘레지나 선집 시를 위해서가 아니라 찬미가와 송가를 위해 태어났고 모두들 그걸 알고 있었습니다. 그는 푸쉬킨이 아닌 데르자빈에게서 자신의 등불을 위한 불씨를 얻어왔어야 했던 것입니다. 그의 시는 그가 서정적 빛에 흠뻑 취해 있을 때에만 영혼 속으로 들어왔습니다. 그의 소재는 그가 평정 속에 안식을 취할 때가 아니라, 움직이고, 소리치고, 빛을 발할 때에만 살아났습니다. 시인들의 운명은 각기 다릅니다. 어떤 시인들은 삶에 대한 참된 거울이자 메아리가 될 운명을 타고났고 그것을 위해 그들에게는 다양한 묘사의 재능이 주어졌습니다. 다른 시인들은 고결하고 고상한 운동으로 사회를 이끄는 선구자가 될 운명을 타고났고 그것을 위해 그들에게는 서정적 재능이 주어졌습니다. 재능은 고상한 시선을 자신에게 돌리지 않을 때 상궤에서 벗어납니다. 그러나 섭리는 더 살갑게 인간을 돌봅니다. 섭리는 재난, 악, 그리고 질병으로써 인간을 제 스스로는 도달하지 못할 곳으로 끌고 갑니다. 야지코프의 리라에서는 이미 제 갈 길로 돌아서려는 시인의 열망이 감지됩니다. 그 증거로, 우리는 얼마 전에 〈지진〉이란 제목의 그의 시, 주코프스키가 우리의 가장 훌륭한 시라 칭했던 바로 그 시를 읽을 수 있었습니다.

푸쉬킨 시대의 시인들 중 눈길을 끄는 인물로 뱌젬스키[63] 공작이 있습니다. 비록 그는 푸쉬킨보다 훨씬 먼저 글을 쓰기 시작했지만 그가 작가로서 완전히 성숙한 것은 푸쉬킨 시대 때이므로 이 자리에서 언급하고자 합니다. 뱌젬스키 공작은 야지코프와 정반대입니다. 후자에게서 놀랄 만한 사상의 빈곤이 발견되는 그 만큼 전자에게서는 놀랄 만한 사상의 풍요가 발견되기 때문입니다. 그에게 시란 되는 대로 손에 잡히는 무기처럼 사용됩니다. 독자에게 사상의 가치를 보여주기 위해 그것을 잘 다듬고 응축시키는 일, 혹은 외관을 치장하는 일 따위는 없습니다. 그는 예술가가 아니므로 그런 일은 안중에도 없습니다. 그의 시는 즉흥시이지만 그런 정도의 즉흥시를 쓰려면 여러 가지 엄청난 재능과 엄청난 지성의 연마가 필요합니다. 그에게서는 범상치 않은 온갖 자질들이 넘쳐납니다. 지성, 기지, 일목요연함, 관찰력, 의표를 찌르는 능력, 감수성, 유쾌함, 심지어 우수까지도. 그의 모든 시는 모든 것이 다 합쳐진 알록달록한 파로 카드패와도 같습니다. 그는 타고난 시인은 아닙니다. 그에게 갖가지 능력을 부여한 운명은 덤이라도 주듯 시인의 재능까지 주어 그로부터 무언가 완벽한 존재를 빚어냈습니다. 그의 《폰비진 전기》에서는[64] 그가 가진 모든 재능의 풍요가 더욱 현저하게 드러났습니다. 거기서는 정치가, 철학자, 예리한 감정가이자 비평가, 긍정적인 관료, 심지어 능란한 행정가가 한꺼번에 감지됩니다. 한마디로 말해서, 가장 고상한 의미에서의 탁월한 역사가가 갖추어야 할 모든 자질이 거기 있습니다. 폰비진의 전기를 쓴 바로 그 펜으로 예카테리나 여제의 치세, 그러니까 이미 우리에게는 지나친 풍요로움으로 인해, 그리고 비범한 인물과 성

---

63) 뱌젬스키(P. A. Viazemskii, 1792-1878) : 시인, 비평가. 시민적 주제와 서정성을 절묘하게 결합시킨 여러 편의 시를 남겼다. 푸쉬킨과 주고받은 편지는 뛰어난 문체와 예술적 감각으로 유명하다.

64) 뱌젬스키가 쓴 폰비진의 전기 《폰비진》(*Fonvizin*)은 1848년에 출간되었다. 문맥에 미루어 고골은 그 책이 출간되기 이전에 이미 내용을 알고 있었던 것으로 사료된다.

격들의 비범한 충돌로 인해 환상적으로 여겨지는 그 치세가 씌어졌더라면 유럽에서도 찾아보기 어려운 위대한 역사저술이 되었을 것입니다. 그러나 대작과 역작의 부재야말로 뱌젬스키 공작의 약점으로 이는 그의 시 자체에서 느낄 수 있습니다. 거기에서는 부분들간의 조화로운 내적 일치의 부재와 부조화가 감지됩니다. 말과 말은 엇나가고, 시구와 시구는 어울리지 않으며 그 어떤 시인도 쓸 수 없는 강력하고 굳건한 시구 바로 옆에는 그것과는 전혀 닮지 않은 엉뚱한 시구가 나란히 자리합니다. 그는 갑자기 가슴에서 터져 나오는 생생한 표현으로 심장을 조이는 듯하다가도 불쑥 소재와는 전혀 어울리지 않는 생경한 소리로써 거기에 찬물을 끼얹곤 합니다. 스스로에 대한 집중력이나 자신만의 활력으로 가득 찬 생명력 같은 것이 느껴지지 않습니다. 모든 것의 맨 밑바닥에서는 억눌리고 암울한 무언가가 느껴집니다. 다양한 능력을 타고났지만, 그 능력 하나하나에 해당되는 업적을 창출하지 못한 인간의 운명은 가장 비참한 인간의 운명보다도 가혹합니다. 모든 사람으로 하여금 스스로를 돌아보게 하고 스스로에게로 돌아가게 해주는 노작만이 우리의 구원자입니다. 시인의 말처럼, 오로지 그런 노작 안에서만 다음과 같은 일이 가능합니다.

영혼은 올곧고 의지는 굳건할 때
우리 자신의 숙명은
더욱 분명하게 결정된다네.65)

우리의 시가 모든 시대 모든 민족의 시인들로부터 자양분을 취하면서, 모든 시의 나라의 음향을 향유하면서, 모든 음조와 화성을 맛보

65) 뱌젬스키의 시 〈불프와 튜체프와 셰펠료프에게〉(*K Vul'fu, Tiutchevu, i Shepelevu*) 중의 한 구절.

아가면서, 자신의 독창적인 행로를 부지런히 나아가고 있을 때 한 사람의 시인만이 한 끝에 뒤처져 있었습니다. 가장 하찮고 가장 좁다란 길을 선택한 그는 마치 굳건한 참나무가 처음에 자신을 뒤덮었던 관목보다 훌쩍 크게 자라나듯 다른 시인을 앞지를 때까지 거의 아무런 소리도 내지 않고 자기 길을 걸어갔습니다. 그 시인은 바로 크릴로프입니다. 그가 선택한 형식은 모든 사람들이 낡고 쓸모없는 것이라고, 어린아이들의 장난감이나 마찬가지라고 경멸하고 있던 우화였지만 바로 그 우화를 통해 그는 민족 시인으로 부상했습니다. 우리 러시아의 강력한 두뇌라 할 수 있는 우화는 우리네 속담의 지혜와 이웃하는 기지(機智), 러시아인을 강하게 해주는 기지, 귀결의 기지, 이른바 뒷전의 기지를 포함합니다. 속담은 사실에 관해 미리 주어진 의견이나 제안이 아니라, 이미 사실을 향해 내려진 결론, 엑기스, 완전히 발효하여 완결된 사건의 앙금, 다각도에서 최종적으로 발췌된 사건의 정수입니다. 이는 격언에 표현되어 있습니다. "말만으로 속담이 되는 건 아니다." 이러한 뒷전의 기지, 혹은 최종적 결론의 기지, 즉 다른 어느 나라 사람들보다 러시아인에게 특별히 부여된 기지 덕분에 우리의 속담은 모든 다른 민중들의 속담보다 더 의미심장합니다. 사상의 완전성은 차치하고서라도 이미지를 통한 표현 자체가 이미 우리 민족의 많은 자질들을 반영합니다. 그 표현에는 모든 것이 들어있습니다. 조롱, 야유, 질책 — 한마디로, 의표를 찌르고 뒤흔들어 놓는 모든 것이 있습니다. 마치 백 개의 눈을 가진 거인 아르구스처럼 속담 하나하나는 인간을 주시합니다. 푸쉬킨에서 수보로프 장군, 표트르 대제에 이르기까지 모든 위인들이 우리의 속담에 경의를 표했습니다. 속담에 대한 경의는 무수한 격언을 통해 표현된 바 있습니다. "속담을 말하는 데는 다 이유가 있는 법" 혹은 "속담은 절대로 무너지지 않는 법" 등입니다. 주지의 사실이지만, 우리가 절묘하게 선별된 속담으로 연설을 마무리 지을 수 있다면, 그 자체로는 민중이 알아듣기 어려운 연설이라도 즉시 민중에게 다가갈 수 있습니다.

크릴로프의 의미는 여기에 기원합니다. 그의 우화는 전혀 어린이를 위한 것이 아닙니다. 그를 가리켜 라퐁텐, 드미트리예프, 헴니체르, 그리고 마지막으로 이즈마일로프와[66] 같은 의미에서의 우화작가라 부르는 사람들은 큰 실수를 범하는 것입니다. 그의 우화는 민족의 자산이자 민중 자신의 지혜를 모은 책이라 할 수 있습니다. 그의 작품에 나오는 동물은 너무도 러시아적으로 생각하고 행동합니다. 그들 사이에서 벌어지는 책략은 러시아 산(産)의 책략과 풍습의 냄새를 풍깁니다. 그의 작품에서는 여우, 곰, 늑대뿐 아니라 심지어 냄비까지도 살아있는 것처럼 보일 정도로 의인화가 박진(迫眞)하게 이루어져 있는데, 동물들은 그러한 인간적 특성뿐 아니라 러시아적 성격까지 보여줍니다. 이를테면, 그의 당나귀는 그 성격이 너무도 강하게 굳어져서 녀석이 어떤 우화에서건 귀를 쫑긋이 내밀기만 하면 독자는 미리 "아하, 크릴로프의 당나귀로구나"라고 소리를 지를 정도인데, 그 당나귀까지도 외국의 풍토에 속하는 동물임에도 불구하고 그의 우화에서는 러시아 사람처럼 등장합니다. 몇 년 동안 타인의 채소밭을 떠돌며 도둑질을 하던 그 녀석은 주인이 목에 방울을 매달자 자기의 모든 도둑질과 깡패짓이 백일하에 드러나 사방에서 옆구리를 얻어맞게 될 거라는 생각은 미처 못하고 갑자기 지위욕에 불타 훈장을 원하고 우쭐대기 시작합니다. 너무나 러시아적이지요. 한마디로 말해서 크릴로프의 내부에는 어디에나 러시아가 있고 어디에서나 러시아의 냄새가 납니다. 더욱이 그의 모든 우화는 역사적 기원을 갖습니다. 동시대 사건에 대한 외관상의 무관심과 느긋함에도 불구하고 시인은

---

66) 이즈마일로프(A. E. Izmailov, 1779~1831): 우화작가, 저널리스트, 소설가. 여러 편의 참신한 우화와 소설을 남겼으며 잡지를 출간하기도 했다.

제국 내에서 일어나는 모든 사건을 예의 주시했습니다. 그는 모든 일에 목청을 높였는데, 그 목소리 속에서는 현명한 중용, 요컨대 러시아의 지성이 절대적인 완벽함에 도달했을 때 획득하는 힘이라 할 수 있는 저 중재재판의 위력이 느껴졌습니다. 그는 고르고 고른 강력한 말로써 단번에 사태를 규정짓고 그 진정한 본질이 어디에 있는지 지적해주었습니다. 일부 지나치게 호전적인 사람들이 국가 내의 모든 것은 군대의 힘에 기초해야 하며 오로지 거기에만 구원이 있다고 확신하기 시작했을 때, 그리고 행정 각료들은 반대로 오로지 일부 인간들이 군인의 의무를 그저 견장이나 금장 나부랭이로 축소해버렸다는 이유에서 군사적인 모든 것을 조롱하기 시작했을 때, 그는 대포와 돛의 유명한 싸움을 소재로 한 다음과 같은 놀라운 사행시를 써서 양측 모두를 각자의 합당한 영역으로 인도하였습니다.

> 모든 국권은 나라 안의 부서가
> 지혜롭게 구성될 때 강력한 법
> 무기로는 적을 위협할 수 있지만
> 돛에는 시민의 권력이 있구나.[67]

얼마나 정확한 지적인가요! 대포 없이는 방어를 할 수 없지만 돛이 없으면 도저히 나아갈 수가 없습니다. 또 일부 선의의, 그러나 근시안적 고위관리들이 패기만만하고 영리한 사람들에 대해 오로지 그들 중 일부가 과거 한때 말썽꾸러기였으며 무분별한 행동에 연루됐었다는 이유에서[68] 그들을 경계해야 할 뿐 아니라 아예 관직에서 제외시켜야 한다는 괴상한 의견을 고수하였을 때 그는 그 못지않게 훌륭한

---

67) 크릴로프의 우화 〈대포와 돛〉(*Pushki i parusa*)을 잘못 인용한 것임.

68) 귀족출신의 장교들이 데카브리스트 봉기를 일으켰다는 사실을 일컫는다.

우화 〈두 개의 면도칼〉을[69] 써서 "지혜로운 사람들은 경계하고 바보들은 기꺼이 가까이 하는" 고위관리들을 공정하게 질타했습니다.

특히 돋보이는 것은 그가 언제나 지성을 옹호하고 있다는 사실, 그리고 똑똑한 사람을 무시하지 말고 그와 상종하는 법을 터득하라고 요구하고 있다는 사실입니다. 이는 우화 〈가수들의 합창〉에 반영되어 있는데 그것은 다음과 같은 말로 끝납니다. "술이라면 얼마든지 마셔도 좋지만 제 할 일은 해야지!" 그가 이런 말을 한 것은 음주를 찬양하기 위해서가 아니라 일부 인간들이 전문가들 대신 근본이 의심스러운 족속들을 모아놓고는 전문적 기술은 모르지만 올바른 행동은 잘 안다고 지껄여대면서 오히려 그걸 자랑하는 모습에 그만 넌덜머리가 났기 때문입니다. 현명한 인간과는 무어든 할 수 있고, 또 알아듣게 이야기할 수만 있다면 그를 수월하게 선행으로 인도할 수 있지만, 바보는 무슨 얘길 해도 현명하게 만들 수 없다는 걸 그는 알고 있었습니다. "도둑이 차라리 바보보다 낫다"라고[70] 우리의 속담도 말하고 있습니다. 그러나 그는 우화 〈고인 못〉에서[71] 똑똑한 사람이 자신의 능력을 잠재우고 있는 데 대해 강력하게 질타하고, 또 〈심술궂은 여자와 거짓말쟁이〉에서는[72] 똑똑한 사람의 방탕하고 사악한 성향을 엄격하게 꾸짖음으로써 현명한 인간들에게도 따끔하게 경종을 울린 바 있습니다. 일반적으로 말해서 그는 중차대한 현안들에 관심을 기울였습니다. 그의 책에는 모든 이를 향한 교훈, 황제를 위시한 국가의 모든 계급을 향한 교훈이 들어 있는데, 그는 황제께 이렇게 말합

69) 원제는 〈두 개의 면도칼〉이 아니라 〈면도칼〉(*Britvy*)이다.

70) 원문에 인용된 속담을 직역하면 "도둑은 바다에 있고 바보는 김빠진 우유 속에 있다"가 된다.

71) 정확한 제목은 〈연못과 강〉(*Prud i reka*)이다.

72) 정확한 제목은 〈거짓말쟁이와 도둑〉(*Sochinitel' i razboinik*)이다.

니다.

> 나라님이 백성을 다스리길 원하는가? 그렇다면
> 재갈을 물리되 강제로 뚫어넣지 말고 강력한 손으로 할 것 — 73)

그리고 말단에서 일하는 보잘것없는 일꾼에게는 그의 고상한 숙명이 어떤 것인지를 겸허한 꿀벌의 이미지를 통해 보여줍니다.

> 모든 노동에 대해, 모든 잃어버린 휴식에 대해서
> 영광도 존경도 바라지 않고
> 숨겨진 모욕 속에서
> 공익을 위해 일한다는
> 일념으로 사는 자는 훌륭하도다. 74)

이 구절은 크릴로프 자신의 영혼이 얼마나 고상했는가에 대한 영원한 증거로 남을 겁니다. 시인들 중 그 누구도 크릴로프만큼 자신의 생각을 분명하게 제시하고 알아듣기 쉽게 표현하지 못했습니다. 시인과 현자가 그에게서 하나로 합쳐졌습니다. 그에게는 매혹적이거나 위협적이거나 혹은 심지어 지저분한 자연의 묘사에서부터 허심탄회한 대화의 아주 사소한 뉘앙스를 전달하는 데 이르기까지 모든 것이 그림같이 생생합니다. 너무도 적절한 표현, 너무도 타당한 소재의 선택, 그리고 너무도 탄탄한 의인화 때문에 크릴로프식 펜의 성격이 무엇인지 꼭 집어 정의하기가 어려울 정도입니다. 그의 문체는 도통 파악이 안 됩니다. 또 사물은 마치 언어의 옷을 벗어버린 듯, 저절로,

---

73) 크릴로프의 시 중에서 이러한 구절은 발견되지 않는다. 고골의 착각인 것 같다.
74) 우화 〈독수리와 꿀벌〉(*Orel i pchela*) 중의 한 구절이다.

자연 그대로 눈앞에 등장합니다. 그의 시구 또한 가늠할 수가 없습니다. 그 특성을 어떤 식으로든 규정짓는다는 것은 불가능합니다. 시구는 경쾌한가? 가벼운가? 무거운가? 소재가 경쾌할 때 시구도 경쾌합니다. 소재가 움직일 때 시구도 움직입니다. 사상이 무거울 때는 시구도 무거워집니다. 멍청이의 경박한 수다에 자리를 내줄 때는 시구도 불현듯 가벼워집니다. 그의 언어는 사상에 고분고분 복종하면서 때론 기다란 6보격 운율(韻律)로 때론 짤막한 단보격 운율로 파리처럼 날아다닙니다. 그의 언어는 치밀하게 계산된 음절로써 가장 표현하기 어려운 내면의 미를 아주 선명하게 제시합니다. 〈두 개의 나무통〉이라는 우화의 장엄한 말미는 이 점을 예시해 줍니다.

위대한 인물은 오로지 업적을 통해서만 나타나니
그는 침묵하는 가운데
깊고 깊은 상념에 잠긴다.

여기서는 단어의 배치 자체가 자아를 성찰하는 인간의 위대함을 보여줍니다.

크릴로프를 통해 우리는 순식간에 우리 시의 또 다른 측면인 풍자시로 넘어갈 수 있었습니다. 우리는 모두 엄청난 아이러니를 담보하고 있습니다. 그것은 우리의 속담과 노래에서 엿보이는데, 특히 무엇보다도 놀라운 것은 외관상 심각한 고통이 만연해 있는 상황에서도 그걸 느낄 수 있다는 점입니다. 이 독특하게 심오한 아이러니는 아직 완전히 개발되지 않은바, 이는 우리가 온갖 유럽식의 자양분을 섭취하며 성장하는 바람에 자신의 뿌리에서 단절되어버렸기 때문입니다. 그렇지만 아이러니에 대한 지향은 다른 형태로나마 유지되었습니다. 무엇인가에 대해 진정 경의를 표할 수 있는 능력과 무엇인가를 진정으로 비웃을 수 있는 능력이 결합되지 않은 러시아인은 찾아보기 어렵습니다. 우리의 모든 시인들은 이러한 자질을 간직하고 있습니다. 데르자빈은 자기가 쓴 송시의 반 수 이상에 그것을 강력한 소금처럼 흩뿌려 놓았습니다. 그것은 푸쉬킨에게도, 크릴로프에게도, 뱌젬스키 공작에게도 있으며 심지어 부드럽고 우수에 찬 성격을 지닌 시인에게서도 발견됩니다. 예컨대, 카프니스트, 주코프스키, 카람진, 돌고루키[75] 공작에게서도 감지되는바, 그것은 우리 모두의 공통적 특성인 것입니다. 그러니 우리나라에서 고유의 풍자작가가 생겨난 것은 너무도 당연한 일입니다. 로모노소프가 고상한 서정적 음계에 자신의 리라를 조율하고 있을 당시 이미 칸테미르[76] 공작은 풍자를 위한 양식을 발견하여 신생 사회의 어리석음에 채찍을 가했습니다. 우리나라에서는 여러 다양한 시기에 무수한 풍자, 경구, 유명한 작품들을 우스꽝스럽게 뒤집는 개작들, 온갖 종류의 신랄하고 심술궂은 패러디 등이 나타났는데 그것들은 엄청난 위력에도 불구하고 아마 언제까지나 원고의 형태로 남아있을 것입니다. 여기서 우리는 고르차코프[77] 공작의 패러디, 보에이코프가[78] 쓴 문인들에 대한 풍자 《광인의 집》, 그리고 유베날리스의[79] 담즙과 모종의 각별하게 슬라브적

---

75) 돌고루키(I. M. Dolgorukii, 1764~1823) : 모스크바의 건설자 유리 돌고루키를 선조로 하는 오랜 귀족가문 출신의 시인. 섬세한 서정성에 풍자를 결합시킨 시와 드라마로 유명하다.

76) 칸테미르(A. D. Kantemir, 1704~1744) : 풍자시인. 그의 풍자시는 운율에 있어 러시아 작시법의 발달에 크게 기여했다.

77) 고르차코프(D. P. Gorchakov, 1758~1824) : 풍자시인. 극작가. 대표작으로는 모스크바 극장에서 상연되어 큰 인기를 끌었던 《바바 야가》(*Baba-Iaga*)가 있다.

78) 보에이코프(A. F. Voeikov, 1779~1839) : 시인. 번역가. 저널리스트. 당대의 작가 및 저명인사들에 대한 일련의 풍자적 초상화로 이루어진 《광인의 집》(*Dom sumasshedshikh*)으로 대중적 인기를 누렸다.

선량함이 결합된, 미하일 드미트리예프의 재능 있는 패러디를 상기할 필요가 있습니다. 그러나 풍자는 곧 보다 포괄적 터전을 요구하면서 드라마로 옮겨갔습니다. 우리네 연극은 다른 나라에서와 마찬가지로 처음에는 모방으로 시작했습니다. 그런 다음에는 독창적 특성들이 움트기 시작했습니다. 비극은 다른 데서 차용해온 시대라는 조건 하에서 인간의 무지와 도덕적인 힘을 묘사했습니다. 희극은 인간의 영혼에 대한 시선은 배제한 채 사회의 우스꽝스러운 측면을 조롱했습니다. 오제로프,[80] 크냐주닌,[81] 카프니스트, 샤호프스키[82] 공작, 호멜니츠키,[83] 자고스킨,[84] 피사레프[85] 등의 이름이 존경과 함께 기억됩니다. 그러나 이 모든 것은 두 편의 찬란한 작품 앞에서 핏기를 잃었습니다. 즉, 뱌젬스키 공작이 매우 재치 있게도 두 편의 현대적 비극이라 부른 바 있는 폰비진의[86] 희극 《미성년》과 그리보예

---

79) 유베날리스(D. J. Juvenalis, 60~127): 고대 로마의 풍자시인. 강력하고 노골적인 풍자로 유명하다.

80) 오제로프(V. Ozerov, 1770~1816): 감상주의적 비극으로 유명한 극작가. 그의 《드미트리 돈스코이》(*Dmitrii Donskoi*)는 나폴레옹 전쟁 당시인 1807년에 상연되어 큰 호응을 얻었다.

81) 크냐주닌(Ia. Kniazhnin, 1742~1791): 극작가. 시인. 희극과 비극 모두에서 탁월한 극작가적 재능을 보여주었다. 대표작으로 《노브고로드의 바딤》(*Vadim Novgorodskii*)이 있다.

82) 샤호프스키(A. A. Shakhovskii, 1777~1846): 극작가. 희극을 주로 썼다.

83) 흐멜니츠키(N. I. Khmelnitskii, 1789~1846): 극작가. 주로 가벼운 보더빌을 썼다.

84) 자고스킨(M. N. Zagoskin, 1789~1852): 극작가. 소설가. 게으름뱅이 지주를 주인공으로 하는 일련의 희극으로 성공을 거둔 뒤 무수한 역사소설을 발표했다.

85) 피사레프(A. I. Pisarev, 1803~1828): 극작가. 주로 가벼운 보더빌을 썼다.

86) 폰비진(D. I. Fonvizin, 1745~1792): 극작가. 18세기 러시아의 귀족 계층을 풍자한 일련의 작품으로 유명하다. 당대 제일의 극작가로 평가된다. 대표작 《미성년》(*Nedorosl'*)은 지주들의 탐욕과 무지와 악덕을 적나라하게 폭로함으

도프의[87] 희극 《지혜의 슬픔》이 그것입니다. 이 두 작품이 제공하는 것은 이미 사회의 우스꽝스러운 측면에 대한 가벼운 조롱이 아니라 우리 사회의 상처와 질병, 내적인 끔찍한 부조리이며 그것들은 가차 없는 아이러니의 힘을 빌려 섬뜩할 정도로 분명하게 그려집니다. 두 편의 희극은 두 가지 다른 시대를 배경으로 합니다. 한편은 계몽의 부재에서 오는 질병을 꼬집었고 다른 한편은 잘못 이해된 계몽에서 오는 질병을 꼬집었습니다.

폰비진의 희극은 러시아의 산간벽촌을 배경으로 장기간의 무감각하고 고질적인 정체에서 비롯된 인간의 야만적이고 짐승 같은 행태를 질타합니다. 야만성의 완고한 껍질은 너무나도 무시무시하게 제시되어 그 작품 속에서는 러시아인을 알아보기가 거의 어려울 지경입니다. 농부들이고 남편이고, 좌우간 자기 아들을 제외한 모든 이를 괴롭히는 사악한 프로스타코바, 저 폭정의 화신 같은 존재 속에서 과연 그 누가 러시아적 무언가를 발견할 수 있겠습니까? 그렇지만 또 다른 한편으로는 프랑스나 영국 같은 다른 나라에서는 그런 존재가 생겨날 수 없었을 거라는 느낌이 들기도 합니다. 자식에 대한 맹목적 사랑은 강렬한 러시아식 사랑이라 할 수 있는데, 그것은 존엄성을 상실한 인간 속에서 그토록 뒤틀린 형태로, 폭정과 결합된 그토록 기이한 형태로 표현되어 있어 그녀가 자기 자식을 사랑하면 할수록 아들이 아닌 모든 것에 대한 증오는 점점 더 커지는 것입니다. 다음으로 스코티닌이란 인물을 보자면, 그는 야만성의 또 다른 전형입니다. 운명적으로

로써 러시아 사실주의 풍자극의 새로운 지평을 열었다.

87) 그리보예도프(A. S. Griboedov, 1795~1829) : 극작가. 외교관. 페르시아 공사로 재임 중에 반러 폭동에 희생되어 사망했다. 대표작 《지혜의 슬픔》(*Gore ot uma*)은 19세기 초 러시아 귀족계급에서 벌어지는 신구세력간의 투쟁을 날카롭게 풍자한 작품으로 감상주의와 낭만주의 연극에서 탈피하여 사실주의 연극의 새로운 지평을 열었다고 평가받는다.

강렬하고 불 같은 정열은 손톱만큼도 타고나지 못한 그의 미련한 성격은 보다 평화롭고 그 나름대로는 예술적이라 할 수 있는 사랑, 그러니까 인간 대신 짐승에 대한 사랑으로 변질되었습니다. 요컨대 그에게 있어 돼지들은 미술 애호가에게 있어서의 화랑과도 같았던 것입니다. 그 다음으로 프로스타코바의 남편이 있는데, 그나마 남아있는 유약한 힘마저 마누라의 등살에 짓밟히는 저 불행하고 비참한 존재는 모든 것의 완전한 마비를 상징합니다! 마지막으로, 미트로판 자신을 놓고 보자면, 그의 성격에는 그 어떤 사악함도 없고, 남을 힘들게 하려는 그 어떤 의도도 없지만, 비위 맞추기와 응석 받아주기 덕분에 그는 부지불식간에 자기를 무지무지 사랑하는 사람들, 즉 모친과 유모를 비롯한 모든 사람들의 폭군이 되어 그들을 학대하는 걸 무슨 쾌락처럼 즐기게 되었습니다. 한마디로, 이 모든 인물들은 이미 러시아인이라 하기 어렵습니다. 예레메예브나와 퇴역 군인은 예외겠지만, 좌우간 그들에게서는 일말의 러시아적 자질도 찾아보기 어렵습니다. 끔찍한 일이지만, 그들에게는 교회도 영향력을 행사할 수 없고, 옛 시절의 관습도 — 무용지물의 관습만 지켜지고 있는 판국이므로 — 영향력을 행사할 수 없기 때문에 오로지 강철의 법만이 들어설 여지가 있습니다. 이 희극의 모든 것은 러시아적인 것에 대한 괴물 같은 캐리커처처럼 보입니다. 그렇지만 다른 한편으로 그 어떤 것도 캐리커처는 아닙니다. 모든 것이 실제의 삶에서 생생하게 포착되었고 영혼에 대한 지식에 의해 검증되었기 때문입니다. 그건 오로지 러시아 민족만이 획득할 수 있는 야만성의 고질적이고 끔찍한 이상입니다.

그리보예도프의 희극은 다른 사회와 시대를 배경으로 하여 잘못 이해된 계몽과 본말의 전도에서 오는 질병, 한마디로, 러시아 사람을 러시아인도 아니고 유럽인도 아닌 존재로 만드는 두서없는 관습의 혼합물, 즉 우리의 유럽식 교육이 갖는 돈키호테적 측면을 다루고 있습니다. 파무소프라는 인물의 유형은 프로스타코바의 경우처럼 심오하게 포착되고 있습니다. 프로스타코바가 나이브하게 자신의 무지를 자랑하듯이 그는 자신과 자신이 속한 계급 전체의 어설픈 교양을 자랑합니다. 그는 모스크바의 아가씨들은 최고 음을 노래할 수 있다고, 한마디 할 때마다 예쁜 척하는 표정을 짓는다고 떠벌립니다. 자기 집문은 초대받은 이와 초대받지 않은 이를 포함한 모든 이들에게, 특히 외국인들을 위해 열려 있다고, 자기의 사무실은 아무것도 하지 않는 친척들로 들어차 있다고 자랑합니다. 그는 예의 바르고 단정한 인간이자, 한량이자, 윤리 서적의 독서가이자 사흘 동안 소화가 안 될 정도로 잘 먹어 대는 식도락가이기도 합니다. 그는 자기와 비슷한 노인들과 함께 있을 때면 심지어 자유사상가가 되기도 하지만 다른 한편으로는 젊은 자유사상가들이 두 수도[88]의 사정거리에 들어오는 것조차 참을 수 없어 하며, 그들이 자기 사회의 고착된 사교계 관습에 복종하지 않으면 이름까지 거명해가며 욕을 해댑니다. 본질적으로 그는 저 산화(酸化)된 인물들 중 하나인데, 그들은 그 모든 '사교계의 예의'에도 불구하고 아무것도 남긴 것이 없으며, 그들이 수도에 살면서 관리로 봉직하는 것은 다른 사람들이 야만적인 시골에 살면서 아무런 관직에도 오르지 않는 것만큼이나 사회에 해를 끼칩니다. 그들은 첫째, 자신의 영지를 통해 해를 끼치는바, 요컨대 영지를 고용인과 관리인의 손에 넘겨버리고 무도회니 거창한 만찬이니 일반 식사니 하는 데 필요한 비용이나 청구함으로써 지주와 농부를 이어주는 진정 합당한 연결고리를 끊어버렸습니다. 둘째, 그들은 관직을 통해 해를 끼치는바, 요컨대 빈둥거리는 친척들한테만 일자리를 제공함으로써 국가의 진정한 일꾼을 말살하고 성실한 사람들의 봉사의지를 꺾어버

---

88) 여기서 두 수도란 페테르부르크와 모스크바를 가리킨다.

렸습니다. 마지막이자 세 번째로, 그들은 이중적 생활을 통해 국가의 정신에 해를 끼치는바, 요컨대 황제에 대한 열의와 충성의 가면을 쓴 채 젊은이들에게 거짓 도덕을 요구하면서도 다른 한편으로는 방탕한 짓을 저지름으로써 젊은이들한테 노년이나 공훈에 대한 경멸과 분노를 촉발시키고 그들을 유약하고 극단적인 사람들이 빠져들기 쉬운 자유사상으로 쏠리게 만들었습니다. 그 못지않게 놀라운 또 다른 유형이 있는데, 그는 악명 높은 파렴치한 자고레츠키입니다. 그는 사방에서 욕을 먹으면서도 놀랍게도 어디서나 환영받는 거짓말쟁이에 사기꾼으로, 조금이라도 중요한 세력가한테는 그가 사족을 못 쓰는 무언가를 제공해서 만족을 주는 데 선수이며, 필요한 경우에는 기꺼이 애국자에 도덕의 용사가 될 수도 있고, 이 세상에 존재하는 모든 책들을, 심지어 우화까지 — 작가가 사자니 독수리니 하는 것들을 영원히 조롱했다고 해서 — 다 불태워버릴 수도 있고, 또 그럼으로써 자기가 아무것도, 심지어 가장 수치스러운 비난까지도 두려워하지 않는다는 것을 과시하지만, 악마가 십자가를 두려워하듯 조롱만큼은 두려워하는 인간입니다. 그 못지않게 놀라운 세 번째 유형은 어리석은 자유주의자, 온갖 허황된 생각의 기사, 레페틸로프입니다. 그는 철두철미한 멍청이로, 야간 회합을 찾아 헤매다가 자기는 한마디도 알아들을 수 없고 또 한마디도 끼어들 수 없는 주제에 관해 시끄럽게 떠들어대는 어떤 회합에 받아들여지면 무슨 횡재라도 한 듯 기뻐 날뛰면서 그 회합의 헛소리를 감동 깊게 경청하다가 드디어 자기한테 진정한 길이 열렸다고, 무슨 사회적인 과업이 진정 주어졌다고, 그 사회적인 과업은 아직 무르익지는 않았지만 그것에 대해 좀더 떠들어 대고 좀더 자주 밤마다 모이고 좀더 격하게 논쟁을 벌이면 무르익게 되리라고 확신합니다. 그 못지않게 놀라운 네 번째 유형은 멍청한 현역 군인 스칼로주브로 그는 군복무란 오로지 제복의 차이를 파악하는 능력에 있다고 이해하고 있으며 그러면서도 계급에 대해 나름대로 무슨 철학적인 자유주의적 견해를 견지하고 있어 계급이란 장군직에 이르는 불가피한 운하일 뿐이며 일단 거기 도달하면 다른 것은 어떻게 되든 상관없다고 공공연하게 떠들어댑니다. 그는 그 밖의 다른 사회적 불안은 안중에도 없으며 시대상황 같은 것에 골머리를 썩히는 일도 없습니다. 그는 이 세상에 볼테르식의 상사만 주어진다면 세상은 잠잠해질 거라고 진심으로 확신합니다. 그 못지않게 놀라운 유형으로 흘료스토바 노파가 있는데, 그녀는 두 시대의 범속함이 뒤섞여있는 비참한 인물로, 구시대의 범속성만을 물려받아 젊은 세대한테 공경을 요구하고, 자기가 무시하는 사람들에게 존경을 요구하며, 자기한테 제대로 대하지 않는 사람은 누구나 다 큰소리로 꾸짖고, 그 어떤 것에도 사랑이나 존경은 없으면서 흑인 노예나 발바리나 몰찰린 같은 인간들을 싸고도는, 한마디로 말해서 가장 완전한 의미에서의 쓰레기라 할 수 있는 노파입니다. 몰찰린 역시 놀라운 유형입니다. 말수가 적고 비굴하며 사람들 사이로 은근슬쩍 파고드는 인물, 차츠키의 표현을 빌려 말하자면 미래의 자고레츠키라 할 수 있는 이 인물 역시 정확하게 포착되어 있습니다. 어떤 의견이나 법칙이나 사상의 합당한 의미를 제 마음대로 왜곡함으로써 그것들을 풍자하는 이러한 사회적 괴물의 무리는 정반대되는 다른 극단을 불러일으킬 수밖에 없는데 이는 차츠키에게서 여실히 드러납니다. 그들 모두에 대한 실망과 정당한 분노 때문에 차츠키는 방자한 인간으로 변모하지만 그러한 변모와 지나친 언설로 인해 자기 자신도 참을 수 없이 우스꽝스러운 인물이 된다는 사실을 알아채지 못합니다. 그리보예도프의 모든 인물들은 폰비진의 인물들이 무지의 자식이듯이 어설픈 계몽의 자식이며, 러시아의 괴물들이며, 새로운 경향이 발효되는 와중에 생겨난 일시적이고 덧없는 족속들입니다. 그들 중 어느 누구도 진짜 러시아적 유형은 아닙니다. 아무도 러시아 시민의 느낌을 전달해 주지 않습니다. 그렇기 때문에 관객은 그럼 도대체 러시아인은 어떠해야 하는 걸까 하고 아리송해 합니다. 외관상 전범으로 채택된 인물까지도, 즉 차츠키 자신까지도, 무언가 되고자 하는 열망에 들떠 우리 사회의 경멸스럽고 추잡한 단면에 울화통을 터뜨릴 뿐 스스로 사회에 대한 전범은 되어 주지 못합니다.

이 두 희극은 모두 연극적 조건을 제대로 만족시키지 못하고 있습니다. 그 점에서라면 하찮은 프랑스 희곡보다도 떨어집니다. 줄거리도 허술하고 결말도 지리멸렬합니다. 두 작가 모두 줄거리에는 별반 신경을 쓰지 않는 것처럼 여겨지는데 그건 아마도 그들이 줄거리를 인물들의 등장과 퇴장 정도로만 생각해 그걸 너머 다른 좀더 고상한 내용을 보고자 했기 때문에 그런 것 같습니다. 부차적 인물들의 필요성 또한 주인공과의 관계 속에서 계산된 것이 아니라 무대 위의 그들이 얼마나 저자의 사상을 완성시켜주고 분명히 전달하는가에 의거해서, 즉 풍자 전체의 총체적 특성을 얼마나 잘 그려내는가에 의거해서 계산되었습니다. 반대의 경우였다면, 요컨대 드라마 일반에 있어 필수적인 이러한 조건들을 만족시켰더라면, 또 그토록 정확하고 깊이 있게 그려진 각 인물들을 대화가 아닌 생생한 행동을 통해 관객 앞에 내세웠다면, 그 두 작품은 러시아 천재들의 회심작으로 간주되었을 것입니다. 그렇지만 아직까지도 그것들은 진정한 사회 희극이라 불릴 수 있는데 제가 아는 한 그 어떤 나라에서도 희극에 그와 유사한 별칭이 붙은 적이 없습니다. 고대 그리스인들에게서는 사회 희극의 흔적을 찾아볼 수 있습니다. 그러나 아리스토파네스는[89] 개인적 성

89) 아리스토파네스(Aristophanes, BC 450~BC 388) : 고대 그리스 시인. 희극작가. 기발한 소재와 말장난으로 관객에게 웃음을 제공하였다. 《구름》에서 소크라테스를 조롱했다.

향에 이끌려 어떤 특정 인물의 악행을 공격했으되, 항상 진실을 고려하지는 않았습니다. 이에 대한 증거로 그가 감히 소크라테스를 조롱했다는 사실을 들 수 있습니다. 우리들의 희극작가들은 개인적 동기가 아닌 사회적 동기에서 움직였으며, 한 인간에 반대해서 저항한 것이 아니라 부조리 전체에 대항해서, 사회 전체를 옳은 길에서 벗어나게 하는 모든 것들에 대항해서 저항했습니다. 그들은 사회를 자기의 몸으로 만들었습니다. 그들의 조롱이 갖는 위력은 서정적인 분노의 불길로 가차없이 타올랐습니다. 그건 표트르 대제가 러시아에 도입한 바로 저 빛과 어둠의 투쟁, 러시아의 모든 고결한 인간들을 부지불식간에 빛의 전사로 만들어 주는 투쟁의 연장이었습니다. 두 편의 희극은 결코 예술작품이 아니며 저자의 환상이 빚어낸 작품도 아닙니다. 우리 조국의 분란과 갈등은 무시무시한 정화의 형태로 제 풀에 드러나기 위해 우선 엄청나게 누적될 필요가 있었습니다. 바로 그런 이유 때문에 그 두 희극의 뒤를 잇는 작품이 우리 문학사에 안 나타났던 것이며 아마 앞으로도 한동안은 나타나지 않을 것입니다.

푸쉬킨의 죽음과 더불어 우리 시의 전진은 중단되었습니다. 그렇지만 시의 정신이 꺼져버렸다는 뜻은 아닙니다. 반대로 그것은 뇌우처럼 보이지 않게 멀리서 누적되고 있습니다. 답답하고 건조한 대기 자체가 그것이 다가오고 있음을 선포해 줍니다. 벌써부터 상당한 재능을 가진 인물들이 나타나고 있습니다. 그러나 아직은 모두들 푸쉬킨의 화성이 갖는 강력한 영향력 하에 놓여있습니다. 아직은 그 누구도 푸쉬킨이 그려놓은 저 마법의 고리에서 벗어나지 못하고 있고 자기만의 힘을 보여주지 못하고 있습니다. 아직 그 누구도 다른 시대가 도래했고 새로운 삶의 현상이 생겨나고 있고 이제껏 제기된 바 없는 질문들이 울려 퍼지고 있다는 사실조차 간파하지 못하고 있습니다. 그렇기 때문에 아직 그들 중 그 누구에게서도 천연의 빛을 발견하기 어려운 것입니다. 그들의 이름은 거명할 가치조차 없지만, 한 사람 레르몬토프만은 예외인데 그는 다른 사람보다 너무 앞서 나아갔고 그리하여 이미 이 세상 사람이 아닙니다. 그에게서는 비범한 재능의 징표가 감지됩니다. 그가 저 불행한 별의 지배를 자청하지 않았더라면 위대한 업적의 무대가 그 앞에 펼쳐졌을 것입니다. 임시적이고 과도기적인 동아리라 불러 마땅한 단체, 제 땅에서 떨어져 나와 쓸쓸히 대초원을 방황하면서 자기는 그 어떤 다른 토양에서도 자라날 수 없으며 자신의 운명은 시들어서 사라지는 것이라는 것을 절감하는 가엾은 부평초와도 같은 단체 — 소싯적에 그러한 단체의 일원이 된 레르몬토프는 일찍부터 모든 것에 대해 전례가 없이 애절한 무관심을 표현하기 시작했습니다. 기쁨 없는 만남, 슬픔 없는 헤어짐, 요컨대 어째서 이루어졌는지 어째서 깨어져버렸는지 도통 알 수 없는 기이하고 무의미한 남녀간의 정리가 그의 시의 소재가 되었고 바로 그 때문에 주코프스키는 그의 시의 본질을 '매혹의 부재'란 표현을 사용하여 매우 정확하게 정의 내린 바 있습니다. '매혹의 부재'는 레르몬토프의 재능에 힘입어 한동안 유행이 되었습니다. 한때 실러의 가벼운 손끝에서 나온 '매혹'이 전 세계에 퍼져 유행이 되었고, 그 다음에는 바이런의 무거운 손끝에서 생겨난, 필경 지나친 매혹에서 야기되었을 '환멸'이 또 한동안 유행하였듯이, 이번에는 마침내 바이런적 환멸의 친자식이나 다름없는 '매혹 없음'이 나온 것입니다. 그것은 물론 다른 것들보다 짧게 지속되었는데 이는 매혹이 없다는 것은 그 누구에게도 그 어떤 매력도 전혀 없기 때문입니다. 어떤 유혹적인 악마가 자신을 지배한다고 인정한 시인은 마치 시를 통해 악마를 몰아내기라도 하려는 듯 수차례 그것의 이미지를 묘사하려고 시도했습니다. 그러나 그 이미지는 제대로 그려지지 못했고 심지어 그가 악마에게 부여하려고 했던 인간에 대한 유혹적인 지배력조차 획득하지 못했습니다. 확실히 그것은 어떤 개인적인 위력이 아닌, 악마와 투쟁하는 인간의 피곤함과 나태함에서 파생되어 나온 듯 했습니다. 그의 미완성 시 〈어린이를 위한 동화〉에서는 그 이미지가 좀더 결정적으로, 좀더 의미심장하게 그려져 있습니다. 만일 그가 자신의 재능을 좀더 존중하고 사랑했더라면 이 최고의 걸작을 완성함으로써 악의 정령 및 자신의 우울증에서 벗어날 수 있었을 것입니다(이미 〈천사〉와 〈기도〉 및 몇몇 다른 시들에서 그러한 기미가 엿보이고 있습니다). 그렇지만 레르몬토프처럼 그렇게 경박하게 자신의 재능을 우롱하고 자신의 재능에 대해 심지어 교만하기까지 한 경멸을 보이려고 애쓴 시인은 아무도 없습니다. 그에게서는 자신의 상상력의 자식에 대한 그 어떤 사랑도 엿볼 수 없습니다. 신중하게 완성되고 사랑과 배려로 다듬어진 시는 단 한 편도 없으며 정제되고 응축된 시도 단 한 편도 없습니다. 시구 자체 또한 나름의 강력한 개성을 아직 획득하지 못해 때론 주코프스키의 시를, 때론 푸쉬킨의 시를 창백하게 상기시킬 뿐입니다. 사방에서 말, 말, 말이 흘러넘칠 따름입니다. 오히려 그의 산문이 훨씬 훌륭합니다. 아직까지 우리 중 그 누구도 그토록 정확하고 아름답고 향기로운 산문을 쓴 적이 없습니다. 거기에서는 삶의 현실에 대한 보다 깊은 성찰이 보이며 러시아 일상성에 대한 미래의 위대한 화가의 모습이 엿보입니다… 그러나 갑작스러운 죽음이 그를 앗아가 버렸습니다. 우리 시인들의 운명에는 무언가 무시무시한 것이 있습니다. 시인이 자신의 주된 작업과 소명을 잠시 잊은 채 다른 소명으로 달려가거나, 그가 있어서는 안 되고 있을 자리도 없는 세속적 인간관계의 진흙탕에 빠져들면 곧바로 갑작스런 죽음이 그를 이승에서 잡아채 데려갑니다. 십 년 사이에 세 명의 최고 시인, 푸쉬킨, 그리보예도프, 레르몬토프가 재능이 무르익은 가장 원숙한 시기에 차례로 유명을 달리했습니다만[90] 아무도 놀라지 않았습니다. 우리 경박한 족속은 몸서리를 치지도 않았습니다.

하지만 이제는 우리의 시란 일반적으로 무엇인가, 그 존재의 당위는 어디에 있는가, 시는 무엇에 공헌했는가, 우리 러시아 땅 전체를 위해 무엇을 했는가에 관해 결론적으로 말해야 할 때입니다. 우리의 시가 개인을 그의 신분에 알맞게 교육시키고 고양시킴으로써, 그리고 인간 일반을 국가의 원동력인 민중의 근본적인 힘과 국가정신에 합당하게 고양시킴으로써 동시대 사회의 정신에 영향을 미쳤다고 볼 수 있을까요? 아니면 그것은 그저 우리 사회의 참된 그림, 완전하고 자세한 그림, 요컨대 우리네 일상성 전체의 거울일 뿐이었다고 할 수 있을까요? 이것도 저것도 아닙니다. 이것도 저것도 완수하지 못했습니다. 우리 사회는 시를 보지도 듣지도 못했던바, 이는 당시 우리가 다른 자양분을 — 프랑스인 · 독일인 · 영국인 가정교사들의 영향 덕분에, 다양한 사고방식과 원칙과 지향을 갖는 온갖 나라 온갖 계급 출신자들의 영향 덕분에 — 먹으며 양육되고 있었기 때문입니다. 우리는 — 여태껏 그 어느 민족에게도 이런 일은 없었는데 — 제 나라 안에서 제 나라에 관한 것은 아무것도 모르는 채 양육되고 있었던 것입니다. 심지어 언어마저 잊혀지는 바람에 시가 우리의 귀를 애무할 수 있는 경로는 차단되었습니다. 시가 우리 사회 속으로 파고 들어갔다 해도 그건 무슨 떳떳치 못한 시골길을 통해서였습니다. 더러는 운 좋게 씌어진 음악이 무슨 시 비슷한 것을 살롱에 소개해 주기도 했고 또 더러는 설익은 청년 시인의 열매, 즉 낯선 양육자들이 사회의 머릿속에 박아놓은 괴상한 자유사상 따위에 상응하는 저급하고 어설픈 작품이 우리에게 시인의 존재를 느끼게 해주는 요인이 되기도 했습니다. 한마디로 말해서 우리의 시는 사회에 가르침을 주지도 못했고 사

---

90) 푸쉬킨과 레르몬토프는 모두 젊은 나이에 결투에서 사망했고 그리보예도프는 페르시아에서 일어난 폭동으로 사망했다.

회를 대변해 주지도 못했습니다. 우리의 시는 마치 자신의 운명이 당대 사회를 위한 것이 아님을 의식하기라도 한 듯, 언제나 사회보다 높이 솟아 있었습니다. 사회 속으로 내려올 때도 있었지만 그건 후대에 사회상의 본보기를 전해주기 위해서가 아니라 오로지 풍자의 채찍으로 사회를 후려치기 위해서였습니다. 기묘한 현상이었습니다. 우리 시의 소재는 언제나 우리였지만 우리는 그 속에서 스스로의 모습을 발견할 수 없습니다. 시인이 우리의 훌륭한 일면을 보여줄 때면 우리는 그걸 과장이라 여깁니다. 그래서 데르자빈이 러시아에 관해 하는 말을 우리는 믿으려 들지 않는 것입니다. 어떤 작가가 우리의 저급한 일면을 보여준다면 우리는 또다시 그것을 캐리커처라 치부하여 믿으려 들지 않습니다. 어떤 경우건 실제로는 아무런 과장도 없는데 일종의 과장하는 힘이 작용하는 것처럼 보입니다. 전자의 경우, 그러한 현상은 보통사람의 눈에는 거의 보이지 않는 작은 씨앗 속에서 미래의 위대한 열매를 꿰뚫어볼 수 있는 신비한 힘을 지닌 서정시인들이 우리의 모든 자질을 보다 정화된 형태로 제시하였다는 데에서 기인합니다. 후자의 경우, 그것은 우리의 풍자작가들이 흐릿하게나마 자신의 영혼 속에 한결 고상한 러시아인의 이상을 품고 있던 나머지 현실 속의 러시아인의 모든 더럽고 추악한 일면을 보다 분명하게 간파했다는 데에 기인합니다. 고상한 분노의 힘은 그들에게 동일한 현상을 보통사람보다 더 선명하게 제시할 수 있는 능력을 부여했습니다. 바로 그렇기 때문에 근자에 우리는 다른 어떤 자질보다도 조롱의 자질을 더 강력하게 발전시켰던 것입니다. 우리나라에서는 누구나 다른 누군가를 조롱하며, 늙지 않고 영원한 것만을 공경하고 낡은 것이건 새로운 것이건 모조리 싸잡아서 비웃는 풍조가 만연해 있습니다. 그리하여 우리의 시는 그 어디에서건 — 러시아인이 목표로 하는 '이상' 속에서건, 그가 실제로 처한 '현실' 속에서건 — 러시아인을 완전하게 표현해 주지 못했습니다. 그것은 오로지 우리의 다양한 자질들이 갖는 무수한 뉘앙스만 모아들였습니다. 그것은 우리의 다각적인 성격의 개별적 측면만을 국고에 누적시켜 놓았을 뿐입니다. 우리네 시인들은 스스로를 생생하게 묘사할 수 있는 시기, 스스로를 자랑할 수 있는 시기는 아직 도래하지 않았다는 사실을 자각했고 또 그렇게 되기 전에 우리는 스스로를 성찰하고 육성해야만 함을, 진정한 러시아인이 되어야만 함을 느꼈습니다. 우리의 본질을 담아낼 형태를 받아들이려면 먼저 그것을 갈고 닦아 다듬어 놓아야만 했습니다. 우리는 여기저기서 받아들인 각종 원리 원칙들의 무더기로부터 결론을 도출해내지 못했고, 그렇기 때문에 아직도 타자의 것과 나의 것 간의 무의미한 충돌은 있되, 하느님께서 그 충돌의 목표로 정해주신 합당한 귀결은 요원하기만 합니다. 이 점을 감지했기에 그들은 이러한 충돌에서 우리 본질의 최고선(最高善)이 사라져버리지 않도록 하는 일에만 전전긍긍했습니다. 이 최고선을 그들은 어디에서건 긁어모았고 어디서 어떻게 제시할 것인가는 미처 신경도 쓰지 못한 채 그것을 세상에 표출시키는 데 급급했습니다. 불길에 휩싸인 집의 가엾은 주인이 만사를 제치고 집안에 있는 귀중품만 집으려고 애쓰는 격이었습니다. 우리의 시는 동시대를 위해 울려 퍼진 것이 아니라—저 은혜로운 시대, 그러니까 인간의 내면은 하느님의 명에 따라 자기 땅의 근본적 원칙들로 이루어져 있다는 생각이 모든 이의 호응을 얻으며 러시아 전역에 일파만파 퍼져나가는 그런 시대가 마침내 도래했을 때, 우리 안에는 우리만의 최고선이 있다는 것을 상기시키기 위해, 그리고 그것을 반드시 우리의 사회구조에 적용시키도록 하기 위해 울려 퍼졌던 것입니다. 우리 시인들을 주의 깊게 읽으면 읽을수록 우리만의 보물창고는 더욱 활짝 열릴 것입니다. 우리 시인들을 더욱 깊이, 더욱 강렬하게 인지함에 따라 이제까지 그 누구도 알아채지 못한 그들의 보다 고상한 이면이 우리에게 보이게 될 것입니다. 요컨대 우리는 그들이 단지 우리 보물창고의 출납계원이었을 뿐만 아니라 우리의 건설자였다는 사실을 알게 될 것입니다. 그들에게 실제로 그런 의도가 있건 없건 간에, 그들은 광휘 속에 빛나기 위해 자신들 내부에서 보다 가시적으로 발전된 모종의 민중적 자질을 고상한 성정을 통해 과시함으로써 우리의 건설자가 되었던 것입니다. 불요불굴의 강력한 남성을 성서적 거인 같은 위대한 모습으로 그리려 했던 데르자빈의 노력은 괜한 것이 아니었습니다. 그것의 단초를 그는 우리 민중 속에서 감지했던 것입니다. 거대하고 당당한 인간의 모습은 러시아 전역에서 너무도 강렬하게 느껴지기 때문에 러시아를 들여다보는 외국인들은 우리 땅의 풍속과 관습을 알기도 전에 그것을 발견하고는 놀라움을 금치 못합니다. 바로 얼마 전에 그들 중 한 사람이 러시아의 추악한 면모를 유럽에 보여주기 위해 기행문을 출판했는데[91] 그는 우리나라 농촌의 오두막집에 사는 소박한 거주자들을 보고는 놀라움에 혀를 내둘렀습니다. 백발 수염을 나부끼며 오두막집의 문가에 앉아 있는 고상한 노인들은 그의 눈에 그 옛날 성서시대의 당당한 가부장처럼 보였고 그는 너무도 놀란 나머지 걸음을 멈추었습니다. 그는 유럽의 어느 나라를 여행하면서도 성서적인 가부장에 가까운 그런 당당함을 갖춘 인간의 모습은 본 적이 없다는 사실을 여러 번 인정했습니다. 그는 우리에 대한 혐오감으로 점철된 자신의 책 속에서 이러한 생각을 여러 번 반복했습니다. 푸쉬킨을 통해 그토록 높은 차원에서 드러나게 된 '민감함'은 우리 민중의 자질입니다. 민중 자신이 자기 안에 있는 이 자질을 묘사하는 표현 몇 가지만 상기해 봅시다. '귀'라

91) 1843년 퀴스탱(Marquiz de Custine)이 파리에서 출간한 《1839년의 러시아》(*La Russie en 1839*)는 러시아와 러시아인에 대한 악의에 찬 비방으로 가득차 있다.

는 명칭은 혈기왕성하게 지껄여대는 사람, 단 한순간도 무언가 하지 않고는 가만히 있지 못하는 사람에게 주어진 이름입니다. '성공'은 만사형통인 사람에게 주어진 이름입니다. 그 밖에도 이 자질의 다양한 뉘앙스와 변종들을 규정해 주는 다른 이름들이 많이 있습니다. 이 자질은 대단합니다. 데르자빈이 그려낸 러시아 남성도 매 걸음마다 하느님이 창조하신 세상의 아름다움에 놀라워하고 삼라만상에 생생하게 반향하는 감수성이 아니었더라면 불완전하고 엄격하게 보일 것입니다. 요컨대 모든 사물에서 합당한 중용을 찾아낼 줄 아는 지혜야말로 우리의 '진정 러시아적 지혜'인데 그것을 표현해 준 사람은 크릴로프입니다. 오로지 크릴로프만이 러시아적 지혜의 참된 묘수를 보여주었던바, 그것은 모든 사건의 진정한 본질을 표현하되, 그 표현으로써 누군가를 모욕하지도 않고, 심지어 자기와는 맞지 않는 사람들한테서까지도 반감을 사지 않을 수 있는 요령, 한마디로 말해서 우리는 세속적인 교육의 와중에서 상실해 버렸지만 농부들만은 아직까지 보존하고 있는 진정한 요령인 것입니다. 우리는 종종 어떤 표현으로 인해 우리와 동급인 타인을 모욕하곤 하는데, 농부들은 자기보다 높은 모든 이들과, 심지어 황제폐하와도 더할 나위 없이 자유롭게 이야기를 나누면서 단 한마디의 무례한 언사도 사용하지 않을 수 있습니다. 만일 우리 중 누군가가 이러한 응축된, 진실한, 진정 러시아적 지혜의 묘수를 알고 있다면 그는 모든 이의 존경을 받습니다. 그리하여 모든 이가 아무에게도 발설을 허락하지 않는 것을 그에게는 발설하도록 허락해 줍니다. 그래도 그 누구도 그에게 화를 내지 않습니다. 우리 작가들은 누구나, 심지어 가장 선량하고 가장 영혼이 아름다운 사람들까지도(카람진과 주코프스키를 기억하는 것으로 충분할 것입니다) 적이 있었습니다. 그러나 크릴로프한테는 단 한 명의 적도 없었습니다. 저 '젊은 혈기', 선행을 향해 달려드는 저 용기, 야지코프의 시에서 용솟음친 바와 같은 그러한 용기는 우리 러시아 민중의 혈기이자 우리에게만 있는 놀라운 자질인바, 그것은 우리가 다른 민족은 도저히 할 수 없는 어떤 행동에 뛰어들어야 할 때가 오면 남녀노소 모두에게 갑자기 청춘을 부여해 주고 끼리끼리 반목하는 온갖 종류의 우리나라 군중들을 불시에 하나의 감정으로 뭉쳐주기 때문에, 분쟁도 개인의 이해타산도 모두 잊혀지고 전 러시아는 한사람처럼 되어버립니다. 우리의 시인들이 보여준 이 모든 자질들은 우리 민중의 자질이나 다름없으며 그들은 그 자질들을 조금 더 선명하게 발전시켰을 뿐입니다. 시인들이란 밑도 끝도 없이 무슨 바다 한가운데서 불쑥 솟아나는 것이 아니라 자기 민중들로부터 나오는 것이니까요. 그들은 민중으로부터 터져 나오는 불길이며 민중의 힘의 선발대입니다. 설령 그렇지 않다 하더라도 우리 시인들은 이제까지 들어본 적이 없는 화음을 퍼뜨림으로써 이미 선을 행했습니다. 도대체 어느 문학에서 시인들이 그토록 무한히 다양한 소리의 음영을—물론 러시아의 시어 자체가 그것에 일조하긴 했지만— 보여줄 수 있겠습니까. 각 시인에게는 자기만의 시구와 자기만의 독특한 울림이 있습니다. 우리의 귀가 아직까지도 잊지 않고 있는 데르자빈의 저 청동 같은 금속성의 시, 타르처럼 혹은 백 년 묵은 토카이 포도주의 흐름처럼 걸쭉한 푸쉬킨의 시, 전체가 빛으로 짜여져 한줄기 광선처럼 영혼을 꿰뚫는 야지코프의 찬란하고 쾌활한 시, 산골짜기 꿀처럼 달콤한, 한낮의 향기로 가득 찬 바튜쉬코프의 시, 아이올로스의[92] 불분명한 하프소리처럼 여기저기 떠돌아다니는, 공기처럼 가벼운 주코프스키의 시, 마치 대지를 어기적거리듯 무거운, 그러면서도 때로 애간장을 녹이는 지독한 러시아적 슬픔으로 젖어있는 바젬스키의 시—이 모든 것은 여

---

92) 바람의 신.

러 다른 소리를 내며 울리는 종, 혹은 거대한 오르간의 무수한 건반들과도 같이 러시아 전역에 화음을 퍼뜨렸습니다. 화음은 시를 잘 모르는 사람들이 생각하는 것처럼 그렇게 하찮은 것이 아닙니다. 어머니가 부르는 아름다운 자장가 소리에 아기가 소롯이 잠들듯, 민중은 화음 덕분에 노래 가사의 의미를 알기도 전에 잠이 들고 그의 거친 열정은 자기도 모르게 스르르 잠잠해져 사라집니다. 그것은 마치 성전의 향로에서 피어오르는 향내처럼 아직 성찬예배가 시작되기도 전에 살그머니 우리의 영혼에게 거룩한 음성을 받아들일 준비를 시켜줍니다. 우리의 시는 모든 이가 보다 뜻 깊은 성찬예배를 봉헌할 수 있도록 모든 화음을 시도해 보았고 모든 민족의 문학에서 자양분을 얻었으며 모든 시인의 리라에 귀를 기울여 일종의 범세계적 언어를 획득했습니다. 오늘날 젊은 시인들이 제대로 알지도 못하면서 경박하게 지껄여대고 있는 저 공허한 주제에 관해서는 이제 더 이상 말하지 맙시다. 예술이 어째서 우리에게 주어졌는가를 스스로에게 규정해주지 못하고서는, 그리고 예술의 고상한 목적을 이해하지 못하고서는 예술 자체에 예배를—그것이 아무리 아름다운 예배라 할지라도—드려서는 안 됩니다. 푸쉬킨을 답습해서도 안 됩니다. 아니, 푸쉬킨도, 그리고 다른 그 어느 누구도 이제는 우리에게 전범이 되어서는 안 됩니다. 이미 다른 시대가 도래했습니다. 이제는 독창적인 지성도, 생생한 개성도, 오만한 움직임도 다 소용이 없고 고상한 그리스도교적 자양분만이 시인을 양성할 수 있습니다. 시가 해야 할 일은 변했습니다. 민중이 아직 어리던 시절에는 시가 민중의 호전성을 촉발시켜 투쟁으로 인도하는 데 기여했지만 이제는 시가 인간을 다른, 보다 고상한 전투—즉 무상한 자유라든가 권리라든가 무슨 특권 같은 것을 위한 전투가 아니라 하늘에 계신 창조주께서 당신 피조물 중의 진주라고 여기시는 우리의 영혼을 위한 전투에 불러내야 할 때가 된 것입니다. 시가 해야 할 일은 많이 있는데, 그것은 요컨대 진정으로 아름답지만 오늘날의 무의미한 삶으로 인해 저만치 밀려나버린 그 어떤 것을 사회에 되돌려 놓는 일입니다. 아니, 젊은 시인들은 과거의 시인 중 그 누구도 상기시키지 않을 것입니다. 그들의 말 자체가 다른 말이 될 것입니다. 그 말은 우리 러시아 정신에 더 가깝고 더 친근한 것이 될 것입니다. 그 말 속에서는 우리 민중의 원칙들이 더 분명하게 들릴 것입니다. 우리 시의 저 천연(天然)의 샘, 아직 그 누구의 입에서도 시란 말이 떠오르지 않았을 때에도 자연의 가슴속에서 부글부글 끓으며 고동치고 있던 저 샘물은 아직 완전히 용솟음치지 못하고 있습니다. 아직 아무도 제가 이 글의 첫머리에서 언급했던 저 세 가지 원천을 가장 깊은 곳에서 퍼 올리지 못했습니다. 우리의 노래가 간직하고 있는 저 설명할 길 없는 방탕(放蕩)의 음조가 더 나은 조국에 대한 원초적 향수로 타오르고 있는 사람처럼 삶도 노래 자체도 마다하고 어디론가 내달리고 있음은 여전히 수수께끼입니다. 또 우리의 현명한 속담들이 내포하고 있는 우리 지성의 다각적이고 시적인 완벽함은 아직 그 누구에게서도 반영되지 않고 있습니다. 우리의 현명한 속담들은 러시아인이 너무도 답답하고 혼탁한 구덩이 안에서 허우적대던 저 헐벗고 남루한 시절로부터도 그토록 위대한 결론을 도출했을 뿐 아니라, 모든 시대의 결과물을 받아들였으되 그것을 마치 정리 안 된 상품처럼 무질서한 더미로 팽개쳐놓은 현재의 열린 시대로부터 오늘날의 러시아인이 어떤 엄청난 결론을 도출할 수 있을지를 미리 말해주고 있습니다. 그리고 우리네 교회 찬송가와 성가로부터 흘러나온 저 서정성, 우리 노래의 친근한 음성이 본능적으로 시인의 심장을 씻어주듯이 그토록 본능적으로 시인의 정신을 고양시켜주는 저 범상치 않은 서정성 — 그것이야말로 건전한 지성의 정점에서 탄생하는 것이지요 — 은 아직도 많은 이들에게 신비입니다. 마지막으로, 우리의 비범한 언어도 그 자체가 아직 신비입니다. 그 안에는 모든 어조와 뉘앙스가 있으며, 가장 딱딱한 소리에서 가장 연약하고 부드럽고 다정한 소리로의 온갖 음성적 전이가 있습니다. 그것은 끝없이 살아 움직이는 언어로, 한편으로는 교회와 성서의 언어로부터 고상한 단어를 퍼올리고 다른 한편으로는 우리네 시골에 퍼져있는 방언에서 정확한 표현을 끌어옴으로써, 그리고 그런 식으로 한 가지 표현을 통해 그 어떤 언어도 도달할 수 없는 높은 곳에 오르는 동시에 가장 우매한 인간도 본능적으로 감지할 수 있는 소박함으로 내려갈 수 있는 가능성을 소지함으로써 매 순간 풍요로워질 수 있는바, 그 자체로서 이미 시인이라 할 수 있는 이 언어를 한동안 우리의 가장 훌륭한 사회가 몰라라 한 것은 다 이유가 있어서입니다. 외래의 교육과 더불어 우리한테 눌어붙은 온갖 허섭스레기를 우리가 외래의 방언으로 주절거리도록 하기 위하여, 저 모든 불분명한 소리들과 부정확한 사물의 이름들—그것들은 언어를 흐릿하게 만드는 모호하고 지리멸렬한 사상의 자식들입니다—이 우리 언어의 순수한 명징성(明澄性)을 감히 더럽히지 못하게 하기 위하여, 우리가 외래의 지성으로써가 아니라 우리의 지성으로써 살고 생각할 준비가 되어 우리의 언어로 돌아가도록 하기 위하여 그럴 필요가 있었던 것입니다. 이 모든 것은 아직 도구이자 재료이자 덩어리이자 광석에 들어있는 값비싼 금속이므로 그것으로부터 다른, 보다 강력한 언어가 연마되어야만 합니다. 이 언어는 모든 영혼에 속속들이 스며들 것이며 그냥 황폐한 땅에 떨어져 버리지는 않을 것입니다. 우리의 시는 천사의 비애로 타오를 것이며, 러시아인의 내부에 있는 모든 현을 때림으로써 그 어떤 세력도 도구도 인간에게 확신시켜줄 수 없는 성스러운 무언가를 가장 포악한 영혼까지도 받아들이도록 해 줄 것입니다. 그것은 우리에게 우리의 러시아, 우리의 러시아적인 러시아를 불러내줄 것입니다. 그 러시아는 무슨 과장된 애국자 따위가 천박하게 과시하는 러시아도 아니고, 외국인처럼 되어버린 러시아인들이 바다 건너에서 우리에게 상기시켜주는 러시아도 아닙니다. 그것은 우리의 시가 우리 안에서 끄집어내는 러시아, 그럼으로써 아무리 다양한 사상이나 교육이나 의견을 가졌더라도 모든 이가 마지막 한 사람에 이르기까지 한목소리로 이렇게 말하게 된다는 것을 보여주는 그런 러시아입니다.

> 이게 바로 우리 러시아다. 여기는 아늑하고 따뜻하니 지금 우리는 비로소 남의 땅이 아닌 진짜 자기 집에, 자기 지붕 아래 있는 것이다.

XXXII

부활 대축일[1)]

러시아인은 부활 축일에 각별한 관심을 갖고 있습니다. 그가 만일 외국에 살고 있다면 그는 그날을 더욱 생생하게 느낍니다. 다른 나라에서는 이날이 다른 날들과 거의 구별이 안 되고 있다는 사실에 — 저 똑같은 일상의 업무, 저 똑같은 날마다의 삶, 사람들의 얼굴에 나타난 저 똑같이 평범한 표정 — 그는 슬픔을 느끼고 자기도 모르게 러시아를 향해 마음을 돌립니다. 거기서는 어쩐지 이날을 좀더 멋지게 경축하고, 사람들 자체도 다른 날보다 좀더 명랑하고 선량하게 변모하며, 삶도 일상적 삶이 아닌 어딘지 다른 삶처럼 변한다는 생각이 듭니다. 그의 마음속에는 불현듯 저 성대한 자정 성찬예배,[2)] 대지 전체를 하나의 울림으로 녹여버리듯이 방방곡곡에 울려 퍼지는 종소리,

1) 특정 수신인 없이 씌어진 이 글은 《친구와의 서신 교환선》의 결론이라 할 수 있다. 고골은 여기서 각박한 현실을 개탄하면서 전 인류가 형제애로 뭉칠 것을 호소하고 있다. 검열관은 관료제도와 교회에 관한 부정적 언급을 삭제한다는 조건으로 출간을 허락했다.

2) 로마 가톨릭에서는 성탄 전야에 자정 미사를 올리고 동방 정교에서는 부활 전야에 자정 성찬예배를 올린다.

이날만큼은 다른 모든 인사말을 대신해서 외쳐대는 "그리스도께서 부활하셨도다!", 오로지 우리나라에서만 울려 퍼지는 입맞춤소리, 같은 것들이 떠오르고 그는 이렇게 외치고 싶어집니다. "오로지 러시아에서만 이날을 합당하게 경축하는구나!" 물론 이 모든 것은 꿈입니다. 그가 실제로 러시아에 돌아오게 되면, 아니 그냥 다음과 같은 사실을 — 그러니까, 이날은 모두들 비몽사몽간에 이리 뛰고 저리 뛰며 법석을 떨고, 무의미한 방문을 일삼고, 행복한 만남은커녕 고의로 서로를 무시하고, 설령 만남이 있다 해도 가장 타산적 계산에 의거한 만남이 있는 날이라는 사실, 공명심이 다른 어느 날보다 부글부글 끓어올라 사람들은 그리스도의 부활이 아니라 어떤 포상이 누구에게 주어질 것인가, 누가 무엇을 받을 것인가만 이야기한다는 사실, 심지어 영광의 주역들이어야 하는 민중들까지도, 마치 다른 누구보다도 기뻐 죽겠다는 듯이 거룩한 예배식이 끝나기가 무섭게 아직 여명이 대지를 비추기도 전에 술에 취해 거리로 뛰쳐나간다는 사실을 — 상기하기만 해도, 그 꿈은 창졸간에 사라집니다. 가엾은 러시아인은 이 모든 것을 상기하고는 한숨을 쉴 것이며 그것은 축일에 대한 캐리커처이자 조롱일 뿐, 진정한 축일은 없다는 사실을 깨닫게 될 것입니다. 어떤 기관의 장은 부하 관리들에게 형제를 어떻게 사랑해야 하는가를 보여준답시고 순전히 형식적으로 노병의 뺨에 입을 맞출 것이며, 또 러시아의 빈곤을 비웃고 해묵은 러시아식 관습을 흉보는 젊은이들 때문에 울화가 터진 어떤 한물간 애국자는 분노에 떨며 호통을 칠 것입니다. "우리는 모든 걸 가졌어, 가족의 삶과 가정의 미덕과 우리의 관습은 성스럽게 지켜지고 있단 말이야. 우리처럼 자기 의무를 다 하는 사람들은 유럽 어느 나라에서도 찾아보기 어려워. 우리 민중은 모두에게 경이로운 존재야"라고 말입니다.

아니, 문제는 눈에 보이는 징표나 애국적인 환성이나 노병에게 해

주는 입맞춤에 있는 게 아니라, 이날만큼은 실제로 타인을 자신의 가장 소중한 보물처럼 바라보는 데, 가장 가까운 형제라도 되는 양 그를 끌어안는 데, 몇 년 동안 못 만나고 있었는데 뜻하지 않게 우리를 찾아온 가장 친한 벗이라도 되는 양 그를 반가이 맞이하는 데 있습니다. 더욱 열렬하게! 더욱 많이! 왜냐하면, 우리와 그를 연결해 주는 고리는 지상의 혈연보다 더 강력하며, 우리는 지상의 아버지보다 몇 배나 더 가까운 천상의 아름다운 아버지의 뜻에 따라 그와 형제의 인연을 맺게 되었으며, 또 오늘은 우리가 진정한 가족과 함께 천국에 있는 아버지의 집에 머무는 날이기 때문입니다. 오늘은 모든 인류가 단 한 사람의 예외도 없이 전부 성스러운 천상의 형제관계를 축하하는 거룩한 날입니다.

우리의 19세기, 즉 인류의 행복에 관한 생각이 모든 사람들을 매료시킨 세기, 전 인류를 한 형제처럼 감싸 안는 것이 청년들의 사랑스런 꿈이 되어버린 세기, 많은 사람들이 어떻게 전 인류를 변형시킬까, 어떻게 인간의 내적 가치를 고양시킬까에 관해 공상하는 세기, 그들의 거의 반 정도가 오로지 그리스도교만이 그것을 실행할 힘이 있노라고 경건하게 인정한 세기, 사람들이 가정사와 국사 모두에 그리스도의 율법을 더 가까이 도입해야 함을 단언하기 시작한 세기, 집도 땅도 모조리 공유되어야 한다고 떠들어대기 시작한 세기, 자비의 공적과 빈자에 대한 도움이 유행을 좇는 살롱가에서까지 화제로 등장하기 시작한 세기, 끝으로, 온갖 자선기관과 양로원과 고아원이 붐비기 시작한 세기 — 바로 이 19세기에 오늘이란 날은 더욱 시의적절하게 여겨집니다. 그러니 19세기는 이 모든 관대하고 박애적 운동과 의기투합하는 오늘을 기쁜 마음으로 경축해야만 할 것입니다! 그렇지만 이날은 마치 시금석(試金石)처럼 모든 그리스도교적 열망이 너무도 창백한 것임을, 그리고 그 열망은 모조리 그저 몽상과 생각 속에만 있을 뿐 실천 속에 있는 것은 아님을 보여줍니다. 실제로 19세기 인간이 이날 자신의 형제를 형제로서 포옹한다 해도 그는 형제를 포옹하는 게 아닙니다. 그는 전 인류를 형제로서 기꺼이 포옹할 준비가 되어있지만 진정한 형제를 포옹하지는 않을 것입니다. 그가 그토록 관대한 포옹을 준비해 두고 있는 이 인류로부터 분리되어 있는 어느 한 사람, 그를 모욕한 바로 그 사람, 그리스도께서 즉시 용서해 주라고 명하시는 바로 그 한 사람만은 포옹하지 않을 것입니다. 인류라는 전체로부터 분리되어 있는 어느 한 사람, 어떤 하찮은 인간적 견해에 있어 그와 동의하지 않는 바로 그 한 사람만은 포옹하지 않을 것입니다. 인류라는 전체로부터 분리되어 있는 어느 한 사람, 정신적 결함에서 오는 가혹한 재난 때문에 다른 사람들보다 더 눈에 띄게 고생하는 한 사람, 다른 그 누구보다도 동정을 필요로 하는 그 한 사람만은 물리치고 포옹하지 않을 것입니다. 그의 포옹은 오로지 그를 어떤 식으로도 모욕하지 않은 이들, 그와 어떤 경우에도 충돌하지 않은 이들, 그가 한 번도 가까이 해본 적도 없고 심지어 마주한 적조차 없는 사람들한테만 주어질 것입니다. 이런 것이 바로 오늘의 세기의 인간이, 그리고 종종 자기야말로 진정한 박애주의자이며 완벽한 그리스도교인이라 믿는 바로 그런 인간이 전 인류에게 주는 포옹인 것입니다! 그리스도교인이라니요! 그리스도를 자기 집, 자기 지붕 아래 모실 생각은 안 하고 길거리로 진료소로 병원으로 내쫓고서는 자기가 그리스도교인이라 생각하는 것입니다!

아니, 작금의 세기는 이 찬란한 축일을 합당하게 경축할 수가 없습니다. 그러기에는 무서운 장애, 결코 극복할 수 없는 장애가 있는데 그것의 이름은 '교만'(驕慢)입니다. 그것은 이전 시대에도 있던 것이지만 당시에 그것은 보다 유치한 교만, 자신의 육체적 힘에 대한 교만, 재산에 대한 교만, 신분과 계급에 관한 교만이었으며 오늘날 보이는 것과 같은 그런 무서운 정신적인 단계에 이르지는 못했습니다. 이제 그것은 두 가지 형태로 나타났습니다. 첫 번째 형태는 자신의 순결에 대한 교만입니다.

오늘의 인류는 자기네가 선조들보다 여러 가지 점에서 더 낫다는 사실에 기뻐 날뛰며 자신들의 순결과 미를 사랑하게 되었습니다. 제 영혼의 아름다움을 공공연하게 자랑하고 자기를 다른 사람보다 낫다고 여기는 데 대해 아무도 민망해 하지 않습니다. 오늘날 우리 모두가 얼마나 고결의 기사처럼 행동하는지, 다른 이에 대해서 얼마나 가차없이 예리하게 심판하는지 한번 짚어 볼 필요가 있습니다. 심지어 부활 대축일에도 자신의 형제를 포옹하지 않는 것에 대해 우리가 어떠한 변명으로 자기를 합리화하고 있는지 한번 들어볼 필요가 있습니다. 뻔뻔스럽게도, 우리는 이런 말을 하면서 아무런 가책도 느끼지 않습니다.

> 나는 이 인간을 포옹할 수 없어. 녀석은 철두철미하게 야비하고 비열한 인간이야. 엄청나게 추잡한 행동으로 자기 자신에게 똥칠을 했단 말이야. 이런 인간은 우리 집 현관에도 들여놓을 수가 없어. 녀석과 같은 공기를 호흡하기조차 싫어. 녀석을 피하고 녀석과 마주치지 않기 위해서라면 길을 멀찌감치 돌아서 가도 좋아. 나는 비열하고 저급한 인간들과는 같이 살 수가 없어. 그런 인간도 나의 형제라고 포옹해야 한단 말이야?

안타깝습니다! 이날만큼은 비열한 인간도, 저급한 인간도 없다는 것을, 모든 사람이 한 식구 한 형제라는 것을, 모든 사람에게는 오로지 형제라는 이름밖에 다른 이름은 없다는 것을 19세기의 가엾은 인간은 잊었습니다. 그는 모든 것을 단번에 즉시 다 잊었습니다. 그의 주변에 저급하고 비열한 인간들이 있는 것은 그들을 보고 자기 자신도 되돌아보게 하기 위해서라는 것을, 그들의 경악스러운 점을 자기 자신 속에서도 발견하도록 하기 위해서라는 사실을 그는 잊었습니다. 그 자신도 심지어 자기는 느끼지도 못하는 사이에 형태만 다를 뿐 똑같이 비열한 행동을—공공연하게 창피를 당하지는 않았지만 좌우지간 속담을 빌려 말하자면 그릇만 다를 뿐 같은 떡이라 할 수 있는— 사사건건 저지른다는 것을 잊었습니다. 그는 모든 것을 잊었습니다. 그는 또한 비열하고 저급한 인간들이 그토록 많이 늘어난 것은 어쩌면 선량하고 아름다운 사람들이 그들을 근엄하고 비정하게 내몰아 더욱 냉혹한 인간으로 만들었기 때문일지도 모른다는 사실을 잊었습니다. 모멸감을 견뎌내는 것이 무척 쉬운 일이라도 된다는 듯이 말입니다! 누가 압니까, 어쩌면 어떤 사람들은 태어날 때부터 그런 불량한 인간으로 태어난 것은 아닐지도 모릅니다. 어쩌면 그의 가엾은 영혼, 유혹과 싸우는 저 무력한 영혼은 도움을 요청하고 간구했을지도 모르며 영혼의 자비에 이끌려 그를 타락의 벼랑 끝에서 지탱해 줄 누군가의 손과 발에 입맞춤할 자세가 되어있었을지도 모릅니다. 어쩌면 그를 옳은 길로 되돌려 놓는 데는 한 방울의 사랑이면 충분했을지도 모릅니다. 그런데 마치 사랑의 길로써는 그에게 다가가기가 어렵다는 듯 행동하고 있습니다! 도둑도 사랑에는 감사하고 짐승도 자기를 쓰다듬어 준 손길은 기억하는 법인데 마치 그의 성격이 돌처럼 굳어져 그 어떤 감정도 움직일 수 없게 되었다는 듯이 말입니다! 19세기의 인간은 모든 것을 잊었으며 마치 부자가 고름으로 뒤덮인 거지를 고대광실 문전에서 쫓아내듯 자기의 형제를 쫓아내고 있습니다. 거지의 상처에서 나오는 고름만 눈에 안 보인다면 그의 고통 따위는 안중에도 없습니다. 자신의 향기로운 순결을 자랑하는 그는 불운한 자의 악취 나는 숨결에 자신의 코가 놀라게 될까봐 아예 그의 탄원을 들으려조차 하지 않습니다. 그런 인간이 어찌 거룩한 사랑의 축일을 경축할 수 있겠습니까?

첫 번째보다 더 강력한 교만이 있는데 그건 지성의 교만입니다. 그것은 과거 그 어느 때에도 19세기처럼 그런 강력한 힘을 얻은 적이 없습니다. 그것은 모두가 바보 취급당하는 것을 두려워한다는 그 사실 자체에서 감지됩니다. 이 세기의 인간은 무어든 견뎌냅니다. 그는 사기꾼이라는 이름, 비열한(卑劣漢)이라는 이름도 견뎌냅니다. 그 어떤 이름을 그에게 주어도 그는 다 견뎌내지만 바보라는 이름만은 견뎌내지 않습니다. 그 어떤 것도 조롱당하는 것을 허용하지만 자기 지성을 조롱하는 것만은 허용하지 않습니다. 그의 지성은 그에게 성스러운 것입니다. 자기 지성에 대한 아주 사소한 조롱에도 그는 자기의 형제를 즉시 사정거리에 세워놓고는 눈 하나 깜짝하지 않고 기꺼이 그의 이마에 총알을 박아버립니다. 그는 아무것도 믿지 않습니다. 오로지 자기의 지성만을 믿습니다. 그의 지성이 보지 못하는 것은 그에게 있어 존재하지 않는 거나 마찬가지입니다. 인간 내부의 윤리적 힘이 전진할 때만 지성도 전진하며 윤리적 힘이 고양되지 않으면 그것은 움직이지 않거나 아예 퇴보하기까지 한다는 사실조차 그는 잊었습니다. 그는 또한 한 인간 속에 지성의 모든 면면이 존재하지는 않는다는 사실을 잊었습니다. 그는 자기가 볼 수 없는 사물의 한 면을 다른 인간은 볼 수 있고 따라서 그가 알 수 없는 것을 다른 인간은 알 수도 있다는 사실을 잊었습니다. 그는 이 사실을 믿지 않으며 스스로가 보지 못하는 것은 거짓말이라 치부해 버립니다. 지성의 교만 때문에 그리스도교적인 겸양의 그림자도 그를 건드리지 못합니다. 그는 모든 것을 의심합니다. 몇 년 동안이나 알고 지내온 사람의 마음도 의심하고 정의도 의심하고 하느님도 의심합니다만, 자기의 지성은 의심하지 않습니다. 이미 다툼과 분쟁이 시작되었는데 그건 무슨 근본적 정의를 위해서도 아니고, 무슨 개인적 증오 때문에도 아닌 바, 바야흐로 육체의 탐장(貪贓)질이 아닌 지성의 탐장질이 시작된 것입니다. 의견의 차이와 사상의 충돌로 인해 사람들은 벌써 사적으로 반목하고 있습니다. 서로서로 만난 적도 없고 아무런 개인적 관계도 없지만 이미 서로를 증오하는 본격적인 당파들이 조성되었습니다. 놀랍게도, 사람들이 교육으로써 세상에서 악을 몰아냈다고 생각하기 시작한 바로 이때에 악은 지성의 길이라고 하는 다른 경로를 통해, 다른 끝으로부터 세상에 들어오고 있고 잡지의 날개를 타고 마치 모든 것을 파멸시키는 메뚜기 떼처럼 사방에서 사람들의 마음을 공략하고 있습니다. 이미 지성 자체는 거의 찾아볼 수가 없습니다. 영리한 사람들은 반대 당파에 굴복하지 않으려는 욕심 때문에, 자신의 실수를 공공연하게 인정할 수는 없다는 교만 때문에, 벌써부터 자신의 신념에 반해 거짓말을 하고 있으니, 지성 대신 순수한 악이 즉위를 한 셈입니다.

이런 시대의 인간이 어찌 사랑을 할 수 있겠습니까, 어찌 타인에 대해 그리스도교적 사랑을 느낄 수 있겠습니까? 이런 시대의 인간이 어찌 모든 사람을 한가족으로 묶어주는 천사의 순진함과 찬란한 소박함으로 가득 채워질 수 있겠습니까? 그가 과연 거룩한 형제애의 향기를 맡을 수 있겠습니까? 과연 이날을 경축할 수 있겠습니까? 과거의 단순하던 시절에 인간들이 서로를 좀더 친밀하게 느끼도록 해주었던 저 외관상의 선량한 표정마저도 사라졌습니다. 19세기의 교만한 지성은 그걸 파괴해버렸습니다. 악마는 이제 가면조차 안 쓰고 세상에 등장했습니다. 교만의 정령은 여러 가지 탈을 쓰고 등장하여 미신적인 사람들을 놀라게 하던 짓거리를 그만두고 이제는 아예 본색을 드러내기 시작했습니다. 자신의 지배를 사람들이 인정한다는 것을 간파한 그는 사람들과 격식을 차리는 일도 집어치웠습니다. 과감하고 뻔뻔스럽게도 그는 자신을 인정하는 사람들을 회심의 미소로 받아치고 있습니다. 그는 전대미문의 어리석기 짝이 없는 율법을 세상에 주고 있고 세상은 그것을 뻔히 보면서도 불복할 엄두조차 못 내고 있습니다. 처음에는 사소하고 무해한 것이라 여겨져 묵인되더니 지금은 완전히 안주인으로 둔갑해 인간의 가장 중요하고 가장 훌륭한 미덕을 몰아내고 우리네 집을 장악하기 시작한 저 하찮고 무의미한 유행이란 게 도대체 무엇을 의미합니까? 그리스도의 가장 거룩한 율법은 하루에도 몇 번씩 거스르는 걸 겁내지 않는 사람들이 유행 앞에서는 아주 작은 명령이라도 거스르게 될까봐 심약한 어린애처럼 벌벌 떨고 있습니다. 유행을 조롱하는 사람들까지도 가볍고 경박한 족속들 마냥 그 장단에 맞추어 춤을 추고 있으니 이게 대체 어찌된 영문입니까? 모든 근본적인 법령보다도 더욱 강력하게 되어버린 저 무수한 예의범절이란 것은 무엇을 의미합니까? 법을 비껴서 형성된 이 부차적이고 지엽적이고 기묘한 세력은 무엇을 의미합니까? 하느님의 기름 부음 받으신 분들은 한 옆으로 밀려나고 재봉사니 양복장이니 온갖 종류의 직공이니 하는 인간들이 세상을 다스리고 있다는 것은 도대체 무엇을 의미합니까? 누구에게도 알려지지 않은 수상한 인간들, 아무런 생각도 솔직한 소신도 없는 그런 인간들이 현명한 인간들의 생각과 의견을 지배하고 있고, 모두가 거짓이라 인정한 신문 쪼가리가 신문을 존경하지도 않는 인간의 무정한 입법자가 되어가고 있습니다. 아래에서 올라오는 불결한 세력이 여봐란듯이 만들어내고 있는 이 모든 불법적인 법들은 도대체 무엇을 의미하며, 또 온 세상이 그것을 보면서도 마치 주술에 걸린 듯 꼼짝도 못하는 것은 도대체 무엇을 의미합니까? 이 무슨 인류에 대한 끔찍한 조롱입니까! 이런 판국에, 천상에 계신 교회의 주인께서는 우리에게 아무런 권한도 갖고 계시지 않는 이런 판국에, 무엇 때문에 겉으로만 신성한 교회의 관습을 보존해야 합니까? 아니면 이것 또한 어둠의 정령의 새로운 조롱입니까? 어째서 의미를 상실한 이 축일이 필요합니까? 그것은 어찌하여 다시 와가지고는 점점 더 기어들어가는 목소리로 사방에 흩어진 사람들을 한 가족으로 불러모으고, 모든 이를 슬프게 흘깃 보고는 일면식도 없는 낯선 인간처럼 떠나가 버리는 것입니까? 그것은 정녕 모든 이와 일면식도 없는 낯선 존재일까요? 그렇다면 어째서 어디선가에는 여전히 이 날에는 자기들이 더 밝게 빛난다고 생각하는 사람들이 존재하는 걸까요, 이날 자기들은 영원한 봄날의 입맞춤처럼 천상의 입맞춤을 영혼 속에 불어넣어 주는 어린 시절, 작금의 교만한 인간이 상실해 버린 저 아름다운 어린 시절을 경축하고 있다고 생각하는 사람들이 존재하는 걸까요? 어찌하여 인간은 영원히 어린 시절을 망각하지는 않는 걸까요, 어찌하여 그것은 무슨 머나먼 꿈속의 영상처럼 아직 우리의 영혼을 살며시 건드리고 있는 걸까요? 이 모든 것은 어째서인가요, 무엇 때문인가요? 이유가 없는 걸까요? 그냥 그런 걸까요? 아니 그 이유는, 단 몇 명일망정, 이 축일이 갖는 봄날의 숨결을 느낀 사람들이 불현듯 슬퍼지게 하기 위해서, 하늘나라의 천사처럼 그토록 슬퍼지게 하기 위해서입니다. 그리하여 그들이 형제들의 발아래 엎드려 목놓아 울면서 오늘 하루만이라도 다른 날들로부터 벗어나 19세기식이 아닌 영원한 세기의 관습에 따라 보낼 것을, 오늘 단 하루만이라도 죄를 지은 친구가 자기의 모든 것을 용서해 주는 관대한 친구를 포옹하듯이 인간을 포옹하고 보듬어 안을 것을—설령 내일이 되면 그를 물리치며 생판 모르는 사람처럼 대하게 된다 할지라도—간구하도록 하기 위해서입니다. 그런 소망만이라도 가질 수 있다면, 억지로라도 노력을 할 수 있다면, 물에 빠진 사람이 지푸라기라도 잡듯 오늘이란 날에 매달릴 수만 있다면 얼마나 좋을까요! 누가 압니까, 어쩌면 이 소망 하나 때문에라도 하늘에서는 사다리가 내려오고 그걸 타고 우리

가 날아오를 수 있도록 도와주는 손길이 뻗쳐질지도 모릅니다.[3]

그러나 19세기 인간은 이 하루만도 그렇게 보내고자 하질 않습니다! 그리고 대지는 이미 불가사의한 통한으로 활활 타오르기 시작했습니다. 삶은 점점 더 삭막해지고 있습니다. 모든 것이 작아지고 시시해져 가고 오로지 권태라고 하는 거대한 영상만이 모든 이가 보는 앞에서 날마다 한없이 커지며 자라나고 있습니다. 정적 속에 무덤만이 널려 있습니다. 하느님! 당신의 세상은 점점 더 공허하고 끔찍해져 갑니다!

어찌하여 러시아 사람만이 아직도 이 축일이 합당하게 경축되고 있다고, 그리고 오로지 그의 조국에서만 그런 식으로 경축되고 있다고 느끼는 걸까요? 이건 꿈일까요? 그렇다면 어째서 이 꿈은 러시아인 외의 다른 사람한테는 나타나지 않는 걸까요? 축일 자체는 사라졌지만 축일의 가시적 징표들이 우리 조국의 얼굴 위에 그토록 선명하게 새겨져 있다는 사실은 무엇을 의미합니까? 요컨대 "그리스도께서 부활하셨도다!"라는 말이 울려 퍼지고, 입맞춤이 이어지고, 자정 예배가 매번 거룩하게 봉헌되고, 종소리가 마치 우리를 깨우기라도 하듯 방방곡곡에 쩌렁쩌렁 울려 퍼진다는 사실은 실제로 무엇을 의미합니까? 그토록 눈에 띄는 징표가 있다면 그건 다 이유가 있어서입니다. 잠을 깨우는 곳에서는 사람들이 잠에서 깨어날 것입니다. 영원한 것으로 결정된 관습은 죽지 않습니다. 글씨 속에서 죽어가지만 영혼 속에서 되살아납니다. 일시적으로는 빛을 잃어 공허하고 경박한 군중들 사이에서 죽어가겠지만 선택받은 사람들 속에서 새로운 힘을 가지

3) 고골은 사다리 혹은 층계의 이미지를 각별히 좋아했다. 〈창세기〉 28: 12~13을 참조하라. "그는 꿈에 땅에서 하늘에 닿는 층계가 있고 그 층계를 하느님의 천사들이 오르락 내리락하는 것을 보고 있었는데 야훼께서 그의 옆에 나타나시더니 이렇게 말씀하시는 것이었다."

고서 부활하여 온 세상에 그들이 발하는 강력한 빛을 뿌리게 될 것입니다. 옛날부터 전해져 오는 진정 러시아적인 정신, 그리스도께서 손수 성화시켜 주신 그 정신의 씨앗은 죽지 않을 것입니다. 진정 러시아적인 것은 시인들의 낭랑한 현악기에 의해 널리 퍼질 것이고, 성직자들의 향기로운 입을 통해 널리 선포될 것이며 — 그리하여 빛을 잃었던 것은 다시 타오를 것이고 부활 대축일은 다른 어느 민족보다 먼저 우리 민족에게서 합당하게 경축될 것입니다! 무엇을 근거로, 우리 가슴에 담겨진 어떤 점을 토대로 이런 말을 할 수 있는 걸까요? 우리가 다른 민족보다 더 훌륭합니까? 그들보다 그리스도에게 더 가까운 삶을 살고 있을까요? 우리는 다른 사람들보다 더 훌륭하지 않을 뿐만 아니라 오히려 우리의 삶은 그들 모두보다 더 불안정하고 무질서합니다. "우리는 다른 누구보다 더 형편없다" — 이것이 우리가 언제나 자신에 관해 해야 하는 말입니다. 그러나 우리의 본질 속에는 앞에서 말한 미래를 예언해 주는 어떤 것이 있습니다. 불안정 자체가 이미 우리에게 그것을 예언해 줍니다. 우리는 아직 민족적 형태라고 하는 주형 속에서 굳어지지 않은 액상 금속과도 같습니다. 우리는 우리와 맞지 않는 것을 거부하고 내던져 버릴 수 있으며, 이미 주형(鑄型) 안에서 굳어져 버린 다른 민족들로서는 불가능한 모든 것을 받아들일 수 있습니다. 우리는 잊었지만 우리의 근원적 본질 속에는 그리스도의 법에 가까운 많은 것이 있는데 이를 증명해 줄 수 있는 것은, 그리스도께서 우리에게 검(劍) 없이 오셨다는 사실, 우리 가슴의 준비된 토양은 자연스럽게 그분의 말씀을 불러왔다는 사실, 우리의 슬라브적 본질 자체 내에는 이미 그리스도적 형제애의 원칙이 있다는 사실, 사람과 사람 간의 인연은 우리에게 혈연보다 더 가까웠다는 사실, 우리에게는 아직 계급과 계급 간의 화해 불가능한 반목도 없고, 유럽에서와 같은 그런 원한에 찬 당파들, 즉 화합과 형제애에 대한 이겨낼 수 없는 장애가 되고 있는 그런 당파들도 없다는 사실, 그리고 마지막으로, 우리에게는 그 누구도 타고나지 않은 용기가 있는바, 다른 민족에게는 절대로 불가능한 어떤 일이 우리 모두에게 닥친다면, 이를테면, 우리의 모든 결점 및 인간의 고상한 본질을 폄하하는 모든 것을 일거에 제거해야만 하는 그런 일이 닥친다면, 우리는 제 몸의 고통을 느끼면서도 1812년에 재산을 아까워하지 않고 집과 땅을 불태웠듯이, 우리를 모욕하고 우리를 훼손시키는 모든 것을 물리치기 위해 물불을 가리지 않고 앞을 다투어 내달릴 것이며, 그런 순간에는 온갖 다툼과 미움과 반목은 잊혀지고 형제는 형제의 가슴에 매달릴 것이며 전 러시아는 한 사람처럼 될 것이라는 사실 등입니다. 바로 이 점에 근거하여 그리스도의 부활 축일이 다른 민족에게서보다 우리에게서 먼저 경축될 거라는 말을 할 수가 있는 것입니다. 제 영혼이 저에게 이 점을 확실하게 말하고 있습니다. 이것은 머릿속에서 고안된 생각이 아닙니다. 그런 생각은 고안될 수가 없는 법입니다. 그것은 하느님께서 서로 본 적도 없고 각각 다른 곳에서 살고 있는 많은 사람들의 가슴속에 일시에 불어 넣어주는 생각으로 한 사람의 입에서 발설되듯 동시에 발설됩니다. 저는 확실히 압니다, 비록 제가 모르는 사람이지만 이것을 믿고 또 "다른 어느 나라보다 우리나라에서 먼저 그리스도의 부활 대축일이 경축될 것이다!"라고 말하는 사람이 러시아에는 여러 명 있다는 것을요.

문학적인, 너무나 문학적인

니콜라이 바실레비치 고골(Nikolai Vasil'evich Gogol')은 1842년 《죽은 혼》(*Mertvye dushi*)을 출간한 뒤 두 가지 일에 전념했다. 하나는 《죽은 혼》 제2부를 집필하는 것이고 다른 하나는 자신의 종교적·도덕적·미학적 입장을 어떤 식으로든 분명하게 표명하는 일이었다. 전자가 실패와 좌절 속에서 지루할 정도로 오랫동안 저자를 괴롭혔다면, 후자는 1847년 출간된 《친구와의 서신 교환선》(*Vybrannye mesta iz perepiski s druz'iami*)에서 그 결실을 보았다. 고골이 이 책을 쓰게 된 동기는 무엇보다도 1840년의 투병생활이라 할 수 있다. 우울증과 신경쇠약으로 거의 죽음의 문턱까지 갔다가 기적적으로 소생한 고골은 그때부터 열광적으로 하느님을 찬미하면서 하느님의 뜻을 전달하는 의무를 스스로에게 지웠다. 병상에서 일어난 그는 이바노프(A. A. Ivanov)에게 쓴 편지에서 자신의 심경을 이렇게 고백했다.

> 저는 건강합니다… 병마로부터 저를 부활시켜주신 하느님의 기적적 권능 덕분에 말입니다. 너무도 많은 기적들이 저의 생각과 삶 속에서 실현되었습니다.

그는 자신이 하느님의 은총 속에서 거듭나게 된 것에 보답하는 의미에서 사람들에게 무엇인가 유익한 책을 쓰고자 했고 그렇게 해서 탄생한 것이 바로 《교환선》이었던 것이다. 《교환선》의 출간을 앞두고 출판업자인 플레트뇨프(P. A. Pletnev)에게 보낸 편지는 이 점을 뒷받침해 준다.

> 이 책은 모든 이를 위해 필요합니다. 저는 제 가슴과 하느님의 자비가 그렇게 말씀하시는 것을 들었습니다. 이 책을 준비하면서 저는 하느님의 이름으로 행동했습니다. 저는 하느님의 거룩한 이름으로 펜을 들었던 것입니다.

고골은 서문에서 자신의 이전 작품들이 무분별하고 무가치했다는 점을 인정한 뒤 그 죄값음으로 이 책을 쓰게 되었노라 밝혔다. "나는 작가이고 또 작가의 책무란 것이 독자의 지성과 취향을 기분 좋게 사로잡는 데만 있는 것은 아니다. 만약에 작가의 작품이 영혼에 유익한 것을 아무것도 유포시키지 못한다면, 그리고 인간에 대한 아무런 교훈도 남기지 못한다면 그는 문책을 피할 수 없을 것이다"라는 것이 고골 스스로가 제시한 이 책의 존재 의의였다. 그는 지인들에게 보냈던 편지 중 사람들에게 교훈이 될 만한 것들을 선별한 뒤, 수정을 거치고 거기에 몇 편의 문학평론을 새로 써서 덧붙임으로써 이 책을 완성했다. 이 책에 수록된 서한들은 문학, 연극, 회화에서부터 교회, 성직자, 러시아의 관료제도, 농노제도, 사법제도, 여러 가지 당대 사회문제, 여성문제 등에 이르기까지 매우 다양한 소재를 다루고 있지만 모든 서한에 일관되게 흐르는 것은 저자의 열렬한 신앙심이다.

이렇게 씌어진 《교환선》은 그러나 거의 추문에 가까운 엄청난 분노와 비난을 불러일으켰다. 이 책은 말이 '서신 교환선'이지 사실상 러시아 전 계층에게 보내는 일방적 설교문이라 할 수 있다. 그것은 《검찰관》(*Revizor*), 《외투》(*Shinel'*), 《죽은 혼》의 저자가 쓴 책이라고는 도저히 믿어지지 않을 정도로 비문학적이며 작가나 평론가의 음성이 아닌 광신적 전도사의 음성으로 가득 차 있다. 불명료한 구문, 이유 없이 길고 복잡한 문장, 끝없는 동어반복, 황당한 수사는 이 책의 독서 자체를 고통스럽게 만든다. 게다가 그리스도교적 겸손과 형제애를 호소하는 작가의 말 이면에서는 수시로 교만과 자기도취와 기괴한 가학성이 꿈틀거리고 있어 당대에나 오늘날에나 대부분의 독자들이 이 책에 분노와 조롱으로 반응하는 것은 어찌 보면 너무도 당연하게 여겨진다. 사람들은 푸쉬킨(A. S. Pushkin)이 사망한 후 러시아 문단의 주역으로 숭앙받아온 위대한 고골이 어쩌다가 이런 '참담한 실패작'을 쓰게 되었는가에 대해 억측을 늘어놓았다. 일부 사람들은 고골이 미쳤고, 그를 미치게 한 원흉은 그의 정신적 아버지인 마트베이 콘스탄티노프스키(Matvei Konstantinovskii) 신부라고 지목했다. 어느 날 마치 죽음의 사자처럼 시꺼먼 수염을 휘날리며 고골 앞에 불쑥 등장한 이 수상쩍고 불쾌한 정교회 사제는 1840년대 이후 고골의 삶에 깊숙이 관여하면서 그에게 다소 지나치다 싶은 그리스도교 사상을 주입시킨 장본인이었으므로 이러한 추측에는 어느 정도 일리가 있었다. 다른 한편에서는 고골이 정부에 아첨하여 재정적 원조를 받기 위해 그랬다고, 심지어 황제의 비위를 맞춤으로써 황태자의 가

정교사 자리에 들어앉을 속셈으로 그랬다고 해석했다. 이런 와중에서 고골이 가장 견디기 어려웠던 것은 그가 완전히 전향했다는 비난이었다. 이전의 진보적이고 박애주의적인 대작가 고골이 스스로와 독자를 배신하고 변절자가 되어 보수 어용으로 전향했다는 비난은 사실 당대 비평계의 현실에 미루어 볼 때 당연한 것이었다. 《검찰관》이나 《외투》를 현실을 고발하는 비판적 리얼리즘으로 읽었던 사람들에게 현실을 있는 그대로 수용하고 하느님의 말씀에 따라 살라고 외치는 고골은 혐오스러운 변절자 이상의 아무것도 아니었다.

사실 위대한 예술가가 원숙기에 접어들어 집필한 이 참담한 실패작은 실패작임에도 불구하고, 아니 실패작이기 때문에 그동안 꾸준히 독자와 비평가들의 주목을 받아왔다. 《교환선》에 대한 해석은 크게 부정적 방향과 긍정적 방향으로 양분되었는데(부정적 방향이 물론 압도적이었다), 전자를 대표하는 인물은 당대 비평계를 지배하던 벨린스키(V. Belinskii)였다. 진보적 사상가였던 벨린스키는 고골의 책이 무엇보다도 진리와 인간 존엄성에 대한 모욕이라고 해석했다. 그는 저 유명한 〈고골에게 보내는 편지〉(*Pis'mo k N. V. Gogoliu*)에서 고골이 "종교와 채찍의 비호 아래 거짓과 부도덕을 마치 진리와 미덕인 양 선전하는" 부류에 속하는 "채찍의 설교자, 무지의 사도, 반계몽, 반문화의 지지자, 타타르적 관습의 찬미자"라고 혹평하면서 그의 책에서는 "진실한 그리스도의 가르침이 아니라 죽음과 악마와 지옥의 병적인 공포의 냄새"가 난다고 못박았다. 그는 또 대중은 '나쁜 책'은 기꺼이 용서하지만 '유해한 책'은 결코 용서하지 않을 것이라고 경고하면서 그런 책을 펴낸 '중대한 죄'를 보상하기 위해 새로운 책을 쓸 것을 촉구했다.

벨린스키의 비판은 당대 독자의 반응을 대변하는 것으로서 뱌젬스키(P. Viazemskii), 그리고리예프(A. Grigoriev) 등의 몇몇 문인들이 쓴 다소 우호적 평가를 제외하면 대부분의 평가는 벨린스키의 논조를 따랐다. 이러한 경향은 20세기에 들어와서도 고골을 비판적 리얼리즘의 맥락에서 이해하는 일부 연구자들에게 그대로 계승되어 기피우스(V. Gippius)는 《교환선》이 "고백과 훈계와 예언의 집적물"이며 "전제정치와 농노제도에 대한 옹호"라고 비난함으로써 《교환선》에 대한 부정적 해석의 전통을 더욱 공고히 해주었다. 벨린스키나 기피우스처럼 호전적이지 않은 비평가들도 《교환선》에 대한 언급을 가급적 회피하거나 우연히 씌어진 천재작가의 졸작정도로 취급함으로써 이러한 전통에 암묵적으로 가담했다. 특히 구소련의 비평가들에게 신을 찬미하는 《교환선》은 논평할 가치조차 없는 책이었다.

반면, 이와는 정반대의 해석은 20세기 초엽에 상징주의자들이 고골의 작품을 비판적 리얼리즘이 아닌 환상과 영성의 차원에서 재해석함으로써 활성화되기 시작했다. 모출스키(K. Mochul'skii)나 세츠카료프(V. Setchkarev) 같은 그리스도교적 비평가들에게 《교환선》은 고골의 말 그대로 매우 '유익한' 책이었다. 모출스키는 고골의 일생을 그리스도교 신앙의 맥락에서 훑어본 다음 《교환선》을 한 위대한 예술가가 영적인 행로의 절정에서 집필한 숭고한 작품이라 간주했다. 그는 《교환선》에 나타난 "윤리적 독창성"과 "도덕적 의식의 강도"를 높이 평가하면서 이 책이야말로 "종교적·도덕적 이데올로기의 조화롭고 완결된 시스템"이라 정의 내렸다. 그리고 이렇게 숭고한 작품의 저자인 고골은 "영성문화의 전일성과 그것의 종교적 근거, 교회 공동체를 기반으로 한 인간사회 건설, 내적 계몽을 통한 세계의 변형, 정부의 체계적 조직, 그리고 최고 권력의 신비한 특성"을 설파하는 '예언자'로 부각되었다. 고골이 주장하는 신앙을 액면 그대로 받아들인 모출스키 계열의 평가가 벨린스키 계열 못지않게 편파적이라면 양자의 중도적 입장에서 《교환선》을 옹호하는 평론들도 상당수 씌어졌다. 젤딘(J. Zeldin), 맥과이어(R. Maguire) 같은 연구자들은《교환선》의 단점들은 인정하면서도 그 문학적 의의를 긍정적으로 평가했다. 그들에게 《교환선》은 인간 고골의 솔직한 의사소통의 결과였다. 졸코프스키(A. Zholkovskii) 또한 《교환선》이 "잘못 씌어진 책"(*mis-written book*) 임에는 틀림없으나 어쨌든 그것은 소설적 담론과 이데올로기적 담론의 혼합이라고 하는 매우 러시아적 현상을 정당화시켜주는 최초의 시도라는 데 그 의의가 있다고 논평했다.

이토록 다양한 시각에서 논의되어온 《교환선》은 어쨌든 흥미로운 책임에 틀림없다. 사실 《교환선》은 그 내용의 옳고 그름을 떠나 그것이 불러일으킨 스캔들 때문에라도 독자의 흥미를 끈다. 《교환선》은 정말로 '잘못 씌어진 책'인 것일까? 벨린스키의 지적처럼 정말 그토록 유해한 책인 것일까? 어떤 점 때문에 그런 것일까? 그렇다면 고골 같은 위대한 작가가 왜 그런 책을 썼을까? 그는 정말로 미쳤던 것일까? 《교환선》과 이전의 창작소설이나 희곡 사이에는 그토록 깊은 심연이 존재하는 것일까? 이런 의문에 답하기 위해서 우선 고골의 생애를 한 번 되짚어 보기로 하자.

고골은 1809년 3월 20일(구력) 소러시아(현재의 우크라이나) 폴타바 현 미르고로드 군의 벨리키 소로친치에서 태어났다. 아버지는 중산층 지주였고 어머니는 신심이 깊은 가정주부였다. 아버지는 지주로서의 능력은 거의 없는 유약하고 몽상적 인물로 예술가적 기질만큼은 남보다 두드러져 가족극장 무대를 위한 각본도 쓰고 연출을 하기도 했다. 반면 어머니는 허영심과 자기현시 욕구가 강하면서도 가족의 일거수일투족에 하느님의 이름을 들먹일 정도로 그리스도교 신앙에 광적으로 집착했다. 일부 전기작가에 의하면 그녀는 고골이 어린 시절부터 정신상태가 상당히 불안했다고 한다. 실제로 고골이 훗날 작가로서 명성을 떨치게 되자 가뜩이나 신경이 예민하던 그녀는 극도로 흥분해 자기 아들이 사실은 증기기관차를 발명한 장본인기도 하다고 떠들고 다니는가 하면 고골의 이름으로 소설을 써서 출판사에 보내기도 했다. 아버지의 예술가적 기질, 그리고 어머니의 그 못지않게 '예술적' 과대망상과 광신이 고골에게 영향을 미쳤을 거라는 데는 의심의 여지가 없다.

1818년에 그는 남동생 이반(그는 1820년 여름에 사망했다)과 함께 폴타바 초등학교에서 수학했고 1821년에는 네진에 새로 설립된 김나지움에 입학했다. 여기서 다방면에 걸친 그의 재능은 유감없이 발휘되었다. 그는 바이올린 수업을 받았고 그림에 지대한 관심을 보였으며 배우로서 활약했다. 그는 특히 코믹한 역을 잘 소화했는데 여장을 하고 폰비진(D. Fonvizin)의 희극 《미성년》(Nedorosl') 에 나오는 프로스타코바 부인 역을 연기했을 때는 갈채를 받았다고 전해진다. 그는 또한 여러 가지 문학 장르에도 손을 대어 비극이니, 역사적 서사시니, 풍자 희극 등을 습작했다. 그러나 당시 문학이 그를 사로잡았다고 보기는 어렵다. 그는 장래가 불확실한 문인보다는 정부관리가 되어 입신출세하려는 야망을 가슴속에 품고 있었다. 당시 그와 알고 지냈던 사람들의 회고에 의하면 고골은 이때부터 매우 복잡하고 독특한 성격을 내보이곤 했다고 한다. 우스꽝스러운 역할을 신들린 것처럼 연기하는가 하면 며칠씩 침묵하며 우울해하기도 하고 이유 없는 죄의식과 자괴감에 사로잡히는가 하면 자만심에 들떠 허풍을 떨기도 했다.

1828년 김나지움을 졸업한 그는 그해 12월 청운의 꿈을 안고 수도 페테르부르크로 상경했다. 그러나 시골 출신의 풋내기에게 수도 생활은 만만치가 않았다. 그가 그토록 원했던 관리의 길은 요원하기만 했고 눈이 핑핑 돌도록 빠르게 돌아가는 수도의 삶은 우크라이나의 아름다운 자연에 익숙한 그의 넋을 뒤흔들어 놓았다. 고골은 상경한 이듬해에 알로프(V. Alov)란 필명으로 《한스 큐헬가르텐》(*Gants Kiukhel'garten*)이란 장편 서사시를 자비로 출판했다. 국내외 낭만주의 작가들을 모방한 이 작품은 미숙한 습작에 불과했지만 자신의 처녀작에 건 고골의 기대와 자부심은 대단했다. 그리하여 냉랭하다 못해 조소적인 평단의 반응에 고골은 너무도 큰 상처를 입었다. 그는 1829년 7월 판매가 안된 책들을 모두 회수해 불태워버리고 외국으로 홀연히 떠났다가 9월 말 귀국했다. 귀국 후 그는 배우로서 데뷔하려 노력했으나 그것마저도 실패로 돌아갔다.

고골은 1829년 말 천신만고 끝에 내무성에 자리를 얻어 1831년 3월까지 근무했다. 말단관리의 고달픈 삶은 그가 꿈에 그리던 화려한 고관의 생활과는 거리가 먼 것이었다. 그는 좌절감을 달래기 위해 다시 창작에 손을 대었고 우크라이나 민속을 소재로 한 단편소설을 잡지에 게재하는 데 성공했다. 그것을 계기로 그는 주코프스키(V. Zhukovskii), 플레트뇨프, 델비그(A. Del'vig) 같은 문단의 명사들과도 알음알이를 트게 되었다. 특히 1831년 5월 플레트뇨프가 베푼 야회에서 당대 최고의 시인 푸쉬킨과 알게 된 것은 그에게 있어 일생일대의 행운이었다. 푸쉬킨은 고골의 일생에 가장 큰 영향력을 미쳤으며 고골의 천부적 재능을 일찌감치 감지하여 그를 물심양면으로 격려해주었다.

고골은 1831년 어린 시절에 귀동냥한 우크라이나 민담과 전설을 토대로 하여 몇 편의 단편을 쓰고 그것을 묶어서 《지칸카 근교 야화》(*Vechera na khutore bliz Zikan'ki*)라는 제목으로 발표하고 이듬해에는 제 2부를 발표했다. 《지칸카》는 고골에게 즉각적인 명성을 가져다주었다. 고골은 이 책을 통해 우크라이나 민중의 풍습과 삶의 방식, 그리고 예술을 생생하게 보여줌과 동시에 그 한계를 넘어 낭만주의의 지평을 넓혀주었을 뿐만 아니라 독특한 글쓰기의 전범을 제시했다는 평가를 받았다. 《지칸카》는 고골이 작가로 성장할 수 있는 발판이 되어주었음은 물론이거니와 좌절감과 자괴감에 빠져있던 그를 심리적으로 구원해 준 생명의 묘약이기도 했다.

《지칸카》는 또한 고골에게 평생지우를 만날 수 있는 계기를 마련해 주기도 했다. 고골은 대체로 여성을 두려워하는 편이었고 그래서인지는 몰라도 독신으로 생애를 마감했다. 일부 전기작가가 주장하는 대로 그가 정말로 동성애자였는지 성불능자였는지 여부는 확인할 길이 없으나 좌우간 그에게 여성은 멀기만 한 존재였다. 《타라스 불바》(*Taras Bul'ba*)를 제외하고는 고골의 전 작품을 통해 아름답고 진지하고 '정상적인' 남녀간의 사랑이 그려진 적은 한 번도 없다는 사실은 이 점을 뒷받침해 준다. 그런 고골에게 예외적 여성이 있었으니 그녀는 바로 알렉산드라 스미르노바(Aleksandra Smirnova) 부인이었다. 고골은 1832년에 자신의 책 《지칸카》를 당시 사교계의 꽃이었던 스미르노바 부인에게 보냈고 그것을 받은 부인은 적극적으로 화답했다. 그리하여 두 사람 사이에는 평생 지속될 우정의 싹이 움트게 되었다. 명문 귀족출신의 아름다운 이 부인은 황실과 문단을 오가며 사귄 명사들을 고골에게 소개하기도 하고 고골을 위해 황제를 알현하는 친절을 베풀기도 했다. 고골은 그녀와 무수한 편지를 주고받았으며 그 편지들 중 여러 편이 《교환선》에 수록되었다.

이 시기의 고골의 삶을 논하면서 빼놓을 수 없는 것은 그가 1834년에 페테르부르크 대학 역사학부 조교수로 임명되었다는 사실이다. 역사를 전공으로 하지 않은 것은 물론이거니와 아예 대학교육이란 것조차 받은 적이 없는 이 애송이 작가가 어떻게 명문대학의 교수가 될 수 있었는지는 오로지 신만이 아실 것이다. 그의 강의를 수강한 학생 중에는 투르게네프(I. Turgenev)도 있었는데 수강생들은 하나같이 그가 '형편없는 교수'였다고 입을 모았다. 작달막한 키에 우스꽝스러우면서도 어딘지 내숭스러워 보이는 이 젊은 교수는 무척 많은 자료를 가지고 들어와서는 자료에서 눈을 떼지 않은 채 계속해서 자기만 알 수 있는 무슨 말인가를 웅얼거리다가 가끔씩 이유 없이 키득키득 웃곤 했다는 것이다. 다행스럽게도 이 그로테스크한 환상과도 같은 사건은 1년 뒤 고골이 자의반 타의반 사임함으로써 일단락 지어졌다.

교수직에서 물러난 고골은 이제 명실상부한 작가로서 오로지 창작에만 전념할 수 있었다. 1835년에 발표된 그의 두 번째 작품집 《미르고로드》에는 우크라이나를 배경으로 하는 네 편의 중단편이 실려 있다. 〈옛 기질의 지주〉(*Starosvetskie pomeshchiki*)는 우크라이나 소지주들의 삶을 목가적으로 그리고 있지만 그 목가적 삶을 한 꺼풀 들추어 보면 거기에는 끔찍한 범속성이 도사리고 있음을 보게 된다. 여기 선량한 부부가 있다. 그들은 한평생 서로를 사랑하며 곱게 늙어간다. 그들의 유일한 소일거리는 먹는 일이다. 늙어 죽을 때까지 사이좋게 먹고 자는 이 부부의 삶이 보여주는 것은 부부애나 선량함의 미덕이 아니라 부조리 연극에서나 만나볼 법한 일상의 진부함이다.

〈이반 이바노비치와 이반 니키포로비치가 싸운 이야기〉(*Povest' o tom kak possorilsia Ivan Ivanovich s Ivanom Nikiforovichem*) 또한 범속성을 주제로 한다는 점에서 끔찍한 소설이다. 미르고로드의 두 지주 이반 이바노비치와 이반 니키포로비치는 절친한 친구들이다. 그러나 어느 날 사소한 언쟁이 발단이 되어 그들은 원수가 되고 원수로 늙어간다. 그들의 삶에서 드러나는 것은 지루하고 범속하고 속악한 일상성이다.

《타라스 불바》는 《미르고로드》에 실린 네 편 중 가장 긴 작품으로 작품의 성격 또한 나머지와 판이하게 다르다. 《타라스 불바》의 배경은 17세기 우크라이나로 카자크 군의 대장인 불바와 그의 두 아들 안드리와 오스타프가 주인공이다. 영웅호걸 불바는 폴란드 군과의 전쟁을 승리로 이끌어 가지만 폴란드 사령관의 딸과 사랑에 빠진 안드리는 조국과 가족을 배신하고 폴란드 군의 장수가 된다. 불바는 배신자 아들을 직접 처단하고 얼마 후 자신도 처형장의 이슬로 사라진다.

아름다운 자연묘사, 애절한 러브 스토리, 장엄하고 비극적 서사시 등은 이 작품을 고골의 다른 작품들과 뚜렷이 구분해 준다. 비평가들 사이에서 가장 비(非)고골적 작품이라 평가되는 이 소설은 그러나 고골의 천재성의 감춰진 일면을 드러내준다는 점에서 매우 흥미롭다. 마지막으로 〈비이〉(*Vii*)는 마녀가 신학생에게 복수하는 내용을 담고 있는데 우크라이나의 민속적 정취와 함께 섬뜩한 공포를 불러일으킨다.

고골은 같은 해에 수도 페테르부르크를 배경으로 하는 세 번째 작품집을 발표했다. 《아라베스키》(*Arabeski*)라는 제목의 이 작품집에는 〈광인일기〉(*Zapiski sumasshedshego*), 〈초상화〉(*Portret*), 〈네프스키 대로〉(*Nevskii prospekt*) 등 세 편의 작품이 수록되었다. 〈광인일기〉는 상류사회에 대한 동경과 상처받은 자존심 사이에서 갈등하다 마침내 발광하고 마는 하급관리 포프리시친의 비극적 이야기를 담고 있는데 여기서 묘사되는 환상과 현실의 공존은 사실상 페테르부르크를 배경으로 하는 모든 작품들, 이른바 '페테르부르크 산문'에 일관되게 나타난다.

〈초상화〉는 진정한 예술의 문제를 환상적 필치로 개진한다. 가난한 화가 차르트코프는 우연히 낡은 초상화 한 점을 구입한다. 어딘지 괴기한 느낌을 주는 이 초상화의 액자에 숨겨져 있던 거액의 금화를 발견한 차르트코프는 그때부터 타락의 길을 걷게 된다. 그는 돈으로 재능과 명예를 거머쥐게 되지만 어느 날 자신의 친구가 진정한 재능과 영감의 붓으로 그린 그림을 보고는 질투와 회한에 사로잡혀 발광한다.

〈네프스키 대로〉에서는 무명화가 피스카료프의 비극이 그려진다.

네프스키 대로에서 천상의 미모를 지닌 여인을 만난 그는 그 아름다움과 순결함에 매혹되어 그녀의 뒤를 따라간다. 그러나 그녀는 창녀라는 것이 밝혀지고 피스카료프는 그녀를 구원하기 위해 청혼까지 하지만 그녀는 오히려 그러는 피스카료프를 조롱한다. 상심한 피스카료프는 자살로 생을 마감한다. 《아라베스키》의 주인공들은 모두 화려한 도시 페테르부르크에서 심각한 정체성 위기를 체험하다가 결국 광기 속에서 죽어간다는 공통점을 갖는다.

1836년에 발표된 《코》는 고골식의 환상이 극치에 이른 작품이다. 코발료프 소령은 어느 날 아침 자신의 코가 없어졌다는 사실을 깨닫고는 경악한다. 이발사의 빵 속에서 발견된 코는 고위관리를 사칭하며 온갖 장난을 다 치다가 어느 날 갑자기 코발료프 소령의 얼굴로 되돌아온다. 이 엉뚱한 이야기는 모든 인과율(因果律)의 고리를 끊어버림으로써 독자를 기괴한 혼돈의 세계로 인도한다.

몇 해 뒤에 씌어진 《외투》는 겉보기에 황당하기보다는 박애주의적 이야기처럼 여겨지지만 그것 역시 기괴하기는 마찬가지다. 가난한 하급관리 아카키 아카키예비치는 어렵사리 모은 돈으로 새 외투를 장만한다. 그 외투를 강도에게 잃어버리자 그는 너무도 상심한 나머지 죽게 되고 죽은 후에도 한 맺힌 유령이 되어 페테르부르크에 출몰한다. 벨린스키 유의 비평가들은 이 이야기가 가난한 사람에 대한 자비와 동정을 불러일으킨다는 이유에서 고골을 박애주의(博愛主義) 문학의 선봉으로 추켜세웠다. 그러나 주인공은 동정을 유발시키기에는 지나치게 비인간적으로 그려져 있고 이야기 전체는 박애주의로 설명되기에는 너무도 그로테스크하다.

《검찰관》은 한마디로 말해서 사기꾼이 사기꾼들을 상대로 사기치는 이야기이다. 타고난 거짓말쟁이 흘레스타코프는 도박 빚을 못 갚는 바람에 어느 마을의 여관에 묶여있게 된다. 그 마을의 썩을 대로 썩은 관리들은 그를 수도에서 은밀히 파견된 검찰관으로 오인하고 그에게 온갖 아부와 뇌물을 다 바친다. 흘레스타코프가 떠나자 관리들은 사실을 알게 되지만 그 순간 진짜 검찰관이 도착한다. 이 희곡은 1836년에 수도와 모스크바에서 초연되었는데, 이 작품을 현 체제에 대한 신랄한 비판이라 보는 보수적 관객들은 분통을 터뜨렸고, 진보적 지식인들은 이 작품이야말로 제정 러시아 현실을 비판하고 고발한 작품이라며 쌍수를 들어 환영했다. 비판이나 고발 같은 거창한 의도를 품고 있지 않았던 고골은 상처 입은 가슴과 혼란스러운 머리를 가지고서 러시아를 떠나 외국 여행길에 올랐다. 독일, 스위스, 이탈리아, 프랑스를 전전하던 그는 1837년 로마에 정착했다. 로마는 그의 지친 심신에 안식을 주었다. 이후 그는 몇 차례 더 외국을 여행하고 간혹 러시아를 방문하기도 했지만 1848년 영구 귀국할 때까지 주로 로마에 거주했다. 《외투》와 《죽은 혼》을 집필한 것도 로마에서였다.

고골의 유일한 장편소설이자 그에게 대문호의 명성을 확고하게 안겨준 《죽은 혼》은 1842년에 출간되었다. 고골은 1835년 가을에 집필을 시작하여 1841년에 탈고했으니 꼬박 6년의 세월이 걸린 셈이다. 이 소설은 원래 단테(Dante Alighieri)의 《신곡》(*Divina Commedia*)을 모델로 하여 지옥편, 연옥편, 천국편으로 구상되었으며 1842년에 출간된 원고는 지옥편에 해당하는 제 1부였다. 이 소설의 주인공은 협잡꾼 치치코프로 그는 죽었지만 서류상으로는 살아있는 농노(農奴)

를 구매하여 그것을 담보로 일확천금을 챙기려는 원대한 포부를 품고 러시아 전역의 지주들을 방문한다. 그 과정에서 농노제 러시아의 치부가 드러나며 인간성의 가장 천박한 일면들이 차례차례 노출된다. 이전 작품에서와 같은 환상성은 부재하지만 암울한 현실을 그리는 데 사용된 유머와 골계(滑稽)와 해학(諧謔)과 기지(機智)와 온갖 수사적 장치들의 휘황찬란한 팔레트는 고골의 천재성이 절정에 이르렀음을 보여준다.

이후 고골은 수 차례 그를 강타한 지독한 병마와 싸우면서도《죽은 혼》제 2부의 집필에 몰두했다. 1840년에 거의 죽었다가 살아난 그는 1845년 봄에 또다시 심각한 신경쇠약 증세를 보이며 무력감에 빠져들었다. 종교와 윤리의 문제가 그를 사로잡았고 온갖 수상쩍은 광신자들이 그의 주변을 어슬렁거렸다. 특히 1842년경에 파리에서 알게 된 광신적 신비주의자 톨스토이(A. P. Tolstoi)는 이후 고골의 삶에 막대한 영향력을 행사했다. 고골은 죽을 때까지 그와 수없이 많은 편지를 주고받았으며 그 중 일부는《교환선》에 수록되었다. 고골이 종교에 심취할수록 작가로서의 소명의식은 점점 더 커졌지만 그와 더불어 자신의 능력에 대한 회의 또한 점점 더 커졌다. 그는《죽은 혼》제 2부에서는 회개한 치치코프를 통해 인류에게 구원의 메시지를 보낼 생각이었다. 그러나 지옥의 묘사에서 신들린 듯 춤추었던 작가의 펜은 연옥에 해당하는 후속편에서는 어쩐 일인지 좀처럼 움직일 줄 몰랐다. 사기꾼, 허풍쟁이, 협잡꾼, 거짓말쟁이를 묘사하는 데 가히 천재적이었던 작가에게 천사 같은 인간은 아무리 기를 써도 포착할 수 없는 신기루였다. 고골의 심신은 점점 쇠약해져 갔고 자신이 쓴 글에 대한 불만은 점점 더 커져갔다. 1845년 여름, 그는 로마에서 수년간 썼다 지웠다를 반복하며 가까스로 완성한 제 2부의 원고를 모두 소각했다.

1847년 《교환선》이 유발시킨 추문은 고골을 더욱 고통스럽게 했다. 그러나 그는 《교환선》에 쏟아진 비방의 화살을 꿋꿋이 견뎌냈으며 순교자처럼 의연하게 고통을 감내했다. 그는 자신의 책이 비록 미비한 점은 있을지라도 어쨌든 필요한 책이라는 주장을 조금도 철회하려 들지 않았다. 1848년 2월에 예루살렘으로 성지순례를 떠났던 고골은 그해 4월 러시아로 영구히 귀국했다. 고향인 바실레프카에도 다녀오고 오데사와 페테르부르크를 방문하기도 했지만 대부분의 시간은 모스크바에서 보냈다. 그는 성지순례 이후 더욱 강력해진 신앙심과 도덕심으로 재무장하고 다시 《죽은 혼》의 제 2부에 매달렸다. 그는 필사적이었지만 작업속도는 느리기만 했다. 그는 기도하고 단식했으며 또 기도하고 또 단식했다. 러시아 작가들 중 아마도 가장 음식을 사랑했던, 그리고 가장 많이 먹었던 그에게 단식은 정화와 속죄의 지름길이었다. 하느님의 음성을 들으려는 절박한 심정으로 그는 1850년 6월과 1851년 9월 옵티나 푸스틴 수도원을 방문하여 승원관장을 비롯한 당대의 유명한 수도자들과 친교를 맺었다. 그러나 저주받은 제 2부는 고골의 영혼에 안식을 주지 못했다.

마침내 1852년 1월 말, 위기의 조짐이 보이기 시작했다. 가뜩이나 불안했던 그의 신경은 이제 거의 끊어지기 일보 직전까지 갔다. 무시무시한 예감이 그를 엄습했다. 때에 맞춰 마트베이 신부가 염라대왕처럼 그를 방문했고 두 사람은 방문을 걸어 잠근 채 무언가를 한동안 쑥덕거렸다. 그들의 면담내용은 아직까지 밝혀지지 않았지만 마트베이 신부가 그 자리에서 고골에게 그동안 썼던 제2부의 원고를 소각하라고 했을 것이라는 게 일반적 추측이다. 고골은 2월 7일 고백성사를 받고 영성체를 했다. 2월 11일 밤에는 거의 완성단계에 도달한 제2부의 원고를 소각했고 다음 날부터 또다시 단식—나보코프(V. Nabokov)의 표현을 빌려 말하자면 "악마를 상대로 한 개인적 단식투쟁"—에 들어갔다. 주변의 무식하고 무정한 의사들은 피를 정화시키려면 이른바 '민간요법'을 써야 한다며 엄동설한에 그를 발가벗긴 채 얼굴에 거머리를 한 줌 올려놓았다. 과도한 단식으로 뼈만 앙상하게 남은 작가는 발버둥치며 코끝에서 스멀거리는 거머리를 치워달라고 애걸복걸했다. 고골의 작품 전체를 통틀어도 이보다 더 엽기적 장면은 없을 것이다. 2월 21일 고골은 마침내 눈을 감았다. 더 이상의 단식도, 더 이상의 거머리와의 사투도 없었다. 그의 얼굴에는 모든 고통이 끝났음을 알리는 희미한 미소가 감돌았다.

고골이 죽은 지 150년도 넘게 지났지만 그에 대한 연구는 여전히 활발하게 진행되고 있다. 그에 대한 초기 비평은 대부분이 '리얼리즘', '국민문학', '현실비판' 등의 몇 가지 기본적 개념을 축으로 전개되었다. 이러한 비평방향을 정착시킨 사람은 벨린스키였다. 러시아 문단의 척박함을 개탄하던 그는 《아라베스키》와 《미르고로드》를 읽고는 고골이야말로 진정한 국민문학 창조의 주역이라고 환호성을 올렸다. 벨린스키 계열의 비평가에게 고골의 작품은 부패하고 타락한 제정 러시아의 사회상을 폭로하고 억압받는 민중에 대한 동정을 촉구하는 데 목적이 있다고 여겼으며 고골은 위대한 리얼리스트이자 휴머니스트로 간주되었다. 이런 식의 해석은 20세기에 들어와서까지도 어느 정도 영향력을 발휘하여 일부 연구자들은 아직도 고골의 작품을 농노제, 관료제도 등으로 특징되는 당대 지배구조에 대한 저항으로 해석하고 있다.

한편, 그러한 리얼리즘 신화에 정면으로 도전하는 일군의 비평가들이 등장했다. 19세기에 이미 체르니셰프스키(N. Chernyshevskii), 벤게로프(S. Vengerov) 같은 사람들은 고골의 리얼리즘에 대해 회의를 표명했다. 체르니셰프스키에게 있어 고골은 사회 표면에 드러난 몇 가지 고립된 사실만을 제시했을 뿐, 그 저변에 깔린 거대한 기저 패턴은 무시한 작가였다. 벤게로프 또한 고골은 러시아적 현실을 직접적으로는 거의 몰랐다고 단언했다. 그러나 고골의 리얼리즘을 전격적으로 부정하고 그의 비현실적이고 그로테스크한 세계에 초점을 맞춘 것은 상징주의자들이었다. 그들은 특히 사실적이며 동시에 비사실적 세계를 창조하는 고골의 특수한 재능을 부각시킴으로써 고골을 환상문학의 아버지로 변모시켰다.

세 번째 비평의 유형은 고골의 그 독창적 문체에 주목한다. 에이헨바움(B. Eikhenbaum), 비노그라도프(V. Vinogradov), 티냐노프(Iu. Tynianov) 등 당대의 쟁쟁한 형식주의자들은 모두 고골의 언어와 문체가 갖는 특이성을 어떻게든 학문적으로 규명하려 시도했다. 그 중에서도 특히 에이헨바움은 '소리의 의미론'이라고 하는 특수한 개념을 발전시켜 고골 비평의 전기를 마련했다. 그는 《외투》에 사용된 문장들이 논리적 발화의 원칙이 아닌, 발음되는 소리, 음성모사, 음성 제

스처 등이 특수한 기능을 담당하는 표현적 발화의 원칙에 따라 배열되며 그러한 현상이야말로 고골식 담론의 특징을 지탱하는 원천이라고 주장했다.

네 번째 유형은 심리학적 혹은 프로이트적 방법이라 할 수 있다. 19세기 말부터 의학, 심리학, 정신분석학이 발달함에 따라 이들 학문의 시각에서 고골을 해석하려는 경향이 태동되었는데 이 경향에 속하는 비평가들은 고골의 심리 및 심리형성의 주 인자인 어린 시절, 특히 부모와의 관계를 주축으로 논지를 전개시켰다. 예를 들어, 오프샤니코쿨리코프스키(D. Ovsianiko-Kulikovskii)는 고골의 작품에서 자아 중심성을, 그리고 바제노프(V. Bazenov)는 고질적인 순환성 정신질환을 각각 추적해 내었다. 또한 프로이트 학파의 정신분석학자인 예르마코프(I. Ermakov)는 고골이 지배적인 모친과 유약한 부친 사이에서 성장했기 때문에 '억압된 공격성'을 갖게 되었다고 주장하면서 코, 외투, 장화, 입, 등 그의 작품에 나타나는 모든 사물, 신체부위를 성적 상징으로 해석하였다.

마지막으로 종교적, 신학적 비평이 있는데, 고골의 만년에 두드러지게 나타난 교화적 성향과 광신적인 그리스도교 사상에 초점을 맞추는 이러한 종교비평의 기원은 상징주의 시인이자 사상가였던 메레주코프스키(D. Merezhukovskii)에게로 거슬러 올라간다. 그는 고골의 작품에 나타난 갈등구조를 선악의 대립으로 파악하였으며 고골의 악마를 보편적 현상에 대한 메토니미로 해석하였다. 이 밖에도 앞에서 언급했던 모출스키, 그리고 정교회 성직자이자 역사학자인 젠코프스키(V. Zenkovskii) 등은 모두 고골의 생애와 작품을 그리스도교의 맥락에서 연구하였다.

위대한 작가의 경우 언제나 그렇겠지만, 고골 역시 그동안 연구자들의 상상력을 무한히 자극해 왔다. 이상에서 살펴본 것은 고골 연구의 대략적 방향일 뿐, 실제로 고골에 대한 연구는 그 내용과 방향에 있어 거의 무궁무진하다 할 수 있다. 오로지 《교환선》만이 상대적으로 덜 연구되어왔는데, 어쩌면 그것을 둘러싼 논쟁이 너무나 현란해서 학문적인 연구는 뒷전으로 밀려난 것인지도 모른다.

이제까지 살펴본 고골의 생애와 작품은 《교환선》과 관련된 몇 가지 의문을 푸는 데 도움을 준다. 결론부터 말하자면 《교환선》은 이전 작품들에 대한 변절이 아니라 오히려 논리적 결과물이라 할 수 있다. 《교환선》에 나타난 광신적 그리스도교 사상이 1840년의 투병생활 이후 발전되었다는 사실은 앞에서도 언급했지만 《교환선》의 설교적 문체나 교화적 내용은 사실상 훨씬 이전으로 거슬러 올라간다. 고골의 회심(悔心)은 우크라이나에서 보낸 유년시절에 이미 어느 정도 결정되어 있었던 것이다.

유년시절과 관련하여 첫 번째로 손꼽을 수 있는 것은 어머니의 광신적 믿음이지만 그보다 좀더 확실한 영향력은 네진의 김나지움에서 발견된다. 고골이 성장기를 보낸 우크라이나는 바로크 문화의 영향권 아래 놓여 있었다. 우크라이나의 바로크는 서구와는 달리 세속적인 요소에 대한 종교적 요소의 완벽한 지배를 특징으로 하여 마치 서구의 중세처럼 신중심주의(*theocetrism*)로의 회귀를 표방하였다. 물론 한편에서는 자연과학과 수학에 대한 관심이 고조되었지만 그보다 훨씬 포괄적으로 확산되었던 것은 신학과 종교에 대한 새로운 관심이었다. 우크라이나 바로크의 종교 편향성은 당시 유행하던 작품들이 고전으로부터 전수받은 세 가지 과업, 즉 '교화, 감동, 오락'(*docere, movere, delectare*)을 강조했다는 데서 여실히 드러난다. 문학은 무엇보다도 독자를 도덕적으로, 종교적으로 교화시키는 데 그 목적이 있었으며 흥미롭고 감동적인 이야기를 통해 문학이 독자에게 제공해야 했던 것은 궁극적으로 신에 대한 외경(畏敬)과 사랑이었다. 따라서 우크라이나 바로크의 토양에서는 설교문이나 훈계가 예술 산문의 범주에 포함되어 있었을 뿐 아니라 가장 중요하고 또 가장 선호되는 문학장르 중의 하나로 간주되었다.

고골이 1821년부터 1828년까지 수학했던 네진 김나지움은 이러한 바로크적 전통 하에서 외국 신학자들과 설교사들을 적극적으로 교육과정에 수용했다. 학생들을 위한 추천도서 목록에는 가톨릭 성직자인 보쉬에(J. Bossuet), 페늘롱(F. Fénelon), 부달루(L. Bourdaloue), 마시옹(J. Massillon) 같은 예수회 설교사들의 저작이 포함되어 있었다. 고골은 1840년의 회심 이후 동방과 서방교회의 신학 서적들, 교부시대의 저술들, 그리스도교 영성과 관련된 서적들을 탐독했는데 그 중에서도 15세기 네덜란드 종교철학자 토마스 아켐피스(Thomas a Kempis)의 《그리스도의 모방》(*Imitatio Christi*)은 문자 그대로 그의 영혼을 사로잡았다. 《교환선》의 직접적 모델로 추정되는 이 책은 일반 그리스도교인을 위한 책이라기보다는 가톨릭 수도자들의 영성 훈련을 위한 특수교본에 가까운 것으로 고골이 왜 하필 이 책에 열중하게 되었는가는 네진 김나지움에서 받은 교육으로 설명될 수 있을 것이다. 고골은 또한 부정신학으로 유명한 아레오파고의 디오니시우스(Dionysius Areopagite)가 쓴 《천상 위계론》과 《교회 위계론》에도 비상한 관심을 기울였는데 천국과 교회의 엄격한 위계질서를 논한 디오니시우스의 이 저술에 고골이 매료된 것 또한 예수회의 영향 아래 있었던 네진 시절에 이미 예고되어 있었다고 볼 수 있다.

한편, 페테르부르크 시절 또한 《교환선》의 설교사-고골을 배태하는 데 비옥한 토양이 되어 주었다. 러시아 낭만주의의 전통 속에서 문학은 인류에게 봉사하는 데 그 거룩한 소명이 있었으며 그렇기 때문에 작가는 언제나 민중의 교사요 예언자요 지도자로 숭앙받았다. 푸쉬킨의 유명한 시 〈예언자〉(*Prorok*)의 마지막 구절 "일어나라 예언자여, 보라, 들으라, 나의 뜻을 네 안에 가득 채우고 천하의 땅과 바다 두루 돌아다니며 말로써 사람들의 가슴을 불사르라"는 러시아에서 작가가 의미하는 바를 매우 압축적으로 요약하는 예로 이후 러시아 작가와 독자에게 거의 성서와도 같은 의미를 지녔다. 사실 러시아에서는 작가가 단순히 작가인 적이 한 번도 없었다. 리얼리즘 시대는 말할 것도 없거니와, 심지어 데카당트와 상징주의 시대에도, 모더니즘과 소비에트 시대에도 작가는 언제나 자타가 공인하는 민중의 지도자였다. 만년의 도스토예프스키(F. Dostoevskii)가 민중들에게 '예언자'로 불렸으며 톨스토이(L. Tolstoi) 또한 민중의 교화를 인생의 의미로 삼았다는 사실은 이미 널리 알려진 사실이다. 러시아에서는 엄밀히 말해서 '예술을 위한 예술'이란 것이 진지하게 받아들여진 시절이 한 번도 없었다. 순수한 유미주의자가 러시아 대문호의 반열에 오른 적은 한 번도 없었다. 그러니 고골은 이미 작가로 데뷔할 당시부터 어느 정도는 이러한 교화적 전통에 합류했다고 보아도 별 무리가 없을 것이다. 적어도 《교환선》을 어느 날 갑자기 발생한 예술에 대한 배신으로 볼 근거는 희박한 셈이다.

《교환선》의 극단적인 종교성 또한 하루아침에 생겨난 것은 아니다. 투병생활이나 주변의 몇몇 질이 안 좋은 신비주의자들이 고골을 치명적인 광신으로 몰아갔다는 것은 어폐가 있다. 선과 악의 문제는 초기 우크라이나 산문의 경우 우크라이나 민속의 너무도 강렬한 색채에 가려져, 그리고 페테르부르크 산문의 경우 현란한 문체와 유머와 기괴한 희극성에 가려져 그 모습을 선명하게 드러내지 못한 것은 사실이지만 거의 언제나 고골문학의 저변에 놓여 있었다. 고골은 세상의 악을 꿰뚫어 보는 데 남다른 재능을 타고났다. 《교환선》 이전 작품들에서 보이는 그로테스크한 환상의 세계, 혼돈으로 가득 찬 세계, 우스우면서도 어딘지 무시무시한 세계는 이 악이 소설화된 결과였다. 고골 자신이 언급했듯이, 집필시에 그의 눈앞에서 어른거리던 것은 '뒤죽박죽'이란 이름의 코미디였으며 그를 고통 속에 밀어넣은 것은 모든 것을 압도하는 혼돈이었다.

고골은 독창적 플롯을 고안해 내기를 꺼려했으며 늘 주위사람들에게 이야깃거리를 제공해 달라고 졸라댔다. 그의 작품은 빈번히 타인들로부터 귀동냥해 들은 이야기를 토대로 창조되었다. 《검찰관》과 《죽은 혼》만 해도 푸쉬킨이 말해준 일화를 줄거리로 삼았으며, 《외투》 또한 어떤 친구의 농담에서 힌트를 얻어 썼다. 그에게 독창적 플롯 같은 것은 그다지 중요하지 않았다. 어떤 플롯이건 간에 그는 그것을 토대로 혼돈과 허무의 세계를 창조했다. 괴물 같은 과장으로 특징되는 캐리커처들, 인간성을 결여하는 평면적이고 '사물화된' 인물들, 무의미하고 조리에 닿지 않는 대사, 논리적 끈을 놓쳐버린 채 서술의 궤도에서 이탈하는 내레이터—이런 것들이 소설적 논리를 대체하는 세계에서 과연 무슨 의미를 찾을 수 있겠는가. 이 세계에서는 리얼리티와 환상 간의 경계가 무너지고 무의미한 것과 의미심장한 것, 무가치한 것과 가치 있는 것 사이의 위계도 허물어진다. 여기에는 진리도 없고 비(非)진리도 없으며 개연성도 없고 비개연성도 없다. 그것은 삶의 본질과 목적을 철저한 무의미로 흡수하는 텅 빈 암흑의 공간이다. 치제프스키(D. Chizhevskii)가 고골의 소설을 가리켜 "끔찍한 이야기"라 부른 것도 이러한 맥락에서이다.

《네프스키 대로》의 마지막 대목에서 화자는 이렇게 말한다.

> 어쩌면 이 세상은 이토록 요지경 속일까 … 모든 것이 거꾸로 흘러가는구나 … 모든 것이 허위고, 모든 것이 환상이며 모든 것이 생각하는 바와는 다르구나!

고골의 세계를 채우는 혼돈과 허무(虛無)는 전우주적인 것이다. 관료제를 비롯한 사회의 부조리와 부패는 그 거대한 우주적 허무의 작은 단면에 불과하다. 그의 작가로서의 사명은 그 작은 단면을 비판하고 폭로하는 데 있었던 것이 아니다. 아카키 아카키예비치 같은 이차원적 인물에게 신파조의 동정을 불러일으키는 데 있었던 것도 아니다. 그는 지옥을 보고 돌아온 단테처럼 절대 무(無)의 세계를 독자에게 보여주고 싶었다. 그러한 사명감은 훗날 극단적인 그리스도교 신앙과 결합하여 세계 구원의 사명으로 연장되었고, 그리하여 마침내

《교환선》을 탄생시켰다. 따라서 벨린스키로 하여금 고골의 '변절'에 관해 그토록 치를 떨게 했던 《교환선》은 이전 작품들의 논리적 결과라 할 수 있을 것이다.

《교환선》은 서문과 총 서른 두 편의 이른바 '서한'(그 중 몇 편은 서한이라기보다는 독립적으로 씌어진 평론)으로 이루어졌다. '병든 친구', '여성 친구', '높은 지위에 있는 친구', '근시안적 친구', '시인 친구', '지주 친구' 등을 수신인으로 하는 이 서한들은 고골의 입을 빌려 말하자면 '진심에서 우러나오는 충고'(독자의 입장에서 보면 '끔찍한 훈계')로 일관되어 있다. 이 충고의 내용을 일견해 보면, 벨린스키가 비난했던 그대로, 전제정치와 농노제와 정교회에 대한 옹호처럼 여겨진다. 그는 차르를 하느님 다음 가는 존재로 묘사하며, 농노와 지주는 하느님의 뜻에 따라 그렇게 태어나는 것이라 주장하며, 그리스도교는 모든 문제를 해결할 수 있는 열쇠라고 못박는다. 그러니 혁신과 변화가 절실하게 필요한 19세기 중엽의 러시아 사회에서 고골의 말이 지독한 보수 반동주의자의 "유해한" 독설처럼, 혹은 철부지 이상주의자의 나이브한 헛소리처럼 들리는 것은 당연하다.

그러나 약간 시각을 달리한다면 고골의 글이 기존체제에 아부하거나 농노제 같은 반인륜적 제도를 옹호하거나 신비주의적 이상주의를 설파하는 글만은 아니라는 사실 또한 부인할 수 없게 된다. 적어도 다른 슬라브주의자들도 그 못지않게 보수적 입장을 견지했으며, 도스토예프스키는 《작가 일기》는 물론이거니와 그 위대한 소설들 속에서도 고골보다 한층 강도 높게 러시아 교회를 옹호했으며, 톨스토이는 《교환선》보다 더 악명 높은 《예술이란 무엇인가》(*Chto takoe iskusstvo*)와 만년의 민담에서 고골보다 더 나이브한 그리스도교 이상주의를 설파했다. 고골의 교만은 민중의 교화에 사로잡힌 나머지 성서까지도 자기가 다시 써야만 했던 톨스토이에 비하면 대수롭지 않게 여겨지며, 독설(毒舌)이나 장광설(長廣舌) 또한 도스토예프스키에서부터 톨스토이를 거쳐 솔제니친(A. Solzhenitsyn)에 이르기까지 러시아의 대문호들이 타고난 재능 중의 일부라는 점을 감안한다면 고골의 문체만을 꼬집어 비난할 이유는 희박해진다.

고골이 하느님에 대한 사랑을 강변한 것은 지상의 혼돈과 무질서와 부조리를 바꿀 수 있는 것은 지상적인 새 제도나 지상적인 혁신이 아니라고 믿었기 때문이다. 그가 농노제와 차르 체제를 옹호한 것처럼 보이는 이유는 바로 이러한 허무에서 기인한다. 세상은 바뀌어야 하지만 그것은 한 사람 한 사람의 보이지 않는 마음속에서 비롯되는 변화, 전 러시아적인 도덕적 갱생이어야만 했다. 그는 혁신을 원했지만 그것은 진보적 지식인들이 원했던 바의 혁신이 아니었다. 세상은 너무도 사악했고 그것을 선(善)으로 되돌리기에는 세속의 인간들이 떠들어대는 주의주장은 너무도 무력했다.

> 삶은 점점 더 삭막해지고 있습니다. 모든 것이 작아지고 시시해져 가고 오로지 권태라고 하는 거대한 영상만이 모든 이가 보는 앞에서 날마다 한없이 커지며 자라나고 있습니다. 정적 속에 무덤만이 널려있습니다. 하느님! 당신이 만든 세상은 점점 더 공허하고 끔찍해져만 갑니다!

한마디로, 세상의 부조리와 패륜은 너무도 압도적이어서 오로지 신만이 그것을 바꿀 수 있었다. 그는 관료제도, 부패한 관리, 부패한 성직자, 무능한 제도로서의 교회, 싸구려 저널리즘 등 모든 것을 비판했고(그래서 당시 검열관은 무척이나 많은 대목을 삭제해야만 했다. 그러니 고골이 권력에 아첨했다는 주장은 어불성설이다), 그 부패를 척결할 수 있는 유일한 힘으로서 신의 은총을 제시했다. 그는 러시아 민중의 내면에 도도하게 흐르는 종교적 성향을 정확하게 포착했고 그것을 토대로 민중에게 신으로 돌아갈 것을 외쳤던 것이다. 벨린스키는 "러시아인의 천성은 무신론적이며, 러시아 민중의 본성에는 신비적 열광이 전혀 없으며, 러시아 민중은 상식과 맑고 긍정적 마음을 가지고 있다"고 주장하면서 고골이 "러시아 대중을 잘못 이해하고 있다"고 비난했지만 벨린스키는 고골보다 더 민중을 이해하지 못했다고 볼 수 있다. 두 사람의 시대가 지나고 세기가 두 번 바뀐 지금의 시점에서 대다수의 연구자들이 그리스도교를 러시아 천년문화의 가장 중요한 항수로 인정하고 있다는 사실을 감안하면, 고골은 적어도 벨린스키보다는 정확하게 러시아 정신의 핵심을 꿰뚫어 보고 있었던 셈이다.

고골이 하느님에 대한 사랑과 더불어 강변한 두 번째 요소는 이웃사랑이었다. 《교환선》 전체의 메시지를 압축하는 마지막 서한 《부활대축일》은 결국 이웃사랑에 대한 절절한 호소로 끝난다. 그는 부활절을 "모든 인류가 단 한 사람의 예외도 없이 전부 성스러운 천상의 형제 관계를 축하하는 거룩한 날"이라고 정의하면서 "이날만큼은 비열한 인간도, 저급한 인간도 없다는 것을, 모든 사람이 한 식구, 한 형제라는 것을, 모든 사람에게는 오로지 형제라는 이름밖에 다른 이름은 없다는 것을" 사람들이 망각했다고 개탄한다. 그에게 있어 진정한 형제애는 피상적이고 추상적인 박애주의가 아니었다. 인류를 사랑한다고 큰소리치면서 정작 바로 이웃에 사는 불쌍한 사람, "그 누구보다도 동정을 필요로 하는 사람"은 멀리하는 것은 진정한 형제애가 아니었다. 그가 촉구한 사랑은 개인적 다툼과 반목과 미움을 잊고, 자신의 이익이나 명예도 잊고, 이웃과 형제를 진실로 '실질적으로' 사랑하는 것이었다. 사실, 고골이 주장한 이러한 사랑은 훗날 도스토예프스키의 《카라마조프가의 형제》(*Brat'ia Karamazovy*)에서 조시마 장로의 입을 통해 "실천적 사랑"이란 개념으로 표현된다.

> 이웃을 실천적으로, 끊임없이 사랑하려고 노력하십시오. 그 사랑이 성공을 거두게 되면 신의 존재도, 자기 영혼의 불멸도 확신하게 될 것입니다. 이웃 사람들에 대한 사랑이 완벽한 자기희생에까지 이르게 된다면 그때는 틀림없이 확신을 얻게 되고 또 어떤 의혹도 당신의 영혼 속으로 찾아들지 못하게 됩니다. … 실천적 사랑은 공상적 사랑에 비해 가혹하고 두려운 것입니다.

간단히 말해서, 고골은 러시아의, 그리고 전 세계의 구원을 신에 대한 사랑과 이웃에 대한 사랑에서 찾으려고 했던 것이다.

그런데 문제는 이 세계 구원의 사명감이 표현되는 방식에 있었다. 고골은 사람들에게 유익한 작품을 쓰고 싶었고, 그것을 통해 사람들을 도덕적 갱생으로 인도하고 싶었다. 가장 코믹한 이야기를 쓸 때조차 그는 진지했다. 그러나 사람들은 그의 소설을 읽거나 그의 희곡을 관람할 때 작가의 심오한 의도 따위는 외면한 채 깔깔대며 웃고 박수를 쳤다. 사람들은 변화하지 않았다. 세상은 여전히 혼돈과 허무로 가득 차 있었다. 세계 문학사에 길이 남을 위대한 작품들이 오로지 저자의 눈에만은 '아무것도 변화시키지 못한' 무가치한 쓰레기처럼 보여졌다. 그래서 그는 이번에는 다른, 보다 직접적인 의사소통의 방식을 취하기로 결정했고 그리하여 《교환선》이 세상에 나오게 되었던 것이다. 이제 그는 확성기를 들고 고래고래 외치는 저잣거리의 전도사처럼 서한문의 형태로 사람들에게 호소하기 시작했다. 그렇다고 해서 그가 작가임을 포기하고 설교사로 나섰다는 뜻은 아니다. 그는 전부터 품어왔던, 그러나 한층 강화된 문학적 의도를 실현시키는 '장르'로서 서한문을 선택했을 뿐이다.

이전의 작품들이 세상을 구원하지 못했다면 이제 다른 방식으로 세상을 구원하여야 했다. 새로운 문학, 새로운 형식, 새로운 언어가 불가피하게 요구되었다. 1843년 6월에 다닐레프스키(A. Danilevskii)에게 보낸 편지는 고골이 얼마나 절실하게 새로운 형식을 갈구했는지를 뒷받침해 준다.

> 저는 제 안 깊숙이 있는 이 감흥들을 완전하게 표현할 수가 없습니다. … 그렇게 하기 위해서 가장 먼저 필요한 것은 언어를 창조하는 일입니다.

언어를 창조하는 일 — 사실 여기에서 《교환선》의 모든 기이함은 비롯된다. 《교환선》을 쓰기 전에도, 쓰는 동안에도 예술가 고골의 면모는 조금도 시들지 않았다. 예술가로서 고골은 언어의 중요성을 그 누구보다도 분명하게 깨닫고 있었다. 《교환선》에서 그는 말한다.

> 말은 진실하게 다루어져야 합니다. 그것은 하느님이 인간에게 내려 주신 가장 고귀한 선물입니다. … 바로 여기서 우리의 작가들은 깨닫게 될 겁니다, 말과 표현은 현명하고 신중하게 사용해야 한다는 것을, 아무리 단순한 말이라도 제자리에 정확하게 놓여질 때 그 고상한 진가를 되찾게 된다는 것을, 만인을 위해 태어난 작품, 천재적 작품에서는 적절하게 다듬어진 아름다운 외형도 대단히 중요하다는 것을 말입니다.

예술가로서의 고골의 자질은 그가 다른 시인이나 작가, 화가를 논평하는 대목에서도 드러난다. 그는 무엇보다도 주코프스키의 《오디세이》 번역을 정확하게 평가했다. "그것은 번역이 아니라 오히려 호메로스의 재창조, 복원, 부활이라고 할 수 있다"는 고골의 평가는 사실상 오늘날까지도 문학사가들에게 그대로 전수되고 있다. 그는 또한 국민시인으로서의 푸쉬킨의 가치와 의의를 명철한 감식력의 잣대로 천착해냈고 그 밖에도 데르자빈(G. Derzhavin), 로모노소프(M. Lomonosov), 레르몬토프(M. Lermontov), 야지코프(N. Iazykov) 및 러시아의 극작가들의 장단점, 가치를 정확하게 집어냈다. 비록 푸쉬킨을 황제에게 충성하는 독실한 그리스도교 신자로 둔갑시킨 것이나, 문학을 논하면서 성서의 구절을 제멋대로 개작하여 갖다 붙인 것이나, 모든 러시아 문학을 그리스도교적 프레임 안으로 쑤셔 넣은 것은 포복절도(抱腹絶倒)할 일이지만 셰익스피어의 드라마 전부, 베토벤의 음악 전부, 르네상스 예술 전부를 싸잡아 나쁜 예술로 몰아붙인 톨스토이의 '범죄'에 비하면 그건 그래도 용서해 줄 만하다. 고골은 적어도 위대한 예술과 조야한 예술을 감식할 수 있는 눈은 멀지 않았던 것이다.

그러나 그의 이러한 예술가로서의 자질은 서한문이나 추론적 산문에 치명적 결함을 초래했다. 물론 나보코프의 말대로 작가가 '예술이란 무엇인가', '예술가의 의무는 무엇인가' 같은 의문에 흥미를 갖게 되면 그는 걷잡을 수 없이 갈팡질팡하기 마련이다. 톨스토이의《예술이란 무엇인가》하나만 보아도 그건 자명하다. 그러나 고골에게 문제는 그보다 훨씬 심각했다. 우선 서한문이라는 것 자체가 매우 개인적이고 직접적인 장르인데 고골은 그것을 통해 독자 대중에게 호소함으로써 개인적으로는 그럭저럭 수용할 수 있는 대목들을 공개적 모욕처럼 들리게 했다. 예를 들어, 스미르노바 부인에게 보낸 서한 중의 한 대목이 그 예이다.

> 제 편지를 다섯 번이고 여섯 번이고 자꾸자꾸 읽으셔야 하는데 그건 편지의 모든 것이 뒤죽박죽이고 두서가 없기 때문인바, 그것 또한 사실상 당신의 잘못입니다. 편지의 요점이 전적으로 당신 안에 남아있게 하시고, 저의 질문들이 당신의 질문이 되게 하시고 저의 염원이 당신의 염원이 되게 하시고, 당신이 저의 요청을 제가 원하는 바 그대로 수행할 때까지 말 한 마디, 글자 한 자까지 당신을 뒤쫓으며 괴롭히게 하십시오.

이 대목은 스미르노바 부인 혼자만이 받아보았을 때는 고골과의 사적 관계, 당시 상황, 맥락 등을 고려해 얼마든지 일종의 농담처럼 읽힐 수 있었지만 일단 공개적 설교문으로 인쇄되자 저자의 가학적이고 엽기적인 횡포를 입증하고 말았던 것이다.

한편, 고골은 소설이 아닌 장르에 어울리는 새로운 말, 새로운 형식을 추구했지만 《교환선》은 여전히 소설의 흔적들을 가지고 있었다. 아니, 그것은 많은 점에서 서한문의 형태를 띤 일종의 소설이었다. 편지의 주인공 고골은 소설의 주인공이나 화자에 가까웠고 서한문 자체는 고골식 내레이션을 강하게 상기시켰다. 설교문에는 어울리지 않는 너무도 긴 문장, 황당한 수사, 과장법, 필자의 허풍과 자아도취, 비논리적 논지, 잘못된 인용 등은 전형적인 고골식의 그로테스크와 희극성을 보여주는 대단히 '문학적인' 텍스트를 만들어냈던 것이다. 이 텍스트가 사람들에게 호소할 수 없었던 이유는 자명하다. 그것은 '서신 교환선'이라는 제목 때문에 소설로 읽힐 수가 없었지만, 비소설로 읽기에는 너무도 소설적이었다. 그래서 도스토예프스키의 조시마 장로가 설파한 '실천적 사랑'은 독자를 감동으로 몰아넣었지만 《교환선》의 고골이 설파한 똑같은 내용의 실천적 사랑은 독자로 하여금 분통을 터뜨리게 할 수밖에 없었던 것이다.

그러나 어쨌든 《교환선》은 "신이 내려주신 가장 고귀한 선물"을 이상적 목적에 사용하려 했던 위대한 예술가의 집념과 노력과 좌절을 보여준다. 고골은 자기 자신과 힘에 겨운 사투를 벌이고 있었다. 그는 너무도 힘을 주어 펜을 잡았고 그 바람에 펜대가 부러졌다. 그는 패배했고 그의 《교환선》은 실패작이 되었다. 그러나 《교환선》이 실패작이라면 그 원인은 예술의 포기가 아닌 예술에의 집착에서 찾아야 할 것이다.

1809. 3. 20.(구력) 소러시아 폴타바 현 미르고로드 군의 벨리키 소로친치 마을에서 소지주인 아버지 바실리 아파나시예비치 고골-야노프스키와 어머니 마리야 이바노브나 코샤로프스카야 사이에서 태어남.

1818 폴타바 현 초등학교에서 수학.

1819~1821 폴타바 기숙학교에서 수학

1821~1828 네진 고등학교에서 수학. 이 시기에 문학습작을 시작함.

1828 네진 고등학교를 졸업하고 12월에 상트 페테르부르크로 상경.

1829 자비로 '알로프'라는 필명을 쓰며 장편 서사시 《한스 큐헬가르텐》을 발표했으나 혹평만 받고 좌절함. 모든 책을 수거하여 소각하고 7월에 독일로 떠났다가 몇 달 후 귀환.

1829 말~1831. 3. 내무성 관리로 근무

1831~1834 가정교사 자리와 사립학교 교사직을 전전하며 생활함.

1831. 5. 플레트뇨프가 베푼 야회에서 푸쉬킨과 만나서 친교를 틈. 9월 소설집 《지칸카 근교 야화》 제1부를 발표하여 문단의 주목을 받음.

1832. 3. 《지칸카 근교 야화》 제2부 출판. 사교계의 핵심인물인 알렉산드라 스미르노바 부인에게 《지칸카 근교 야화》를 보내고 그 일을 계기로 두 사람 사이에 평생 지속될 우정이 싹틈.

1834. 7. 상트 페테르부르크 대학 역사학과 조교수로 취임. 중세사 강의 시작.

1835 두 번째 작품집 《미르고로드》(〈비이〉, 〈이반 이바노비치와 이반 니키포로비치가 싸운 이야기〉, 〈옛 기질의 지주〉, 《타라스 불바》 수록) 출간.
세 번째 작품집 《아라베스키》(〈네프스키 대로〉, 〈초상화〉, 〈광인일기〉 수록) 출간.
장편소설 《죽은 혼》 집필 시작. 12월 교수직에서 사임.

1836 〈코〉와 〈사륜마차〉 발표. 4월 《검찰관》 출간. 수도와 모스크바에서 《검찰관》 초연. 이 연극에 대한 극도로 상반된 반응에 충격을 받아 외국으로 떠남. 독일, 스위스, 프랑스, 오스트리아, 체코, 이탈리아 여행.

1837 로마에 정착.

1839 잠시 러시아로 귀국.

1840 중병에 걸려 사경을 헤매다 살아남. 오스트리아, 독일 여행.

1842. 5. 《죽은 혼》 출판. 독일, 이탈리아, 프랑스, 보헤미아 지역 여행. 파리에서 광신적 신비주의자 A. P. 톨스토이와 알게 된 이후 그의 영향을 많이 받음. 종교와 신학적 주제에 첨예한 관심을 갖게 됨.

1845. 3.~5. 신경쇠약과 우울증에 시달림. 로마에서 《죽은 혼》 제2부 원고 소각. 정교회 성찬예배에 관한 논문 집필 시작.

1847 《친구와의 서신 교환선》 발표. 이 책에 쏟아진 엄청난 혹평과 비난에 좌절함.

1848. 2. 예루살렘으로 성지순례. 콘스탄티노플과 오데사를 경유하여 러시아로 영구 귀국. 《죽은 혼》 제2부 다시 집필.

1850~1851 옵티나 푸스틴 수도원 두 차례 방문. 성직자, 수도사들과 친교. 단식과 기도에 몰두.

1852. 2. 7. 고백성사를 받고 영성체를 함. 2월 11일 밤 《죽은 혼》 원고 다시 소각. 극심한 신경쇠약과 영양실조로 기력을 상실. 2월 21일 운명. 시신은 다닐로프 수도원에 안장됨.

니콜라이 바실레비치 고골 (Nikolai Vasil'evich Gogol')

지은이 니콜라이 고골은 1809년 우크라이나의 소귀족 집안에서 태어났다. 1821년에 네진에 새로 설립된 김나지움에 입학한 후부터 시나 산문을 써서 잡지에 투고했다. 1828년 관리가 되려고 수도 페테르부르크로 상경하지만 냉혹한 현실 앞에 좌절한다. 이듬해에 알로프(V. Alov)란 필명으로《한스 큐헬가르텐》(*Gants Kiukhel'garten*)이란 장편 서사시를 자비로 출판했지만 대중의 호응을 얻지 못한 데 절망하여 남은 책을 스스로 불태웠다. 갖은 고생 끝에 고향 우크라이나 지방의 민담을 소재로 쓴《지칸카 근교 야화》(*Vechera na khutore bliz Zikan'ki*)를 발표하고 이듬해에는 제2부를 발표했다. 이를 계기로 당대 최고 시인 푸쉬킨과 알게 되고 평생지우인 스미르노바 부인과 친교를 쌓게 된다. 그 후로 고골의 유일한 장편소설이자 그에게 대문호의 명성을 확고하게 안겨준《죽은 혼》이 1842년에 출간된다. 이후 고골은 수차례 그를 강타한 지독한 병마와 싸우면서도《죽은 혼》제2부의 집필에 몰두했지만 보수주의와 극단적인 신앙생활에 빠져들고 결국 착란에 가까운 정신상태로 단식에 들어가 1852년 2월 21일 숨을 거두었다.

고골의 다른 저작으로는《검찰관》,《외투》,《죽은 혼》,《광인일기》,《코》 등이 있다.

석영중

옮긴이 석영중은 고려대학교 노어노문학과 졸업하고 미국 오하이오 주립대학에서 박사학위를 받았다. 현재 고려대학교 노어노문학과 교수.

저서로는《러시아 시의 리듬》,《러시아 현대시학》,《러시아 정교》가 있고 역서로《푸쉬킨 문학작품집》,《우리들》,《벌거벗은 해》,《마호가니》외 다수가 있다.